基层图书馆建设与服务创新

霍瑞娟　刘锦山　主编

国家圖書館出版社
National Library of China Publishing House

图书在版编目(CIP)数据

基层图书馆建设与服务创新/霍瑞娟,刘锦山主编. --北京:国家图书馆出版社,2016.8
ISBN 978-7-5013-5879-3

Ⅰ.①基… Ⅱ.①霍…②刘… Ⅲ.①基层图书馆—图书馆工作—研究—中国②基层图书馆—图书馆服务—研究—中国 Ⅳ.①G259.252.3

中国版本图书馆 CIP 数据核字(2016)第 144769 号

书 名	基层图书馆建设与服务创新	
著 者	霍瑞娟 刘锦山 主编	
责任编辑	高 爽 唐 澈	
出 版	国家图书馆出版社(100034 北京市西城区文津街 7 号)	
	(原书目文献出版社 北京图书馆出版社)	
发 行	010-66114536 66126153 66151313 66175620	
	66121706(传真) 66126156(门市部)	
E-mail	nlcpress@nlc.cn(邮购)	
Website	www.nlcpress.com ——→投稿中心	
经 销	新华书店	
印 装	北京玥实印刷有限公司	
版 次	2016 年 8 月第 1 版 2016 年 8 月第 1 次印刷	
开 本	787 毫米×1092 毫米 1/16	
印 张	19.25	
字 数	400 千字	
书 号	ISBN 978-7-5013-5879-3	
定 价	80.00 元	

主 编 单 位：中国图书馆学会

支 持 单 位：北京雷速科技有限公司

编辑委员会：霍瑞娟　刘锦山　刘锦秀　刘剑英

序　言

改革开放以来,我国图书馆事业一路高歌猛进、蓬勃发展。世纪之交,我国已基本实现了"县县有图书馆"的目标。近年来,在现代公共文化服务体系的引领和推动下,我国公共图书馆事业进一步向基层和一线拓展,取得了一系列可喜的成就和丰硕的成果。

今天,无论走到哪个城市都可以看到一座座宏伟典雅的图书馆,这些图书馆在装点现代化城市的同时,也为当地社会、经济和文化的发展提供了有力的信息保障和开放的交流空间。它们不仅是城市的标志性设施,而且承担着信息辐射的功能,在发挥中心图书馆功能的同时,通过遍及城乡各个角落的分馆和服务点将信息传播到街镇社区、千家万户。

然而,在我国公共图书馆事业发展中,最精彩、最亮丽的要数扎根一线的基层图书馆,正是这些惠及大众的公共服务,丰富了人们的精神生活,提升了人们的生活追求,也激励着更多的人创新创业。

为了更好地总结这些基层图书馆发展的理论和实践,中国图书馆学会 2005 年创办了百县馆长论坛,至今已连续举办五届。2015 年 5 月 21—22 日,中国图书馆学会第五届百县馆长论坛在福建省晋江市召开,来自全国 29 个省、自治区、直辖市的 300 多名县级公共图书馆代表参加了会议。此次论坛面向全国征集"基层图书馆的建设与服务创新"相关案例,经各省、自治区、直辖市图书馆学(协)会组织上报,评审委员会评定审议,共评出 45 项案例予以授奖表彰,并选取其中的代表性案例提交大会进行交流研讨。在此次论坛部分获奖案例的基础上,组织者还面向全国基层图书馆征集相关案例,并对相关图书馆馆长进行专访,请他们从不同角度交流经验,介绍具体的创新思路和途径,力求全方位地展示这些图书馆独到的做法和创新的理念。

为总结本次论坛成果,更好地展示基层图书馆发展所取得的成就,使各基层图书馆能够更方便地相互学习和借鉴好的经验和做法,在北京雷速科技有限公司的支持下,中国图书馆学会编辑出版了《基层图书馆建设与服务创新》一书,对基层图书馆建设与服务创新进行理论分析与案例研究。全书围绕"基层图书馆建设与服务创新"这一主题展开,分为"关于基层图书馆建设与服务创新的思考""专访:基层图书馆建设与服务创新""案例:基层图书馆建设与服务创新案例研究"和"附录"四个部分。

本书汇集了我国基层图书馆事业发展的一组成功故事,这些理论与实践结合的优秀案例为丰富和推动我国图书馆事业的发展做出了突出贡献。归纳起来,其精彩之处有三:

第一,接地气,内容贴近大众。在这些优秀案例中,我们会发现大量广大公众喜闻乐见的服务项目。这些土生土长、丰富多样的活动凸显了基层图书馆的草根特色,激发了社区和社群的活力。

第二,多元化,服务不拘形式。从这些案例中可以看到,很多图书馆始终坚持以人为本,以需求为导向,只要读者有需要就大胆尝试、主动提供,虽然有些服务内容在专业教科书中并不常见,但很值得业界同行参考和借鉴。

第三,无边界,交流不分你我。基层图书馆工作者往往不会受系统和条块的约束,相反他们更注重与区域内其他类型的文化机构或社会组织进行横向合作,这些跨界交流培育出不少令人耳目一新、刮目相看的新形式和新内容。

这些基层图书馆在没有先例、难有参照的情况下勇于改革、乐于创新、不拘一格、自由发挥,创造了很多适合当地社会、经济和文化环境的精彩纷呈的服务项目和活动内容,它们不仅为创新和提升现代公共文化服务体系增添了生动的内容,而且为丰富和充实中国特色图书馆学理论提供了鲜活的素材。

基层图书馆是图书馆事业发展的基础,只有基层图书馆得到大发展,整个图书馆事业才能真正实现大繁荣。

吴建中
中国图书馆学会副理事长
中国图书馆学会学术研究委员会主任
2016 年 3 月 10 日

前　言

2005 年,十六届五中全会通过的《中共中央关于制定"十一五"规划的建议》提出,要"加大政府对文化事业的投入,逐步形成覆盖全社会的比较完备的公共文化服务体系",这一建议后来被写入《国民经济和社会发展第十一个五年规划纲要》的"加强社会主义文化建设"篇,至此,我国公共文化服务体系建设全面展开。在国家政策、资金、人力等的支持下,各级公共图书馆积极行动起来,依托自身的文献资源和信息服务优势参与了众多的文化工程建设,开展了丰富多彩的阅读推广活动和文化活动,成为公共文化服务体系的重要组成部分和建设的主力军,尤其是占公共图书馆总数80%以上的县级图书馆,他们直接服务于最基层的广大群众,为实现公共文化服务的公益性、基本性、均等性和便利性做出了重要贡献。

十年来,我国公共文化服务体系建设取得了显著成效,呈现出全面提升的良好发展态势,公共图书馆事业也实现了跨越式发展,而广大的基层图书馆也正在从资金不足、馆舍陈旧、设备落后、资源匮乏、人员短缺等种种困境中逐步走出来,部分县级图书馆已经步入现代化的图书馆行列。基层图书馆发展所取得的成就,首先得益于我国在构建现代公共文化服务体系中政府对文化事业投入的不断加大,对基层图书馆,尤其是贫困地区基层图书馆的政策倾斜和扶持;其次也离不开广大基层图书馆同人在发展中能够迎难而上、抓住机遇、不断创新、积极开拓的良好心态,离不开他们勇于探索和学习新技术、新理念、新管理的发展自觉;离不开他们经常性地交流和总结发展过程中的经验和教训的工作作风,更离不开他们兢兢业业、为图书馆事业而奋斗的奉献精神。

通过本书,我们可以深刻地感受到基层图书馆同人为基层图书馆事业发展所做出的不懈努力,在此,对他们表示深深的敬意!同时,也感谢北京雷速科技有限公司(e 线图情)为本书的出版所做的大量编辑和采访工作。

本书的出版,在某种程度上可以说是对十余年来我国基层图书馆事业发展的一个总结,从中我们可以热切地感受到基层图书馆人锐意进取、不断创新,努力推进图书馆事业不断向前发展的昂扬的精神风貌,正是因为如此,我国的基层图书馆事业才能与时俱进,不断满足并引领新的历史条件下人民群众的文化需求。尽管在前进的道路上,还会有各种困难,但是我们有理由相信,在大家的共同努力下,我们的事业会越来越好!

对此,我们应该充满信心。

霍瑞娟

2015 年 10 月 1 日

目　录

第三部分 案例：基层图书馆建设与服务创新案例研究

第一部分　关于基层图书馆建设与服务创新的思考

一、基层图书馆在构建现代公共文化服务体系中的地位与作用

一直以来,图书馆承担着收集、保存、整理和传播文献的社会职能,随着社会的发展,其职能也在被不断赋予新的含义,拓展到新的领域,但始终和"文化"紧密地联系在一起。在构建现代公共文化服务体系中,图书馆自然有着义不容辞的责任。具体来讲,图书馆在构建现代公共文化服务体系中的地位和作用是什么,基层图书馆在其中的地位和作用又是什么,这些不仅是政府层面、相关管理部门应该思考的问题,也是我们每一个图书馆人必须认清的问题。找准自己的定位,厘清自身的责任,认识到自己的价值,发现面临的困难和所处的政治及社会环境,是图书馆尤其是基层图书馆进行建设和服务创新需要思考的首要问题。因此,我们有必要回顾一下公共文化服务体系建设的提出以及图书馆在这一命题提出后参与的社会活动和发生的变化。

1. 现代公共文化服务体系建设的提出

2005 年 10 月,十六届五中全会通过的《中共中央关于制定"十一五"规划的建议》提出要"加大政府对文化事业的投入,逐步形成覆盖全社会的比较完备的公共文化服务体系"①。2006 年 9 月,中共中央办公厅、国务院发布了《国家"十一五"时期文化发展规划纲要》,第三章中就"公共文化服务"规划进行阐述,强调要加强图书馆、博物馆、文化馆等公共文化基础设施的建设②。同年 10 月,第十六届六中全会通过的《中共中央关于构建社会主义和谐社会若干重大问题的决定》(以下简称《决定》)提出"健全公共财政体制,调整财政收支结构,把更多财政资金投向公共服务领域,加大财政在教育、卫生、文化、就业再就业服务、社会保障、生态环境、公共基础设施、社会治安等方面的投入""加强公益性文化设施建设,鼓励社会力量捐助和兴办公益性文化事业,加快建立覆盖全社会的公共文化服务体系"③。《决定》再次强调政府对文化事业的支持,明确建立健全公共文化服务体系的政策导向。此后,"公共文化服务"和"公共文化服务体系"频繁出现于相关政策性文件和媒体中而为人们所熟知。

为加快建立覆盖全社会的公共文化服务体系,2007 年,中共中央办公厅、国务院办公厅

---

① 中国共产党第十六届中央委员会第五次全体会议. 中共中央关于制定"十一五"规划的建议[EB/OL]. [2015 – 06 – 30]. http://dangshi. people. com. cn/GB/151935/204121/205068/12926232. html.

② 中共中央办公厅,国务院. 国家"十一五"时期文化发展规划纲要[EB/OL]. [2015 – 06 – 30]. http://culture. people. com. cn/GB/22226/71018/4814170. html.

③ 中国共产党第十六届中央委员会第六次全体会议. 中共中央关于构建社会主义和谐社会若干重大问题的决定[EB/OL]. [2015 – 06 – 30]. http://cpc. people. com. cn/GB/64093/64094/4932424. html.

发布《关于加强公共文化服务体系建设的若干意见》，进一步强调要加强各类文化管（站）、博物馆、图书馆等公共文化设施建设。2011年，十七届六中全会通过的《中共中央关于深化文化体制改革推动社会主义文化大发展大繁荣若干重大问题的决定》指出"必须坚持政府主导，按照公益性、基本性、均等性、便利性的要求，加强文化基础设施建设，完善公共文化服务网络，让群众广泛享有免费或优惠的基本公共文化服务""加强文化馆、博物馆、图书馆、美术馆、科技馆、纪念馆、工人文化宫、青少年宫等公共文化服务设施和爱国主义教育示范基地建设并完善向社会免费开放服务"①。相对于文化需求的快速增长，地市级三馆建设相对滞后，成为公共文化服务体系建设的薄弱环节。2012年2月，由国家发展改革委、文化部和国家文物局共同研究编制的《全国地市级公共文化设施建设规划》正式印发，决定对地市级三馆进行总体规划建设②。

2013年1月14日，文化部发布《文化部"十二五"时期公共文化服务体系建设实施纲要》，指出公共文化服务体系"是以公共财政为支撑，以公益性文化单位为骨干，以全体人民为服务对象，现阶段以保障人民群众看电视、听广播、读书看报、进行公共文化鉴赏、参与公共文化活动等基本文化权益为主要内容，向社会提供的公共文化设施、产品、服务及制度体系的总称"，阐述了包括图书馆在内的公共文化设施的具体建设目标③。而几乎是在同一时间，当年的1月30日，文化部印发了《全国公共图书馆事业发展"十二五"规划》，指出"公共图书馆是保障人民基本文化权益的重要阵地，是开展社会教育活动的终身课堂，是国家公共文化服务体系的重要组成部分，是城市文明进步的标志"④。2015年1月，中共中央办公厅、国务院办公厅又印发了《关于加快构建现代公共文化服务体系的意见》，对各级公共图书馆的建设、运营、管理提出了更为具体的要求。

2. 图书馆在现代公共文化服务体系建设中的重大行动

（1）文化信息资源共享工程

2002年4月，由文化部和财政部共同下发《关于实施全国文化信息资源共享工程的通知》（以下简称为《通知》），在全国范围组织实施了"文化信息资源共享工程"（以下简称"共享工程"），目的是应用现代信息技术，将中华优秀文化信息资源进行数字化加工与整合，依托各级公共图书馆、文化馆（站）等公共文化设施，通过互联网、广播电视网、无线通信网等新型传播载体，在全国范围内实现中华优秀文化资源的共建共享。《通知》指出，共享工程的实施主体为各级公共图书馆。2006年，共享工程先后被列入我国《国民经济和社会发展第十

① 中国共产党第十七届中央委员会第六次全体会议.中共中央关于深化文化体制改革推动社会主义文化大发展大繁荣若干重大问题的决定[EB/OL].[2015-06-30].http://theory.people.com.cn/GB/16018030.html.

② 国家发展改革委,文化部,国家文物局.《全国地市级公共文化设施建设规划》正式印发[EB/OL].[2015-06-30].http://www.gov.cn/gzdt/2012-02/07/content_2060392.htm.

③ 文化部.文化部关于印发《文化部"十二五"时期公共文化服务体系建设实施纲要》的通知[EB/OL].[2015-06-30].http://zwgk.mcprc.gov.cn/auto255/201301/t20130121_29512.html

④ 文化部.全国公共图书馆事业发展"十二五"规划[EB/OL].[2015-06-30].http://www.chinalibs.net/ArticleInfo.aspx?id=286321.

一个五年规划纲要》《国家"十一五"时期文化改革发展规划纲要》,被称为是政府提供公共文化服务的重要手段,是实现广大人民群众基本文化权益的重要途径,是改善城乡基层文化服务的创新工程,在我国公共文化服务体系建设中具有战略性、基础性地位。

共享工程的实施主体为各级公共图书馆,其服务网络由国家中心、省级分中心、基层中心(包括县级支中心、乡镇和社区服务点)组成,国家中心设在国家图书馆,省级分中心设在省级公共图书馆,基层中心大都设在各级基层图书馆。截至 2011 年年底,已建成 1 个国家中心,33 个省级分中心(覆盖率达 100%),2840 个县级支中心(覆盖率达 99%),28 595 个乡镇基层服务点(覆盖率达 83%),60.2 万个村基层服务点(覆盖率达 99%),累计服务超过 11.2 亿人次①,几乎所有的省级公共图书馆和广大的基层图书馆都参与了共享工程的建设和服务。事实上,整个共享工程的建设,也正是通过基层图书馆建设的分(支)中心和基层服务网点,才将公共文化服务真正送到了老百姓身边,同时也推动了基层图书馆自身的发展。

(2)数字图书馆推广工程

2011 年,文化部、财政部共同推出"数字图书馆推广工程",其目标是建设分布式公共文化资源库群,搭建以各级数字图书馆为节点的数字图书馆虚拟网,建设优秀中华文化集中展示平台、开放式信息服务平台和国际文化交流平台,打造基于新媒体的公共文化服务新业态,最终实现数字图书馆的服务惠及全民,切实保障公共文化服务的公益性、基本性、均等性、便利性,最大限度地发挥数字图书馆在文化建设中引导社会、教育人民和推动发展的功能②。数字图书馆推广工程实施的意义之一就是"加快公共文化服务体系建设、提高公共文化服务能力、推动覆盖城乡的公共文化服务体系建设"③。毫无疑问,各级公共图书馆再次成为该工程的实施主体。《文化部关于加快实施数字图书馆推广工程的意见》指出,"在文化部和各级文化行政部门的指导下,建立并完善由国家图书馆、省级馆、地(市)级馆和县(市)级图书馆为实施主体的四级推广工程建设机制,逐步提高各级数字图书馆建设能力和服务水平"④。到 2013 年,全国实施该工程的地级市图书馆已达 189 个⑤,基层图书馆已全面参与工程建设,其整体建设水平和服务能力得到了进一步提高。

(3)公共电子阅览室建设计划

为加快构建公共文化服务体系,切实保障数字化环境下公共文化服务的公益性、基本性、均等性和便利性,文化部和财政部于 2012 年发布了《"公共电子阅览室建设计划"实施方案》,正式启动公共电子阅览室建设计划。该计划以未成年人、老年人、进城务工人员等特殊群体为重点服务对象,依托共享工程的服务网络和设施,以及共享工程、国家数字图书馆丰富的数字资源,与共享工程建设、乡镇文化站建设、街道(社区)文化中心(文化活动室)建设

---

①　国家数字文化网.全国文化信息资源共享工程介绍[EB/OL].[2015 - 06 - 30].http://www.ndc-nc.gov.cn/gongcheng/jieshao/201212/t20121212_495375.htm.

②③　数字图书馆推广工程.工程介绍[EB/OL].[2015 - 06 - 30].http://www.ndlib.cn/gcjs_1/201108/t20110818_47872.htm.

④　文化部.文化部关于加快实施数字图书馆推广工程的意见[EB/OL].[2015 - 06 - 30].http://www.ndlib.cn/cswjxz/201210/P020121023602263010094.pdf

⑤　数字图书馆推广工程.2013 年全国实施地区名单[EB/OL].[2015 - 06 - 30].http://www.ndlib.cn/ssdq/201308/t20130819_76520.htm.

以及中央文明办组织实施的"绿色电脑进西部"工程相结合,通过进一步完善全国各级公共图书馆、文化馆(站、室)的软硬件设施,增强各级公共图书馆、文化馆(站、室)的数字文化服务能力,把更多适应人民群众需求的数字资源传送到社区、城镇和农村①。广大的基层图书馆又一次参与了工程的建设。以浙江省为例,该省是文化部公共电子阅览室建设计划试点省份之一。该省通过实行"城乡一体化公共图书馆服务体系",推行总分馆制,将共享工程与公共电子阅览室建设结合起来。截止到2014年年底,依托各级公共图书馆、文化馆、共享工程分支中心和基层服务点,浙江省共建成1764个基层公共电子阅览室。在其公布的24个示范点名单中,公共电子阅览室大都在基层图书馆开设②,其余也多为图书馆与街道、企业等合作共建,如富阳市富春街道公共电子阅览室,就是由富阳图书馆、富春街道、老干部局三家单位共建③。

(4)公共文化服务体系示范区(项目)建设

2011年1月,文化部和财政部共同启动了国家公共文化服务体系示范区(项目)创建工作,目的是"建立若干公共文化服务体系建设示范区,充分发挥典型的示范、影响和带动作用,分类指导东、中、西部和城乡基层文化建设"。示范区的建设目标是积极探索如何形成网络健全、结构合理、发展均衡、运行有效、惠及全民的公共文化服务体系,进一步扩大公共文化服务覆盖面,提高效能,为构建基本完善的公共文化服务体系提供实践示范和制度建设经验。示范项目的建设目标是就公共文化服务体系的某一方面、某一构成要素进行探索,为完善公共文化服务体系的构成要素、组成方面提供实践示范和制度建设经验④。按照规划,示范区和示范项目的创建周期为两年,"十二五"期间全国将分三批创建约90个国家公共文化服务体系示范区以及约180个国家公共文化服务体系示范项目,中央财政根据不同地区给予一定的补贴。地级市(区)人民政府(含省直辖的县级人民政府)为示范区的申报主体,地级市(区)文化管理部门(含省直辖的县级文化管理部门)为示范项目的申报主体。

在文化部制定的分东部、中部和西部的示范区建设标准中,有关公共图书馆的标准有20项,其中主要包括地(市)、县级公共图书馆设置率和达标率、人均占有公共图书馆藏书册数、平均每册藏书年流通次数、年人均到馆次数、地(市)、县级公共图书馆标准配置的电子阅览室、总分馆制、下基层服务次数、针对特殊人群的服务和活动、是否免费开放以及开放时间、图书馆地方特色资源建设情况、数字图书馆服务情况、图书馆网站建设情况等。

2011年5月,文化部公布了第一批示范区(项目)名单,并于2013年完成验收。这期间,各示范区内和申报示范项目的公共图书馆抓住契机开展了大量的工作。如长沙市图书馆的总分馆建设,以市图书馆为总中心馆,区县(市)图书馆为中心馆,街道(乡镇)、社区(村)图书馆为分馆(服务点),24小时街区自助图书馆、民办图书馆、图书流动车为补充,吸

①　文化部,财政部.关于印发《"公共电子阅览室建设计划"实施方案》的通知[EB/OL].[2015 - 06 - 30]. http://www.gov.cn/zwgk/2012-02/27/content_2077526.htm.

②　全国文化信息共享工程浙江分中心.浙江24个基层公共电子阅览室喜获"示范点"称号[EB/OL].[2015 - 06 - 30].http://www.ndcnc.gov.cn/tushuguan/zixun/201501/t20150114_1048464.htm.

③　老年大学办公室.市委老干部局、市图书馆、富春街道共建公共电子阅览室[EB/OL].[2015 - 06 - 30].http://www.fyslndx.com/show_content.php?id=94.

④　文化部,财政部.国家公共文化服务体系示范区(项目)创建工作方案[EB/OL].[2015 - 06 - 30].http://www.ndcnc.gov.cn/shifanqu/gonggao/201303/P020130326554644618830.doc.

收企业、学校图书馆（室）等其他信息机构加入，建成了地区图书馆网群，截至 2013 年 7 月，全市已建分馆 50 家，在建分馆 10 家，开辟流动图书车服务点 40 个，平均每 14 万人拥有 1 所公共图书馆①。而牡丹江市公共图书馆在示范区创建的两年中，通过加强基础建设、实行免费开放、创建总分馆制、打造读者活动品牌、建设数字图书馆等，总藏书量大幅增加，服务手段也逐步多样化，取得了很好的社会效益②。在第一批 47 个创建示范项目中，与公共图书馆直接相关的 8 个项目涉及了图书馆总分馆建设，如重庆市大渡口区的"文化馆和图书馆总分馆制"项目、陕西省铜川市的"公共图书馆服务一体化建设"；基层图书馆建设如广东省佛山市的"南海区县域公共文化服务体系建设工程"项目；阅读推广如湖北省荆州市的"小太阳读书节暨全民阅读活动"项目等。

可以说，在公共文化服务体系示范区（项目）创建中，基层图书馆不遗余力地发挥了自己的作用，不仅助力了示范区（项目）的创建，为其他地区基层图书馆的发展树立了榜样，也促进了自身的发展，凸显了基层图书馆在构建公共文化服务体系中的重要作用。

（5）农家书屋

2007 年 3 月，新闻出版总署、中央文明办、国家发展和改革委员会、科技部、民政部、财政部、农业部、国家人口和计划生育委员会八部委正式印发《农家书屋工程实施意见》，根据《国家"十一五"时期文化发展规划纲要》的部署，从 2007 年开始在全国范围内实施"农家书屋"工程，目的是解决农民买书难、借书难、看书难的问题。其建设目标是 2010 年达到 20 多万家，2015 年基本覆盖全国的 64 万个行政村③。

农家书屋的主导单位是新闻出版部门，八部委中没有主管图书馆的文化部，按理说工程的实施与图书馆没有任何关系。然而，该工程在具体实施中，由于一些地区的新闻出版部门没有相应的管理机构，缺乏具有长期读者服务经验的专业人员，建成后的农家书屋在书刊日常管理、人员业务辅导、专业技能培训及读者工作开展等方面存在困难④，而这些业务又是图书馆的强项，因此相关部门自然想到了图书馆。此外，由于文化综合体制改革后，有些地区的政府机构把文化局、广电局和新闻出版局整合到一块，即文广新局。这些地区的文广新局从一开始就把部分或全部农家书屋的建设和管理任务等分配给当地各级公共图书馆承担。农家书屋工程实施 8 年多来，很多地区的公共图书馆尤其是基层图书馆积极参与工程建设，对农家书屋的建设和后续管理等方面所做的贡献可谓有目共睹。例如，上海地区就增加了图书馆作为农家书屋的业务指导部门，以闵行区农家书屋建设为例，采用由区图书馆进行资源配置和业务指导，镇图书馆操作管理下属各村农家书屋图书借阅的模式，对当地农家书屋的可持续发展发挥了积极作用⑤。再如，山东济宁市由于建成的 256 个农家书屋大都

① 王自洋. 以示范区创建为契机，推进图书馆总分馆建设——长沙图书馆总分馆制的实践与思考[J]. 图书馆，2014(1)：16—19.

② 兰海燕. 从"示范区"建设探寻中小型公共图书馆发展之路——以牡丹江市为例[J]. 黑龙江史志，2015(8)：1—12.

③ 新闻出版总署等. 关于印发《"农家书屋"工程实施意见》的通知[EB/OL]. [2015 - 07 - 01]. http：//www. gapp. gov. cn/contents/801/77066. html.

④⑤ 张劲芳. 利用公共图书馆基础，推进农家书屋持续发展——以上海市闵行区农家书屋建设为例[J]. 图书馆杂志，2011(4)：55—57.

存在缺乏专职管理人员,图书丢失、损坏严重,图书品种不全,服务内容单一等问题,该市通过发挥市、县、区公共图书馆对农家书屋的指导、监督和管理作用,指导农家书屋开展活动、为其培训人员,并通过开办分馆解决了农家书屋藏书不足的问题①。

3. 基层图书馆在现代公共文化服务体系中的地位和作用

(1)图书馆在现代公共文化服务体系中的地位和作用

综上所述,从近10年来公共图书馆参与国家公共文化服务体系重大工程建设的情况来看,公共图书馆作为公共文化的基础设施和重要服务阵地之一,在现代公共文化服务体系建设中发挥了重要作用,是国家公共文化服务体系不可或缺的组成部分,占有极其重要的地位。随着图书馆提供服务内容的多元化和服务种类的多样化,及其服务资源的日渐丰富,图书馆甚至在一定程度上可以代替其他公共文化设施的部分服务功能,如图书馆也可以提供类似美术馆、科技馆、影院等机构提供的展览、科技服务,以及影片放映等服务,而图书馆特有的文献查询、检索等服务却是这些机构不能提供的。

此外,随着信息和计算机技术的发展,图书馆收藏文献的种类已经不再是单纯的纸质文献,基本上囊括了所有种类载体的资源,文献收藏数量也不再局限于物理空间,这也为图书馆整合整个文化系统的资源提供了可能性,甚至图书馆还可以整合系统之外的其他文化资源。因此,在技术的推动下,图书馆丰富的资源是当前任何一类公共文化设施所无可比拟的,而依托这一资源所提供的丰富而多样化的服务也是其他任何一类公共文化设施所达不到的。如书院、少儿阅读推广彰显了图书馆的社会教育职能;为弱势群体提供的主动服务、送书下乡、基层服务网点(如农家书柜、社区图书馆)等的建设体现了图书馆在公共文化服务均等性、便利性方面所发挥的作用,也充分体现了图书馆服务的灵活性,而其他公共文化设施大都不具备这样的功能和条件;数字图书馆的出现更使得图书馆的服务不受时间和空间限制,只要有网络,就会有图书馆服务;图书馆的全面免费开放服务则实现了公共文化服务的公益性。

可以说,图书馆在整个公共文化服务体系建设中完全可以发挥引领和带头作用,以其资源优势和人才优势,通过开展各类服务活动营造出良好的社会文化氛围,从而拉动大众对其他文化活动的需求和消费。

(2)基层图书馆在现代公共文化服务体系中的地位和作用

除国家图书馆外,我国的公共图书馆按行政级别划分为省级馆、地市级馆、县级馆、乡镇(社区)馆。其中,地市级馆约占公共图书馆总数的11%,县级图书馆约占公共图书馆总数的87%②,如果说省级馆是点,地市级馆是线,那么县级馆和乡镇(社区)馆就是整个公共图书馆体系中的面了,只有点、线、面结合,才能充分地利用各级公共图书馆的资源,实现公共

---

① 井继龙,孙卓伟.地市级公共图书馆在农家书屋建设中的作用探析——以济宁市农家书屋建设为例[C]//全国中小型公共图书馆联合会.全国中小型公共图书馆联合会2014年研讨会论文集.马鞍山,2014:262—270.

② 文化部财务司."十五"以来全国公共图书馆发展情况分析[EB/OL].[2015 – 07 – 01]. http://zwgk. mcprc. gov. cn/auto255/201101/t20110105_20114. html.

图书馆服务的公益性、基本性、均等性和便利性。

实践中,地市级公共图书馆是省级图书馆和县级图书馆之间联系的纽带和桥梁,并且与县级以下图书馆有着直接而紧密的业务联系,在影响和带动基层公共文化服务体系建设方面承担着重要责任①。而县级馆和乡镇(社区)馆是我国最基层的公共图书馆,承担着为本辖区内包括农村人口在内的全部人口提供直接服务的任务。国家统计局的统计数据显示,2014 年年末,我国乡村人口约为 6 亿,城镇人口约 7 亿,其中城镇人口包括县城和中小城市人口,也就是说,理论上讲,基层图书馆直接服务的人口数量远超省级图书馆直接服务的人口数量。

此外,由于我国长期以来存在的城乡间经济、教育和文化的差别,中小城市与大城市、农村与城市间的经济发展存在着一定差距,这些差距又直接导致欠发达地区居民的信息资源拥有量、信息素养等方面的差距,形成了我国区域间的数字鸿沟。因此,基层图书馆在构建覆盖全社会的公共文化服务体系中承担着繁重而艰巨的任务。换句话说,构建覆盖全社会的公共文化服务体系,提升公共图书馆事业的整体水平,必须要重视和加强基层图书馆建设。

二、基层图书馆建设与服务创新的思考

"十一五"以来,随着我国中央和地方各级政府进一步加大对公共图书馆建设的支持力度,公共图书馆财政投入稳步增加。通过实施县级图书馆建设、县级图书馆修缮、共享工程等重点文化工程,全国各级公共图书馆的服务设施、文献资源、服务手段、服务能力以及人才队伍建设等方面都取得了很大进展,公共图书馆事业整体呈现出蓬勃发展、整体推进的良好局面。但我国的公共图书馆事业发展在总体上还滞后于经济社会发展,还不能满足社会公众日益增长的精神文化需求,尤其是基层图书馆的发展现状更不容乐观,究其原因是多方面的,如地区间和城乡间的差异、当地政府的重视程度、政府经费投入的保障机制、人才队伍建设、社会文化环境以及图书馆自身的管理和创新能力等。

从目前的运营经费和服务资源拥有量方面来看,普遍地,省级馆要优于地市级馆,地市级馆要优于县级馆和乡镇(社区)馆。如何在现有的条件下,加强基层图书馆建设与服务创新,政府主导是主要方面,图书馆自身是否具有创新意识,是否能够以积极主动的姿态寻求发展机会、寻求和整合外部力量的支持,是否能打破旧有的管理机制、关注和跟进图书馆最新技术,是否能注重为当地经济和社会发展做出贡献、切切实实地为老百姓送去文化服务等也是关键所在。"有为"才会"有位",基层图书馆的建设与发展,创新已是迫在眉睫!

---

① 《全国地市级公共文化设施建设规划》正式印发[EB/OL]. [2015 - 07 - 01]. http://www.gov.cn/gzdt/2012-02/07/content_2060392.htm.

1. 基层图书馆理念创新

基层图书馆创新的内容大致包括服务创新、运营模式创新、技术创新、管理模式创新、资源建设创新、馆舍建设创新、理念体系创新等几个方面。思路决定出路,要实现图书馆建设与服务创新,转变理念是前提。所谓的理念先行,只有接受了新理念或进行了理念的自主创新,在实践中才能打破常规,突破现状,使图书馆沿着正确的方向建设和发展,创造出图书馆管理、运营、服务等的新模式,进而实现更大的社会效益。但是理念创新并不是凭空想象,需要有一定的现实基础和理论基础,现实基础就是图书馆的发展现状。

毋庸多言,相对于大众文化需求的快速增长和公共文化服务体系建设的需要,大多数基层图书馆无论是从理念还是硬件建设方面还相对滞后,创新刻不容缓;理论基础就是要坚持公共图书馆的基本理念不能变。创新源于对现状的不满,源于图书馆进一步发展的需要,但无论如何创新,公共图书馆的基本理念不能改变,在这一基础之上,图书馆的领导者还必须放下包袱,解放思想,突破旧有思想的束缚,结合当地特点,了解当前图书馆发展的最新趋势,通过深入调查研究,确定出本馆的建设和发展方向,进而找出创新点,归纳和提炼出新的理念。因此,在理念创新中,要注意思考如下几点:

(1)坚持公共图书馆的基本理念不能变

联合国教科文组织《公共图书馆宣言 1994》指出:"每一个人都有平等享受公共图书馆服务的权利,而不受年龄、种族、性别、宗教信仰、国籍、语言或社会地位的限制。对因故不能享用常规服务和资料的用户,例如少数民族用户、残疾用户、医院病人或监狱囚犯,必须向其提供特殊服务和资料。"

21 世纪初,我国学者开始了基于公共图书馆精神的公共图书馆理念的研究,提出公共图书馆免费、平等、开放等理念,批评公共图书馆界出现的"以文养文,以文补文"的产业化思潮。如范并思(2004)认为,现代图书馆的精神包括信仰信息公平的理念,尊重人的信息权利;对信息弱势群体的人文关怀;对图书馆职业的尊敬三个方面。吴晞(2006)结合深圳图书馆的实践,以"天下之公器"来形容公共图书馆的基本精神,认为现代意义上的公共图书馆应该是开放、平等、免费、政府创建和公费支持①。蒋永福(2009)将现代公共图书馆的基本理念概括为平等服务、知识自由、信息公平、民主政治和社会包容②。

《国家"十一五"时期文化发展规划纲要》中提出的"实现和保障公民基本文化权益、满足广大人民群众基本文化需求"也标志着政府对公共图书馆服务理念发生了根本性的转变③。2008 年 3 月,中国图书馆学会七届四次理事会审议通过的《图书馆服务宣言》,开篇提到"现代图书馆秉承对全社会开放的理念,承担起实现和保障公民基本阅读权利、缩小社会信息鸿沟的神圣使命"。2011 年 1 月,文化部、财政部出台的《关于推进全国美术馆、公共图书馆、文化馆(站)免费开放工作的意见》,计划到 2011 年年底,全国所有公共图书馆、文化馆(站)实现无障碍、零门槛进入,公共空间设施场地全部免费开放,所提供的基本服务项目全

---

① 吴晞.天下之公器——论公共图书馆精神[J].深图通讯,2006(2):3—6.
② 蒋永福.现代图书馆的五大基本理念[J].图书情报工作,2009,21(21):11—16.
③ 范并思.政府公共图书馆服务理念的根本性转变[J].图书与情报,2007(5):2—3.

部免费①。时至今日,政府主导,按照公益性、基本性、均等性、便利性的要求,加强文化基础设施建设,完善公共文化服务网络,让群众广泛享有免费或优惠的基本公共文化服务已成为社会共识,而如何达到这一目标已成为包括图书馆在内的公共文化服务机构的发展方向。

基层图书馆的建设和服务创新就是要实现图书馆服务的公益性、基本性、均等性和便利性,偏离了这一原则,任何创新都没有意义。纵观近十多年公共图书馆的创新实践,就是在其办馆理念指导下的运营模式、管理方式、服务模式、资源建设等不断创新的过程,也正是不断向这一方向前进的过程。从公共图书馆"以文养文"到免费开放、部分馆不收取读者卡押金;从送书下乡、关注弱势群体、为特殊人群主动提供图书馆服务到允许乞丐进入图书馆;从流动书车到总分馆体系的建设,每一步的发展都离不开免费、开放、平等理念下的公益性、基本性、均等性和便利性的大原则。基层图书馆的创新过程,就是在这一原则和理念指导下的不断发展的过程。

(2)放下包袱,解放思想

创新,就是要把握机遇,开动脑筋,大胆而踏踏实实地去做事情。一提到创新,就会有人潜意识地认为这是一件很艰难的事,是经费充足的图书馆才能做到的事,是技术先进、人才济济的图书馆才可以考虑的事,其实不然。创新的目的就是要改变现状,就是要把困难的事处理好,就是要在现有条件下把事情做得更好,就是要想方设法改变现有条件。

关键是要不要创新,是等、靠、要,还是主动出击?这是作为基层图书馆的领导首先要考虑的问题。例如,对于当地政府部门不重视图书馆发展的情况,如果态度消极,一味等、靠下去,图书馆必然发展缓慢。正确的做法是在利用现有条件做好图书馆服务的同时,加强宣传,积极呼吁和争取,让政府主管部门认识到图书馆的重要性。

其次,创新并不一定是要做轰轰烈烈的大事,能把和读者相关的小事做好,从细节着手做好读者服务工作也是创新。当然,在条件具备的情况下,能把图书馆事业做得轰轰烈烈,引发较大的社会反响和好评是最好不过。

再次,没有条件,缺乏资金,是否可以创造条件?是否可以寻求外部的力量?答案是肯定的,但创造条件,寻求外部支援,同样需要基层图书馆能够主动出击。

此外,创新并不一定要最先进的硬件设备和技术,如不切实际盲目追求硬件设备上的"高"和"新",而不注重资源建设和服务的创新,或者只注重资源建设的"新"和"全",而不注重阅读推广,造成资源浪费的做法都是不可取的。也就是说只有那些切合实际,能为读者带来真正益处的创新才能保证图书馆的持续发展。

最后,创新的终极目的是做好读者服务工作并由此而带来良好的社会效益。只有读者需要图书馆,离不开图书馆,图书馆才有可能得到政府相关部门和社会的认可和重视,为图书馆持续发展带来契机。因此,所谓的放下包袱,解放思想,就是要本着硬件可以落后,但办馆理念不能落后的原则,放下顾虑,以读者服务为出发点(即图书馆的基本理念),以现有条件为基础,开动脑筋,大胆挖掘和寻找图书馆突破现状、进一步发展的途径和办法。

---

① 文化部,财政部.关于推进全国美术馆公共图书馆文化馆(站)免费开放工作的意见[EB/OL].[2015-07-06].http://www.gov.cn/zwgk/2011-02/14/content_1803021.htm.

（3）要结合图书馆最新发展趋势和当地特点

要创新，当然要了解当前图书馆的最新发展趋势，包括最新技术、运营、管理、服务模式等，还要了解当前环境下读者的阅读习惯和信息需求等。对这些信息的了解和掌握，有助于在确定图书馆创新理念体系时，不仅能满足当前发展的需要，而且能够具有前瞻性。但创新不是看到新的拿来就用，首先要看看能不能拿来，其次是拿来后是否适合当地和本馆特点。例如一些先进的硬件设备，在财力允许的情况下，拿来用当然好，但财力不是很充裕的情况下，就要考虑优先进行其他更重要方面的建设了。这些看似简单的道理，在实际操作中一旦走入误区，将给发展中的基层图书馆带来巨大的损失。如有的图书馆单纯追求馆舍和硬件设施的"高大上"，而忽略了内涵建设，使图书馆成为虚有其表的华丽的空架子。在管理或服务方式等软件方面的引入也是如此，发达地区图书馆的管理和服务经验值得欠发达地区的图书馆借鉴和参考，下一级图书馆还可以借鉴和参考上一级图书馆的管理和服务经验，但还要考虑地区和馆情的差异，不能生搬硬套。

例如，同样是公共图书馆法人治理结构建设，虽然有国家下发的《关于建立和完善事业单位法人治理结构的意见》，但由于各地地方体制、地方政府改革环境和力度、公共图书馆内部情况的不同，法人治理结构的建设各地的做法也不尽相同。例如对于理事会的定位、理事会成员的构成等，由于各地具体情况的差异，每个公共图书馆的规定也不同。如义乌市图书馆理事会定位为图书馆的议事和决策机构，北京东城区图书馆则定位为图书馆的决策和监督机构。这种做法也符合公共图书馆法人治理结构建设摸索阶段的积极、稳妥推进的原则。而理事会成员构成中对政府理事、服务对象、社会资源理事等所占的比例各馆的情况也不尽相同，例如北京东城区图书馆理事会的 11 名理事，有 6 名是来自社区、教育界、文化界及企业单位的社会人士[①]；顺德图书馆理事会的 13 名理事中，社会代表 8 名，其中 4 名来自文化界，其余 4 名分别来自图书馆界、教育界、法律界和财经界[②]。

再如，引入志愿者参与图书馆创新服务，不仅可解决人力短缺的问题，还能起到宣传和推广图书馆的作用，目前很多公共图书馆都设有常规性的志愿者服务项目，但如何招募到合格的志愿者，后续的培训和管理如何进行，应该设置哪些项目，和图书馆所在区域的文化氛围、图书馆拟将实施的项目等有很大关系，同样不能把其他图书馆的经验进行照搬。因此，跟踪和了解图书馆最新发展趋势，因地制宜制定创新理念，杜绝生搬硬套，是基层图书馆建设和服务创新必须要注意的问题。

2. 基层图书馆总分馆制建设

21 世纪初，我国一些经济发达城市，如北京、上海、深圳、杭州、苏州、佛山等地的公共图书馆，由于较早接受了现代公共图书馆理念，率先实行总分馆制，在公共图书馆服务延伸方面取得了较好的效果。2006 年，《国家"十一五"时期文化发展规划纲要》也明确提出"县

---

① 北京市东城区第一图书馆. 2015 年 7 月 7 日我区图书馆成立理事会 [EB/OL]. [2015 – 07 – 08]. http://www. bjdclib. com/dclib/gydt/meitibaodao/2015/201507/t20150708_151808. html.

② 吴曦. 顺德图书馆理事会 社会专家可话事 [EB/OL]. [2015 – 07 – 08]. http://gd. sina. com. cn/fs/wuqu/2014-12-17/075822387. html.

(市)图书馆逐步实行分馆制,丰富藏书量,形成统一采购、统一编目的图书配送体系,充分发挥县图书馆对乡镇、村图书室的辐射作用,促进县、乡图书文献共享"。2011年1月启动的国家公共文化服务体系示范区建设中,第一批示范区创建标准的东部标准规定"市、县图书馆建立统一采购、统一编目、统一配送的总分馆制,实现通借通还";中部标准规定"市、县图书馆建立总分馆制等多种模式的服务体系"①。2012年5月1日,《GB/T 28220—2011 公共图书馆服务规范》正式实施,该标准第6条"服务效能"中的"总分馆服务"明确要求:"公共图书馆应在政府主导、多级投入、集中分层管理、资源共享的原则下,建立普遍均等的公共图书馆服务体系,因地制宜地开展形式多样的总分馆服务,形成统一的机构标识,统一的业务规范,建立便捷的通借通还文献分拣传递物流体系,提升同一地区公共图书馆系统的整体形象和服务能力。"

在政府主管部门的逐步重视和图书馆的不懈努力下,经过10多年的发展,总分馆制建设目前可以说已在全国遍地开花,取得了一定成效,各地因地制宜,纷纷推出了具有当地特色的总分馆制,准确地说,应该是依据当地条件建设而成的总分馆制,在公共图书馆服务向基层延伸方面取得了一定成效。但不可否认,这些已建和在建的总分馆制,很大一部分并非严格意义上的总分馆制,由于受体制所限,并没有完全实现统一采购、统一编目,因此在运行和后续的管理中不可避免地出现了各种问题,其中最突出的问题就是总分馆制建成后的可持续性发展问题,出现了建设时热情高涨,建成后门庭冷落的现象。目前,有些地方的建设模式已较为成熟,有些地方还处在发展探索中,更多的地方则还处在待建阶段。剖析和总结各地、各种模式的总分馆制建设,有助于我们发现问题,找出原因,未雨绸缪,在建设之初就将各种问题通盘考虑,最大限度地发挥总分馆制的优势,使公共图书馆的服务更好地向城乡基层延伸,整体提升公共图书馆的服务效能,推进公共文化服务体系更快发展。

对于总分馆制的建设模式,学者们从不同角度给出了各种不同的分类方法,例如,有按实施地特点分为嘉兴模式、苏州模式、禅城模式②等;有按管理形式分为直管型、委托型、联办型、加盟型③等;金武刚、李国新则从资金投入和管理的角度很好地概括了我国各地总分馆制建设的主要模式,将我国目前实行的多种总分馆制模式归纳为三种,即多元投入、协同管理的松散型总分馆模式;多级投入、集中管理的集约型总分馆模式和单级投入、统一管理的统一型总分馆模式④。

所谓多元投入、协同管理的松散型总分馆模式是指非政府主导,在不改变原有行政隶属及人事、财政关系的情况下,总馆只在业务上对分馆进行指导和协调,分馆作为独立建制的图书馆,保持财产和人员的独立性。严格来讲,这种模式实际上是一种地区公共图书馆联

① 文化部,财政部.国家公共文化服务体系示范区(项目)创建标准[EB/OL]. [2015 – 07 – 08]. http://www.ndcnc.gov.cn/shifanqu/gonggao/201303/P020130326554644764739.doc.

② 徐益波.我国公共图书馆总分馆制实践案例比较分析[J].图书与情报,2013(6):62—64.

③ 王世华.江苏积极探索公共图书馆总分馆制[EB/OL]. [2015 – 07 – 10]. http://news.idoican.com.cn/zgwenhuab/html/2014-05/07/content_5145611.htm? div = –1.

④ 金武刚,李国新.中国公共图书馆总分馆制建设:起源、现状与未来趋势[J].图书馆杂志,2010(5):4—15.

盟,联盟成员馆(即各分馆)间可实现资源共享、通借通还,同时在总馆的指导下,可规范各分馆的业务工作,提高其业务水平。但由于总馆对各分馆只有业务指导义务,而无其他任何管理权限,因此无法控制各分馆的办馆质量和服务水平,亦无法调动其积极性,有可能出现"剃头挑子一头热"的现象,尤其是对于条件较差的街道或乡镇图书馆来说,只是业务指导和资源共享,而没有政府主导的新的资金投入到馆舍、管理和人员等方面,其日常服务的开展可能都会有困难,因而总分馆体系建设的可持续性会大打折扣。此种模式比较适合经济较发达、公共图书馆整体水平较高的地区。实施这类模式的典型地区有上海中心图书馆模式、北京市公共图书馆计算机信息服务网络、杭州地区公共图书馆"一证通"模式等。

以杭州地区为例,杭州地区公共图书馆"一证通"是由杭州市图书馆牵头,依托共享工程,建立以杭州市图书馆为龙头,区、县(市)图书馆为分中心,街道、乡镇图书馆(室)为基层中心,小区、村图书馆(室)为基层服务点的四级图书信息网络体系,利用互联网和计算机技术,在服务网内任何一个点实行一张借书证通借通还的借阅制度①;各级图书馆分属不同的行政区划,上一级图书馆对下一级图书馆只进行业务指导,没有领导权。"一证通"模式运行后虽然在图书馆的延伸服务方面取得了一定成效,但由于各级财政投入有限,管理人员业务水平参差不齐,缺乏相应的评估、考核和激励机制,各馆彼此独立,中心馆无权进行统一采购、统一管理,各基层馆办馆水平不一,影响了总分馆体系的可持续发展。2011 年 12 月,杭州市委办公厅、市政府办公厅发布的《关于进一步加强杭州市公共图书馆服务体系建设的实施意见》提出,杭州图书馆作为全市公共图书馆服务网络的中心馆,承担对区、县(市)公共图书馆业务的规划、指导、协调和评估等工作;乡镇(街道)图书馆建设经费按照多级投入、集中管理的原则,购书经费由区、县(市)图书馆集中管理,根据本辖区文献资源建设的规划、分工和部署,按照统一采购、统一加工、统一配送的原则,合理购置文献资源。也就是说,在乡镇(街道)图书馆的建设上,改为多级投入,集中管理。

所谓多级投入、集中管理的集约型总分馆模式,是指在不改变原有行政隶属及人事、财政关系的前提下,由上级政府和下级政府共同出资,由总馆负责文献资源的统一采购和加工以及各分馆的业务指导和协调工作。这类模式由于上级政府也参与到下一级的分馆建设中,经费更有保障,各分馆的主要业务纳入到总馆的统一规范中,更有利于提高各分馆的服务水平和服务能力。但令人担忧的依然是政府经费投入的持续性,尤其是乡镇一级政府的投入,如果没有相应的保障机制,单靠上级政府的投入显然是不够的。经费投入的持续性不能保证,则分馆的建设也相应无法保证。较早以此种模式建设总分馆制的地区有东莞、嘉兴、苏州等。以嘉兴模式为例,总馆是指市、县两级公共图书馆,分馆是指总馆辖区内的乡镇图书馆。多级投入是指乡镇分馆的建设主体是嘉兴市人民政府、区人民政府和各乡镇人民政府,亦即乡镇分馆的开办经费和年运行经费由市、区、乡镇三级财政共同投入;集中管理是指乡镇分馆建设后各级政府委托嘉兴市图书馆(总馆)一级管理。每建一个乡镇分馆,由总

---

① 罗京萍.杭州地区公共图书馆"一证通"模式的探讨与实践[J].图书馆理论与实践,2008(5):129—130.

馆派出一名分馆馆长,负责分馆的业务工作;乡镇政府不干涉总馆对分馆人财物的管理①。在这种模式中,无疑总馆的权利更大了,除业务指导外,还可以对分馆的人财物进行管理,更有利于分馆整体业务的规划和提高,但如何保证经费多级投入中各级政府投入的持续性,是这一类总分馆制持续发展的关键。

所谓单级投入、统一管理的统一型总分馆模式,也叫统一投入、统一管理的总分馆模式。这种模式改变了原有的行政隶属及人事和财政关系,总分馆由一个建设主体投入,分馆是总馆的一个直属部门或派出机构,总分馆的人、财、物由总馆统一管理,文献资源由总馆统一采购和加工。统一型总分馆模式更接近于严格意义上的总分馆制,应该说是这三种模式中最被看好,也是发展最好的模式。政府主导向来被看作是总分馆制能否持续发展的关键,实践也证明,只有政府主导,保证经费的持续投入,总分馆制才能持续发展下去。深圳福田区图书馆总分馆建设即是此种模式,其基本运行模式是:以区图书馆为总馆,社区图书馆为分馆,由区政府统一拨款,统一采购,统一编目,统一配置,统一管理②。这五个"统一"既解决了分馆建设和运营的经费问题,也解决了各分馆的人才队伍建设问题,同时还有助于提高分馆资源建设质量和服务质量。目前,已建立了包括 1 个区级馆、10 个街道分馆、90 个社区分馆、6 个主题分馆的总分馆网络体系③。福田区图书馆总分馆制是在深圳于 2003 年提出建设"图书馆之城"战略目标的背景下,由福田区政府颁布《深圳市福田区公共图书馆管理办法》确定建立的,政府主导,出台相关政策并给予经费的支持是福田区总分馆制建设取得成功的前提。

由政府主导,统一投入,统一管理,无疑是目前进行总分馆制建设最理想的方式,也是总分馆制建设 10 多年来图书馆界一直在呼吁的问题,虽然 2015 年发布的《关于加快构建现代公共文化服务体系的意见》将"坚持政府主导"作为构建现代公共文化服务体系的基本原则之一,但鉴于我国目前的情况,并不是每个地区、每个公共图书馆在现阶段都可以此种方式进行总分馆建设,其原因是多方面的。从政府和社会的层面上讲,如文化和财政体制、当地政府在文化建设方面的规划、对图书馆的整体重视程度、地区经济情况、社会文化氛围甚至是历史渊源都会影响政府对公共图书馆的资金投入;从图书馆的层面讲,图书馆的办馆理念、人才队伍、在当地的知晓度、阅读推广及宣传工作是否深入等,都会影响总分馆制的建设以及建设方式。因此,在当前情况下,因地制宜,根据各地自身情况采取不同模式进行总分馆制建设是推进图书馆服务延伸的有效办法之一。

然而,基层图书馆的总分馆制建设涉及社区、乡镇图书馆和农村服务网点,其情况更为复杂,仅有建设的热情、建设资金和政策的支持也是远远不够的。图书馆是否宣传到位,农民是否真正了解图书馆,他们需要什么样的服务,建成后的后续服务如何做,如何推广? 这些都是总分馆制建设时应该充分思考的问题,而在实际的建设中,还会遇到各种各样的困难

---

① 章明丽.市馆推动 政府主导 构建城乡一体的公共图书馆服务体系——嘉兴市总分馆制的探索与实践[J].山东图书馆季刊,2008(1):12—18.

② 林蓝.城市区级图书馆发展的创新之路——福田区图书馆总分馆建设的实践[J].深图通讯,2004(2):32—34.

③ 福田区图书馆.福图简介[EB/OL].[2015 – 07 – 10].http://www.szftlib.com.cn/page/about.html.

和问题需要克服和解决。建设总分馆制的终极目标就是要将图书馆的服务延伸到最基层去,不仅要建好,还要让读者用好,能切切实实为他们的生活、工作、生产带来变化和好处,使读者真正对图书馆有需求,离不开图书馆,只有这样,才能提高图书馆在社会大众中的地位,引起政府相关部门的足够重视,为图书馆的发展带来契机。

3. 基层图书馆的阅读推广

我国图书馆的阅读推广活动可追溯至 20 世纪 90 年代。1997 年 1 月,中宣部、文化部、国家教委等九部委联合颁发《关于在全国组织实施"知识工程"的通知》,提倡"多读书、读好书,让全社会每个人都能走进图书馆、利用图书馆,增强全社会的图书馆意识"[1]。2000 年 12 月,全国知识工程领导小组办公室在全国开展"全民读书月"活动,开展了"优秀读书家庭""科技读书示范户"和"读者喜爱的图书馆"等活动,同时组织图书馆、出版社等单位开展了丰富多彩的读书活动[2]。2006 年 4 月,中宣部、文化部等 11 部门联合发出《关于开展全民阅读活动的倡议书》,倡导在"世界读书日"(4 月 23 日)前后,开展"爱读书,读好书"的全民阅读活动[3]。同年 4 月 23 日,"中国图书馆学会第一届科普与阅读指导委员会成立大会"在广东省东莞图书馆隆重召开,标志着中国图书馆学会在推动全民阅读上有了专门的组织机构和指导原则[4]。

为促进全民阅读,研讨和交流阅读推广的经验和对策,从 2007 年开始,中国图书馆学会每年都举办"全民阅读论坛"。2009 年,中国图书馆学会科普与阅读指导委员会进行了换届,并正式更名为"阅读推广委员会"[5]。为推动社区和乡村阅读推广,中国图书馆学会阅读推广委员会下设了社区与乡村阅读委员会,并于 2010 年召开的工作会议上通过了《中国图书馆学会阅读推广委员会社区与乡村阅读委员会(2010—2015 年)发展规划》,明确了委员会 5 年工作的基本方向、工作目标及项目计划[6]。2011 年,社区与乡村阅读委员会组织开展了"社区乡镇阅读推广活动优秀案例征集"活动,活动共收到 52 家单位递交的 100 余件参赛作品。2013 年 5 月,由国家图书馆主办的"网络书香"全国数字阅读推广活动在福建省启动,该活动是数字图书馆推广工程的一部分,旨在通过阅读推广活动,充分挖掘数字图书馆在人们生产和生活中的重要作用,培养公众的数字阅读习惯,在全社会营造全民终身学习的良好氛围[7]。

---

① 中央宣传部等.关于在全国组织实施"知识工程"的通知[J].河南图书馆学刊,1997,17(2):2.

② 全国知识工程领导小组办公室.关于在全国开展"全民读书月"活动的通知[EB/OL].[2015 - 07 - 14]. http://www.ccnt.com.cn/news/read/index4.htm.

③ 中央宣传部等.关于开展全民阅读活动的倡议书[EB/OL].[2015 - 07 - 14].http://www.cast.org. cn/n35081/n35668/n35743/n36659/n39195/10203456.html.

④⑤ 中国图书馆学会.中国图书馆学会阅读推广委员会成立大会隆重召开[EB/OL].[2015 - 07 - 14]. http://xxk.lsc.org.cn/c/cn/news/2006-05/12/news_598.html.

⑥ 中国图书馆学会.社区与乡村阅读委员会 2010 年工作年会在宁波召开[EB/OL].[2015 - 07 - 14]. http://www.lsc.org.cn/c/cn/news/2010-12/06/news_5048.html.

⑦ 屈蔷.国家图书馆启动数字阅读推广活动[EB/OL].[2015 - 07 - 14].http://epaper.ccdy.cn/ html/2013-06/06/content_99076.htm.

2014 年 6 月,《深圳经济特区全民阅读促进条例(征求意见稿)》面向社会公开征求意见①;2014 年 11 月,江苏省第十二届人民代表大会常务委员会第十三次会议通过《江苏省人民代表大会常务委员会关于促进全民阅读的决定》②;2014 年 12 月,湖北省颁布我国首部全民阅读性地方法规《湖北省全民阅读促进办法》③。2015 年 1 月,中共中央办公厅、国务院办公厅印发的《关于加快构建现代公共文化服务体系的意见》强调要"深入开展全民阅读活动,推动全民阅读进家庭、进社区、进校园、进农村、进企业、进机关"。开展全民阅读活动,已成为构建现代公共文化服务体系的重要内容之一,已上升到法制保障的高度,图书馆尤其是公共图书馆责无旁贷地成为阅读推广的主力军。通过开展阅读推广活动,不仅可以激发、培育、唤起民众的阅读意识和阅读习惯,促进社会阅读公平,实现公共文化服务的均等化,同时还可以起到宣传和推广图书馆服务的作用,让图书馆的丰富资源得到更广泛和有效的利用。

近 20 年来,在国家相关部门的提倡、鼓励、支持以及图书馆行业自身的努力下,我国各级公共图书馆的阅读推广工作开展得如火如荼,阅读推广的形式和内容也多种多样,随着互联网和计算机技术的发展,出现了借助新技术、新媒体的适应读者新的阅读习惯的多种推广模式。从推广的场地来看,除在馆内举行的各类推广活动外,图书馆已从"迎进来"到主动"走出去",阅读推广活动出现在各类读者活动或工作区域,走进了家庭、社区、校园、农村、企业和机关等,而不仅局限在图书馆内。由于阅读推广活动也需要相应的经费支撑,活动的数量、内容和形式与图书馆管理者的理念也有很大关系,整体看来,我国公共图书馆的阅读推广活动还是以阵地服务为主,城市的推广活动要多于县、乡镇和农村地区的活动,省级公共图书馆的推广活动要多于基层图书馆,经济发达地区的推广活动要多于欠发达地区,广大农村地区读者的阅读意识和利用图书馆的意识还有待提高,阅读推广的深度和广度也需拓展。

以山西省为例,笔者对该省 11 个地级市图书馆中建有图书馆网站的 5 个图书馆即阳泉市图书馆、长治市图书馆、晋城市图书馆、朔州市图书馆、吕梁市图书馆进行了调查,对这 5 个图书馆 2014 年发布的有关阅读推广活动的新闻或通知进行了统计,发现这 5 个图书馆阅读推广的主要形式以在图书馆举办公益讲座和展览为主,如阳泉市图书馆的书画展、晋城市图书馆的"市民求知大讲堂"、朔州市图书馆的"朔州大讲堂"等;其次是针对少儿开展的阅读活动,如绘画比赛、诗歌朗诵等;"走出去"的阅读推广活动主要有向社区、福利院、校园、聋哑和残疾学校的赠书活动,且活动次数要远远低于讲座和展览次数,面向农村的阅读推广活动只有阳泉市图书馆开展了送书下乡活动。当然,从图书馆网站上获得的信息并不完全是图书馆全年开展阅读推广活动的完整信息,山西省地级市图书馆的

①　陈黎.率先为全民阅读立法　深圳又走在全国前列——《深圳经济特区全民阅读促进条例(征求意见稿)》现面向社会公开征求意见[EB/OL].[2015 – 07 – 14]. http://wb. sznews. com/html/2014-06/28/content_2923664. htm.

②　江苏省人大常委会办公厅.江苏省人民代表大会常务委员会关于促进全民阅读的决定[EB/OL].[2015 – 07 – 14]. http://jsnews. jschina. com. cn/system/2014/12/01/022764499. shtml.

③　湖北省政府办公厅.湖北省全民阅读促进办法[EB/OL].[2015 – 07 – 14]. http://gkml. hubei. gov. cn/auto5472/auto5473/201412/t20141224_603523. html.

阅读推广情况也并不能完全代表全国地级市图书馆的情况,但基层图书馆的阅读推广情况也可从中略窥一斑。

从 20 世纪 90 年代到现在,公共图书馆阅读推广的实践一直没有停止,学术界对阅读推广活动的研究也一直在持续。如有学者呼吁要加强图书馆阅读推广的理论研究,学习国外的先进经验,系统总结和分析国内图书馆的阅读推广实践,使阅读推广活动能够深入持久地开展下去。王波(2011)指出目前国内的阅读推广活动研究存在诸多空白,跟不上实践发展的步伐,并提出了图书馆阅读推广六大亟待研究的问题:对国外阅读推广的深入研究和总结,为图书馆阅读推广活动寻求理论支撑,开展阅读推广活动的有效性研究,探索图书馆阅读推广活动的长效机制,比较中外图书馆阅读推广活动的优劣,探讨图书馆阅读推广活动的发展趋势[1]。从 2012 年开始,图书馆界对阅读推广的研究逐年增多,研究视域也更为宽广。2013 年,湖南图书馆推出的《公共图书馆阅读与推广活动情况报告》,以双月为周期,对全国60 多家副省级以上公共图书馆开展阅读推广活动的情况进行总结和报道。然而,在众多的研究论文中,很少有对基层图书馆,尤其是县、乡镇和农村图书馆的阅读推广研究,而这些地区恰恰是开展阅读推广较为薄弱的地区,更需要、更有必要进行阅读推广的实践和理论研究。当我们面对基层群众,尤其是农村读者缺乏利用图书馆的意识,基层图书馆和服务网点门庭冷落、图书馆的延伸服务难以"延伸"的问题时,图书馆应该反思的是,针对基层群众的阅读推广我们做了多少呢?

阅读推广是公共图书馆义不容辞的责任,任重而道远,而基层图书馆的阅读推广则是重中之重,是关系到图书馆延伸服务开展的关键,只有激发起基层读者的阅读欲望和利用图书馆的意识,真正的全民阅读、图书馆服务均等才有可能实现。

4. 贫困地区基层图书馆的发展

21 世纪尤其是"十一五"以来,我国政府明确了要加大对文化事业的投入,建立健全公共文化服务体系,加强包括图书馆在内的公共文化基础设施建设,在有关公共文化服务体系建设的政策性文件中无一例外地强调要改善农村和欠发达地区的文化状况。《国家"十一五"时期文化发展规划纲要》提出的"十一五"时期文化发展的重点目标之一就是要"抓好基层文化建设,加大力度改善农村及中西部地区公共文化基础设施条件,完善公共文化服务体系,保障农民和城市低收入群体的基本文化权益"。《中共中央关于构建社会主义和谐社会若干重大问题的决定》也提到要"优先安排关系群众切身利益的文化建设项目,突出抓好广播电视村村通工程、社区和乡镇综合文化站(室)工程、全国文化信息资源共享工程"。《文化部"十二五"时期公共文化服务体系建设实施纲要》提出要"加快城乡公共文化服务一体化建设,建立以城带乡联动机制,合理配置城乡公共文化资源,加强对农村和欠发达地区公共文化服务体系建设的帮扶力度,推动公共文化服务体系建设重心下移、资源下移、服务下移,加大公共文化资源向城乡基层倾斜的力度"等。这说明,在政府的层面,"逐步建设而成的覆盖城乡、便捷高效、保基本、促公平的现代公共文化服务体系,是当前和今后一段时期我

① 王波.图书馆阅读推广亟待研究的若干问题[J].图书与情报,2011(5):32—45.

国文化建设中的一项重大战略任务"①,农村和欠发达地区公共文化服务体系建设已成为当前我国公共文化服务体系建设的重要任务。

随着我国政府对城乡基层和欠发达地区公共文化服务财政投入和政策倾斜力度的加大,实施了"文化信息资源共享工程""广播电视村村通""农家书屋等工程",我国贫困地区公共文化服务建设整体上取得了重大成就,但与经济发达地区相比还有很大的差距,尤其是县、乡镇、农村地区的公共文化服务建设还不容乐观,贫困地区公共文化服务体系建设资金不足、管理不善、人才缺乏、宣传不到位、公共文化设施和公共文化产品不能满足群众需求的问题依然存在,这些地区中,在基层公共文化服务体系建设中占重要地位的基层公共图书馆也面临同样的问题。如何在现有条件下加快贫困地区基层图书馆的发展,是公共文化服务体系建设面临的严峻问题。在这种情况下,贫困地区基层图书馆的出路在哪里?

(1)加强自身宣传,积极争取政府支持

基层公共图书馆的建设主体毫无疑问是当地政府,但即便有国家的扶持,由于贫困地区政府的财力不足,再加上有些地方政府对公共文化设施建设的意义认识不够,或对当地公共文化服务建设资金分配不合理,都有可能导致基层图书馆得不到其发展所需的充足经费甚至是基本经费。因此,资金投入成了贫困地区基层图书馆发展的一个长期难以突破的瓶颈,也是制约贫困地区基层图书馆发展的主要原因。在这种情况下,如果基层图书馆一味地抱怨、等待,图书馆势必发展不起来。积极的做法是,集中精力和财力先办好一件对群众有利的事,以引起社会和当地政府对图书馆的关注,如给农民送知识、送技术,帮助他们科学种田,增加收入,图书馆可在一定时期重点做好一件事。但集中精力做好一件事,要注意找到切入点,不是随随便便找一件读者服务工作去做,而是要善于发现群众最需要、能够最快给群众带来利益、在当地能引起一定反响和图书馆力所能及的事情;此外,还要不遗余力地加强自身的宣传,包括在读者中的宣传和面向政府的宣传,宣传提高全民文化素质对贫困地区经济发展的重要性以及图书馆在其中可以发挥的重要作用。这两项工作不是一蹴而就的,而是需要图书馆做好打持久战准备的。当然,这只是从图书馆的层面而言,我们也希望地方政府能够放远目光,加大对当地公共文化建设的合理性投入,把钱用在刀刃上,满足群众的基本文化需求。

(2)引导和鼓励社会力量参与

在当前环境下,贫困地区图书馆的发展完全依靠政府显然是不够的。2011年,十七届六中全会通过《中共中央关于深化文化体制改革推动社会主义文化大发展大繁荣若干重大问题的决定》就指出,"引导和鼓励社会力量通过兴办实体、资助项目、赞助活动、提供设施等形式参与公共文化服务"。2015年1月,中共中央办公厅、国务院办公厅印发的《关于加快构建现代公共文化服务体系的意见》提出,要"进一步简政放权,减少行政审批项目,吸引社会资本投入公共文化领域。""推广运用政府和社会资本合作等模式,促进公共文化服务提供主体和提供方式多元化。鼓励和支持社会力量通过投资或捐助设施设备、兴办实体、资助项

---

① 中国传媒大学文化发展研究院. 现代公共文化服务体系建设 50 问[EB/OL].[2015 - 07 - 14]. http://www.mcprc.gov.cn/whzx/bnsjdt/ggwhs/201502/t20150211_439060.html.

目、赞助活动、提供产品和服务等方式参与公共文化服务体系建设"，为社会力量参与图书馆建设提供了政策依据。

改革开放以来，随着经济的快速发展，我国社会力量参与图书馆的建设与服务已取得了一定成就，目前主要的参助模式有：独立办馆、慈善捐赠、合作建馆、业务外包和志愿者模式等。独立办馆是指由个人、企业、非营利组织等全额出资建设图书馆，如陕西农民陈武艺投资 60 万元建设的农民图书馆①、爱心传递慈善基金会捐建的蒲公英乡村图书馆②、福州市吴熙创办的吴熙树德图书馆③等。慈善捐赠是指由个人、企业或慈善组织等向图书馆或相关机构捐赠财物、图书、设备等。合作建馆是指由个人、企业或非营利组织与图书馆或相关部门合作建设图书馆，这种模式捐建者有的参与图书馆管理，有的则只捐助资金，如花旗银行与广东省立中山图书馆合作共建的新兴县六祖镇和龙门县儿童图书馆④、美国青树教育基金会援助的中国青树乡村图书馆项目⑤、海南省图书馆与中国光大银行三亚分行合作共建的海图社区书屋⑥等。业务外包是指图书馆将部分或全部业务外包给企业以节约成本、人力和提高工作效率的模式，如编目外包、采访外包等。志愿者服务目前已被很多图书馆引入，广泛参与图书馆举办的诸如讲座、展览和其他基本服务，志愿者既有学者、专家，也有普通民众和学生。

社会力量的广泛参与，不仅为基层图书馆的发展注入了资金和活力，同时也有利于图书馆发展的社会舆论环境的造就。贫困地区的基层图书馆要详细了解各种社会力量参与图书馆建设的情况，采取积极主动的态度，找到有利于合作双方发展的切合点，与社会力量广泛联系，争取援助，达到双赢。需要强调的是，社会力量援助只能暂时或阶段性帮助图书馆解决一定的财力、物力等困难，可持续的发展依然要靠图书馆自身的不断努力，这就要求图书馆不能只满足于解决眼前的问题，而是要借助社会力量，找到双方合作和自身发展的长效途径。

（3）图书馆间的互助合作

不同地区图书馆间、省级馆和基层图书馆间、高校图书馆与基层图书馆间的互助、帮扶（也称"结对子"）在 20 世纪 90 年代就已经出现。通过"结对子"，不仅可以解决基层图书馆的部分图书、资金等问题，还可以"面对面地"学习到其他图书馆先进的办馆理念和管理经验，无疑对基层图书馆的发展有很大的促进作用。

---

① 陈钢.陕西农民陈武艺投资 60 万元建农民图书馆［EB/OL］.［2015 - 07 - 14］.http://www.xinhuanet.com/chinanews/2007-09/09/content_11099899.htm.

② 爱心传递慈善基金会.蒲公英乡村图书馆［EB/OL］.［2015 - 07 - 14］.http://www.passlove.org/projects/.

③ 陈暖,陈娟.福州市首家私人图书馆 10 月免费向社会开放［EB/OL］.［2015 - 07 - 14］.http://news.fznews.com.cn/fuzhou/2006-9-4/2006941VG8VI1-SR205345.shtml.

④ 陈卫东,李红霞.社会力量参与图书馆建设研究——以花旗少儿图书馆项目为例［J］.图书馆,2011(6):132—134.

⑤ 张昱,周文杰.青树乡村图书馆建设之路［J］.图书与情报,2010(3):40—76.

⑥ 陈吉楚.携手企业探索社区图书馆建设新模式——三亚首家"海图社区书屋"对外开放［EB/OL］.［2015 - 07 - 14］.http://www.sanyarb.com.cn/content/2015-01/19/content_158722.htm.

　　20 世纪 90 年代,甘肃天水麦积区图书馆与上海浦东新区第二图书馆(现为上海浦东新区图书馆分馆)结成了"手拉手"的对子,该馆不仅仅满足于接受浦东新区各图书馆物资上的援助,2003 年积极促成了"麦积情韵"赴沪书画展,引起了当地政府的高度重视,为图书馆的发展带来了新的机遇①。2007 年,杭州市图书馆事业基金会与甘肃省通渭县图书馆结成帮扶对子。作为国家级贫困县,通渭县却又是文化部首次命名的 6 个"中国书画艺术之乡",杭州市图书馆找准了通渭县图书馆的最佳帮扶切入点,于当年援助该馆建立了美术资料阅览室,取得了良好的社会效益②。

　　2010 年,陕西省高校图工委和陕西省图书馆学会联合向省内高校图书馆和县级公共图书馆下发了《关于开展高校图书馆与县级图书馆对口帮扶活动的通知》,倡导陕西地区高校图书馆与公共图书馆之间开展结对帮扶,得到了图书馆界的热烈响应,尤其是县级图书馆反映积极,都希望成为第一批帮扶对象。经过协调,最终结成了 11 个帮扶共建单位③,到 2014 年,共有 13 个高校图书馆与 16 个县区级图书馆结为帮扶对子④。

　　全国中小型公共图书馆联合会分别于 2013 年和 2014 年研讨会上举行了"大手拉小手,东部带西部联中部"结对子签约仪式,如 2014 年,就有 3 对图书馆自愿达成"结对子"协议:陕西省延安市图书馆与广东省深圳市南山图书馆,贵州省正安县图书馆与上海市浦东区图书馆,贵州省大方县图书馆与上海市虹口区图书馆。合作期间,双方将在图书馆绩效管理、成效评估、业务交流、资源共享、人才培训等方面进行深度交流和学习⑤。

　　图书馆间的互助合作,突破了图书馆隶属的体系和所属地区的限制,除了物资方面的援助,更容易使被帮扶图书馆接受新的办馆理念和管理方式,但其持续性依然是合作双方需要思考的问题。作为贫困地区的图书馆,应该抱有积极主动的心态,努力寻求和争取与经济发达地区图书馆、高校图书馆等的长效合作途径。

(霍瑞娟)

---

　　① 田德海. 我的图书馆之路[J]. 图书馆论坛,2008(4):25—128.

　　② 刘芳萍. 城市图书馆帮扶贫困地区乡村图书馆模式探讨——以杭州市图书馆事业基金会在通渭县建立美术资料阅览室为例[J]. 甘肃科技,2014,30(13):75—77.

　　③ 陕西省图书馆学会. 关于县级图书馆与高校图书馆开展结对帮扶活动筹备情况汇报[EB/OL]. [2015 - 07 - 14]. http://www. sxlib. org. cn/xuehui/bhxx/hyxx/201012/t20101213_105417. htm.

　　④ 陕西省图书馆学会. 2014 年高校图书馆与县级图书馆结对帮扶工作总结暨经验交流会于日前召开[EB/OL]. [2015 - 07 - 14]. http://www. sxlib. org. cn/xuehui/xzxt/gjgx/201412/t20141208_198915. htm.

　　⑤ 延安市图书馆. 延安市图书馆与深圳市南山图书馆达成"结对子"协议[EB/OL]. [2015 - 07 - 14]. http://yawhj. gov. cn/Item/Show. asp? m = 1&d = 1249.

第二部分　专访：基层图书馆建设与服务创新

一、张伟：未来是我们要创造的地方

张伟，男，1978 年参加工作。现任浦东图书馆馆长。上海市一级一等校长、教育教学管理高级教师、上海市首批名校长后备、全国十佳校长、律师、2013 年中国图书馆榜样人物。曾就读于华东师范大学教育管理专业、美国加州富乐敦大学高级公共管理专业、北京师范大学教育经济与管理博士班、北京大学与美国联合培养的管理哲学博士班

等。现兼任上海市图书馆行业协会副会长、浦东新区图书馆学会理事长、中国教育学会初中教育专业委员会副理事长兼学术委员会主任、中国教育学会《初中教育研究》杂志编委会副主任等。著有《教育变革的现代视野》《学校变革的实践》《问道》《图书馆与社会教育》等多本个人专著，主编有《走向会教》《师爱的艺术》《走进新课程》等多本教育文集，发表论文、文章近百篇。

　　浦东图书馆新馆创建之后短短几年之内，就取得了很好的发展成效。《人民日报》等媒体多次对浦东图书馆发展情况进行了报道，这反映了社会与媒体对浦东图书馆这几年探索的肯定。如今，浦东图书馆又一次发扬敢为人先、勇立潮头的浦东精神，在事业单位法人治理的理论探索与微观实践中，"敢探未发明的新理、敢入未开化的疆域"，取得了一定的成效。因此，e 线图情就图书馆法人治理问题采访了浦东图书馆张伟馆长。

1. 渊源与背景

　　刘锦山：张馆长，您好！很高兴您接受我们的采访。现在图书馆法人治理是一个热点问题，大家都比较关注。不少图书馆都成立了理事会，以具体实施图书馆治理。贵馆作为法人治理试点单位，在图书馆法人治理方面进行了诸多理论与实践探索，目前已经进入具体实施阶段。请您首先向读者朋友谈谈图书馆治理问题的渊源以及贵馆的实施情况。

　　张伟：谢谢您和 e 线图情对我们的关注。法人治理是政府深化事业单位改革的重要举

措。法人治理在国外是很普遍的事情,国外企业单位和社会组织基本上是所有权、经营权分离的。1842年,美国马萨诸塞州火车相撞,结果撞出了管理史上著名的"经理革命"。过去火车公司的老板既是所有者又是经营者,业务量增大后就出现了管理混乱,导致两列火车相撞,造成了重大的财产损失和人身伤亡。这种情况下,州议会就开始干预,议会通过调查发现,火车公司所有权虽然属于老板,但是老板不会管理,所以造成了这样严重的事故。怎么避免以后出现类似的事故呢?在议会的干预下,火车公司的老板聘用懂业务、懂管理的人来帮助自己的企业进行管理和经营,这就诞生了经理层。不要小看这管理权和所有权分离,这在历史上被称为"经理革命"。今天的MBA培养职业经理人就起源于此。

我们国家过去沿袭苏联体制,行政大一统,事业单位都是其行政上级的下属单位,上级也把下属单位看成是行政下级,按照下级并参照行政机关的办法来管理事业单位。这类似于马克斯·韦伯笔下描述的传统官僚体系等级制的管理架构。政府管办不分,包办了很多,在微观的甚至很具体的层面都进行直接管理;而事业单位尤其是图书馆行业缺乏相关法律,无法可依,运行中则只能靠行政治理,靠政策治理,靠人治,在这种管理思维和管理方式下的公共图书馆,或多或少存在着缺乏思想、唯命是从、唯上是从、内在活力不够、自主发展意识不强的弊端。

应该说,中央很早就看到了事业单位的问题所在。2009年前后,中央出台了一系列文件,要求事业单位建立法人治理结构。但事业单位建立法人治理结构是个系统工程,期间应伴随着上级一些政策和规定进行同步突破调整,比如干部管理涉及组织部,人事管理涉及人保部门,业务管理涉及图书馆主管部门本身,哪些政策和规定能放能调整、哪些政策和规定暂时不能放不能调整,这些都需要系统设计。中国的情况很复杂,既要改,又不能乱,故事业单位法人治理结构推进过程比较缓慢。目前,从全国图书馆业界来看,图书馆法人治理结构尚处于试点阶段。国家也希望各地通过试点在某些方面、某个局部有所突破,比如上海在政策的这个方面有所突破、北京在政策的那个方面有所突破,所有的突破最终会汇总在一起,变成一个相对完善的模型或范式,进而建构起事业单位法人治理结构的大的生态环境。这种鼓励试点、鼓励突破、鼓励大胆创新,不断通过试点来推动事业单位法人治理结构的整体进程还是很有价值的。浦东图书馆法人治理结构试点,一方面与浦东图书馆前几年的积累有关,这一点我下面还要谈到,另一方面还有一个更重要的背景——浦东是中国改革开放的前沿地带,创新是浦东人天然的使命。与浦东改革开放二十五周年共成长的浦东人身上有着天然的使命自觉、创新自觉和文化自觉。如果说国家政策是天时,浦东则为法人治理结构试点提供了地利之便。

就浦东图书馆而言,正式开馆四年多的发展为现在法人治理结构试点奠定了良好的基础。建馆之初,我们从战略发展的视角,考察审视外部环境及图书馆事业的发展规律和趋势,明确新馆的发展愿景以及今后五年的发展目标、重点工作和保障措施,在《浦东图书馆发展规划2011—2015》中,我们就提出了内涵发展的构想,努力建构属于浦东图书馆自己的理论架构和实践架构。新馆着力从本体论、价值论、方法论上思考图书馆"是什么、为什么、怎么做"这一根本命题,冷静地认识到在图书馆发展的数量、规模、速度的背后,一定要关注内涵建设,并初步提出了浦东图书馆内涵发展的理论体系。在内涵发展的理论架构中,浦东图书馆提出了内涵发展的概念、命题、范畴和"五大建构"。其中,理念为先导,制度、功能和队伍为手段，文化是目的。新馆既重内涵发展，又重外化施行。公共图书馆不仅要承担起保障公民基本文化权利、保障社会信息公平等社会职责，更要用人文精神来提升大众文化品质，引领大众文化走向，最终帮助大众实现"文化自觉"。

预设可解释为预先的顶层设计，预则立，预设有一定的主观性，但如果一点"预"的东西都没有，那就是"脚踩西瓜皮走到哪滑到哪"。新馆怎么定位、怎么发展，希望建构一个什么样的理论体系和实践体系，一定要有预设。当然，预设并不是一成不变的东西，而是要在实践中不断进行调整和完善。四年来，在内涵发展的理论架构下，浦东图书馆秉持"以人为本，文化立馆，把浦东图书馆办成读者和馆员的精神家园"的核心办馆理念，从重书走向重人，从重藏走向重用，从重技术走向重人文，从被动走向主动，从单一走向复合，从纸质走向数字与纸质并重，创新浦东图书馆的转型实践。现在回过头来看，预设给我们带来了一定的收获，其转型实践也得到了社会各界和政府的肯定。2014 年 12 月底，浦东图书馆荣获国家文化部与人力资源和社会保障部颁发的"全国文化系统先进集体"奖。这是文化系统的最高政府奖项，四年评选一次，这次全国表彰了 150 家单位，上海仅 4 家单位获奖，其他 3 家都是市级单位。可以这样说，过去几年的内涵发展与外化施行，为现在的法人治理结构试点工作做了有益的铺垫。

浦东新区编办在寻找法人治理结构试点单位时，在卫生系统、民政系统和文教系统各选了一家单位，浦东图书馆是其中之一。2012 年年底确定试点之后，由于 2013 年浦东承办中国图书馆年会，我们没有时间实施，故推迟到 2014 年开展法人治理的实践。经过 2013 年的前期调研，我们在 2014 年完成了理事会章程等文件草案的起草。说实话，章程草案出来后，我们自己也不是很满意。囿于种种原因，章程草案在顶层的政策设计方面还是没有大的突破。图书馆一年举办上千场活动，找一些专家成立一个程序性、形式化的理事会是一件很容易的事，但我们不想这样走形式，这种做法不符合浦东改革开放前沿的定位，也不符合浦东图书馆的自我期待。用未来导向的视角审视浦东图书馆发展，我们希望在顶层的政策设计方面有所突破和创新，真正激活浦东图书馆的主体自觉和服务读者的活力。浦东新区正在创建全国公共文化示范区，当然也希望浦东图书馆法人治理的试点能在业内有一定的示范和借鉴，"但开风气不为师"吗。可贵的是，浦东新区宣传部和编办领导在这一点上与我们图书馆是有共识的。在协调各方的基础上，我们对章程草案又进行了多次修改完善。经过 2014 年的谋划，2015 年 3 月 20 日理事会成立就水到渠成了。

2. 创新与突破

刘锦山：张馆长，我们知道，敢为人先、敢于突破一直是浦东精神的重要组成要素，从您刚才的介绍我们可以看出，贵馆在探索、实施图书馆法人治理过程中，充分体现了敢为人先、敢于突破这一精神，力求在文化事业单位法人治理试点过程中有所突破。请您具体谈谈贵馆的法人治理有哪些方面的创新？

张伟：既要创新突破，又有稳妥有序，我们力求使二者做到辩证地统一。为此，我们进行了大量的前期调研。我们邀请了上海市委宣传部政策研究室的同志、浦东新区编办的领导和浦东新区其他两家搞试点单位的领导一起调研。浦东图书馆的专项工作组搜集研究了国内外的相关资料，还到广州图书馆、温州图书馆等地实地调研。浦东新区宣传部和编办的领导也希望浦东图书馆法人治理结构试点能先行先试,大胆突破。应该说,就目前的实践来看,浦东图书馆法人治理结构在以下几个方面还是有所创新的:

第一,理事会定位的突破。我们将理事会定位为图书馆的决策机构,这应该是一个突破。如果理事会不是决策机构而仅仅是审议机构,每年固定两次会议,理事程序性地举举手,不了解情况、不参与实质性的决策,就相对会有点形式化。说实话,理事们对图书馆不了解、不关注也可以做这件事情。但一旦把理事会定位为决策机构,图书馆在理事心目中的地位就不一样了,理事会对图书馆未来的发展是要负责任的,理事的决策和图书馆的微观实践是结合在一起的。

在进行顶层设计的同时,图书馆的举办单位要考虑清楚,今后一定要通过理事会对图书馆发展的重大事项进行决策。举办单位再不能像以前一样管办不分,自己跑到前台,这样法人治理结构就没有意义了。按照中央提出的"管办分离、政事分开"的要求,通过法人治理结构的建立,举办单位要真正从原来的直接管理转为间接管理,微观管理转为宏观管理,人治转为法治,管理转为治理。当然,举办单位退到后台不是撒手不管,而是探索更科学、更合理的管。举办单位要规划好事业单位法人治理的顶层设计,发挥出理事会的科学决策作用,通过拨款、审计、干部管理的程序等要求规范管理层的管理行为,同时充分发挥理事会成员的作用,依托社会各界的力量来共同治理图书馆。

实践中,法人治理结构对举办单位的挑战还是很大的。因为放权是一件很痛苦的事,既担心一放就乱,又担心手上无权,今后下属单位还怎么管?举办单位一定要转变思想、转变过去多少年来习以为常的认识——事业单位就是下属单位,想怎么指挥就怎么指挥。建立法人治理结构、成立理事会就是要改变这个格局,决策上的事一定要通过理事会来做。这里需要引进一个"负面清单"的管理思维,所谓"负面清单"就是规定什么东西不能做,什么东西不要碰。举办单位、理事会、图书馆都要有"负面清单"。举办单位要有"负面清单",作为决策单位的理事会也要有"负面清单",要依法决策,不能违法违规决策,要按照章程管理图书馆。图书馆管理层也一样,哪些不能动、不能碰、不能做,也要有"负面清单"。

第二,理事会构成的突破。在调研过程中,我发现国内图书馆理事会的组成主要有三种模式:第一种是追求"治统",以体制内的人员为主,各部委办局的局长、领导等加盟理事会的比较多,企业界或者读者中找一两个人象征性地点缀一下,主要成员都是体制内的,我把这种理事会定义为"治统"模式。第二种是"道统"模式,就是以公共知识分子、学者专家为主组成的理事会,理事长由学者专家担任,成员也以学者专家为主。第三种是"金统"模式,图书馆理事会成员中企业界人士比较多,理事长是大老板,理事会成员大都是各个企业的老板。这是理事会组成比较典型的三种类型,当然还有其他不同类型的模式,在结构布局中有的三者兼而有之。

浦东图书馆理事会在建立的过程中没有简单模仿"治统""道统"或"金统"模式,我们本着充分利用社会资源共同治理图书馆的原则,理事长由著名的文化学者来担任,副理事长由举办单位委派的分管干部人事和文化事业的一位副部长(副局长)来担任;浦东图书馆仅有一人即馆长参加理事会。除举办单位和图书馆各有一人参加理事会外,理事会中其他十一位成员全部来自社会各界,面比较广。他们中既有外籍代表,比如上海纽约大学图书馆馆长,又有港澳台地区的代表,比如台湾图书馆原馆长;既有大学图情系专业的代表,还有中组部的单位中国浦东干部学院图书馆馆长;工商企业界我们聘请了中国商飞企业文化部部长,中国商飞是副部级单位,是上海企业界很有影响的央企;还有陆家嘴金融贸易区、张江高科技园区里在全国比较有影响的社团组织和志愿者代表,他们作为读者代表加盟浦东图书馆理事会。应该说,理事会成员的社会化程度比较高,社会上的成员比例达到了85%,这也是一个很大的突破。

第三,干部管理的突破。干部管理政策性很强,其突破也应是很慎重的。浦东新区宣传部领导是开明的,思想也是解放的。他们希望法人治理结构下的事业单位干部管理,在不违反当下干部管理的政策纪律前提下,一定要"追求框架中的自由"。

浦东图书馆的章程规定,管理层实行馆长负责制。馆长负责制在我国没有法律规定,不像教育有校长负责制。《教育法》就明确规定了"中等以下学校实行校长负责制"。大学是党委领导下的校长负责制。浦东图书馆在章程里面规定了馆长由举办单位按照干部管理程序提名任命,副馆长由馆长提名任命,中层干部由馆长任命,这在干部管理方面也是一项突破。

过去浦东图书馆的干部任命不是这样的,干部任命管理权一直在上级部门。浦东图书馆馆长是相当正处级,由宣传部提名,组织部考核,还要经浦东新区区委常委会研究同意,然后由组织部任命。副馆长是副处级,可以由宣传部自己任命。但过去宣传部任命副馆长,可以征求馆长意见,也可以不征求馆长意见。实际上,这在中等以下学校的校长负责制中很早就进入了制度设计,很难想象哪一个学校的副校长不是校长提名任命的。根据现在的制度设计,副馆长由馆长提名,宣传部任命。我们馆的中层干部相当科级,正科副科都属于干部序列。过去中层干部是由我们图书馆提名,宣传部参与考核,经过宣传部部长办公会议通过以后,才能由图书馆发文任命。表面上是图书馆发文,实际上,中层干部的任命权还是收在宣传部那里。现在也突破了,中层干部由馆长任命,这样在干部管理上也有了较大的突破。当然,这中间的过程是要严格遵守干部管理的相关程序和规定的。

除此之外,浦东图书馆法人治理结构将建构一种内外结合、多元化、制度化的多维监督体系,理事会还将建立若干专业委员会帮助科学决策,等等。应该说,在这些方面都会有一些探索和思考。

当然,任何创新都离不开其终极目标。我认为法人治理结构只是手段,其终极目标是更好地服务读者。法人治理结构要达到的目标应是激发图书馆办馆活力,整合社会资源,实现专业治理,满足读者需求。所以,从根本的价值追求上讲,浦东图书馆法人治理结构就是为了帮助浦东图书馆更好地服务读者。

刘锦山:浦东图书馆的理事有没有薪酬待遇呢?

张伟:理事是没有薪酬的,这是国家规定。国家有文件讲不能在一个单位里面兼职理事来获取报酬。但是差旅费是可以发的,工资不可以发。

3. 制衡与监督

刘锦山:张馆长,图书馆治理与企业治理有些相似的地方,企业有股东、董事会、CEO、经理层等,对图书馆而言,政府相当于股东,理事会代表政府进行重大事项的决策,相当于董事会,馆长相当于CEO,图书馆管理层相当于经理层,此外还有监事会。就企业而言,在运行过程中这几个机构之间会有制衡,制衡就可能存在某种张力,有可能出现董事会与 CEO、CEO 与经理层之间的冲突。图书馆法人治理过程中会不会也出现这样的情况? 比如理事会和执行层之间的张力,理事会与政府之间的张力等,当然张力有良性的,也有非良性的,良性的张力是必要的也是必需的,非良性的张力则是不必要的。面对这种可能存在的非良性的张力,举办单位、理事会、馆长、管理层等如何摆对自己的位置,以便取得更好的治理效益? 请您谈谈对上述问题的思考。

张伟:治理过程中的制衡机制在顶层设计中是必须要考虑的。根据《浦东图书馆章程》,理事会向举办单位负责,理事会行使决策权,管理层行使执行权,另外还有监督权,这就是一种制衡体系和运行机制。制衡是必须要存在的,如您所谈,良性的张力是必要的和必需的。问题在于如何避免非良性张力的出现,这是一个需要认真思考的问题。

我觉得各方首先要拒绝负面心理。从政府层面来讲,举办单位不要总是不放心,担心理事会不听话,管理层管不住。理事会成员是由举办单位提名产生的,理事长、副理事长、馆长也都是由举办单位提名的,何况举办单位代表还在里面做副理事长,还有财务、审计、干部管理等很多政策框架在,所以举办单位应该放下心来,充分相信理事会成立后,党和国家的路线方针政策一定会在图书馆贯彻落实的。举办单位应该把自己的有效注意力转向"依法治理、绩效评估",这是政府需要关注的事情。举办单位应该关注事业单位成立理事会后,自己应该如何与理事会、图书馆管理层建构一种新型的合作机制? 既不是过去那种政事不分,管办不分,又不是把图书馆一推了之,而是通过理事会更好地实施对图书馆的科学管理。事业单位不止图书馆一家,今后所有事业单位都要搞法人治理,政府面对这么多的事业单位法人治理,一定要思考如何去建构更适合事业单位发展的管理理念和运行机制,要有制度跟进,微观操作层面有很多制度要马上调研和设计,与法人治理推进配套。

理事会从无到有,是个新生事物,实践中一定要拒绝"橡皮图章"的负面心理,把自己的有效注意力转向"科学决策、资源支持"。理事会作为决策实体,要了解举办单位和图书馆的实际情况和工作规律,同时要处理好与举办单位和图书馆的关系。图书馆重大事件决策前,理事会要与举办单位充分沟通,不要事后出现矛盾意见不统一,事前一定要充分、有效沟通。理事会还要注意和图书馆管理层进行有效沟通,大家是一家人、做的是一件事、目标是一致的,合力推进图书馆的管办分离、共同治理、服务读者。理事会还应发挥自己的优势,提供更多的资源来帮助图书馆发展,帮助图书馆打开自己、有序"混搭",以多元方式来发展图书馆业务、拓展图书馆功能,使图书馆真正成为读者安顿自己心灵的精神家园。

管理层也要拒绝"多了一个婆婆"的负面心理,把自己的有效注意力转向"主体自觉和能力提升"。有人认为,法人治理后,馆长和管理层面临的是,主管部门要管图书馆,理事会也要管,图书馆又多了一个"婆婆",关系会更麻烦、更复杂、更难搞了,不得不花费很多精力去维护关系。我认为,馆长和管理层确实应妥善处理各方关系,尤其应关注法人治理结构建立后的规律探索,但不能只重关系,忘了目的。如前所述,法人治理的根本目的是让图书馆增强自我发展的主体意识,有效提升工作能力,最终把工作重心放到服务读者和阅读推广上。从这个意义上讲,多了一个理事会这样的"婆婆"会给图书馆带来更多的发展资源。馆长和管理层要善于通过理事会吸纳更多的社会资源帮助自己治理好图书馆,并真正让资源流向读者。图书馆的馆长和管理层一定要注意,手段为目的服务,不能忘了图书馆是为读者服务的。

馆长不要认为法人治理了,手上权力就大了。聪明的馆长是畏惧权力的,要善于制约自己的权力,建立制衡机制。我理解,实行馆长负责制,其要义并非图书馆管理层"要权"和"揽权",其实质是"赋权"和"角色转换"后的责任承担。法人治理后,馆长和管理层面对的是要着力提升图书馆规划发展能力、制度设计能力、管理创新能力、业务拓展能力、资源组织能力、队伍建设能力、发展研究能力和自我评估能力等,这对图书馆是一次革命,对馆长也是一次严峻的挑战。

《浦东图书馆章程》规定理事会由举办单位成立,任期三年,三年以后换届。理事会的权利和义务、举办单位的权利和义务、管理层的权利和义务界定得比较清楚,通常不会出现太大的问题。如果遇到有一些极端的领导或者理事长、馆长,过分强调自己的主观能动性,这就要注意了。我觉得过于极端肯定是不可取的,是对现行制度和规则的破坏,最终会造成图书馆发展难以为继;当然,过于保守对图书馆发展也不会有多大的改进,那种只注意理事会形式化的到位是没意义、没价值的,最终也会使图书馆发展失去活力。我们怎么去有序、有度地推进适合图书馆的法人治理结构,这是需要我们进一步探索的。每一个事业单位都是独一无二的生命体,不管是作为事业单位举办者的政府,还是事业单位的理事会或管理层,今后面临的共同课题一定是:在合乎法规的基础上,我们要共同创造适合每一个事业单位的治理理念和治理方式。因为适合生命体的成长才是最好的。

刘锦山:确实如此,图书馆法人治理与企业治理一样,企业具体情况不同,治理结构可能会有所不同。有的企业是强董事会弱 CEO,有的企业是强 CEO 弱董事会。张馆长,法人治理结构中有一项重要的制度设计就是监督权,请您谈谈贵馆治理结构中关于监督权的设计和实施情况。

张伟:法人治理结构很重要的是监督的生态环境营造。我们原来计划要设立监事会,经过考虑以后没有设立单独的监事会,而是要建立一个完善的监督体系,营造便于监督的生态环境。监督体系包含举办单位政府的监督、理事会监督和图书馆自身的监督以及社会监督等。

来自举办单位的监督包括政府的年度财务和专项审计以及财务、资产管理等方面的过程监督,还有来自政府对干部的任命、业务管理、年终考评等方面的规定。政府监督一般来说是一种制度化的、刚性的监督。来自理事会的监督包括是否按照章程自主管理,是否科学决策执行,还有包括理事会下面文献资源建设和财务资产管理等专业委员会的监督。作为社会组织的图书馆应该按照国家相关规定和办馆章程,向社会公布图书馆的运作、发展情况,报告图书馆的重大事项等。社会公众可以根据举办单位、理事会和图书馆向社会公布的信息来对图书馆运行进行监督。图书馆内部监督也需要逐步走向规范化、标准化、体系化。我们每周读者服务例会上还运用"大众点评网"读者对浦东图书馆的评价来改进工作,这也是充分利用社会资源帮助图书馆建构一种监督生态。文化部四年一次的公共图书馆评估也是一种监督。可以看出,这种监督体系的设计应该说是比较完整的,将各方面的力量充分利用起来,使决策、执行、监督、反馈构成了相对良好的运行机制,这就是体系化建构。

刘锦山:社会监督的一个重要基础就是图书馆的信息披露,贵馆在此基础上,又引入大众点评,这会有效提升图书馆对于社会监督反馈的效率,很值得借鉴。

　　张馆长，我们知道，除了治理层面的举办单位、理事会、馆长与管理层之外，图书馆还有党组织、工会与职代会、妇联、共青团等党群团组织，在图书馆治理实践中，如何处理与这些组织的关系，以便形成合力，促进图书馆的发展，也是一个重要的问题。请您谈谈这方面的思考。

　　张伟：您谈到的问题也是图书馆法人治理中需要注意的一个重要问题，要引起我们的重视。我认为，党组织和群团组织的存在不会影响图书馆法人治理结构的运行，反而会促进图书馆法人治理的顺利实施。

　　以职代会和工会为例，根据《工会法》，涉及职工利益分配的重大事项要经过职代会通过才能实行。这就要求我们向理事会提交关乎职工利益分配方案等重大事项之前，首先要通过职代会表决，这个环节不能漏掉。每年两次的职代会要依照《工会法》等相关要求来做好，职工通过职代会参与到决策的过程中去，大家的主人翁精神才能得到发挥。这些做法与法人治理结构不矛盾，恰恰是法人治理结构的组成部分。这些工作原来就在做，现在只不过是重大事项提交职代会通过后，还要提交理事会审议或通过。因此，管理层要更加注意与理事会和职代会的沟通和协调，要更加充分发扬民主，让职工参与到管理中，而不是让职工简单和被动地受命。我们的工会原来是福利工会、维权工会。浦东图书馆工会成立时，我提出浦东图书馆的工会要走向价值工会。价值工会首先应围绕图书馆的中心工作，这个中心工作就是服务读者，关注读者的成长、馆员的成长、图书馆的成长，工会应在这个层面架构自己的工作理念和业务。价值工会不能变成业务工会，而是要围绕馆的中心工作，继续关注图书馆生命体的健康成长，继续关注职工的精神文化和凝聚力，继续做好职工体检、旅游、春节联欢会、运动会等，让职工参与到图书馆的民主管理，同时感受到图书馆的举办单位、理事会和管理层对职工实实在在的关心。

　　党组织也是这样。基层单位是党政合一，我们的党总支委员也是班子成员，书记由馆长担任，副书记由一位副馆长担任，其他三位副馆长都是支委，完全党政合一。实际上，基层不存在党政分开的问题。浦东图书馆党务馆务都是合一的，图书馆的党组织是围绕中心来开展党建，发挥自己的政治核心作用。当中心工作确定以后，党组织会动员我们的干部党员在完成中心工作的过程中发挥先锋模范作用，创新自己的工作。党建和业务，虽各有其内在规律和组织内部要求，但不是"两张皮"，一定是融在一起的。我们的团委也是这样，团委也一定是组织动员青年团员融入图书馆的中心工作中，不是游离于中心工作之外搞自己的团建，这就没有生命力了。同一层面思考，不同层面操作，这是我们要共同关注的。

　　我认为，不同性质和类型的组织在图书馆内应合作有序，相得益彰，实现共同治理。过去讲党政工"三驾马车"，我一直反对这个说法，在浦东图书馆不是三驾马车，我们是"三匹马拉一驾马车"。今天，我们可能是更多的马拉一驾马车，但目标都是一样的。

4. 未来与责任

　　刘锦山：张馆长，通过您的介绍，我们可以感受到，浦东和贵馆对于图书馆法人治理有着缜密系统的思考，许多问题至少在理论层面想明白了。但是，法人治理毕竟是一件新生事物，我们还缺少一些成熟的经验来参考。物理学上有一种思想实验的方法用来弥补缺乏实践案例的不足，我们现在也借鉴物理学上的这一方法，请您谈谈您对法人治理过程中的理事会、馆长和图书馆的期待。

张伟：中国正在进行新一轮文化启蒙，大家已经强烈意识到，文化的发展对社会发展、人自身发展有着重要的作用。我们现在正在进行的文化启蒙与一百年前的新文化运动某些方面有点类似。一百年前，胡适是新文化运动的旗手之一。我们现在认识的胡适与我们过去了解的胡适不完全相同，说明过去我们对胡适的了解不是很全面。例如不少人认为胡适搞新文化运动，反对文言文提倡白话文，对传统的东西都是批判的。实际上不是这样，胡适认为新文化的目的是再造文明，但首先要研究问题，所以他写了《多研究些问题，少谈些主义》一文。胡适认为，当时的中国有很多问题，任何主义和思想都需要关注问题的解决，因为"凡是有价值的思想，都是从这个那个具体的问题下手的"。所以一定要先研究问题，了解问题之所在。他认为解决问题有两个方面很重要：一是要输入学理，引进先进的思想成果和理性的思维方式，用学理做参考比较的材料，用胡适的话说就是要"用学理来解释问题的意义，或从学理上寻求解决问题的方法"；二是要整理国故，整理国故就是搞清楚我们祖宗传下来的有价值的东西到底有多少，对祖宗传下来的东西要系统研究。胡适1919年把自己的博士论文变成了一本哲学史，就是《中国哲学简史》。应该说，胡适对中国古代诸子百家的研究是非常深刻的。他的"研究问题，输入学理，整理国故，再造文明"思维架构，今天还值得图书馆举办单位、理事会和管理层去借鉴和体会。

理事会是个新的生命体，实践中一定备受大家期待。我认为，理事会一定要有思想，一个没有思想的理事会，结果是悲哀的，只能是听从举办单位或者图书馆的。我认为，作为决策机构的理事会一定要站在这个时代图书馆未来发展的高度，来帮助图书馆做好战略规划和目标定位，探讨图书馆发展的应然。理事会一定要敢于打破旧有的思想框架，建构图书馆发展的新思想路线，以及让思想落地的新技术路线。前一段时间看到王沪林在一篇文章中提到"政治技术"这个词，过去政治上讲的都是思想层面的比较宏观、比较原则，甚至有点空和大的概念或口号，今后要关注如何把这些思想转化为政治技术层面的设计，把思想通过技术路线变成实践。图书馆也是如此，发展要有思想，落实就是要依靠技术层面的设计，规划、制度、业务、功能、队伍、评估、研究等都是技术路线要关注和解决的。

还有学术路线，也要提请理事会关注。过去公共图书馆不大关注学术，我认为学术路线要单独提出来。我曾经在中国图书馆年会学术论坛发言中提出，中国当下应关注"图书馆改造实验"。20世纪的外国人中，影响中国学术路线的，杜威算得上一个。他在五四运动前来到中国，在中国待了两年多时间，在多地演讲，宣传他的"实验主义"主张。"实验主义"包括"历史的方法"和"实验的方法"。胡适曾把杜威"实验的方法"归纳为三个方面：一是从具体的事实与境地下手；二是一切学说与理想、一切知识都只是待证的假设，并非天经地义；三是一切学说与理想都须用实行来试验过，实验是真理的唯一试金石。有人说，理性是运用自己智慧的能力。我也经常讲，理性是一种缜密思考之后的深刻和前瞻。如何才能有智慧？怎样才能缜密思考？我以为，图书馆发展离不开学术路线的支持，离不开实验。

如上所述，图书馆理事会应建构一种思维方式，同时还要帮助图书馆管理层确立未来导向的图书馆发展的思想路线、技术路线和学术路线，这是我对理事会的期待。

刘锦山：张馆长，您对于图书馆的未来有什么样的期待？

张伟：国际图联定义，公共图书馆是传播教育、文化、信息的一支有生力量。如果我们仅仅把图书馆作为信息机构,局于一隅,将不会想到开发图书馆的社会教育、文化引领功能,图书馆在社会中也将很难发挥自己应有的价值。只有教育、文化、信息这三个方面都发展起来了,图书馆发展的良好生态才能建构起来。如同教育一样,千万不要只关注学校教育,应该把社会教育、家庭教育、学校教育三者结合起来,才能构建良好的教育生态。图书馆也是教育、文化、信息三位一体、三者合一的。这是国际图联对我们公共图书馆的要求。

图书馆发展应该有平台意识。图书馆是教育平台、文化平台、信息平台,也是生活平台。我们应该有意识地高嫁接、横联谊,搭建这样一种大平台,建设比过去内涵更加丰满、外延更加开放、技术更加新潮、人文更加化成的图书馆。图书馆应围绕阅读推广,鼓励实验,大胆突破,即使在某些方面与过去是完全不同的图书馆发展方式,也应该是被允许探索的。这应该是图书馆发展的方向之一。

图书馆不能仅仅是被动地满足读者需求,还应有很重要的文化引领功能。文化引领不是灌输,而是通过开展各种活动潜移默化影响读者,使读者在参加活动的过程中自然而然受到文化的熏陶。管子曾讲文化的"化"就是"顺也、渐也、服也、靡也、久也",最终变成习惯,"习也"。因为有这些教育的、文化的元素在图书馆阅读推广的各个活动中,读者在参加活动的过程中就会建构这些元素,就会调整自己原来的认知结构,形成新的世界观、人生观、价值观,这个过程就是管子讲的"化"。我曾经参加一个务虚会,有人在发言中提到,社会上有一种观点,认为"我们今天要停止教化,转为对话"。我随后在发言中强调,"停止教化,转为对话"这句话要分析,首先要了解什么叫教化。《说文解字》里的"教"是"上所施下所效也"。"教"和"育"是经常组词在一起的;"育"是"教子使作向善也"。《说文解字》把"化"解释为"教化施行"。"化"通常和"文"连在一起组词;"文"这个字经过历史的演变,最后已逐渐指向人文传统、精神价值等。因此"化"就是把人文传统、精神价值化为人的生活方式,最终通过人文化成天下。因此,"教化"应该是价值层面的。那种简单讲"停止教化,转为对话"肯定是有问题的。有的东西当然要教化了,尤其是小孩子在成长过程中很多东西是需要教化的。我说,可以改成"停止灌输,转为对话"。灌输和对话是同一逻辑层面的,二者都是手段,是两种不同的教化方式。教化的方式可以是有灌输的、有对话的、有润物细无声的,他们是处在同一层面的。

图书馆对社会的文化引领,还是要从重视阅读推广开始。图书馆举办讲座、展览、读书沙龙等各种阅读推广活动,就是帮助读者来慢慢厘清关于人生、价值等很多东西,否则要图书馆干什么? 文化影响人的思维方式和价值重构。心理学家认为,人的一生需要持续改进的就是思维方式。思维方式怎么改进? 要靠文化、靠教育。一个人通过读书遨游在古人、哲人、中外名人的思想中,和他们对话,建构一种价值,人内心自然就静下来了,不会一天到晚坐在那里想乱七八糟的事情。我们都是俗人,遇到问题不可能不想,但是人与人的差异就在于,有些人想到这些东西的时候马上就排解了,用"文"来"化"了。这就是人与人的不一样,人的一生是一个学大、走向大的过程,一定要以大来治小,以道来驭术。

在法人治理实践的过程中,图书馆也要转型,要尽快形成自己的主体发展意识和主体发展能力。我曾经在重点中学做校长,学校以前开设的都是必修课,后来实行课程改革,成立了学生科学院、人文学院、社会学院,给学生开了很多选修课,甚至邀请院士走进学校开设选修课。记得当这些选修课推出来的时候,有一天晚饭以后,我在学校巡视,看到门房有很多学生在打投币电话,当时还没有手机,我听到很多学生在电话中问家长,学校开了什么什么选修课,我应该选哪门课程啊?我当时就在想,这真是我们教育的悲哀,当选择权给学生的时候,学生不知道怎么选择。当然,这不能全怪我们的学生。图书馆今天也面临同样的情况,政府把图书馆发展的主体地位赋予我们了,我们应如何发展?有哪些责任要承担?图书馆是什么?为什么?怎么做?what?why?where?how?evaluation?这些本体论、价值论、方法论的问题又一次出现在我们面前。图书馆主体发展意识和能力体现在战略发展规划、制度设计、新业务组织、功能拓展、队伍建设、自我评价、学术研究以及新常态下发现资源、利用资源的能力,等等,这些都是图书馆法人治理结构实施后图书馆应该系统思考、认真梳理、理性对待的问题。未来导向的图书馆治理一定是面向价值的。我们不能决策拍脑袋、行动拍胸脯、出了问题拍屁股。

我在最后还是要强调,法人治理结构只是手段,不是目的本身。不管是举办单位宣传部、文广局,还是理事会或管理层,都要考虑其最终的价值诉求是什么?目的是什么?我想,通过法人治理结构的建立,激发图书馆的活力、主体自觉,提升能力,承担社会、历史赋予的使命,更好地去服务读者,创造读者喜欢的精神家园,这应该是建立法人治理结构的最终目的。未来不是我们要去的地方,未来是我们要创造的地方。

刘锦山:张馆长,毛主席曾经说过,"政治路线确定之后,干部就是决定的因素",这显示出干部对于推动事业发展的重要作用。图书馆法人治理的顺利实施,离不开以馆长为代表的图书馆干部职工的支持,请您谈谈您对馆长有什么样的期许呢?

张伟:今天的图书馆馆长一定不是行政性、依附性、纯理论性的;今天的馆长一定有着文化自觉、在微观领域积极主动探索中国公共图书馆的转型实践;今天的馆长一定有着历史的使命和担当,充满激情不断探索,他并不在意探索一定是完美的,因为除非上帝没有完美;今天的馆长不怕批评,我们应该提供靶子供大家来批判,因为一定要有人去创新、去探索,一定不要去简单地复制、重复前人走过的路和经验,我们要站在前人的肩膀上,借鉴有益的东西来创造新的东西。

(刘锦山)

二、缪建新：百姓家门口的文化驿站

缪建新，男，江苏省张家港市图书馆馆长、书记，研究馆员，中国图书馆学会第八届阅读推广委员会社区与乡村阅读委员会委员、江苏省图书馆学会第六届理事会理事、江苏省图书馆学会第六届图书馆建筑与设备专业委员会委员、苏州图书馆学会常务理事。先后获得"中国图书馆学会优秀会员""江苏省全民阅读先进个人""张家港市级先进个人""社科系统先进个人""宣传工作先进个人""优秀共产党员"等荣誉。担任馆长以来，着力抓好公共图书馆服务体系建设，2007 年 9 月张家港市在全省率先实现镇级分馆满堂红、村图书室全覆盖和文化信息资源共享工程村村通，文化信息资源共享工程建设经验被全省推广；致力于阅读推广活动，打造了"彩虹姐姐故事会""沧江讲坛"等一批读书活动品牌，以及科技沙龙、文学沙龙等读者互动平台；注重学术研究，在国家级、省级专业期刊发表论文十多篇。带领张家港市图书馆实现了全国一级馆"三连冠"、江苏省文明图书馆"五连冠"，获得"2014 最美基层图书馆"、中国书业年度评选"2014 年度图书馆"、全国"全民阅读示范基地"、全国"服务农民、服务基层"先进集体等一系列荣誉。

张家港市图书馆是一座综合性、现代化的县级公共图书馆，总馆位于城东新区市文化中心内，建筑面积 1.5 万平方米，2009 年 9 月 26 日建成开放。少儿图书馆位于市中心长安中路 54 号，建筑面积 1.25 万平方米，2001 年 9 月 28 日建成开放。2013 年 5 月，张家港市图书馆在全国首创 24 小时自助图书馆新模式——"图书馆驿站"，受到社会各界的广泛好评；2014 年，被中国图书馆学会评为"2014 最美基层图书馆"。在图书馆工作三十余年的馆长缪建新见证了张家港市图书馆从一个名不见经传的图书室发展到现在闻名全国的现代化、智能化图书馆，也为张家港市城乡全覆盖的公共图书馆服务体系建设洒下了自己的汗水。2015 年 7 月 7 日，e 线图情专访了缪建新馆长。在采访中，缪馆长用得最多的一个词就是"观察"，也正是他多年来对基层群众需求的细致观察，才有图书馆驿站这样贴近百姓、方便百姓的公共图书馆服务模式。

1. 百姓欢迎，政府重视

e 线图情：缪馆长，您好！首先祝贺贵馆获得 2015 年百县馆长论坛案例征集一等奖。据我们了解,张家港市图书馆驿站深受政府重视和支持。请您详细谈谈张家港市各级政府在图书馆驿站建设资金、场地、人员等方面,尤其是资金方面提供的支持。另外,市政府在这方面有没有明确的政策性文件支持?

缪建新:张家港市政府对公共图书馆建设,尤其是图书馆驿站的建设方面高度重视,把图书馆驿站建设列为 2014 年市政府的实事工程,总投资额达到了 930 万元。这 930 万元分成两个部分:第一部分是奖励性资金。图书馆驿站建设采取属地建设的原则,由所在地的党委政府负责图书馆驿站建设的主体责任,市里以奖代补,每建成一家奖励 15 万元。全市第一期的目标是建设 30 家驿站,奖励性资金共计 450 万元。第一期 30 家的建设目标是经过科学规划的,即实现全市镇、办事处和重点社区全覆盖。这里的镇是指中心镇,也就是建制镇,如金港镇是一个建制镇。办事处是指以前是镇,后来随着行政区划调整被撤销或合并的镇,如张家港市原来有后塍镇和南沙镇,后来被合并到金港镇,金港镇成为一个中心镇,后塍镇和南沙镇成为金港镇的两个办事处。此外,还有一些近万人的村或社区。第一期目标就是每个镇(包括办事处)以及重点社区都要建设一家驿站,总数就是 30 家。

第二部分是配套建设经费,共 480 万元。主要用于这样几个方面:一是对市、镇、村三级图书馆的所有藏书共 190 万册全部进行电子标签化改造,以前都用条码,现在全部把它们变成 RFID 标签。二是使市图书馆和市少儿图书馆全部引进 RFID 配套设备,全面实现自助借还。到现在为止,我们已经建成 24 家图书馆驿站,其余 6 家也已经完成选址和设备采购招标,到 2015 年年底就能全面完成 30 家驿站的建设。

近几年来,张家港在公共图书馆体系建设方面的投入很大,在全国县级层面上应该说是名列前茅的。这一方面得益于市委、市政府领导的远见卓识和市委宣传部、市文广新局领导对上的争取力度;另一方面,我们图书馆人也一直在努力把政府下拨的经费用好,把工作做好,做到让领导放心、百姓满意,才会有不断的财政投入。张家港在公共图书馆体系建设方面的起步在全国来说还是比较早的,我们从 2004 年就已经在全省率先探索镇级分馆建设,并且已经建设了好几家镇级分馆,也是全省第一个推出总分馆建设模式、实施一卡通用、通借通还的县级馆;2006 年我们又实施了社区图书室、农家书屋这样的公共图书馆服务向下级延伸、向村级延伸的模式;到 2008 年的时候,我们就已经实现了农家书屋全覆盖,并且和我们的镇级分馆、市图书馆一卡通用,通借通还。

但是在实践中我们发现,绝大部分农家书屋和社区图书室使用的效果和发挥的效能并不是太好,如何才能提高它们的效能? 我们专门探索和尝试了图书馆驿站的模式。初期,我们在梁丰社区的小木屋建设了第一家驿站,以自助的方式,通过科技的手段把社区图书室变成无人值守、自助借还的图书馆。首家驿站建成以后,其运行效果超乎了我们的想象,不仅仅是老百姓叫好,媒体叫好,市委、市政府考察后也给予了我们充分的肯定,真正把阅读平台建到了百姓家门口。由于这种模式受到百姓的极大欢迎,后来市政府就决定进行推广应用,把它作为实事工程来建设。现在来参观考察图书馆驿站的人很多,包括一些地方的主管领导,经过亲自体验驿站的服务,尤其是看到我们可以通过手机进行驿站的管理,无不交口称赞,纷纷表示回去要在当地进行推广。我在图书馆工作也有三十多年的时间了,有这么多的地方领导专门来考察图书馆的事以前还未有过。作为地方政府来讲,把资金投入或奖励给一项工程,尤其是像现在这样的民生工程,只要能实实在在地产生效果,政府是愿意去持续投资的。

《新华每日电讯》的记者王京雪随着"书香中国万里行"来张家港市图书馆馆参观后专门打电话给我,她说张家港市图书馆的驿站是"书香江苏"的一个亮点,她要专门再来体验一下。后来她亲自过来,住宿在购物公园驿站附近三天,观察驿站的效果究竟怎么样,当然她还去考察了其他的图书馆驿站,后来专门写了一篇长篇报道《把图书馆建成驿站》。她说:"我的社区里面如果有这样一个图书馆驿站,我会天天去。"这是她发自内心的感受。所以说驿站好不好,不是通过我们自己去说,而是大家用了以后自己感觉出确实很好。当然驿站建设的投入也需要一定的经济基础,但是最重要的是怎么样才能受到老百姓的欢迎,这样领导才会重视,要是没有效果,那么争取政府的投入就会很困难。

e 线图情:您刚才提到贵馆已开始使用 RFID,据我所知在县级图书馆用这个系统的不是特别多。

缪建新:我们是在射频系统的基础上开发了图书馆驿站的十大系统。使用 RFID 并不是因为我们"有钱",我们是从如何才能更符合百姓的阅读心理,如何能给百姓提供更便捷的服务这个角度来考虑的。如果不用 RFID,就无法实现驿站的无人值守,通过应用这个技术能更符合百姓的阅读心理,百姓看书就会很方便,给百姓带来实实在在的好处,这是我们主要考虑的,这也是图书馆驿站之所以受到老百姓欢迎的原因。现在有好多地方也在做无人值守的图书馆服务点,但往往他们是从延长图书馆开放时间来考虑的,而我们考虑的是怎样才能提升全民阅读的效果,所以我们将 RFID 系统先放到了社区,然后再进图书馆。有人说我们有钱,我认为这不是钱的问题,关键是服务的效能提高了。

2. 精心设计,用心管理

e 线图情:图书馆驿站的项目设计与施工采取了何种方式? 比如通过招标外包还是其他方式,这其中图书馆参与了哪些工作? 如何进行项目实施期间的管理?

缪建新:图书馆驿站的设计理念,包括功能、布置、统一的形象由我们图书馆自行设计,并拥有自主知识产权,建设则由外包公司来做。在进行驿站设计和建设中,我们把驿站运行的安全问题放在首位,要保证不能出现任何疏漏。因为是自助借还,无人值守,因此可能存在的风险会更大。因此,驿站的内部功能设计了十大系统,即自助借还系统、自助办证系统、自助门禁系统、自动上网系统、灯光自动控制系统、空调智能控制系统、远程监控系统、消防报警系统、数字汇总分析系统、故障自检及应急响应系统。这些系统我们在建设中也在不断地进行完善和改进。我们通过手机对驿站进行 24 小时不间断远程监控,工作人员可随时随地发现问题,随时过去处理。此外,还通过张贴提示性标志等提醒读者注意有关的安全事项。我们会在醒目的地方做提示,高血压和心脏病患者必须是在健康的状态下才能进去,未成年人必须在成年人陪同下进入等。尽管有了这么多措施,我们还是为图书馆驿站购买了保险。

e 线图情:谈到这里,我想起杭州图书馆对进入图书馆的流浪人员的包容态度。驿站有没有碰到流浪人员晚上在这里过夜的情况呢?

缪建新:我们欢迎流浪人员到驿站读书,但不欢迎流浪人员把驿站当作免费旅店。张家港也有流浪人员,从两年多的运行看,还没发现有人在驿站里面过夜的情况。我想这不仅仅是因为张家港城市规模比较小(外来人口仅 60 多万),还可能与驿站的选址、站房设计以及管理机制有关。图书馆驿站的建设地点以居住小区为主,这里流动人口相对较少,流浪人员一般也不太会选择在这样的地方过夜。我们几乎很难听到有流浪人员在住宅楼的公共区域过夜的事件。虽然城市繁华地区的流动人口相对比较多,但是驿站采用的是全透明玻璃房设计,夜里只要有人进入,灯光就会自动点亮,一般的人很少会选择通透明亮的地方睡觉。更重要的可能是我们的管理机制起到了重要作用。比如要进入驿站,首先就要刷市民卡。凡是本地的常住人口都有市民卡,常住人口就是张家港本地的人口加上常住外来人口,只要在张家港缴纳养老保险都有市民卡,暂住人员只需办理暂住证,也可拥有市民卡。另外,我们有手机后台管理和远程监控,可以很直观地看到图书馆驿站里面的情况,我们的系统是 24 小时监控的,所以市民对自己的行为就会去进行约束。

举个例子,曾经有一位市民,刷卡进入驿站后,一边嗑瓜子一边看书,瓜子皮就乱扔到地上,我们发现后及时去制止。因此,通过手机远程监控,一旦发现有不文明行为,工作人员可就近去管理。所以不管什么时候,图书馆驿站里的不文明现象基本上是没有的。再举个例子,一天晚上,一个约十四五岁的孩子进入驿站。当时我还在北京开会,我从手机后台看见小孩在里面一切正常。但是后来发现这个孩子很晚了还在驿站里面看书,情况就有些不对了。最后调查才知道这个小孩和父母吵架后离家出走,没地方去就来到图书馆驿站,家长已经报警了,他们也没有想到孩子会在图书馆驿站。后来我就想,如果没有我们图书馆驿站说不定这个孩子可能就会出问题。我们还遇到过这样一个例子,四五个淘气的孩子,因为不会打开驿站的门,把门推坏后试图爬窗户出去,孩子没有意识到这种行为是不安全的,我们发现后及时制止,如果没有监控,后果会不堪设想。有些家庭的小孩没人带,家长就给小孩刷卡,让他自己进到图书馆驿站,孩子淘气,在书架上面爬上爬下的,我们监控到,就过去和家长沟通,万一小孩摔坏了怎么办,家长很理解,以后就再也没有这样的情况。我们还有刷卡锁定警告机制,根据读者违规严重程度,分别给予禁止入馆一个星期、一个月、一年的警告,并纳入读者诚信系统。所有这些都起到了促进市民文明素质提升的作用。另外,经过我们的观察,进入驿站的市民大多有阅读的行为,即使自己不阅读,也基本上是陪着家人或者朋友进入驿站阅读。换句话说,一个没有阅读愿望的人,即使每天几次经过图书馆驿站,也几乎不会进去。这个观点可能并不一定具有代表性,但是到目前为止至少在张家港是这样的。

3. 驿站志愿者:既是读者更是主人

e 线图情:缪馆长,请您详细介绍一下图书馆驿站志愿者的招募、培训和管理,以及在志愿者的参与下,各驿站举办了哪些活动。

缪建新:驿站志愿者提供的服务是在重点时段,也就是阅读高峰时段。我们根据各个图书馆驿站不同的情况招募志愿者,一般农村驿站的重点时间段在晚上的六点半到八点半,除此以外的时间段都无人值守。还有一些特殊的驿站,如购物公园驿站是在早上的八点半到晚上的八点半都有志愿者服务,因为购物公园驿站的人流量比较大。引入志愿者服务,首先因为尽管我们已经实现了无人值守,没有管理员一样可以运行和开放,但是有好多读者可能需要进行辅导,我经常看到有好多读者进去以后不知道该怎么操作;其次就是驿站内的清洁卫生、图书归架等,都要通过志愿者来实现。

关于志愿者的招募。张家港专门建设有两个志愿者招募平台,一个是友爱港城网,还有一个就是文化志愿者协会网,我们要招募的志愿者都在这两个网上公布,内容包括服务时间、地点,需要的志愿者数量,具体参与的工作,等等,愿意提供志愿服务的市民可直接在网上报名。图书馆驿站的志愿者服务工作是非常受市民欢迎的。以购物公园驿站为例,驿站面积很小,开始我们还有些担心会不会有志愿者来,但目前已经有一百多位志愿者,志愿者的工作时间是从早上八点半到晚上八点半,每两个小时换一班,我们排班都有些来不及。现在网上很时髦的一个词叫"秒杀",也就是说如果你在志愿者招募网站上注册慢的话,这个职位就可能被其他志愿者"秒杀"掉了。图书馆驿站志愿者之所以这么受欢迎,我认为主要有两个方面的原因:一个就是图书馆驿站就建在老百姓身边,就在社区,就在家门口,吃完饭步行十分钟就到;第二就是志愿者去驿站实际上既是读者又是主人,如果有管理员的话,他去了感觉就完全不同了。

关于志愿者的管理。考虑到图书馆驿站的特点,我们招募的志愿者都是十八周岁以上的成年人,他们中有教师、公务员、公安干警、供电公司的员工以及一些自由职业者。志愿者按照规定的时间来上班,进入驿站后由我们的工作人员远程确认后,他们就可以开始工作了。此外,各驿站各个时间段,由哪位志愿者提供服务,还要在网上进行公布。

关于志愿者的培训。我们每年会专门举办名为"阅读推广人"的资格认证培训活动,这是一个面向全市的大规模集中培训,一般每次培训人数为 500 到 600 人。除此之外,还不定期举办一些规模较小的现场培训,由工作人员就图书馆的基本工作内容和工作步骤对志愿者进行现场培训。

通过志愿者开展活动。我们一直在考虑如何让更多的人走进图书馆驿站,让全民阅读形成氛围,无处不在。目前我们采取的措施主要是通过文化志愿者做一些读书活动来吸引读者。其次,近年来,张家港市把培育民间阅读组织及阅读推广人作为推进全民阅读的一项重要举措,现在全市已经建设有 140 多家民间阅读组织,阅读推广人达 1000 多名。这些民间阅读组织和阅读推广人分布在全市城乡的各个地方,我们也通过他们来带动驿站的一些活动。市里有专门的激励基金,每年都会对民间阅读组织和阅读推广员进行评比,对于优秀的个人和组织给予一定奖励。除此之外,图书馆自己也会组织送活动下乡,但是这只能起引导作用,更多的还是要动员民间力量,通过他们来影响更多人参与进来,让全民阅读无处不在。

4. 均等、便利,让百姓就近解决问题

e 线图情:请您介绍一下图书馆驿站和市图书馆资源配置、共享和管理情况。

缪建新:在资源配置方面,我们是从整个服务体系的层面来考虑的。张家港市图书馆的目标是要构建现代公共图书馆服务体系。所谓现代,除了我们要应用先进技术之外,在体系结构之间也要进行调整。我们要在面广、量大的社区和农村普遍采用图书馆驿站的模式,这种模式的服务对象实际上就是最广泛的大众阅读群体,就是首先要满足百姓最基本的阅读需求。我举个例子来说明这个问题。假设某一范围内的阅读群体有九十万人,那就通过驿站模式来解决,就近解渴,这是基本需求;还有一部分,可能涉及的阅读群体只有三十万人,那我们就通过镇级分馆来解决;那么更少的,比如说十万人的阅读需求,就必须由我们市图

书馆来解决;再少的,比如说五个、十个读者的特殊需求,如果市图书馆解决不了,那就通过上一级图书馆来解决。

我们在图书馆驿站的资源配置方面多是考虑面向社会最大阅读群体的需求,这其中当然也有个别读者的特殊需求,可以通过我们的预约借书服务来解决。我们在今后构建的现代公共图书馆服务体系,就是市有图书馆,镇有分馆,乡、社区有图书馆驿站这样一种模式。就好比医疗资源一样,不能全集中到大医院去,这样会造成资源的不均衡。有些小病可以在社区治疗,要考虑均等化和便利化,让老百姓就近解决问题。有些北京来的记者说,他们也爱阅读,但是很少去国家图书馆,因为太远,花在路上的时间会很多,如果社区有图书馆他们就会很愿意去。所以我认为,最基本的阅读需求就在社区和农村解决,在基本需求之上的阅读需求在镇一级分馆解决,再上面的就由市图书馆解决,这样可能更为合理。

e 线图情: 一个社区驿站的服务半径大概是多少?

缪建新: 我们是从小型化的角度来考虑的,社区图书馆都是按小型化的原则来建设,因为驿站的规模太大可能会带来几个不利的因素:一是不可预见的安全风险会增加;二是从硬件的成本来讲,在人员多的时候是没问题的,人少的时候成本就增加了。假如一个两千平方米的驿站,晚上一个读者进去了,然后空调、灯光都会自动打开了,运行成本当然就非常高,所以我们主张驿站要小型化。按我们现在的经验,一般一个驿站在 30 到 200 平方米左右最合适。例如我们目前最小的驿站就是购物公园驿站,为 35 平方米。据我们的观察,一个驿站的服务半径大概在 500 到 800 米之间,基本上就是覆盖了一个小区。我们认为一个小区要建设驿站,首先要有一定的人口基础,因为不可能每个人都有阅读习惯,因此居住人口数量至少在五千人以上的小区才能建设一个驿站,对于大型小区可以多建几个,这样老百姓更方便些。如果一个地方阅读人口非常多,我认为比较好的办法就是建设市图书馆分馆,其中划出一部分作为图书馆驿站,重点时段采用图书馆模式,阅读低峰时段进入驿站模式。

5. 不做,可能就永远没有办法前进

e 线图情: 您对其他建设图书馆驿站的地区有哪些建议?

缪建新: 当然我是希望大家能够认可这个模式,因为它能够解决我们图书馆的好多问题。首先可以节约大量的建设成本。如果是在原有的基础上去改建,投入的成本实际上并不高。如果图书馆还没有 RFID,投入可能要相对高一点,但是如果社区图书馆基础好的话,进行升级改造就相当省力了,加上我们前面讲的十大软件系统、空调等硬件,一个驿站的改造费用大约 20 到 30 万元。我们来核算一下,如果图书馆驿站不用这些设备和软件,正常开放至少需要两位专职管理员,他们的工资等各项支出一年至少需要十几万元,两年的支出实际上就可以建设一座驿站了,而且会带来全新的服务方式和内容。其次是可以节约后续的运行成本。以购物公园驿站为例,全年的运行费用不超过两万元,截至 2015 年 5 月,这个驿站已经接待读者超过了 1.8 万多人次,一年下来预计可接待 4 万多人次。也就是说,接待一名读者只需不到五毛钱,这个成本是非常低的。从这个角度来看,如果北京、南京和上海这些大城市也采用这样的模式,效果肯定比张家港更好,因为这些城市人流量大,成本会更低。

此外,我认为,如果把公共图书馆的发展从历史的角度来看,张家港市图书馆 20 世纪 90 年代以前是个很小的图书馆,90 年代中期我们开始实行电脑管理,现在已经过去将近 20 年

了,我感觉我们也应该进入智能化的管理轨道了。我们现在讨论要不要智能化,就像20多年前讨论要不要电脑管理一样,因为当时图书馆要实行电脑管理,也是一个很大的开支,光是买软件的费用就得20到30万元,硬件投入还需要一笔经费。而现在驿站的投入比以前电脑管理的投入相对来说还要少一些,而且一旦驿站建设基本成熟了以后,随着读者人数的增加,整体的成本还会更进一步降低。

智能化管理应该是图书馆管理的发展趋势,现在很多地方都在做的"24小时街区自助借还图书馆"就是智能化管理。虽然每个地方的情况不一样,经费不一样,但任何事情,我们都应该去探索、去尝试,没做、不做可能就永远没有办法前进。李克强总理说"我希望全民阅读能够形成一种氛围,无处不在"。我们就是要按照这个要求去探索和尝试。当然我们也要考虑可持续性,否则可能会走很多弯路。可持续性首要的一点就是一定要由政府主导,没有政府主导,公共图书馆服务体系要完善是很困难的;但有了政府的主导,还要有更多的社会力量参与进来,按照均等化、便利性的原则,按照服务半径和覆盖人口等实际情况进行科学规划和合理布局,我们在全民阅读方面一定会探索到新的东西。

（刘锦山　刘锦秀）

三、娄静：做强、做精、做深"海"字文章

娄静，女，1980 年 12 月考入浙江省嵊泗县图书馆工作至今，从事采编工作，1996 年任图书馆工会主席，2004 年 3 月任图书馆副馆长，2007 年至今任图书馆馆长，已在图书馆工作 35 年之久。

嵊泗县位于长江和钱塘江入海交汇处，是浙江省最东部、舟山群岛最北部的海岛县，拥有 404 个大大小小的岛屿，素有"一分岛礁九分水"之说。全县总人口 7.8 万，分散居住在 22 个岛屿上。自 20 世纪 50 年代创建以来，嵊泗县图书馆几经发展，一直是当地公共文化服务体系的主力军。近年来更是不断创新服务理念，将图书馆服务拓展延伸到广大老百姓身边，得到了基层民众的广泛好评。2013 年，浙江嵊泗县图书馆荣获文化部颁布的"一级图书馆"称号，其长达二十多年的书箱上船头服务也获得了 2015 年中国图书馆学会第五届百县馆长论坛服务案例一等奖。昔日小小的图书室现在正在朝着现代化、数字化图书馆不断发展，矢志前行。

1. 做好"海"字文章

e 线图情：娄馆长，您好！首先恭喜贵馆获得第五届百县馆长论坛服务案例征集活动的一等奖。请您简单介绍一下贵馆的基本现状。

娄静：嵊泗县图书馆的前身为嵊泗县文化馆所属的图书室，创建于 1952 年 12 月，选址在青沙乡，1954 年迁址至菜园镇。1958 年 10 月改为"舟山县文化馆嵊泗分馆图书室"，1960 年 11 月更名为"上海市嵊泗文化馆图书室"，1962 年 5 月改称"浙江省嵊泗县文化馆图书室"。直至 1981 年 12 月，经县人民政府批准建立县图书馆，与县文化馆实行两块牌子一套班子。1985 年 12 月，单独建制至今，隶属于县文化广电新闻出版（体育）局。目前，是一家综合性一级图书馆。

嵊泗县图书馆新馆位于菜园镇望海路 393 号，坐落于海洋文化中心，2010 年 2 月底正式启用，面积为 3700 余平方米。现有职工 11 名，其中 4 名为临时用工。馆藏文献 112 000 余册（件），报纸 91 种，期刊 386 种，电子书 2371 种/册，视听文献入藏量 777 种 3110 册，地方文献入藏完整量为 95%。图书馆已建立健全了共享工程嵊泗支中心建设、数字机房配置，设施设备功能齐全，共有读者阅览座位 248 席（包括少儿席位），计算机 45 台，接入电子政务外网 100mbps，电信 10mbps。

e线图情:嵊泗县是一个非常典型的海岛城市,地理环境特色鲜明,群众日常生活别具一格,对于图书馆事业的发展来说,这带来了什么挑战和机遇?

娄静:嵊泗地处海岛,岛屿分散,产业特色明显,为图书馆做好"海"字文章提出了挑战,同时更提供了机遇,如书箱上船头、图书漂流瓶、图书驿站等独具特色的图书馆服务就是因此应运而生。

近年来,嵊泗县图书馆针对嵊泗海洋海岛的鲜明特点,紧紧围绕"离岛、微城、慢生活"的美丽海岛文化,构建低碳、环保、和谐的乐和生活,做强、做精、做深"海"字文章,谋划和实践了适合海岛"三生"(生产、生活、生态)的海洋文化发展之路,也获得了许多有益的启示。

嵊泗县的岛屿较为分散,交通不便,信息交流也相对不太通畅。除了传统的阵地服务,我们加强流通图书站(点)的合理布局,进一步缩小各种差距。为最大限度地满足广大基层读者的需求,嵊泗县图书馆努力克服边、小、散的弊端,制定了相应的图书配送流程和制度,建立图书流通配送中心,科学设置站点,在船头、乡镇、社区以及部队、休闲场所、老干部摄影组、学校、监所、机关、民宿等设置了 171 家图书流通点,充分体现了图书馆服务的平衡化。

公共图书馆的一个基本职能是保存和传承人类优秀文化成果,因此,在公共文化服务中,我们馆十分注重挖掘传承本土传统文化,积极传播发扬嵊泗县独特的海岛文化。如我们馆曾在省市多次举办"渔夫·拙"嵊泗渔民画、嵊泗海洋文化书画展览,通过"文化走亲"推动民间艺术进高校,在台州、永康以及本市兄弟县区图书馆成功举办"离岛风情"剪纸、摄影展览 8 场,将"启蒙之礼"嵊泗传统文化、"嵊泗传统故事"引进文化礼堂等。这一系列内容新颖、形式多样的活动充分展现了嵊泗地域特征,颇受大家欢迎。

2. 图书馆服务的均等化、平民化

e线图情:娄馆长,贵馆的书箱上船头服务至今已经开展二十多年,这种持之以恒的服务精神十分难能可贵。目前贵馆的这项服务和最初相比,有什么不同吗?

娄静:"书箱上船头"是针对海洋渔业生产特征而开展的一项惠民工程,因为它符合渔区的特点才有生机和活力。目前嵊泗县图书馆此项服务主要是深化和拓展,无论是在时间、形式、载体、内容上要更加完善,更贴近渔船民的需求,深受渔船民的青睐。

e线图情:贵馆在这项服务中,送出的图书资源主要是哪些方面的?对于用户来说,最想要的、最爱看的又是哪些图书资源?

娄静:我们在书箱上船头服务中,送出的主要有三种资源:报刊、音像文献、图书。同时我们也在不断吸收渔民们提出的建议,及时调整图书内容,如海洋渔业捕捞技术、渔船机械维修、海水养殖类等方面的图书占的比重较大。渔民们自身文化层次不是特别高,根据他们普遍向我们反映的需求,还是对杂志和音像文献的需求为多。

e线图情:您能更多地介绍一下贵馆在面向公众提供的图书馆服务方面的情况吗?除了向渔民送书,贵馆还开展了哪些特色服务?

娄静:我们办馆的一个基本宗旨是体现公益性、均等性,更要平民化。现代公共文化服务体系要体现"四性",公益性、基本性、均等性、便利性,这是确保我国改革开放成果让全体公民共享的基本要求。对于我们这样一个海岛县来说，城乡一体化、均等化尤为重要，图书馆一直把这方面的工作作为重中之重来抓，大力向城乡一体化方向发展。我们下一步会将更多的人力、财力、物力投向数字化、信息化图书馆建设上，以此弥补岛屿分散、交通不便的缺陷，让更多的岛上民众享受到阅读的快乐，获取更多的知识。

目前，根据不同阶层、不同领域、不同行业读者需求，我们大胆实践新载体、新路子，精心推出了多种多样的图书馆服务。一是引进讲座事业，嵊泗县图书馆创建的"海岛百姓讲坛"邀请了 30 多名国内知名人士担任主讲人，截至 2015 年 5 月已开办讲座 31 场，涉及的内容也很广泛，如传统文化、法律常识、养生保健、政策解读等。

二是围绕"世界读书日""未成年人读书节""图书馆服务宣传周"三大主题开展各种活动，包括图书漂流活动、书法比赛、读者座谈会、图书知识抢答等各类形式。其中很多活动都走出了图书馆，深入校园、军营、社区等地。针对一些特殊读者群体，图书馆也特别推出了相应的图书馆服务。除了书箱上船头服务外，图书馆与县看守所合作为在押人员提供的服务也已达 25 年之久，在确保一月一流通图书外，还开展了共享工程影片进高墙内放映、为在押人员举办心理疏导讲座、知识谜语走读看守所等活动。同时我们也为敬老院老年人、残障人士、弱势群体大力开展上门服务。未成年人是祖国的未来，为推广未成年人阅读，图书馆更是精心设计了各种丰富多彩的活动，如对"新居民"子弟开展"同一蓝天下的至爱"活动，以及"小童萌争做小馆员"志愿者实验、"故事妈妈进校园"绘本亲子秀等。

三是共享数字文化资源。实行电子阅览室免费开放，增设视障读者专机专座专用，以及盲文图书阅读和音像免费欣赏区域，开展"你点我放"暑期少儿优秀影片放映活动，启动"嵊泗渔俗文化特色"数据库建设。目前已开设网站视频讲座 12 期，已加工完成数据库资源 230G，其中包括自建自备数字资源，如"离岛嵊山""2014 嵊泗与美丽同在""嵊泗鱼文化""聚焦岛城""列岛遗风"等地方性文献资源，网络访问量 17 296 人次。通过广泛推动市民卡及数字资源使用方法，让读者随时随地都能享受到图书馆的数字资源服务。

3. 以效能建设提升员工素质

e 线图情:娄馆长，图书馆的工作人员中女馆员比例比较大，要坚持做好书箱上船头服务，需要克服不少困难吧？

娄静:目前图书馆有工作人员 11 名，全部为女性，其中 4 名为临时用工。按传统的理念，女性从事图书馆工作是一个理想的职业，但是近年来图书馆的服务已由以往被动等待式的静态服务向生动、活泼的动态服务转变，给女性带来了生理上、心理上的压力，特别是书箱上船头服务，对我们来说确实是一种考验。东海海岛有句俗语，即嵊泗海面"无风也有三尺浪"之说，但我们却经常要下小岛，乘船、乘车开展服务。因此我们的船头服务非常不容易。

e 线图情:贵馆有遇到"留不住人"的问题吗？在人才的招聘和引进方面目前情况怎样？

娄静:海岛人才问题始终是一个"纠结"的事。不过至今嵊泗县图书馆的工作人员还比较稳定，毕竟图书馆职业可以说是个好的职业。但要引进人才图书馆没有这个决策权，那是政府统筹的问题，因此想要再引进人才还是有一定的难度。

正因为如此，嵊泗县图书馆十分重视提高员工素质，通过积极开展培训和采用规范化管理考核等方式坚持加强效能建设。培训方面,根据不同科室、不同岗位、不同对象开展干部职工综合素质、业务知识、业务技能培训。图书馆曾先后组织干部职工轮流参加省市举办的各类业务培训、省市共享工程、RFID自动化借阅业务培训,并在省内各级图书馆开展经验取经、借鉴交流活动,组织开展了乡镇图书管理员培训班三期。另一方面,严格内部管理和考核。建立健全图书馆内部人财物、劳动纪律、效能考核各项规章制度,编制人员工作考核制度、分管责任人工作考核办法,建立业务分析报告、财务分析报告、读者统计表、书目下载表、文献统计表等档案制度,实行全年总体工作目标考核,从而有效地提高了工作效能,推动了图书馆的稳定有序发展。

（刘锦山　刘剑英　娄静）

四、周英雄:让图书馆成为居民的充电站

周英雄,男,研究馆员,博士,现任广东省深圳市宝安区图书馆馆长、宝安区图书馆理事会理事长、广东省图书馆学会理事、深圳图书情报学会常务理事、深圳市阅读联合会理事。1985 年于武汉大学科技情报专业毕业以来,一直在公共图书馆工作,先后在湖北省图书馆、深圳市宝安区图书馆从事参考咨询、外文图书分类编目、图书馆计算机业务管理系统研发、基层图书馆建设与辅导等业务工作。发表专业论文 20 余篇,主编图书 4 部。

深圳是我国改革开放建立的第一个经济特区,数十年来已成为我国城市发展的一个范本。宝安区位于深圳西北部,所占面积及常住人口数量均列深圳市各辖区之首,从公共文化服务角度来看,宝安区无疑具有重要意义。公共图书馆在促进城市全面发展与提升市民居住幸福指数方面的重要作用正日益受到关注。2013 年 12 月 30 日,坐落在宝安行政文化新中心的宝安区图书馆新馆建成并部分开放,以此为契机,宝安区区域图书馆网络建设得到进一步发展。目前,以宝安区图书馆为龙头总馆的区、街道、社区三级公共图书馆服务网络已基本完善,共有各级公共图书馆 96 个,覆盖全区各街道、社区。2015 年 5 月,宝安区图书馆新馆全面开放。有位做客"宝图星期讲座"的专家曾讲过:"在宝安图书馆看到了中国的未来!"

1. 区域图书馆联盟建设的经验与挑战

e 线图情:周馆长,您好!图书馆联盟已成为当前图书馆事业的一个重要发展模式。包括贵馆在内,目前我国已有一些地区在积极探索建设区域图书馆网络。您是怎么看待这一现象的? 贵馆在这方面的探索具有什么独特之处?

周英雄:建立区域性公共图书馆网络是建立完善公共文化服务体系的重要组成部分。要为一个区域范围内的全体公民提供便捷有效的阅读服务,完善的公共图书馆服务网络是必需的。过去我国公共图书馆的建设一直都是按照行政层级来建设,建设的结果是公共图书馆分布极不均衡,各图书馆之间因财政供给的不平衡以及领导的重视程度不同而出现馆与馆之间差异很大,且互不连通,造成即使在同一城市的居民所享受的公共图书馆的服务差别都很大,公共图书馆服务的行业整体效益也较差。图书馆联盟是公共图书馆界在现有分

级财政体制下探索建立完善的公共图书馆服务网络的一种有益尝试。通过图书馆联盟建设,一个区域范围内的公共图书馆服务标准更统一,网络覆盖更全面,服务更有效,居民享受的图书阅读服务更便捷。

我们宝安区图书馆在图书馆联盟建设方面的探索一是早,二是方式多样。我们是国内较早在县区级范围内探索建立全覆盖的图书馆网络的单位之一。早在20世纪90年代就启动"百村书库工程",在全区范围内每个行政村(居委会)建立图书馆,2000年又在各镇(街道)建立起镇级图书馆。2005年在全区建起了基于互联网的图书馆业务管理系统统一平台,率先在全市范围内实行通借通还。我们还探索在工业区与企业合作建立了劳务工图书馆12家。在企事业单位、社区、军营等地方建立集体外借点50多个。

e 线图情:周馆长,有学者认为,我国图书馆总分馆建设的最大障碍是体制问题。在贵馆的区域图书馆网络建设过程中,是否也遇到了这方面的障碍? 是怎么解决的?

周英雄:总分馆制是业界一直以来的诉求,也列入了党和政府的一些有关图书馆的政策性文件。但在我国内地一直推进得很缓慢,最大的原因是体制问题。宝安区图书馆在协助区文化行政主管部门推进全区的图书馆网络建设中也遇到了这方面的障碍。

严格来说,我们到目前为止,没有形成完全意义上的总分馆制。但在某些方面有了重大突破。比如实现了全区公共图书馆资源的集中采购编目,实现了业务技术平台的统一,业务规范的统一。没有直接管理的社区图书馆(社区阅读中心)也实现了由区图书馆统一进行业务监管与考核。

为突破体制障碍我们做了各种努力,主要是通过行政主管部门与各街道文体中心沟通,争取基层的配合,将基层馆至少在业务上纳入我们的统一规划与指导。当然,最终的解决办法我们是想借国家出台的《关于加快构建现代公共文化服务体系的意见》这一东风,通过出台地方规章制度如《宝安区公共图书馆管理办法》来解决这一问题。

2. 图书馆为城市多元化发展服务

e 线图情:周馆长,图书馆是城市的第三空间,这一点经常被业界提到。对此您是怎么理解的? 贵馆如何体现作为城市第三空间的功能和作用?

周英雄:图书馆作为城市的第三空间,是市民能自由进出、平等交流的场所,人们在工作和家庭生活之余,可以在这里放松身心,吸取精神养分。在一个城市,第三空间不是图书馆独有,但作为第三空间之一的图书馆有着自己独有的特色,所以我们应更注重将这一空间打造成人们精神寄托的殿堂。在我国,图书馆绝大多数是由政府举办,对民众免费,民众在图书馆可获得阅读服务、信息服务,看展览,听讲座,进行思想文化的交流。这是一个没门槛的空间,这是一个自由的空间,这是一个让人的灵魂有所依托的空间,在这个空间人可以充分地放松。既然是一个空间,空间本身的美感,空间给人的舒适度,给人的感觉与氛围都是要让人乐意前往。所以图书馆的建筑设计和内部布置要给人美感,图书馆管理要人性化,图书馆的服务要高品质。我们宝安区图书馆新馆大楼本身就是一件美好的建筑艺术品,值得人们欣赏。我们常年不断地举办各种讲座、阅读推广活动和展览,这已使图书馆从传统的书刊借阅场所发展为多元文化体验和交流的平台。我们图书馆工作团队的服务意识与服务精神也已经在每一个馆员心中扎根,通过多年的努力,我们图书馆已成为一个市民读者非常乐意来的城市第三空间。

e 线图情：随着我国城市化进程加快，越来越多的人口涌入城市。深圳也是一个外来人口较多的城市，据了解，在宝安区，非户籍人口占常住人口八成以上，而且其中还有众多少数民族。可以说，宝安区是一个典型的多元化"城市"，这对图书馆事业的发展有什么影响？

周英雄：宝安区是深圳的一个人口大区，全区居住超半年以上的常住人口 300 万，非本地户籍外来人口比例超过八成。可以说全国各省市、各少数民族的人在宝安都可找到。大家怀揣梦想来到此地，创业谋生实现理想，而图书馆就成了大家漂泊异乡的精神家园，成为大家在人生跋涉过程中的充电站和歇脚的凉亭。这个多元化的移民地区对图书馆服务的需求很强烈，这也成就了公众与政府对建设图书馆的认可。深圳地区的公共图书馆可以说是全国使用率最高的图书馆，是最受读者欢迎的图书馆。这促使政府加大了对公共图书馆的投入，对公共图书馆网络的完善，也促进了图书馆服务水平的提升，服务内容的拓展。

e 线图情：我们注意到，在宝安区区域图书馆网络中特别设立了劳务工分馆和社区阅读中心，请您分别介绍一下它们的建设和管理方面的情况。这二者在馆藏、服务方面有什么区别？

周英雄：宝安区的劳务工分馆和社区阅读中心建设是我区在完善全区公共图书馆网络建设的过程中，在不同的历史阶段，根据政府工作重心，借助相关的政策，采取的侧重点不同的建设与管理模式。其实质都是为了完善全区的公共图书馆服务网络，将图书馆服务网点覆盖到全区，让所有工作生活在宝安区的群众享受到政府提供的公共文化服务。宝安区是个制造业发达的地区，工厂、工业园遍布全区，生活在厂区的外来劳务工占全区人口百分之六十以上。早期，我区建设的村（社区）图书馆都是在原村民生活区，由各村管理，不方便劳务工利用。2007 年，宝安区委区政府出台关爱劳务工的政策，图书馆借助这一政策，在全区立项建设 10 家劳务工图书馆，由区政府全资投入建设，并由区政府拨款到图书馆直接运营管理。2010 年，图书馆又采用此模式，在富士康工厂区周围建立了两家规模较大的劳务工分馆。劳务工分馆建设与管理过程中，有些分馆的场地是企业出的，有些分馆的部分管理人员也是企业出的。

社区阅读中心的建设是鉴于宝安区早期建设的一些村（社区）图书馆因分散各自管理，有些已关闭，有些效益不高，而提出的由政府对原有社区图书馆改造，并改变建设与运营模式的一项计划。原计划是分三年对原有社区图书馆按新的标准统一进行建设改造，重点增加电子阅览，强化报刊阅览，继续保留图书借阅功能，统一标识形象，统一服务规范，纳入全市统一借阅技术平台。原计划是由区馆统一管理，也就是想将社区阅读中心纳入总分馆制框架。2013 年 30 家社区阅读中心建成投入运营后，按区政府要求，交由各街道管理。除未由宝安区图书馆直接管理外，其他目标都已基本实现了。

劳务工分馆与社区阅读中心的藏书都是由区馆统一配送，各馆的配送品种都会尽量考虑所服务读者的需求，如在社区阅读中心可能会更侧重老人与青少年的需求，劳务工分馆则会尽量按工人的要求配送。我们还在劳务工分馆针对工人需求，开展法律和心理咨询、各种技能培训等方面的讲座活动，我们会在社区阅读中心开展一些少儿类的阅读推广活动，比如讲绘本故事等。

3. 图书馆志愿者服务和业务外包

e 线图情:周馆长,贵馆在引进义工团体等社会力量开展图书馆特色服务方面,现在有什么进展? 在实现图书馆志愿者服务的长期可持续发展方面贵馆是如何做的?

周英雄:宝安区图书馆从 2012 年年底面向社会招募义务馆员,协助图书馆开展阅览室管理、读者引导、读者活动现场组织等工作,目前的工作进展如下:

一是义务馆员数量稳步上升。2014 年以来,宝安区图书馆以新馆开放为契机,积极扩大义务馆员队伍,充分利用互联网渠道加强义务馆员工作宣传,通过官方网站、微博和微信等方式发布义务馆员招募信息及岗位需求,得到广大读者积极响应。目前,图书馆开发了义务馆员电子管理系统,从申请到服务记录均实现了无纸化流程。截至 2015 年 6 月底,图书馆已招募义务馆员 887 名,义务馆员累计到馆服务 2694 人次,累计服务时间达 5422 小时。义务馆员平均服务时间为 2.2 个小时。目前,服务时长累计最长的一名义务馆员为社区工作站工作人员麦庆欢女士,其服务总时长已达 265.5 小时,几乎每周都会到区图书馆服务 1 次。

二是义务馆员队伍结构不断优化。一方面,未满 14 周岁的孩子在家长陪同下,可申请成为小义务馆员,在图书馆进行志愿服务。目前图书馆有小义务馆员 200 余名,义务馆员队伍年龄结构得到拓展。另一方面,各类社会团体不断加入,义务馆员队伍逐步向专业化发展。目前已成立了义务摄影工作组、志愿主持人工作组等专业服务小分队,负责读者活动现场管理和拍摄服务,获得读者朋友的好评。

为了促进义务馆员服务的可持续发展,宝安区图书馆主要采取了以下两项措施:

一是积极开展技能培训,提升服务水平。我们采取"总分式培训"模式,积极开展义务馆员培训工作。总体培训由区图书馆专门组织,不仅有本馆业务骨干讲授图书馆专业知识,还邀请了区义工联讲师讲解服务礼仪、义工组织管理等课程。分散培训采取"老带新"的方式不定期开展,通常由一至两名老义务馆员带领多名新义务馆员学习,通过面对面讲解、亲自示范的方式指导新义务馆员开展图书馆服务。通过开展"总分式培训",新义务馆员的服务水平得到快速提高,老义务馆员的工作能力得到进一步加强。此外,我们还利用培训期间开展义务馆员表彰活动,通过表彰优秀义务馆员进一步激发大家的服务热情。目前已组织开展义务馆员综合素质培训 5 次,表彰了 4 批优秀义务馆员。

二是开展义务馆员"星期书友会"品牌活动。为了增强义务馆员的团队凝聚力,给义务馆员创造一个生活交流和才艺展现平台,从 2014 年 3 月 14 日起,每周为义务馆员开展"星期书友会"活动,陆续开展阅读分享、上讲台和素质培训等文化交流活动。截至 2015 年 6 月,已开展"星期书友会"66 期,涉及主题包括读书分享、音乐表演、家庭教育、书法鉴赏、服饰搭配、文学评论等。活动在《宝安日报》等媒体进行报道后,吸引了更多热心市民主动要求加入义务馆员队伍。"星期书友会"活动有效增强了义务馆员的团队归属感和凝聚力,提升了义务馆员的综合素质和服务能力,扩大了义务馆员队伍的社会影响力。

e 线图情:业务外包也是社会力量参与图书馆事业建设的一个重要途径,贵馆提到将尝试公共图书馆分馆服务外包,目前这方面情况进展如何?

周英雄:宝安区图书馆已在多个方面实行了服务外包。2004 年就开始就将图书的编目加工外包给供应商,我们的工作人员只负责图书的分类与编目审校。2008 年开始将图书馆大楼物业管理外包。2015年以来新馆全面开放后，由于编制不足，正在通过劳务派遣的方式招聘人员。分馆外包这一块，原来是准备将老馆整体外包，因为现在政府已决定将老馆改造成博物馆，目前已停止整体外包的试点，但我们的一个街道业务分馆——沙井街道图书馆正准备做试点，整体外包给企业经营。

（刘锦山　刘剑英　周英雄）

五、宫昌俊:"图书馆+"开启阅读新体验

宫昌俊,男,江苏省江阴市图书馆党支部书记、馆长。中国图书馆学会青少年阅读推广委员会委员、中国阅读学研究会会员、全国中小型公共图书馆联合会常务理事。近年来,带领团队以提升读者阅读体验为抓手,通过对阅读环境、阅读服务、阅读资源以及服务网络的改善和提升,大大提高了读者到馆率以及全市居民综合阅读率,使江阴市图书馆先后获得了"全民阅读示范基地""全国青年文明号"等光荣称号。

阅读是人类文明传承的基础,引导、促进人们进行阅读是图书馆的基本职责,对于基层图书馆来说更是重中之重。自全民阅读、终身阅读等倡议提出以来,我国图书馆界的阅读推广活动一直如火如荼,但成效却大有不同。什么样的阅读推广才能吸引更多人参与? 如何让阅读推广实现持续成效? 在江苏省江阴市,由图书馆联动咖啡馆、茶馆等社会机构共同打造"三味书咖"城市阅读联盟的创新实践给了我们一个很好的答案。

1. 围绕重点强化图书馆服务能力

e 线图情:宫馆长,您好! 非常高兴您能接受我们的采访,首先恭喜贵馆获得中国图书馆学会第五届百县馆长论坛案例征集活动的一等奖。请您简单介绍一下贵馆这几年的发展情况。

宫昌俊:江阴市图书馆于 1987 年建馆,2005 年 10 月 1 日新馆建成使用,新馆建筑面积为 14 300 平方米。现在不少县级图书馆新馆规模都超过我们馆了,但在 2005 年我们馆是值得骄傲的,在全国都处在比较领先的位置。我们目前有员工 60 人,近几年通过努力,我们馆的读者到馆率、借阅率都在逐年大幅度提升,这表明我们图书馆抓的"点"也是比较准确的。我们馆近年来主要开展工的作包括:

第一,免费开放。中央要求免费开放之前,我们馆就开始尝试免费开放和延长开放时间。业内的惯例是最少要有半天时间闭馆整理内务,我们在 2000 年就取消了闭馆日,这样可以最大限度地让市民、读者使用图书馆、利用图书馆,吸引更多市民走进图书馆。现在我们馆的开放时间是早上 9 点到晚上 9 点,365 天服务不缺席。在免费开放时间得到保证之后,我们又对图书馆的阅读环境、便民设施设备进行了加强,目前读者的满意度比较高。

第二,阅读推广。这方面我们馆在业内起步是比较早的,开始我们从少儿的阅读推广做

起,一直发展到现在分年龄层次的分级阅读指导,中间做了很多尝试和努力。我们馆自 2009 年起连续三年被评为"全民阅读先进单位",被中国图书馆学会命名为"全民阅读示范基地"。我们是全省第一批被提名评选的,也算比较早的。这几年我们馆开展的阅读推广活动年均场次都在 300 场左右,吸引了大量读者参与。这其中有面对社会大众的品牌活动,如公益讲坛"暨阳大讲坛""江图展览",也有针对青少年学生群体的"名师面对面""种子乐读"绘本故事会等系列活动。我们在全民阅读推广方面动了很大脑筋,我们觉得阅读推广是目前基层图书馆工作的重中之重。

第三,公共文化服务体系的建设。江阴市面积有 900 多平方公里,不算大,但是有 160 万常住人口,仅仅只有一个市级图书馆是远远不够的。因此我们从 2009 年开始建设分馆,这在全国县级馆层次来说还是比较早的。在市委市政府以及各个乡镇、地方政府的大力支持下,经过努力,2012 年已实现了全市所有乡镇街道全覆盖。除了总馆以外,全市下属的 17 个乡镇分馆,实现资源统一采购,统一由总馆加工、分编、配送、流转,资源共建共享,总馆到分馆、分馆到分馆之间实现文献的通借通还。这在一定程度上提升了图书馆的服务能力,并逐步建立了覆盖城乡的图书馆服务网络。

2. 多面入手提升读者阅读体验

e 线图情:宫馆长,正如您说的,阅读推广目前是基层图书馆工作中的重中之重。我们知道,现在国内图书馆都在积极开展各种各样的阅读推广活动,请您谈谈贵馆这方面的情况?

宫昌俊:阅读推广活动的效果需要通过数据来检验。借阅率可以客观地反映出阅读推广活动的成效。如何提升借阅率?很多图书馆都分别做了尝试,有很多先进的经验值得借鉴和学习。我们图书馆尝试以读者的阅读体验为抓手来提升市民的综合阅读能力,主要开展了以下几个方面的工作:

第一、完善阅读环境,让图书馆成为第三空间。图书馆需要有良好的环境吸引读者,让读者愿意来。为此我们图书馆对空间布局进行了改进,把成人和少儿的服务区域分开。我们馆原来是综合性图书馆,成人和少儿都在一起,现在成人和少儿图书馆是分开的。我们把一楼 1500 平方米相对独立的区域作为少儿图书馆,单独对外开门,实现了互不影响。孩子阅读的习惯和成人是不一样的,少儿天性活泼好动,尽管图书馆不断引导也很难让孩子们做到绝对安静。有些使用图书馆很多年的小朋友会遵守规定,但刚刚来图书馆的小朋友都会感到很新奇,就很难遵守规定了。包括举办活动时,孩子们更喜欢动态的活动。少儿图书馆阅读环境中的色彩、装潢、元素更加适合孩子。我们图书馆是以"阅读城堡"为元素进行设计的,在这个空间中,孩子会有专属的体验。以前成人和少儿在一起时会喧哗一些,现在有了专属的地方反而安静了很多。另外,在这个过程当中,图书馆也做了很多引导,比如发放阅读手册,教会孩子们如何使用图书馆、在图书馆需要注意的事情等。

第一,我们在人群上进行了细分。对成人的公共电子阅览室、新书速递吧、江阴人著作展厅、读者自修室等都进行了改造、更新,就连室内的绿植也进行了改善,通过努力打造了一个安静、舒适的阅读环境。此外我们还引进了一些自动化的设备,像自动办证机、图书自助消毒机、触摸屏报刊阅读机、电子书借阅机等,让大家能够有更好的阅读环境。

第二,提升阅读服务,让读者与图书馆"后会有期"。这方面我们也下了很大的功夫,如对员工进行内部培训,有学时要求、学分考核;还借助一些大馆的力量,把员工送到上海图书馆、上海少儿图书馆进行体验式培训,员工所对应的岗位要随岗一周,要和当地图书馆的员工一起上班。虽然一周的时间不长,但这是一个工作周期,尤其少儿图书馆平时做什么样的工作,周末小朋友都来的时候又做什么样的工作,这样进行培训就会提升很快。为了让读者方便快捷地找到所需要的文献资源,图书馆对全馆所有纸质文献进行了一次全面的整理。以前的图书都是以大类排列的,现在好多图书馆还是采用这种方式。图书馆要考虑到读者的便利,现在图书馆的借阅量都很大,当资源多了以后读者就很难方便、快捷地获取到资源,这势必会影响读者在图书馆的体验,也许下次就不来了。要想让读者方便快捷地获取资源,就要把所有的成人图书、少儿图书重新排架。我们现在采取的是按照索书号严密排架,这样通过系统查询后就可以非常方便、快捷、迅速地定位到书架上的相应图书,这样做以后读者明显受益良多。以前读者要找一本书需要很长时间,甚至工作人员帮忙去找也很难找到,简直是大海捞针。现在就不一样了,读者通过互联网,使用电脑或者手机、平板电脑等移动客户端在家里就可以对图书进行查询,然后按照索书号找到书,可以非常准确、方便、快捷地定位到所需图书。以前找一本书可能需要 10—20 分钟,还不一定能找到,现在找一本书真的是分分钟的事情。这项服务提升以后读者满意度很高。尽管很辛苦,所有的书都要重新排架,馆长带领着大家,就连非窗口人员都参与进来,大家一起干,排列好之后又实行了责任承包,几个人承担一个区域,一直这样坚持着,目前效果还是非常好。基础服务是图书馆的立馆之本,活动再多再丰富,如果基础服务做不到位很显然也是不行的。图书馆服务是以文献为基础,老百姓来了图书馆最主要的还是对于文献的需求,通过服务的提升能给读者带来更好的体验。

第三,加强资源建设,让读者享受优质资源。文献资源是图书馆的基础,是图书馆存在的重要保障。除了加强采编人员的业务培训以外,我们还通过各种方式全面对接读者的阅读需求,以读者的阅读需求为导向来选择资源。例如:在各借阅窗口设置阅读需求登记簿、开通网上荐书、开展"你选书 我买单"活动,尤其是与当地新华书店合作在馆内新设了"新书速递吧"。吧内图书与新华书店新书同步上架,读者自主选择后,可直接借阅。一是减少环节从而加快了新书到读者手上的时间,二是改原来图书馆买书读者被动接受为"图书馆买啥书读者说了算",受到了众多读者的欢迎。

第四,优化服务网络,让阅读无处不在。服务网络其实在前面提到了,我们很早之前就有总分馆制。总分馆制是政府主导的,也就是在政府推动下做的,有行政的强制性。因此,尽管是在全县范围推行了总分馆制,但由于各乡镇情况不同,造成总分馆之间差异性很大。分馆的人、财、物都不归我们图书馆管理,仅仅是开展业务上的指导,总馆对分馆缺少抓手,很难实质性地提升分馆的效益。这是我们现在总分馆制度所反映出来的问题,在短时间内也很难解决。作为图书馆,我们有责任大力推广全民阅读,保障市民的阅读权益和享受公共文化的权益,但目前只能尽量地提供条件和基础,总分馆之间的问题心有余而力不足。

3. 关于"三味书咖"城市阅读联盟

e 线图情:宫馆长,请您谈谈"三味书咖"的缘起。

宫昌俊:市民对阅读的需求是非常强烈的,但阅读又不像一日三餐那么不可或缺。如果有一个好的环境,阅读氛围可能就带动起来了,否则就很难带动起来。所以,首先要解决的问题是基础设施、设备、阵地,引进阅读资源。中央提出了公共文化服务社会化模式,给了我们很大的启发。在图书馆发展过程当中遇到的瓶颈和急待解决的问题,能不能借助外界力量,让社会力量参与到公共文化服务体系的完善和全民阅读中来?如果能做到这一点,就可以解决我们遇到的问题。推广阅读就是告诉老百姓阅读是好的,只要有基本的设备设施、图书资源,就能推动老百姓阅读;但如果缺乏基本的阅读条件,就没办法从根本上推动全民阅读。因此,要推动全民阅读,首先要保证阅读条件。

这样,图书馆开始尝试联系一些社会团体进行合作。我第一个就想到了咖啡馆。咖啡馆离我们生活很近,是非常生活化的空间,去咖啡馆除了聊天、喝咖啡以外,我们还会在那看书、上网,那里有阅读的氛围。我们与咖啡馆合作让它升级成阅读空间,这样场地的问题就解决了,咖啡馆的服务人员同时也可以变成阅读空间的工作人员,水电空调也不用另外开支了。

与社会力量合作了以后,很多责任和业务以及经费的投入有社会化的力量承担,图书馆也能给他们带来好处和效益,实现互惠互利。有的企业家比较热心公益慈善,投入再多也愿意。作为可以用来推广政府主导的公共文化服务网络基础上的重要补充形式,同时考虑到今后的可持续发展,就必须要有一整套完整的体系,在实施过程当中一定要双方互惠共赢。

e 线图情:与咖啡馆合作过程中,如何选择咖啡馆?双方的责权利是如何划分与协调的?

宫昌俊:与图书馆合作的社会机构需要具备一定的服务空间;要在居民比较集中的地方,不过这点不用担心,社会服务机构本身就是经过市场筛选的,咖啡馆不可能建在没有人的地方,肯定也是在人群密集的地方。咖啡馆要承担日常的图书借阅服务,要投入阅读服务必备的设施设备,比如电脑、图书防盗仪、扫描枪等,这些设备全部由社会机构来投入,包括整体的运营经费、水、电等,图书馆在这些方面是不投入的。图书馆提供定期流转的图书资源、专业的图书馆服务、策划与宣传服务,书架都是社会力量提供的。投入这么多,社会机构愿意吗?与我们图书馆合作的第一家咖啡馆,地方不太大,但就是这不太大的地方,老板说跟图书馆合作以后他们的客流量、营业额比周边几个比较大的咖啡馆都强,人气很旺。

这就与图书馆的三味书咖城市阅读联盟有关系,所有的点都纳入全市的总分馆体系当中,统一实行了通借通还。正因为有了这样方便快捷的服务,让原来可能不会来这里消费的人群来这里借还书,顺便在这里消费。有了这么多的书籍,再加上经常开展的阅读活动,这就相当于打造了一个在读者身边的阅读空间,好多人都会被这个空间所吸引,从而社会机构也会从中受益。首先是有人气,你也来我也来,环境也好,坐下来点杯咖啡慢慢看书是很自然的事情,而且,凡是有借阅证的读者都给享受咖啡馆消费 8 折的优惠,那么多的读者就变成了咖啡馆潜在的顾客。作为商家,消费得到了促进,自然就会和图书馆继续合作。

e 线图情:宫馆长,有没有人对这种合作模式持不同看法呢?

宫昌俊:有。我在福建参加百县馆长论坛的时候,就有人提出这样做会不会有问题,质疑这是在用公共资源为商家营利。而我考虑的是,不管模式是否创新,要从大的方向来看,通过这种模式运作了以后有哪些好处,尤其是对老百姓来说是不是有真正的实惠。老百姓原来要借书非常不方便,必须要来总馆,现在在家门口就可以借还书,家门口多了一个文化阵地,即使不去消费也可以去读书,在总馆借的书也不用去总馆还了,在家门口就可以还,而且也有一定量的图书供读者使用,老百姓是非常欢迎的。通过这种合作为老百姓的阅读提供了条件,如果服务的点越来越多,在城乡、大街小巷都发展服务点,用图书馆的服务能力为老百姓创造了阅读条件,势必会对城市整体的全民阅读推广起到非常大的作用,凭这一点我就觉得值得来做。

至于给商家带来一定的收益,现在是开放的社会,讲究的就是合作共赢。如果图书馆不是采取这种方式来合作而是纯粹由政府承担,政府要投入多少?租借场地的租金要多少?运营费用要多少?分馆最少要安排三个工作人员,一年的工资奖金又是多少?而现在政府和图书馆不出一分钱却打造了分馆,从这方面来说合作是非常有意义的。而且无论是老百姓还是社会服务机构都非常能够接受,双方共赢;政府也非常满意,政府在这方面没有投入但是事情做成了,达到了公共文化服务效益最大化,社会影响也非常好,群众对政府的满意度也提升了。政府部门也认为这是我们应该做的,老百姓对政府的满意程度也增加了,政府也有积极性,社会机构也有积极性,现在很多社会机构都在找我们。对于读者来说,自己阅读更加方便。对于图书馆来说,把阅读推广又进一步向读者身边延伸,把图书馆的作用更大程度地体现了出来。因为图书最大的效益来自于流通,这样公共财物得到了很好的利用。

通过与社会机构合作的模式运作,撬动了两头:一头是社会力量的积极性,为他们带来了人气和效益。原本咖啡馆仅仅只是一个咖啡馆,如果不和图书馆合作,会有《中国文化报》《扬子晚报》《新华日报》《农民日报》等国内主流媒体去采访吗?一般情况下是不太可能的,但是现在他们不仅在江阴的名气很大,在全国都有名。而知名度的提升会带来更大的效益,所以社会机构的投入也更有积极性。这就把社会力量调动起来了。另外一头撬动了政府,政府没有投入钱但是把公共文化服务效益最大化了。在目前阅读点越来越多的情况下,图书资源要增加,工作人员、服务人员都要增加,图书要流转、配送,车辆也要增加,这方面就需要政府做一定工作。前面已经做出了成绩,政府看到了前景、社会效益、群众满意度,政府也愿意去投入。

在这一过程中,通过标准化管理保证可持续性发展。我们通过制度设计、标准设计保证联盟模式不断发展,其中还需要政府在投入方面的适度保障。我们每年对联盟点进行绩效评估,根据评估情况由政府拿出一部分经费予以奖励。这样就能够进一步激发社会力量的积极性,也可以引入竞争机制让社会机构做得更好。很显然,对联盟点的抓手比政府主导的乡镇分馆还要好,主动权在图书馆手里,还建立了准入准出制度,满足条件可以进来,但如果建好了却没有流通量和阅读服务,就可以不签合同了,我们更加灵活的掌握主动权,从而充分保证联盟点正常的运行。

e 线图情:贵馆的"三味书咖"城市阅读联盟有何特别寓意?

宫昌俊:"三味书咖"是对古语"布衣暖,菜根香,读书滋味长"的拓展,寓意着与书的味道、咖啡的味道和营造起来的时尚、文化生活的味道,由此融合而成的。

e 线图情:贵馆对于联盟的运作有专门负责的团队吗?

宫昌俊:目前图书馆还处在摸索的阶段,选取了一些骨干力量由馆长牵头在做,并且作为课题来研究和实践,目前还没有专门的部门在做,而是几个部门一起做。

e 线图情:"三味书咖"主要提供哪些服务,所提供的服务都是免费的吗?

宫昌俊:会提供免费的 Wi-Fi、借阅、办证服务,每个分馆、联盟点都可以办证,联盟点等同于分馆,只是装修风格不一样、体积大小有所区别。目前图书馆的活动也加入到联盟点中了,像读者沙龙、读书会等。

e 线图情:这样的活动是统一规划统一做,还是各有各的特色自己做呢?

宫昌俊:前期由于联盟点没有相关经验和资源,我们图书馆要负责提供所有点的纸质资源和数字资源,读者通过免费 Wi-Fi 可以访问数字图书馆的资源。另外,专业图书馆服务活动的策划也属于图书馆服务中的一项,还有人员的培训,日常和实时在线指导,我们有 QQ 群,有什么问题立即就可以解决。联盟点的活动和沙龙包括邀请专家都是由图书馆策划安排的。图书馆能帮助他们盈利,商家也会有积极性通过活动和资源来营造更好的氛围,最终提升了品质。联盟点现在的活动比较多,把总馆的活动和信息也共享了,比如讲座门票在联盟点也可以领,活动的宣传单读者也可以领到,今后还会考虑把文化上的服务像电影票等也纳入进去。这样随时整合资源,形成最有利的平台,保证可持续发展并可以不断增加人气,最终让更多的人走进图书馆、利用图书馆,实实在在、脚踏实地的推动全民阅读。

e 线图情:"三味书咖"开展期间有遇到什么问题? 怎么解决的?

宫昌俊:多大的困难倒是没有觉得。在整个运作模式中,"游戏规则"由图书馆来制定,前期琢磨得比较多,比如政府是不是支持,社会力量是不是有积极性,怎么让参与其中的几方面都接受和满意,由此形成了相对来说比较成熟的运作模式。当然这些方面需要达成共识。首先跟政府沟通,我们和主管领导、文化局领导都曾多次沟通,得到领导的认可可以尝试;其次跟社会力量沟通,让社会机构看到前景并引起他们的兴趣。一定不能够求人家帮忙做,别人没有真正地意识到其中的效益,就会很难持续。我现在推行的思路是成熟一个再发展一个,如果在沟通的过程中不能达成共识,很显然就不会继续了,达成共识是关键。

e 线图情:这个过程的时间会很长吗?

宫昌俊:我觉得比较快,现在是社会机构来主动联系图书馆,前期是图书馆主动。几个联盟点出来以后,我们对其进行样本分析,找出成功的地方和不足的地方,进行进一步的研究,按照标准设置,如空间、人员、场地等满足什么样的条件才能够加入。标准出台以后下一步向社会进行公开,公开后让大家申报,符合条件就可以申报。报名以后由图书馆来进行综合评审,综合评审除了必备的硬件条件以外,还考虑到科学合理布点和服务半径,如果不能科学地去发展和布点,今后也会有问题的。目前操作性是非常强,进展很顺利。

e 线图情:联盟点的服务半径大概是多大呢?

宫昌俊:现在我很难回答半径的问题,因为目前的几个联盟点还不能够形成体系,比较分散,城北、城东、城西、城南各一个,还有一个是在乡镇,也是我们尝试的。因此现在谈服务半径还为时过早,联盟点没有达到密度不能形成网络,目前还不是我满意的程度,还要继续发展。好多地方都在实行 15 分钟文化圈,我们图书馆也想打造一个这样的标准和密度,起码在城区可以做到这一点。

e 线图情:每个联盟点分配多少书、什么书,图书馆是如何规划的?

宫昌俊:量的问题很好解决,根据书架和读者需求来确定,运行得好我们愿意提供更多的书。书的品种一般分为两个方面:一方面是全面对接读者的阅读需求;另外一方面,因为图书馆有社会教育责任,对一些引导性的书籍,像经典阅读方面的书籍,会有一定比例的安排。在读者阅读需求方面也会考虑到,不同的咖啡馆、茶楼的读者会有不同,图书馆就针对不同的人群分配不同的书,比如匆匆那年茶咖吧里面有一些比较小资的、喜欢追求时尚的年轻人聚集,这里的资源需求和其他茶楼很显然就不一样了。资源一定要有所侧重,要充分满足读者的阅读需求。我们图书馆也会通过推广活动、宣传引导多元阅读,这是核心价值观所决定的,也是图书馆社会教育功能的体现,我们必须要这么做。

e线图情:宫馆长,各个联盟点对于总馆派送的书有建议权吗? 有没有送去的书联盟点觉得不好不要? 您在前期是否有相应的沟通呢?

宫昌俊:当然可以。我们在总分馆之间建立了实时联系的工作群,另外可以充分了解和反映读者需求的渠道是比较多的,如借阅窗口有读者阅读需求登记簿,图书馆没有的书读者想阅读是可以登记的。今天我们馆的采编部就带着读者直接去新华书店挑选书籍了。在一楼的新书速递吧中,我们图书馆和新华书店是合作关系,新书同步上架,书上面是没有标签的,如果读者觉得好,想要借阅,就给工作人员,工作人员现场贴上条码就可以外借。由图书馆买单,把选书权交在了读者手上。

e线图情:在案例中贵馆提到了宣传推广工作的重要性。宣传推广属于图书馆营销范畴内的事情。您是怎么看待图书馆营销的? 贵馆在图书馆营销方面是怎么做的?

宫昌俊:关于图书馆营销,很显然这是非常重要的一项工作。以前有句老话叫"酒香不怕巷子深",但现在是个信息爆炸的社会,获取信息的渠道实在太多了,要在这么多渠道中让读者选择图书馆,就需要营销。我们图书馆在这方面做了很多工作,比如在出租车上打公益广告,推出朗朗上口的宣传语;每年都有不同主题,对外打造了很多文明标语,都是老百姓能看得见的;还会制造一些无纺布的购物袋发放给读者。走进图书馆就会发现我们的宣传氛围还是比较浓的,各种印刷品、宣传片非常多;馆内凡是能利用的空间都会有不同形式的宣传品。我们也通过微信、微博、网站和读者进行沟通,在一些品牌活动中拍摄微电影等。

把服务送出去也是一种宣传推广方式,比如把讲座、展览、故事会等各种活动和资源送到学校、社区、乡镇,我们全市都去跑,主动服务机关、企事业单位、军队。总之我觉得不光要做,还要让更多的市民知道图书馆,让读者知道图书馆和自己的关系,能为读者所用,通过使用图书馆能获得什么。此外我们还会举办对读者的培训,通过平台帮助读者解决最基本的问题,让读者知道图书馆有哪些会员功能,可以享受什么服务,数字图书馆如何使用,移动终端、APP 的使用方法,怎么查找论文等,我觉得这些都可以纳入营销的范畴之中。

(刘锦山 刘剑英 宫昌俊)

六、郑君平：集众所长推进图书馆多元服务

郑君平，男，1971年生，福建省晋江市图书馆馆长、副研究馆员、国家二级作家，主要从事图书馆服务和地方文献的研究，已出版专著5部。

福建省晋江市是全国百强县市之一，与台湾一衣带水，被誉为海峡西岸经济社会发展的"排头兵"。社会经济的快速发展推动了人们精神文化需求的提升。对图书馆来说，这既是前所未有的挑战，又是得天独厚的机遇，宛如甜蜜的负担。在这样的环境下，只要找准方向，敢于创新，图书馆往往能够顺利实现跨越式发展，成为业界的典范，为后来者提供宝贵经验和启示。目前，晋江市图书馆就正在沿着这条发展之路不断迈进。

1. 以读者需求为导向拓展图书馆服务

e 线图情：郑馆长，您好！首先请您向读者朋友谈谈贵馆近年来的发展情况。

郑君平：晋江市图书馆至今已经走过了62年的时光，在这大半多个世纪的光阴里，晋江市图书馆始终秉承着"一切为了读者需求"的公益服务宗旨，为广大读者提供简便、快捷的服务。2007年，晋江市图书馆新馆正式开放，在全省首推免证阅览、免费办证制度，实现了"零门槛"服务，仅一年就新增借阅卡近万张。2011年开始实行"大流通"服务管理，实现全区域图书开架及读者自助借阅，极大提升了文献管理和读者服务的质量及效率。2013年10月31日，由爱国华侨陈延奎、蔡琼霞伉俪夫妇捐赠的"陈延奎图书楼"改造成的少儿分馆正式对外开放，这是福建省唯一一家超前体验式少儿图书馆。2014年实行通借通还惠民服务，提供晋江市公共图书馆服务体系内19个镇（街道）图书馆文献的通借通还、预约、传递、送达服务。晋江市图书馆不仅是打造终身教育的殿堂，也是重塑城市灵魂的天堂。截至目前，我们馆已先后被评为全国"文明图书馆""全民阅读示范基地"、福建省"先进图书馆"、福建省"十佳图书馆"，连续5届被文化部评定为"一级图书馆"，连续8届被中共福建省委、省政府评为"省级文明单位"。

e 线图情：郑馆长，我们了解到，贵馆非常重视开辟公共图书馆多维度空间以更好地服务读者，请您谈谈贵馆在这方面的思考和实践？

郑君平：在多元化的现代社会，读者的文化需求越来越广泛，要求越来越高。在这样的环境下，图书馆显然不能只是提供图书借阅的场所，图书馆所提供的服务一定要能适应读者

需求的发展,不能拘泥、局限于"图书"二字。在我看来,图书馆应当是一个媒介平台,它的本质在于"承载"并"传递"。基层公共图书馆不但要具备信息传递的职能,也要承载社会教育、休闲娱乐以及其他更多职能。晋江市图书馆一直提倡平等、开放、融合的多元服务理念。基于满足读者日益广泛的需求,我们计划开辟一个寓文化休闲与文献服务为一体的多维空间——采书乐坊,这是一个能为读者提供丰富多元的文化服务,形成立体、多层次、多维度的文化空间,实现人与人、人与物、人与环境之间的和谐交流。采书乐坊的首要功能是"采书",也就是获取文献资源,读者能在这里免费借阅到最新上市的图书,图书馆也能通过这里采编到读者真正需要的图书。同时,这个空间还是休闲书吧、文化创意展览与交易区、沙龙聚会的文化休闲区,功能十分丰富。采书乐坊能够根据读者多元化的需求拓展服务外延与内涵,很好地契合了我们对于公共图书馆多维度空间的要求。

e 线图情:看来,这个采书乐坊更像是一个微型的现代图书馆,体现了图书馆在新环境下的多重角色。对于贵馆的这一举措,用户最开始持什么态度?项目开展以来,对于改善用户的图书馆认知有帮助吗?

郑君平:采书乐坊能在第一时间提供新书,不用等待图书馆采编编目加工,这是它最主要的功能,也是读者可以最直接受益的服务,因此很快得到了读者的认可和支持。开放两年多以来,读者普遍认为这种方式有创新之处,比如增加了餐饮果品服务、新书品鉴、开放时间延长等,这些新增的服务功能让图书馆服务更加人性化,大大提高了读者的满意度。从我们做过的读者问卷调查结果来看,98.7%的读者对采书乐坊的服务模式持肯定与赞赏的态度,认为增加了图书馆的服务时长,为读者提供了更自由的阅读时空。同时,也有读者提出了一些积极意见和建议,如给采书乐坊授予办证等更多权限,调整采书乐坊的读者活动时间,等等。

e 线图情:到目前为止,采书乐坊的发展符合你们的预期吗? 今后会一直坚持开展吗?

郑君平:符合预期发展。今后还会继续坚持开展下去,接下来我们将在读者活动、文献上架、书友会、文艺沙龙等方面做提升,以拓展更多服务空间。

e 线图情:目前来看,采书乐坊还是着重于图书馆阵地服务,但对于构建现代公共文化服务体系来说,图书馆还需要走出馆外,正如现在常说的读者在哪里,图书馆服务就在哪里。如果贵馆的采书乐坊项目能够设在人们身边,比如进社区、进校园、进企业等,应该可以带来更广泛的效果。对此,贵馆有相关的计划吗?

郑君平:是的,我们有计划在图书馆外设立采书乐坊,目前正在进行前期调研工作。

2. 引进社会力量参与图书馆发展

e 线图情:郑馆长,贵馆打算在其他业务方面也引进社会力量吗?

郑君平:除了采书乐坊,我们还通过开展晋江市"悦"读节这一全民阅读推广工作的活动平台,引进政府机关单位、企事业单位、中小学校、社会培训机构等参与阅读推广活动。从2011 年至今,我们共承办五届晋江市"悦"读节活动,每年的全民阅读推广活动都不少于 180 场次,每年平均有 13 个市直部门、15 个学校、10 家社会机构或民营企业参与其中,整合双方资源优势进行合作共享,以便为读者提供更好的服务。

我们曾多次与晋江市书法家协会、晋江市摄影家协会、晋江市文化馆等单位合作举办展览或演出,图书馆提供场所开辟专门展览区和舞台,合作机构提供作品和表演,让读者享受到了丰富多彩的文化艺术盛宴。2009年,晋江青年文化活动基地在晋江市图书馆揭牌,而晋江书画院也设在图书馆,会经常在馆内举办书画摄影展或相关研讨活动,将这些团体作品成果向读者展示,鼓励读者参与交流互动,同时图书馆的一些活动项目也可依托这些团体开展。我们与晋江市残联合作,在馆内设立视障阅览室,经费由残联承担,图书馆负责培训与推广,而残联"助残日"的一些活动也可依托此阵地开展并向视障读者开放。我们还与晋江市总工会合作,设立职工健康咨询中心,免费为读者提供健康咨询服务。

晋江是著名侨乡,海外侨胞有200多万人,素有捐资文教的传统。晋江市图书馆的旧馆舍——陈延奎图书楼就是由菲律宾华侨陈延奎、蔡琼霞伉俪全资捐建的,建筑面积4000平方米,1994年开馆,开创了福建省华侨捐赠公共图书馆的先河。

本地企业也是一支重要的社会力量。晋江民营经济十分发达,拥有七匹狼、恒安、安踏、柒牌等120多个国内知名品牌,43家上市企业。为企业发展提供智力支持、信息支持和科研支持是图书馆的一个重要职责。除了为企业提供一些基础的图书馆服务和专门的信息情报服务外,我们还与企业深入合作,共同建立图书馆流通点和分馆。企业的图书馆流通点发展成熟后,就可以进一步转型为图书馆的分馆。我们的第一家企业分馆——太平洋港口分馆是在2010年3月26日成立的,这是晋江市图书馆与太平洋港口发展有限公司联合共建的。分馆采用晋江市图书馆图书集群管理系统进行管理,遵守总馆统一的管理原则,总馆对分馆管理人员进行统一培训,企业则需负责提供分馆的采购、维护经费。企业员工使用晋江市图书馆的读者证,可同时在分馆、晋江市图书馆借还图书,实现资源共享。

e线图情:图书馆的部分业务转为社会化运营后,贵馆的人力资源方面有什么变化?对馆员有什么影响?

郑君平:人员数量没有变化,相关岗位的人员需求也保持不变,但对馆员们的能力要求有所提升。在图书馆的部分业务转为社会化运营后,相关岗位的工作人员必须自我提升,站在更高的层面上,对转为社会化运营的业务做好统筹协调、督促引导的工作,这就对馆员的业务能力提出了更高的要求。而其中部分业务如晋江市图书馆英语角活动的社会化运营,则能够腾出馆员的部分业务时间,让馆员有精力负责规模更大、难度更高的阅读活动。

3. 创新图书馆公共文化服务

e线图情:在图书馆管理和服务方面,贵馆还有哪些创新之举?

郑君平:近年来,晋江将全民阅读推广上升为城市战略,从一开始就走出一条与众不同的路子,即"1个推广模式+1个活动平台+1个保障机制",将全市散沙式的公共阅读资源、参差不齐的图书馆服务集中统筹起来,形成巨大合力,调动上至城市管理者、下至普通市民和外来建设者,共同推动全民阅读活动,使全民阅读推广活动制度化、标准化、规范化。

一是承办全市"悦"读节。自2011年开始,每年举办一次"悦"读节,从第一届到第四届悦读节,每届都有10个左右的大项目,每个大项目中还细分出系列项目活动。每一届"悦"读节都有一个总主题贯穿其中,如2012年晋江市第二届"悦"读节的活动共有10大项目活动,包括"时光·足迹"微电影大赛、创意书签设计、"我心中的少儿图书馆"金点子征集大赛等,鼓励读者开展创意性思维的活动,并用"自由'悦'读·创意生活"统一的核心主题贯穿在整个悦读节当中,使读书节宗旨的内涵和外延得以深入和扩展。2015年是第五届悦读节,规模明显扩大,共有20个大的活动项目。从这个变化中可以看出,晋江市的"悦"读推广工作正在规模化、扩大化。

二是搭建全民阅读图书馆网络。2014年晋江市搭建了一个全民阅读图书馆网络,实现了家门口的阅读。2014年晋江市已完成了17座24小时城市街区自助图书馆的建设,2015年还有15座在建,截至2015年5月,已建成图书馆分馆11个,以及37个图书馆流通点,408个文化信息资源共享工程基层服务点。2014年和2015年"一公里半径·城市图书馆群"建设是晋江市着力打造的为民办实事项目,建设的32台24小时自助图书馆将"家门口的阅读"从市区延伸到安海、磁灶、池店、陈埭、西滨等周边镇区。

三是推行文献资源通借通还。在建设"一公里半径"城市图书馆群的同时,晋江市也构建了全市文献资源的物流配送系统,实现了市图书馆、市少儿分馆、24小时自助图书馆、中学分馆之间图书的通借通还,初步在市中心形成"一公里半径"文化服务圈。这相当于是在市区及周边镇区之间架起一座座"自助图书"的立交桥,建成一条条"全民阅读"的快车道,让更广大的市民能够享受24小时的阅读服务和365天的书香传递。

四是优化规范运行模式。在通借通还的过程中,图书馆实行规范的运行模式,由专业公司负责,有专门的图书流通车和中心调配书库,每周在固定时间进行配送,让读者们能够及时地借阅到前一名读者所还回的图书。

所有这些得益于我们有一支专业化队伍。为了保障晋江市图书馆阅读推广工作的有序、可持续开展,从2011年年初开始,馆内专门成立了活动拓展部,负责阅读推广活动的策划、组织、实施,并配备了专门的办公室及设备,如彩色打印机,可用于打印活动海报、入场券等,在注重美观宣传的同时还能节约活动成本。

近几年我们一直在不断充实人员队伍,包括向社会公开招募志愿者等。晋江市图书馆还在全市首开辅助性人员招录方式,成立了人事、编制、财政、劳动、文化等涉及各部门的联席会议,在联席会议的指导下,成立图书馆辅助性人员招聘工作领导小组,组成人员有市政府办公室、市委编办、财政局、公务员局、劳动保障局、文化体育新闻出版局、图书馆等单位的领导和专家。该小组作为统筹与指导图书馆辅助性人员招聘工作的唯一机构,坚持德才兼备的用人标准,贯彻公开、平等、竞争、择优的原则,保障辅助性人员招聘与管理工作有序开展。自2010年以来,共招录45名辅助性人员。在管理上,晋江市图书馆参照事业单位工作人员管理的有关规定,负责对辅助性人员进行管理,按照市图书馆的规章制度和岗位职责、工作要求进行日常管理和考核,并适时量岗提高待遇。政策及工资待遇的提高在激发员工工作热情的同时,弥补了图书馆人才结构的缺陷。

(刘锦山　刘剑英　郑君平)

七、孙玉汉：为农民建设文化粮仓

孙玉汉，男，汉族，中共党员，大学学历，现任山东省莒南县图书馆馆长、党支部书记，副研究馆员，莒南县民间文艺家协会主席。1968年出生于山东省莒南县，1987年参加工作，1990年从事图书馆工作，始终坚持贯彻"一切为了读者"的服务理念，全心全意做好图书馆工作，为莒南县图书馆事业发展做出了突出成绩。2008年被山东省文化厅评为"山东省文化信息资源共享工程建设与服务工作先进个人"，同年被山东省图书馆学会、山东省图书馆评为"全省地方文献工作先进个人"，2011年被山东省文化厅评为"山东省古籍保护工作先进个人"，2012年被临沂市人力资源和社会保障局、市文化广电新闻出版局评为"临沂市文化广电新闻出版系统先进工作者"，多次受到莒南县委、县政府表彰。在《中国文化报》《大众日报》《山东师范大学学报》等省级以上报刊发表论文10余篇，另有多篇论文在《临沂日报》等各类报刊发表。担任《团旗在这里飘扬》《马鬐山》等多部地方文献著作的副主编。

莒南县是沂蒙革命老区的重要组成部分，是山东省四个一类革命老区县之一，被誉为山东的"小延安"，同时还是"中国花生之乡""中国柳编之乡""中国板栗之乡""中国茶叶之乡"等。作为一个革命老区的县级图书馆，在购书经费捉襟见肘，而广大农村群众想看而看不到书籍的情况下，莒南县图书馆创新和拓展了农家书屋的功能，花最少的钱，办了最大的事，为农民建了自己的"文化粮仓"——农家书柜，实现了农民的看书愿望，不仅丰富了农民的文化生活，还使农民方便地学到科学种田、养殖的方法。因此，从这个意义上来说，农家书柜也为莒南县的农业生产做出了贡献。

1."你点书·我买单"

e线图情：孙馆长，您好！首先恭喜贵馆获得2015年度百县馆长论坛案例征集一等奖。请您先简单介绍一下莒南县图书馆的整体情况。

孙玉汉：莒南县图书馆建于1953年，是山东省文化厅为支援沂蒙革命老区文化建设而建立的第一个农村公共图书馆，是二级图书馆。图书馆总藏书量33万册，馆舍总面积6700

平方米,设有图书外借室、儿童阅览室、普通阅览室、电子阅览室、资料库、综合业务加工室、办证室、采编室等服务窗口。图书馆面向社会开展书刊借阅、电子阅览、预约借书、课题检索、信息咨询、基层辅导、送书下乡、文化信息资源共享等服务项目。2007年建成全国文化信息资源共享工程莒南支中心,2008年实现馆内业务自动化管理,2010年开通数字图书馆,2011年与国家图书馆实现联合编目,同年图书馆免费开放。在全县实现了文化信息资源共享工程基层服务点和农家书屋全覆盖。2012年,创新实施了"你点书·我送书"农家书柜建设工程,2014年,创新推出了"你点书·我买单"预约借书服务,并积极推进尼山书院建设。先后获得"山东省文化系统先进单位""全国图书馆服务宣传周活动组织工作奖""山东省文化信息资源共享工程建设与服务工作先进集体""全省地方文献工作先进集体""山东省古籍保护工作先进单位""全市文化系统先进单位"等荣誉称号。

e线图情:孙馆长,作为一个县级的农村公共图书馆,贵馆实施的农家书柜为农民带来了切实的好处,但为农民送书的同时还要保证书的质和量,请您谈谈在农家书柜建设中,如何保证书柜的图书质量? 如何保证送去适合农民需要的图书?

孙玉汉:我们的目标就是要把农家书柜建设成为真正能解决农民"文化温饱"、实现农民文化生活脱贫的"文化粮仓",图书的质和量是必须要保证的。首先进书渠道正规,通过新华书店和较大的图书供应商采购高品质图书,保证正版图书进柜;其次通过书屋与书屋之间、书屋与县图书馆之间定期交换更新图书,以及国家每年对农家书屋提升改造更新的图书,来保证书柜图书的质和量。

以前由于购书经费少,图书馆购书又没有明确的方向性,因而所购图书往往不符合读者的需要。如何才能精准购书,把钱真正用在刀刃上,满足读者的需要? 我们提出"你点书·我送书""你点书·我买单"的服务口号,从"以书为本"转向"以人为本",所送、所购图书皆为农民自己所选,当然也就是农民所需。我们的"你点书·我买单"预约借书服务主要分两种方式:一是图书非在馆预约,也就是图书馆没有读者需要的图书时,我们将会按照读者所需,在一周内为读者购进图书,并及时通知读者前来借阅;二是图书在馆预约,如果图书馆有读者所需的图书,而读者暂没时间到馆借阅,工作人员会将检索出的图书保留在预约书架以待读者来取。对行动不方便的老年或残障读者,工作人员可送书上门。

此外,为丰富农家书柜书籍,莒南县委办公室、县政府办公室联合下发了莒南县农家书柜建设领导小组《关于开展向农家书柜捐赠书籍的活动方案》,在全县范围内发出捐书倡议,要求领导干部带头捐,规定县委常委每人捐赠100本以上,其他副县级以上领导干部每人捐赠50本以上,科级干部每人捐赠30本以上,一般干部每人捐赠10本以上,企业职工每人捐赠5本以上,提倡多捐多赠。为提高捐赠图书的质量,要求捐赠的图书必须是近年来出版的思想健康、内容完整、外观完好、适合群众阅读的正版图书,内容最好是种养技术、生活常识、科学知识、文学艺术等方面的,并特别提出期刊不在捐赠范围内。方案发出后,全县党政机关、企事业单位高度重视,积极参与、踊跃捐献,部分单位在发动职工捐书的同时,还购买了贴近农村实际、符合农民需求的一些有关生产技术、婚育知识、法律服务、疾病防治、娱乐休闲等方面的书籍,在不到20天的时间里,共募集图书12万余册。

e线图情:除了图书的质和量之外,贵馆在推行农家书柜中还遇到过其他困难吗? 如果有,是如何解决的?

孙玉汉：资金短缺是最大的困难。制作书柜、购买图书需要大量的资金,目前我们解决资金的方法是县、乡财政分别负担。

2. 制度保障

e 线图情：孙馆长,从贵馆推行农家书柜的经验来看,您认为农家书柜适合在什么样的地区推广? 实施前要注意哪些问题?

孙玉汉：以我们的经验来看,农家书柜非常适合在广大农村推广,但实施前要充分考虑农民的阅读需求,做好调研;统筹资金,做好后续发展计划;同时要制定一套完善的管理制度,对书籍统一分类编号;做好台账,准备借阅登记簿;还要对书柜管理人员进行必要的培训等。

为保证农家书柜的顺利实施,莒南县专门成立了由县委副书记任组长,分管文化工作的县领导任副组长,县有关部门主要负责人任成员的县农家书柜工作领导小组,并从组织部、宣传部、文广新局、民政局、妇联等部门抽调专人组成办公室,制定印发了《关于加快农家书柜建设的实施意见》,建立健全了《农家书柜管理办法》等制度规定。实施期间,为强化督导检查,按照《关于加快农家书柜建设的实施意见》的规定,成立了由县级领导任组长的督察组,对农家书柜建设情况进行督导检查,实行定期调度、通报、考评的工作机制,确保农家书柜工作扎实有效,不走过场。政府资金支持方面,我们在试点建设时,县财政拨款 43 万元,用于对农家书柜实行统一设计、统一制作、统一安装。

我认为,这些都是拟建类似项目的地区应该考虑的问题,政府的支持还是很重要的,这涉及项目的执行情况、推广力度、后续资金支持等各个方面。

e 线图情：我们了解到,贵馆在规划农家书柜建设时,优先选取农家书屋建设较好、农民读书意愿较强的村庄为试点村庄。对那些农民读书意愿较弱的村庄,目前或将来有没有进一步的阅读推广计划?

孙玉汉：2014 年,山东省文化厅开始实施社区儒学和乡村儒学推进计划。其中,社区儒学推进计划,是指立足城市图书馆,在全省创新推进"图书馆 + 书院"的公共文化服务模式,将现代公共图书馆和传统书院有机结合,在全省县级以上 153 个公共图书馆建设尼山书院;乡村儒学推进计划是指总结和推广济宁、聊城、潍坊等地乡村儒学经验,把乡村儒学建设纳入现代公共文化服务体系,在全省实施推进。2014 年,省文化厅投入乡村儒学建设扶持资金 1300 万元,培训了首批 500 名乡村儒学骨干,全省 120 多个乡镇综合文化站、1900 多个村文化大院率先建成了儒学讲堂,举办讲座 1.6 万次,80 余万基层群众受益。

莒南县图书馆于 2014 年制订了尼山书院建设方案,并进行了前期准备,2015 年 5 月尼山书院已建设完成。我们计划把握国学热潮,以山东省推广的乡村儒学教育活动为切入点,首先对少年儿童进行国学阅读推广,提升少儿阅读兴趣,逐步引导家长介入阅读,适时扩大阅读范围,最终达到读书意愿普及、提升的目标。而尼山书院的延伸服务——"乡村儒学讲堂"建设就是专门为农民量身打造的文化服务项目,我们也正在有计划地推进该项服务的开展,提高农民读书意识,加快农家书柜的进一步推广。

3. 服务创新

e 线图情：最后一个问题,请您结合贵馆实际谈谈县级图书馆如何进行服务创新?

孙玉汉:我认为县级图书馆服务创新工作是个大工程,内容很丰富,很难简单地概括。莒南县图书馆的做法是:以"读者第一,服务至上"为服务宗旨,深入基层,广泛地了解读者需求,根据实际情况"为书找人,为人找书",从群众中来,到群众中去,坚持问需于民,问计于民,在工作中不断发现新问题,突破常规服务模式,找出更切合实际的新方法加以解决,并及时总结经验,加以推广应用。我们创新的"农家书柜"和"你点书·我买单"预约借书服务就是在实际工作过程中通过大量的调研,从群众需求出发而摸索出来的新的服务方式,它通过精细化的操作有效地实现了服务方式的重心下移和末端服务,打通了服务群众的"最后一公里",把文化惠民真正落到了实处,成为全省的一个文化创新品牌。

(刘锦山　刘锦秀　孙玉汉)

八、乔泰山：让图书馆成为读者亲切的朋友

乔泰山，男，汉族，1978 年 3 月生，陕西横山人，在职研究生学历，现任陕西省神木县图书馆馆长。曾被评为"2011 年度全市文化广电新闻出版（文物）工作先进个人""2012 年度全省公共图书馆工作先进个人"。

利用新技术进行阅读推广，是时下很多图书馆的做法，然而如何让技术发挥切实有效的影响力，却是需要图书馆下一番功夫的。2011 年以来，神木县图书馆通过细致入微的工作，不断摸索利用微信等新技术宣传推广图书馆服务，取得了良好效果。

1. 微信阅读推广，助力图书馆发展

e 线图情：乔馆长，您好！首先恭喜贵馆获得 2015 年度百县馆长论坛案例征集一等奖。请您先简单介绍一下神木县图书馆的情况。

乔泰山：神木县图书馆位于县城内麟州街北段，建筑面积约 1.2 万平方米，总投资约 8000 万元，于 2010 年 12 月建成投运并免费对外开放，是陕西省面积最大的县级图书馆。现有藏书近 30 万册，中文报刊 800 多种，光盘等电子读物近 10 000 张，阅览座位 800 多个。馆内设有图书借阅区、报刊阅览区、电子阅览区、视听文献区、珍贵文献阅览区、少儿借阅区、视障阅览区、幼儿活动区、办证处等服务区域。采编、流通、办证和书目搜索等业务均已实现了自动化。

馆内现有工作人员 60 人，设有办公室、采访编目部、读者服务部、流通阅览部等部门。神木县图书馆秉承"民主、和谐、创新、发展"的管理理念和"平等、免费、惠及全民"的办馆思路，以"读者第一、服务至上"为服务宗旨，全年 360 天对外开放，能够充分满足读者的借阅需求。2014 年全年读者流通总量达 44.2 万人次，办理读者证 3000 多张，外借图书 16 万册次，举办各类读书活动 188 次。2014 年，被评为"县级文明窗口单位""县级文明单位""全省公共图书馆工作先进单位""流通服务工作先进单位""阅读推广工作先进单位""全国图书馆界全民阅读先进单位"。

e 线图情：贵馆实施微信阅读推广 one to one 后取得了哪些成效？对图书馆的整体发展产生了什么样的影响？

乔泰山：实施微信阅读推广服务后，普通读者与图书馆的互动增多了，更多的中青年微

信用户开始主动关注图书馆;家长读者的阅读积极性得到了提升,更多的家长愿意通过微信的阅读与互动,为孩子推荐阅读,并自主学习家庭教育知识,形成了良好的亲子阅读氛围与家庭教育交流环境。例如微信平台上的"麟阅·听见"栏目,是馆员录制的有声绘本故事展播,家长推荐的积极性非常高,他们愿意把更好听的绘本故事推荐给孩子,也愿意和身边的朋友亲人分享这些有声绘本阅读内容。另外,我们每周还举办线下活动"小皮球·故事房子读绘本",孩子和家长一起听绘本故事、做游戏、表演互动。同时,在"麟阅·亲子"栏目中,家长开始接触亲子阅读的一些经验和阅读推荐,并在线下的每月一次的"小蓓蕾父母读书会"中进行交流。2015 年 5 月,我们邀请专家连续举办了两期有关家庭教育的专题讲座,向家长宣传了先进的家庭教育理念,指导家长如何教育孩子,通过微信平台发布讲座信息,吸引了众多家长参与。

2014 年,神木县图书馆共举办阅读推广活动 188 场,发送阅读推广微博 632 条,编辑微信杂志 58 份,共有 11 115 人参与了阅读推广活动,充分发挥了图书馆的服务育人和社会教育职能,在全县范围内营造了全民读书学习的浓厚氛围。在 2014 年举行的"陕西省公共图书馆现场工作会暨陕西省公共图书馆服务联盟工作会"上,神木县图书馆因工作措施得力,图书流通和阅读推广各项工作得到了陕西省图书馆、陕西省公共图书馆服务联盟的高度认可,被授予"2014 年度联盟流通服务工作先进集体""2014 年度联盟阅读推广先进集体"和"2014 年度联盟先进单位奖"三个集体奖项。

微信阅读推广服务不但是神木县图书馆在新的信息环境下适应读者碎片化阅读需求的一种举措,更是我们提出智慧图书馆"为书找人"服务的具体行动,也是新技术在当代基层图书馆的一种精确化应用。通过新技术、新媒体的发展平台,让县级图书馆有限的资源在平台上得到拓展、丰富和精确传达,这样可以让我们的资源动起来而不是"偏安一隅",反复高效的资源利用,也是我们图书馆最开心的事情。

2. 精心设计,满足读者的多样化需求

e 线图情:实施微信阅读推广 one to one 过程中最大的困难或困惑是什么?

乔泰山:在微信阅读推广的过程中,如何精确掌握阅读群体的口味,如何让阅读资源在碎片化的时间里得到高效的利用,如何通过微信的在线阅读和线下阅读形成优势互补都是我们面临的问题与困难。除了馆员们通过线下阅读活动的观察、交流和读者不断的反馈,我们反复尝试编辑读者更为喜欢的阅读内容,从文字到图片,从声音到动画,如何做到吸引更多的读者,是我们不断探索的问题。

e 线图情:微信阅读推广主要针对的是数字阅读群体,包括 70、80、90 后人群,但不同年龄阶段的人群对信息内容的需求也会有差别,贵馆在内容选择方面是如何平衡这种差别的?

乔泰山:其实,在微信阅读推广服务中,我们的服务群体甚至还包括了 60 后、00 后,虽然这一部分群体人数还不是很多,但也有着自己区别于其他群体的阅读偏好。在针对不同年龄段的微信阅读服务中,我们首先通过微信每天不同的栏目内容来进行平衡与区分。比如,针对年轻家长和学龄前儿童的阅读,周二开设有"麟阅·听见"有声绘本栏目;针对喜欢研究历史、喜欢国学传统文化的读者每周四开设"麟阅·读经"经典阅读栏目等。其次,我们在每一个栏目下,又根据不同读者的阅读偏好,进行着内容变换:如周六的"麟阅·乐生活"栏目,定位于阅读实践类型的推荐内容,需要读者动手做,有的读者喜欢做手工、做装饰,有的读者喜欢做饭、做家务等,我们的栏目内容,这一周推荐就是手工,下一周可能就是菜谱。这样,通过栏目本身的定位划分与栏目内容的每周丰富,让更多的读者体验自己的阅读偏好,并不断接触新的领域,逐步实现了图书馆从阅读供给到阅读引导的角色转变。

e 线图情:满足新技术造就的新的信息环境下读者的信息需求,也需要图书馆有一支能适应这种新环境的人才队伍来应对读者需求的变化,请您具体谈谈贵馆微信阅读推广项目人员的情况,他们每天是如何工作的,工作的流程是怎样的。

乔泰山:作为基层图书馆,我们在人才队伍建设中也存在"兼职"的问题。微信阅读推广项目人员也是这样,他们本身从事阅读推广服务工作,每周都在一线组织读者进行阅读实践,开展各类型的阅读品牌活动,也正是因为他们本身的岗位工作内容,让他们更了解读者的阅读需求,再由他们来进行微信阅读推广的内容编辑,就更能摸准读者的脉。他们从每天的阅读活动策划与准备中,将微信阅读推广内容与线下阅读活动相结合,进行素材的整理编辑,通过不断的工作积累,让微信阅读推广不但吸引读者,更与时俱进,与线下活动紧密结合,推进了阅读推广服务的纵深联合。

3. 线上与线下相结合,拓展服务深度和广度

e 线图情:乔馆长,您如何看待线上阅读推广和线下阅读推广活动的关系?哪个更重要一些?

乔泰山:在新媒体迅速发展的今天,依托互联网的线上阅读推广开始具有了自己得天独厚的特色:碎片化、快捷、多元、短小精悍、精准传播的特点都成为阅读推广中的新趋势。当然,线下阅读推广深度地面对面和读者交流也是数字阅读及线上阅读推广所不能取代的。

基层图书馆如果只顾着埋头线下活动,容易丧失更广泛的阅读宣传渠道、阅读群体,毕竟线下的参与度还是有限的;而一味地依赖于线上阅读推广,则容易缺失了推广内容的深耕细作,让阅读流于浮躁的碎片化。因此,我们的阅读推广活动还应该通过线上与线下相结合的模式进行,这样往往能实现事半功倍的效果。

神木县图书馆线下的品牌活动阅读夏令营、绘本阅读进社区、进学校等活动,是很多家长和学校想要了解的内容,还有更多家长期望第一时间得到图书馆阅读活动的信息,而微信、微博这样的线上推广平台就为读者提供了获取第一手阅读活动资讯的平台。通过线上平台,读者不但可以获取互动的照片、内容介绍,而且可以在活动的第一时间获取报名机会,积极地参与进来,并及时在平台上提出一些自己的想法,从而不断促进线下阅读推广活动的发展。在绘本阅读与亲子阅读的线上推广中,我们也得到了很多家长的线上反馈意见,根据读者的这些意见,我们对线下活动进行改进,同时开辟线上活动专场,让很多不能参与现场活动的读者也能体验阅读乐趣。与此同时,线下的品牌活动如小蓓蕾父母读书会等活动,在与读者的深入交流中,采集建议与需求,把亲子阅读、家庭教育等内容进行深化上线,让线上阅读不但贴近读者的生活,更能成为满足读者阅读所需的专业阅读。这也是线下阅读推广对线上阅读推广的促进。

4. 未来:让图书馆成为读者亲切的朋友

e 线图情:在创新服务方面,贵馆还有哪些的规划?

乔泰山: 在阅读推广方面,通过线上线下相结合,我们要持续做到"周周有活动,月月有主题",把一些定期开展的、已经形成品牌的系列活动更加丰富起来。例如我们目前一直在每周定期开展的"小皮球·故事房子读绘本""周末手工坊""国学经典诵读班""小蜜蜂志愿管理员体验"以及每月开展的"换书市集""麟州讲学""故事大王讲故事""小蓓蕾父母读书会"等活动,已形成品牌效应和辐射效应,下一步我们要把这些活动持续地开展下去,并在内容和形式上进行一些更新和突破,争取让这些活动走出去,更多地在馆外举办,让更多的读者受益。

2015 年 4 月 2 日的"国际儿童图书日",我们的工作人员就走进神木县部分幼儿园开展"小皮球故事汇之故事房子系列品牌活动进校园"活动,与小朋友们一起分享《母鸡萝丝去散步》《你看起来好像很好吃》《吃书的狐狸》等绘本故事。通过这次活动,不仅提高了孩子的倾听能力和表达能力,还让幼儿园的老师学习了这种讲故事的方式,从而让孩子爱上绘本、爱上阅读,感受到绘本阅读带来的快乐。由于活动非常受欢迎,2015 年 6 月,我们应部分幼儿园的要求,又举办了第二场。

另外,我们也在为政府和企业等提供一些专题服务。2015 年"两会"期间,神木县图书馆设立的"两会"信息服务点,除了提供文献查询、现场借阅服务平台外,还新设立了电子借阅机,代表委员可以现场联网查询、检索文献信息,提供原文传递、资料搜集打印等服务,为参加神木县"两会"的代表委员参政、议政、撰写提案、议案提供文献信息咨询和借阅服务。为满足法院系统广大法官干警的需求,我们将神木县法院图书室设为流通点,为他们配送有关法律、人文社科类图书,满足法院文化建设的需要。

总体来讲,除了依托现代化技术,丰富数字阅读的体验,让借阅服务更便捷可行,让阅读推广更丰富多元,我们还希望让图书馆成为读者的一个亲切的朋友、一个知心姐姐,亲近地走进每一个机关单位企业、每一所学校、每一个家庭和每个人心里;依托现代化新城镇的管理模式、依托社区开展更多贴心的阅读推广服务,让更多人有书读、能读书、读好书、多读书。

(刘锦山　刘锦秀　乔泰山)

九、管霞:一切为了读者,一切方便读者

管霞,女,1963年5月出生,副研究馆员,安徽省繁昌县图书馆馆长。1981年1月至1981年8月,就职于安徽省繁昌县图书馆。1981年9月至1983年7月,就读于安徽大学图书馆学专业,大专毕业。1983年9月至今,就职于安徽省繁昌县图书馆。已发表文章数篇。

基层图书馆的发展离不开服务创新,可究竟如何创新是一个很关键的问题,繁昌县图书馆的精细化服务给出了答案。他们从细微处着手,从馆员的一个微笑,对小读者的一个弯腰动作,到为留守儿童、老年读者、残疾读者、农民工读者提供爱心送读、爱心接送服务,实实在在地践行了"一切为了读者,一切方便读者"的服务宗旨。坚持开展六大品牌的阅读推广活动、坚守着15个对外服务窗口365天开放,年均组织活动达300多期次……这是一个正式编制只有10人的县级图书馆用汗水实现的服务创新! 2014年中国图书馆年会,繁昌县图书馆被文化部评为首批"最美基层图书馆",是安徽省唯一入选并获奖的基层图书馆。

1. 新馆建设中的精细化创新理念

e线图情:管馆长,您好! 首先恭喜贵馆获得2015年度百县馆长论坛案例征集一等奖。请您先介绍一下繁昌县图书馆新馆的建设情况。新馆规划和建设中有哪些创新?

管霞:繁昌县图书馆新馆主楼层高共四层,每层都相对合理地分布了不同的功能区域。一层除了设有公共服务大厅和展览厅外,为方便盲人读者及幼儿读者,还设有视障阅览室及亲子图书馆。二层主要以公共服务为主,设有书刊外借室、报刊阅览室、电子文献阅览室、视频播放厅及科技体验区。三层为专题阅览部及办公空间,设有鸿轩阁、家谱馆、乡贤馆、工具书阅览室、地方文献阅览室等专题阅览部,以及馆内办公区域。此外,还配备了一个可容纳200人的报告厅,平日图书馆免费的讲坛、讲座及读书文化活动都在这里开展。四层主要是国学研究室、禅意书画院、沙龙、培训中心等学术交流区。

在新馆建设中,我们始终坚持传统图书馆与数字图书馆双轨并行的发展理念,从管理规范化、建设标准化、体验智能化、服务精细化、平台多元化等方面,努力满足社会受众合理的文化需求。主要体现在以下几个方面:

①建立基于互联网、物联网的"1+N"基础应用平台,完成信息推送(短信、微信)平台、

统一认证系统、资源集成发布系统、门户网站管理系统、无障碍阅读平台、虚拟参考咨询服务平台、市民终身学习平台等多平台多接口的规范集成,实现无缝跨库检索服务功能,为读者带来数字图书馆阅读新体验。

②建设无线射频识别(RFID)自助图书馆、总分馆管理系统、业务自动化系统、读者自助服务系统,实现 Wi-Fi 全覆盖服务,建成 1 个 24 小时无人值守图书馆和 2 个自助街区图书馆,让市民在日常生活中感受智慧城市元素。

③开辟出 400 多平方米空间建设数字体验区,配备数字阅读体验互动、3D 打印、3D 影院、蓝光影院、发烧友音响等多项数字动感体验设备,提升了数字文化体验的吸引力和感染力。

④统一图书馆 LOGO、品牌活动 LOGO、基础色标,统一字体、立体绿化等 CI 规范设计,以大开间、软分隔、无障碍、简约的布局营造舒适、美观、便捷、温馨的阅读空间。以免费开水、爱心雨伞、老花镜、纸笔、应急药箱等配套设施体现人文关怀的便民服务。新馆试运行两个月里,平均每天接待读者 5000 至 6000 人次,借阅图书近 6 万册,办证 4200 多张,借阅火爆。

2. 一切为了读者,一切方便读者

e 线图情:管馆长,从案例中我们了解到,贵馆为读者提供的服务可以说是细微之处见真情。您怎样看待基层图书馆的服务创新? 其核心是什么?

管霞:服务创新的主要内涵是通过服务满足受众群体的物质需求、精神和心理需求。因此,不论是现代化设施与配套,还是基于微信、微博等现代网络服务方式,图书馆服务的本质归根到底还是读者的精神和心理的满足。我们坚持"一切为了读者,一切方便读者"的服务理念,规范员工仪表语言、服务技巧、业务技能等服务标准,努力将精细化服务贯穿于读者服务的每一个细节和过程中;用微笑代替名片,把读者当成朋友,以服务诠释文明,让真诚构建和谐,真正让图书馆成为城市的书房,社会受众的精神憩园。2015 年 6 月,为弘扬崇德向善的道德精神,提升服务质量和服务水平,繁昌县图书馆开展了图书馆道德讲堂总堂宣讲活动,以身边人讲身边事,用身边事教身边人,宣讲了图书馆日常服务中的先进事迹,引导馆员在参与中认知、感悟道德力量,真诚服务读者,争做道德建设的实践表率,自觉成为道德的传播者和践行者。

e 线图情:服务创新不是口号,而是实实在在的服务,贵馆开设的"爱心接送车"为行动不便的读者提供了方便。请您详细谈谈爱心接送车的资金、运营和管理情况。

管霞:事实上,我们不仅有爱心接送服务,还有爱心送读服务。早在 1999 年,繁昌县图书馆就开通了读者热线电话服务,并针对一些行动不便的读者,开展免费主动送书上门服务。"爱心接送车"是新馆刚搬到县城新区时,针对特殊读者的特殊需求开通的一项应时便民服务,运营资金主要是从免费开放服务专项资金中支付。2015 年,繁昌县公交部门已调整公交车运行线路,增设了图书馆公交车站。

繁昌县图书馆在合理做好"爱心接送"服务的同时,开展了读者热线电话、QQ、微信约定接送服务内容,有"爱心接送车"上门接送、公交车站电话约定搀扶接送、图书馆志愿者送读上门等,既方便老弱残障读者利用图书馆,又节约了运营成本;重要的是,按需服务保证了

"爱心接送""爱心送读"的可持续性。例如,繁昌县北门毅达小区盲人按摩推拿诊所的赵洁先生,由于工作原因,加上行动不便,没有办法跟"爱心接送车"来馆看书。在了解了这个情况后,图书馆馆员志愿者们带上了精心挑选的医学类、按摩推拿类、艺术类等盲文书,定期主动送书上门,竭诚为残障读者服务,已成为图书馆的常态化服务内容。

3. 不能对不起读者

e 线图情:贵馆推出了六大品牌阅读推广活动、坚守着 15 个对外服务窗口 365 日服务城乡读者,以及每月一期的信息摘要,一个县级图书馆有多少馆员在做这么大的服务工作量?怎样协调馆员的工作与休息时间,同时请您介绍一下贵馆的人才队伍建设情况。

管霞:繁昌县城常住人口不到 6 万人,城乡人口 28.5 万人。繁昌县图书馆拥有持证读者 1.6 万个,开设有 15 个对外服务窗口,定期编印刊出有《信息摘要》月刊(内部赠阅大度 16 开本 52 页),围绕 6 个自主品牌活动,年均组织开展各类读书文化活动达 300 多期次;同时还有 11 个总分馆,106 个基层服务点……工作内容之多、工作量之大,的确有点不可思议。

①员工情况:繁昌县图书馆现有员工 23 人(财政编制 10 人,编外聘用 13 人),其中财政编制 10 人中 52 周岁以上 7 人(1 人请长期病假,1 人即将退休)。

②服务时间:自 1999 年起,繁昌县图书馆即实行 365 日开馆服务。2014 年,新馆建成开放服务后,日开馆服务时间从 8 小时延长至 12 小时,年开放服务 4380 小时,约合 547.5 天(国家法定年工作时间 250 天 2000 小时),年均延长开放服务时间 297.5 天 2380 小时。

③员工假期:由于图书馆工作的特殊性,图书馆员工的假期都是排班上岗,平常轮休。1999 年实行 365 日开放服务以来,我们的员工没有一人休过一次完整的节假日,翻开考勤簿,图书馆拖欠员工的假期多数都是以年计算。每当我不安、感动、觉得馆员太累的时候,我也说过每周闭馆一天,每天开馆 8 小时……我们的员工却说:不能对不起读者!多么朴实的一句话,令我汗颜。作为馆长,我真的发自内心的、深深的内疚和感激!真心为图书馆人的奉献精神点赞!

④工作故事:我们馆的每次内部调整、书刊整理都是在闭馆后完成,留给读者的永远是整洁、舒适的阅读环境。2015 年 6 月 30 日晚,为迎接暑期阅读高峰,让读者拥有一个宽敞的阅读环境,我们将二楼综合借阅室进行部分扩大,全体员工从晚上 9 点开始闭馆整理搬迁一直干到凌晨 1 点半,终于完成 30 节书架组装和 3 万册图书下架、上架整理工程。2014 年 7 月,我们在不闭馆的情况下完成了新馆搬迁工程。

⑤队伍建设:这是我们最为头痛的事,也是事业建设发展中的最大障碍。因受事业单位编制政策的局限,图书馆无法增加财政在编人数。为确保新馆正常运行服务,经县政府批准,在 2014 年新馆开馆之际,图书馆通过笔试和面试向社会公开招聘了 12 名工作人员。然而,由于政府临聘人员工资待遇偏低、员工个人事业发展期望值不明确等多种因素,造成图书馆员队伍极度的不稳定。如何从根本上改变,还寄期望于地方政府的重视和支持。如果图书馆也可以自主聘用员工,从根本上保证临聘员工五险一金和职称工资兑现,让他们拥有职业的归属感,才能从根本上稳定队伍,促进事业的发展。

4. 图书馆是功德无量的公益事业

e 线图情:众所周知,公共图书馆的发展离不开当地政府对图书馆事业的支持。请您谈谈这方面的情况。

管霞: 我想说的是:图书馆事业不可能像企业一样有一个价值算式和计算结果,图书馆事业是一项无价运算。记得新馆刚运行服务不久,我巡场走在图书馆楼梯上,一群读者边走边讨论说:"这个图书馆真不错,政府花了不少钱哦……终于享受到改革开放的成果了"。还有读者说:"这可是改革开放的结果啊!"一位家长在微信里说,她陪孩子走进图书馆,孩子突然问她:"这么'高大上'的地方是老百姓能进来的吗?"读者发自内心的话语,难道不让我们深思吗?!政府投资举办图书馆应该是一项极有意义的、功德无量的公益事业,期望我们的政府能真心实意地加大对图书馆事业的支持和投入。

繁昌县属于中部地区,经济发展整体水平仍滞后。繁昌县既非贫困县,也不是老区,没有更多的项目援助,地方经济也只是保吃饭。在这种状况下,县财政还是克服种种困难保障图书馆基本运行经费,已实属不易了。然而,随着图书馆事业的发展,服务的延伸,现行经费保障已不能满足图书馆事业的发展,我们在积极争取地方财政经费保障的基础上,也在想方设法进行一些多元化嫁接服务平台的探索。

e 线图情: 贵馆推出的"回文楹联紫墨玉镇纸尺"这一项目模式在其他公共馆较少见到,请您具体介绍一下相关情况。

管霞: 繁昌籍台胞谢鸿轩先生于 1992 年至 2006 年间,将自己珍藏的全部图书 2398 册及自撰自书的回文楹联诗分五次海运赠予繁昌县图书馆。为铭感先生心思,弘扬先生精神,图书馆特辟"鸿轩阁"珍藏。1999 年起,图书馆将先生的回文楹联诗翻刻本地特产紫墨玉石上,后经多次修正,逐渐制作成文化延伸产品"回文楹联紫黑玉笔筒和镇纸尺",并被国内外很多喜爱者收藏。其实,很多馆也在做各种文化延伸产品,只是内容和形式不同。

5. 总分馆建设

e 线图情: 最后请您介绍一下繁昌县图书馆总分馆和基层服务点的建设情况。

管霞: 繁昌县图书馆总分馆建设其实是从 2010 年起开始着手,截至 2015 年 5 月已完成 11 个总分馆服务网络体系建设,建成 1 个总馆、7 个镇分馆、3 个加盟分馆和 106 个基层服务点[包括农民工图书室、数字文化社区(村)、军营图书室、爱心驿站图书室及农家书屋图书室等],实行了城乡图书借阅"一卡通"服务。按照公共图书服务一体化建设统筹管理、分级运行、协议共建、资源共享的建设思路,从运行管理、队伍结构、保障经费、统一平台、共建共享等方面规范了总分馆运行管理机制和服务网络建设,完成城乡公共图书馆(室)4 级网络服务体系建设,实现了城乡图书借阅"一卡通"服务和数字资源共享,年均为基层分馆、基层服务点交流图书 2.2 万册,举办培训 96 期次共计 1530 人次。近年来,繁昌县图书馆完成总分馆网页平台和 42TB 的数字资源共享平台,完成总分馆 110 万元 4 万册图书的统一采购、数据库录入和统一配送工作,组织开展各类寓教于乐的群众性阅读推广活动近百期次,受众达 10 万人次。

最后,我想借用博尔赫斯的话作为结束语:如果有天堂,天堂应该是图书馆的模样!真诚祝愿图书馆的明天会更好!

(刘锦山 刘锦秀 管霞)

十、王伟:把图书馆建成读者满意的大书房

王伟,男,湖北省武安市图书馆馆长。1999 年 12 月至 2003 年 7 月,在武安市农业局种子公司工作。2001 年 9 月至 2003 年 7 月,在邯郸市工贸学校进修中专学历,其间,在河北省委党校参加经济管理专业专科学习。2003 年 7 月至 2009 年 7 月,在武安市文体局办公室工作。2007 年 9 月至 2009 年 12 月,在河北省委党校参加法律专业本科学习。2009 年 8 月至今,在武安市图书馆工作,任馆长。

武安历史文化悠久,是一座有着两千多年历史的老城,有着磁山文化、冶铁文化、戏剧文化、商帮文化、傩文化和民俗文化六大文化脉系,是著名的地方戏曲之乡。武安灯谜,自清末兴起以来,历经百年,一直深受群众喜爱。建于 20 世纪 50 年代的武安市图书馆,自建馆以来就持续开展灯谜活动,推动和弘扬灯谜文化,近几年更是把灯谜活动办成了图书馆的品牌活动,使武安灯谜闻名海内外,并以他们的实践证明:弘扬当地特色文化,通过群众喜闻乐见的形式推广阅读和拓展服务,同样是基层图书馆服务创新的突破点。

1. 弘扬传统文化,贴近百姓需求

e 线图情:王馆长,您好。灯谜是武安市的一大地方文化特色,贵馆将这一很接地气的、群众喜闻乐见的文化形式建设成为特色品牌服务,提高了图书馆的知晓度、美誉度,促进了图书馆的服务创新。请您谈谈您如何看待基层图书馆服务创新?

王伟:公共图书馆服务的读者面比较广,为了更好地为各类读者服务,图书馆在做好基础服务的同时,要开展服务创新。服务创新是图书馆的根本,只有不断创新才能增强造血功能,提升服务水平,拓展服务范围。基层图书馆要把文献资源利用起来,让更多的百姓受益,阅读推广是重中之重。但是如何让百姓喜欢图书馆,爱上图书馆,是我们一直在思考的问题,也是我们进行服务创新的突破点。

民俗文化是一个地区的民众所创造、共享和传承的风俗生活习惯,传统的民间文化活动更贴近百姓的娱乐和欣赏需求。但是我们也应该看到,随着互联网和信息技术的发展,电脑、手机的普及,网络文化深刻地影响了人们的生活,民间文化已经有了衰落的迹象。图书馆有保存人类文化遗产、参与社会教育的职能,如果我们能从这方面找到突破口,为百姓组

织和开展他们喜闻乐见的民间文化活动，既保存了当地文化遗产，又吸引百姓参与和利用图书馆，可谓一举两得。

武安历史文化悠久，有六大文化脉系，分别是磁山文化、冶铁文化、戏剧文化、商帮文化、傩文化和民俗文化。武安市图书馆在积极挖掘、整理地方文化特色资源过程中，经过调查研究，发现武安民俗灯谜活动是大众喜闻乐见和积极参与的一项文化活动。图书馆自建馆以来，就开展此项活动，虽然中间也停办过，但也正是基于以上的认识，我们在条件许可的情况下，把这项活动一直坚持办下来，并且从规模和内容上一直在不断创新和改进。随着越来越多人的关注，图书馆灯谜活动的规模不断扩大，引起当地政府的高度重视，不仅获得了政府的支持，百姓也更加关注图书馆。2006年市委宣传部确定将"灯谜一条街"活动列为武安市春节十大年节文化之一。活动至今已坚持开展了十年，受到全市读者的青睐。弘扬传统文化，要从孩子抓起，我们利用暑期，还举办了中小学生灯谜活动讲座和竞猜活动。除此以外，我们在网站上还开辟有地方文献专栏，将地方文化加工制作成数字资源，使读者更方便地了解武安文化、武安历史。

e线图情：请您介绍一下贵馆地方文献资源建设方面的情况。

王伟：武安市图书馆地方文献资源建设主要是依托文化信息资源共享工程开展的。武安市文化信息资源共享工程建设始于2004年，文化信息资源共享工程武安支中心设有主控机房、文化资源加工室和电子阅览室。现有电脑31台，核心交换机、服务器7台，存储器1台以及路由器、交换机、安全防火墙、无线控制器和6个AP等设备，接入互联网带宽30MB。建有武安市图书馆和"全国文化信息资源共享工程武安支中心"两个网站。网站内容有极具地方特色的"地方舞台""武安历史""非遗项目""民风民俗"视频栏目，音频资源、地方文献、历史人物等栏目正在建设中。加工编辑的大量数字资源如历届灯谜活动、燕赵少年读书活动和非物质文化遗产的固义傩戏、通乐赛戏、武安平调、武安落子、土山诚会、伯延民居等成为武安市图书馆开展创新服务的重要资源。电子阅览室为读者提供资料查询及各种电脑培训服务，免费向广大读者开放。

这几年的经验告诉我们，弘扬当地特色文化是基层图书馆义不容辞的责任，也是基层图书馆服务创新的突破点和抓手。基层公共图书馆只要从读者需求着手，满足读者需求，贴近他们的生活，在此基础上，把服务工作做得更好，更扎实，就是创新。

2. 拓宽服务渠道，开启阅读新模式

e线图情：据我们了解，贵馆已经开办了真人图书馆活动，活动内容也包括武安当地的民俗文化，请您谈谈这方面的情况。

王伟：真人图书分享的理念是"每个人的经历都是一本书"，通过把不同人生经历的人邀请到一起以一种面对面沟通的形式来完成"图书"的阅读。2013年10月，武安市图书馆第一本"真人图书"开始借阅，被邀请来的第一本"真人图书"是武安市文联主席王进元，他将自己用十年时间写成的书籍《武安民俗文化漫谈》制作成PPT课件，以声、图、文三种形式展现出来，从"民俗"的概念讲起，到武安民俗文化的形式，武安固义傩戏、通乐赛戏、土山诚会等内容，使读者了解了许多闻所未闻的武安民俗文化。原定一个小时的阅读时间，在读者要求下延长到两个小时，读者仍然意犹未尽。之所以选择有关武安民俗文化的内容，一来有些民俗文化是人们日常生活中经常见到或用到的,经学者的讲解,能够更进一步了解其渊源,读者更感兴趣;二是深入了解和学习当地特色文化,读者更有自豪感和归属感,也有助于我们当地文化的传承和发扬。有了第一次活动的经验,我们的第二本真人图书馆开展为期一个月的借阅,邀请了名家张天玉,主题是"周易文化与现代科学",时间定在每周六上午,读者可提前打电话预约。目前武安市图书馆已有3本"真人图书"。开展"真人图书"活动,旨在创新服务方式,提高服务水平,拓宽服务渠道。

3. 面向基层群众,倾力打造服务活动

e 线图情:贵馆连续四次被文化部命名为"一级图书馆",作为一个基层图书馆,贵馆还有哪些面向基层广大群众的服务项目?

王伟:武安市图书馆多年来始终坚持"读者第一,服务至上"的服务宗旨,坚持"热心、热情、主动"的服务方针。坚持延时服务、跟踪服务、信息咨询、资料代查、预约借书、宣传服务等多种服务方式。除组织开展元宵灯谜一条街活动外,还倾力打造燕赵少年读书系列活动、名家讲座、读书征文、诗歌诵读、知识竞赛、书画展等丰富多彩的读者活动。同时,为基层图书室培训图书管理人员,坚持"三下乡"服务。为拓展服务领域,将服务触角延伸到每个角落,先后建立了农民工书屋、机关图书室及明芳钢铁图书分馆。

"燕赵少年读书系列活动"是河北省文化、教育部门和各级公共图书馆发起的青少年读书系列活动,迄今已开展了十多届,现已成为全省青少年思想道德建设的品牌工程和有效载体,吸引了省内上百所中小学校、数十万中小学生广泛参与。图书馆一直配合武安市文广新体局、武安市教育局、共青团武安市委联合组织了武安当地的活动。2014 年,我们开展了"乡情乡思美文推荐活动""小镜头大故乡主题摄影""燕赵长河星光河北文史知识竞答""书香燕赵拼图爱我家乡特色读书活动",为期 3 个月,吸引了众多小学生参与。同时,我们通过图书馆微信、海报、微博,向青少年推荐内容健康、积极向上的图书。这一活动每年的主题都不一样,例如 2013 年的主题是阅读挑战赛、硬笔书法摘抄、经典诵读、经典文学情景剧。

高考结束,对于广大考生来说,填报高考志愿是等同于高考的一项重大事项。如何填报好志愿,上一所理想大学是每位考生和家长的共同心愿。为此武安市图书馆于 2015 年 6 月高考结束后连续举办了两场高考志愿填报公益讲座。讲座邀请武安市有丰富经验的高考填报志愿老师对一系列高考填报志愿问题进行讲解。内容从了解高考志愿填报政策、平行志愿填报方法技巧、大学录取规则、志愿填报误区、选学校还是选专业等多方面进行答疑。8 月 7 日,我们邀请了武安市的高考理科状元和理科第三名以及文科第三名的同学,在图书馆开展了"高考精英面对面暑期座谈会",为第二年参加高考的同学传经送宝,畅谈他们的心得体会,讲解自己的励志故事和学习方法。

为了更好地开展"全民读书月"活动,充分发挥公共图书馆(室)在基层文化建设中的阵地作用,提高农村广大中小学生阅读写作能力,推动农村广大中小学生对燕赵文化的热爱和建设美丽家乡的责任,2014 年 12 月,我们承办了武安市委宣传部、武安市文广新体局、武安市教育局、共青团武安市委共同倡导的"农家娃读书月"活动,举办了"美丽家乡"摄影图文展示活动、"故土寻芳"美文书评活动和"乡情乡味"书法绘画活动,并评出了一等奖 3 名、二等奖 5 名、三等奖 10 名和优秀奖 20 名,对在活动中组织得力,成绩显著的单位颁发了优秀组织奖。

4. 未来的规划:建成读者满意的大书房

e 线图情:请您谈谈武安市图书馆近期的发展规划和目标。

王伟:一是继续深入挖掘地方文化,开展有特色、读者感兴趣的读书活动。地方文化最能彰显一个地方的文化特色和文化韵味,武安悠久的历史文化需要我们图书馆人不断地挖掘、探索和利用。今后,我们还要重点关注当地的特色文化,使武安特色文化能够发扬光大。2013 年,武安市图书馆入选河北省古籍重点保护单位。收藏的《郑氏周易三卷》《书集传六卷》《奎壁礼记十卷》《大明正德乙亥重刊改并五音集韵十五卷》《范文正公集十二卷》5 部古籍入选第二批河北省珍贵古籍名录。截至 2015 年 5 月,共有 3 部古籍入选《国家珍贵古籍名录》,14 部古籍入选《河北省珍贵古籍名录》。2015 年 6 月,"我与中华古籍"摄影大赛优秀作品巡展武安区及古籍宣传推广活动在武安市图书馆举行,我们还同期举办了古籍保护知识讲座,古籍部的工作人员以实物书籍为例,向读者讲解了古籍的版式、书页的构造、书函以及古籍的装帧形式等基础知识,让读者朋友们更多地了解了古籍保护在非物质文化遗产保护中的重要性。今年我们也会加强这方面的工作。

二是巩固现有读书活动,将读书品牌做大、做精。武安市图书馆现有的读书活动已经成为本市的品牌读书活动。针对全市中小学的读书活动、元宵节的灯谜竞猜、各个阶段的品牌讲座等都已成为我们的服务名牌。今后,我们要把各项活动做得更加精致、成熟,使更多的读者参与进来。2015 年 6 月,我们与优胜教育武安校区联合举办了"阅读的力量"系列活动。其中,校园公益讲座"人生设计在今天"分别在市第五中学、第十中学、第二中学、实验中学四所学校巡回演讲,近万名师生和家长参加。"优胜杯"首届汉字听写大赛,有全市 10 所小学的 200 名学生参赛,经过层层选拔,有 50 名优秀选手进入决赛。这是我们走出图书馆举办阅读推广规模较大的一次活动,并且是与社会教育机构合作举办,今后要在这方面多加尝试和探索。

三是加强网站建设,实现资源共享。完善图书馆网站建设,及时发布信息,进一步方便读者访问、浏览和检索资源。建立图书馆信息资源交流平台,实现资源共建共享。加强数字资源整合工作,引进统一检索平台。简化用户利用数字资源的操作,提高检索效率,向集成的数字图书馆系统平台发展。当然,这需要一定的经费支持。由于图书馆持续的阅读推广活动,尤其是灯谜一条街活动,已使武安市图书馆在当地家喻户晓,市政府对图书馆也高度重视,在图书馆经费的投入方面也在逐年加大,因此,建立一个现代化的集成数字图书馆平台指日可待,我们也有信心、有能力把武安市图书馆建成一个读者满意的大书房。

(刘锦山 刘锦秀 王伟)

十一、徐关元：场所到平台的转变

徐关元，男，1963年出生，大学学历，研究馆员职称。1980年从事图书馆工作至今，现任浙江省永康市图书馆馆长、书记，兼任金华市图书馆学会副理事长、浙江省图书馆学会理事、中国图书馆学会阅读推广委员会委员、浙江省社会科学信息学会理事、永康市藏书者协会副会长，永康市诗词学会理事、永康市民间艺术学会理事等。已发表论文40余篇，参与编写了《浙江省乡镇图书馆业务工作规范》，出版专著《书僮》。发明了图书保护技术(专利号ZL96211433.2)，广泛应用于图书馆。曾代表大陆学术界赴台湾做学术报告。主持的课题"经济较发达县(市)私人藏书情况的调查和研究"获得"金华市社科联优秀课题奖"，2010年获"金华市社科创新奖"。多次被评为"全国图书馆学会先进工作者"和"金华市图书馆学会先进工作者"。

提起永康，人们都知道它是闻名世界的五金之城。而永康市图书馆虽不及永康市那么有名，但在永康市却是尽人皆知。2007年开办的紫薇书屋，不设日常管理员，随时接受图书捐赠或图书寄存，敞开提供所有市民阅读，书不仅没少，反而越来越多，一度成为永康居民的焦点话题，当地媒体争相报道，甚至引起市政府的重视，紫薇书屋成了衡量永康市民文明程度的窗口。而这一切，离不开徐关元馆长的精心策划。在担任馆长二十多年的时间里，他带领永康市图书馆由坐等读者上门改为主动出击，走出馆门、走进企业、走向社会，进而走活了路子，走出了一条基层图书馆整合多方资源、合作共赢的发展创新之路。"有检查无检查一个样，有考核无考核一个样。明察也好暗访也罢，都是一样的认真细致"。这是第五次公共图书馆评估时专家组对永康市图书馆的评价。精心策划，认真细致，是徐关元馆长二十多年不变的工作作风，周末如果你有时间带孩子去永康市图书馆听永图故事会，一定会听到徐关元馆长给小朋友们讲的幽默风趣的故事呢。

1. 基层图书馆创新——场所到平台的转变

e线图情：徐馆长，您好。首先请您结合贵馆实际谈谈，在当前环境下，基层图书馆服务创新应从哪几方面着手？

徐关元：我本人从事图书馆工作三十多年，当馆长、书记也已经二十多年，在这方面，我深有感触。随着时代的发展,基层图书馆的服务、责任和理念也改变了很多。以前基层图书馆是作为民众阅读的场所,通过这些年的不断变化,我认为基层图书馆应该实现从场所到平台的转变。以前只是读者到图书馆来看书,增长知识,现在的基层图书馆不仅仅是一个阅读场所,它还是一个平台,是一个可以整合和利用各方资源进行阅读推广服务和延伸服务的平台。近些年,随着国家对公共文化事业投入的加大,我们注意到地方政府对于当地文化建设的投入并不仅限于图书馆,对其他相关部门和机构也有文化投入。因此,我们每年都会认真了解当地政府一年的重点工作和发展规划,思考如何将图书馆工作结合到全市的中心工作中去,进而找到能够合作的相关部门和机构,利用它们的财力和物力,结合图书馆的技术和资源优势,既满足了合作部门的需求,又拓展和延伸了图书馆服务,达到"一加一等于二"甚至"大于二"的效果。

2008 年,我们得知全国各地县(市)要求建立科学普及推广基地,而永康市科学技术协会也正在筹建的情况后,我们就主动要求与他们合作,并设计了运作方案,得到了他们的肯定,双方达成了合作协议,在图书馆创建了永康市科普中心。我们将图书馆现有的资源加以整合,集中大量的科普图书、期刊、报纸和电子文献,在图书馆外借区和阅览区增加科普书籍,设立科学专架,形成了科普图书外借和阅览区,开辟了科普展示广场、科学书籍广场和科普交流广场等几个服务窗口。提供科普图片展示区和科技少儿发明展示区,分设成人科普阅览区、科普图书外借区、少儿科普借阅区、科普电子文献查阅区以及科普中心书库等。利用图书馆一流的教学环境,举办科技培训、科技少儿制作、科技创新沙龙、科技报告等活动。在科普中心的成立和运作中,图书馆的经费投入并不大,但效果却非常明显。首先是通过科协的组织将全市各行各业的科技人员吸引到图书馆中来,增强了图书馆为科技人员服务的职能,拓展了服务范围;其次,图书馆增加了经费收入,相对减少了运作成本。通过创立科普中心,永康市科协首次支付图书馆运作资金 20 万元,以后每年补助运作资金 10 万元。市财政也直接一次性补助了 30 万元运作资金。对于科协来说,也节省了科普设施的投入并增加了管理人员,达到了双赢。

为达到科普县市的考核标准,永康市科学技术委员会决定在全市广泛开展科学普及推广活动。图书馆积极与科委沟通,提议利用乡镇基层图书馆服务网开展工作,在基层图书馆服务中心设立科普办公室,在乡镇分馆设立科普推广站,在村、社区图书馆服务站设立科普推广点,使科普推广活动很快在乡村和社区打开局面,取得了很好的社会效益。为此科委每年给予我们一定的经费用于补充基层图书馆服务网的运行费用。永康市反邪教办公室要在全市范围内开展"崇尚科学,反对迷信"的宣传,要在乡村建立反邪教宣传点,准备购置大量相关书籍。我们提前联系,让他们加入到我们的基层图书馆服务网,在基层图书馆建立宣传点,我们提供人员和图书资源,既达到了宣传效果,又为其节约了购书经费,同时,图书馆也获得了一定的经费补充。

这样的例子在永康市图书馆近些年的运营过程中还有很多。如与司法局合作,在馆内共同创办了"永康市普法教育基地",使双方的资源有效整合,常态性地开展了丰富多彩的普法活动。我们广泛利用各部门资源,扩大了服务范围,提高了服务效能,在为合作部门节省经费和人力的同时,我们也获得了相应的经费补充和进一步发展的空间。在搞好阵地服务和基本服务的基础上,我们已转变成一个为各部门、各机构提供文献信息服务和开展各项活动的平台。只要我们用心、用力,抱着积极主动的心态,多方联络,基层图书馆的经费问题、发展空间问题、延伸服务问题等都可迎刃而解。因此,我认为,当前基层图书馆的创新应该从场所到平台的转变方面来思考和实践。

2. 少儿阅读推广是图书馆工作的重中之重

e 线图情:徐馆长,举办儿童阅读推广活动是很多公共图书馆创新服务的举措之一,贵馆阳光阅读站的实施取得了很大的成功,请您结合贵馆实践谈谈基层公共图书馆推广儿童阅读的意义。

徐关元:对于市县级图书馆来说,少儿阅读推广活动应该是整个图书馆工作的重中之重。

永康市图书馆的阳光阅读站确实也比较成功,取得了较好的社会效益。儿童阅读推广和服务的意义是什么? 阅读习惯不是一朝一夕就能形成的,是一个长期的、潜移默化的过程,所以要从儿童抓起,构建孩子们的阅读理念,激发孩子们的阅读兴趣,让他们爱上阅读,阅读习惯才能慢慢地养成。永康市图书馆基于两个方面来为儿童提供阅读服务。一方面就是大量地举办阅读推广活动。我们设立了儿童图书馆,以此为阵地,举办大型的、常规的儿童阅读推广活动。比如说我们每一年都要举办"未成人读书节",截至 2015 年 5 月已举办了11 届,而且每年的主题都不相同,2015 年的主题是"五水共治·两美浙江"。在读书节期间,连续开展了"借阅排行榜""智慧手机应用""读书达人"大赛、"说书达人"大赛、"我们的文字"展览、"六一"少儿书画展览、书签制作比赛、阅读卡制作比赛、科普知识展览、征文比赛、美术创作比赛,"五水共治"签名等多项活动。此外我们还利用阵地服务持续开展"永图故事会"活动,活动不仅包括讲故事,还开展了诸如"谁不说俺家乡好"——利用本馆的地方文献讲解永康的山水人文、"走永康"——带领学生到永康的名胜古迹参观学习等活动。

考虑到我们开设的少儿图书馆的职能定位、丰富的图书信息资源和长期以来积累的为未成年人服务的经验,为教育和引导未成年人正确上网,健康上网,使网络真正成为未成年人学习、阅读的工具与途径,我们投资 40 多万元专门开设了未成年人阳光网吧,孩子们凭学生证、图书馆借书证都可以到这里免费上网。我们安装的上网系统可有效过滤不良信息,并有专门的管理人员对未成年人上网进行教育和引导。孩子们在网吧可阅读到不同学习阶段的学习资料以及革命书籍、普法知识、科普教育等内容。我们电脑上还有部分益智类游戏,孩子们可以玩,但玩的时间有严格的规定。

另一方面就是我们要利用社会资源,让社会各界参与儿童阅读推广活动。我们的阳光阅读站就是个很好的例子。永康有大量的外来务工人员,他们的子女以及贫困家庭子女的阅读资源相对匮乏,仅仅依靠我们永康市图书馆的资源和人力确实是比较单薄,我们就利用社会资源,动员社会各界参与进来,因此有了阳光阅读站这个项目。我们还利用中小学来举办一些大型推广活动。比如,2015 年"世界读书日",我们就联合民主小学 2500 多名师生,举办了"书香家庭""书香班级""书香少年"的评选,开展书签制作比赛,阅读卡、手抄报的制作活动,全民捐书活动,好书新书推荐,智能手机应用培训等活动。我们联合民主小学二(六)班,创建阅读实验班,向他们捐赠漂流图书 100 册,并赠送免费借书证 50 本等。此外我们还大量地建少儿流动站,通过实实在在的图书借阅活动来推广阅读。总之,在举办儿童阅读推广活动时,我们主动寻找合作伙伴,并将合作单位服务要求结合到活动中去,做到"我搭台,你亮相,留芳名,兴阅读"的双赢效果。

e线图情:请您介绍一下贵馆针对其他年龄读者的阅读推广活动。

徐关元:我们永康市图书馆从2000年开始采取免费借阅,针对不同年龄阶段的读者,我们的阅读推广活动一直在持续开展,仅2014年一年我们就针对各类读者举办了101场阅读推广活动。重阳节和国庆节来临前夕,我们邀请了来自全市的60多位老年读者汇聚一堂,吃重阳糕、品菊花茶,用歌声、舞蹈、书画创作、诗词歌赋来庆祝自己的节日。图书馆为老年读者准备了书画展览、诗词接龙、童谣、童年游戏等,志愿者还为老年朋友赠送老寿星保温杯等。从2014年开始,我们还举办了中老年计算机培训班,根据老年人的特点,采用一对一、一对多的教学模式,教会中老年人计算机的一般操作和上网知识,通过这些活动让他们老有所学,老有所乐。

2015新年伊始,图书馆为外来建设者及其子女准备了《永康话与永康文化》《永康省感戏》《把永康文化带回家》《永康民俗》《永康百工》等反映永康风土人情的图书,以及法律知识读本、种养殖技术、安全手册、期刊等3200多册,在永康火车站广场举办了"把永康文化带回家"免费送书活动。在实践中我们体会到,图书馆不仅仅要宣传让读者看书,我们的长远任务是要提高整个民族的素养,而持续地开展阅读推广活动是一个重要和有效的途径。

3. 关于地方文献资源的建设

e线图情:永康是全国著名的科技五金城,贵馆针对五金行业提供了哪些服务?

徐关元:永康目前规模以上工业企业就有600多家,多数为五金企业。永康市图书馆一直以来积极为五金企业提供服务。首先我们非常注重收集有关五金的地方文献。例如,2015年9月我们将迎来第20届中国五金博览会。图书馆非常注重收集有关五金博览会的资料,包括每一年的会刊、每个行业和企业的宣传册、会展资料等,我们都在收集。此外,还有一年一度的"中国门博会"的资料。这些资料看上去似乎没那么重要,但是随着时间的推移,十年或二十年以后回过头去看,就可以从这些资料里了解到永康在这一阶段五金行业的发展状况。其次是我们与浙江省图书馆合作,在中国科技五金城设立了一个五金科技分馆,专门为五金城的厂家和商家服务。此外,我们正在积极筹备中国五金博览会二十年的图片展,展示五金科技方面的一些成果;我们还购买了五金方面的数据库,以供展会期间读者查阅。

许多企业的外来务工人员由于不了解当地风俗,既听不懂当地方言更不会说,导致与本地人在语言交流上存在一定障碍,影响他们在当地的生活与发展。图书馆利用已编写的《学说永康话》《永康风俗志》《永康话歇后语》等图书,聘请当地语言老师,举办了"永康话诗词吟诵培训班""新永康人学说永康话""乡音、乡情"诗词朗诵比赛,帮助外来人员尽快融入当地生活。

e线图情:永康传统文化底蕴丰厚,民俗风情丰富多彩,请您介绍一下贵馆地方文献和特色数据库的建设情况。

徐关元:永康是浙江省地方文献示范基地之一。在资源建设方面,我们充分考虑到基层图书馆的特殊性,从地方文献入手,把地方文献建设作为建设重点。我们收集的地方文献主要是体现永康的山、水、人物和历史数据,截至 2015 年 5 月,我们收集有家谱 1500 册、其他地方文献 2600 余册、徐小飞书画专题图书 196 册、鲁光体育专题图书 1408 册;建成的特色数据库有"永康五金数据库""永康旧地图数据库""永康谱志数据库""永康古桥数据库",此外我们正在筹备建设"永康特色小吃数据库"。

具体到征集地方文献的措施,我们首先是取得政府的支持。图书馆在永康市人民政府下发《永康市地方文献征集办法》的同时,通过市文化新闻出版局取得永康市文化执法大队的支持,将永康市图书馆定为文献印刷审查点,规定永康所有印刷单位,在印刷文献资料时,必须送到图书馆审查,并缴送两件给永康市图书馆,使地方文献收集工作在制度上得到支持与保障,节省了图书馆收集地方文献的人力物力。

其次是发动社会力量采取多种形式的征集办法。图书馆专门设立了永康市图书馆地方文献收集与服务中心、陈亮研究会以及地方文献研究室等机构,组织当地的文史研究专家和地方文献收藏爱好者参与图书馆地方文献工作。永康市民间藏书爱好者众多,他们的藏书内容丰富,收藏和利用价值相对比较高。我们在 1998 年成立了以图书馆为主导的永康市藏书者协会,一方面为他们收藏图书提供科学指导,另一方面也为图书馆地方文献的收集增加了一支可以借助和利用的社会力量。我们聘请一些民间藏书爱好者为永康市地方文献业余征集员,帮助图书馆收集地方文献。同时,图书馆也与他们进行互赠和交换。对于一些没有收藏条件的民间藏者,图书馆及时与他们沟通,劝其将藏书捐赠给图书馆,并视情况给藏书者一定的经济补偿。经过十几年的不断积累,永康市图书馆的地方文献数量和种类都有了很大的丰富。

地方文献建成后,还要把它利用起来,我们不定期地举办相关展览,在少儿活动里面也加入了地方文献的内容,比如说我们的少儿活动"走进永康",就是通过地方文献和实地参观永康的民居古街,来宣传永康当地历史文化。协助当地教育部门,以编写本土文化教材,将永康文化资源融入未成年人的教育体系中。此外,我们还注重编写资料性、研究性文献,如利用馆藏家谱编写了《永康宗谱名人文章汇编》《潘树堂文集》等,为读者阅读宗谱了解永康先贤提供方便。

4. 三级图书馆服务网络为务工人员和百姓服务

e 线图情:最后请您介绍一下永康市图书馆基层服务网点的建设情况。

徐关元:图书馆早在 2002 年就着手建立以永康市图书馆为中心、以乡镇图书馆为支柱、以社区和村流通站为服务点的三级图书馆服务网。我们设立有基层图书馆服务中心,作为县(市)图书馆延伸服务的一级单位,中心设立协调办公室和中心书库,负责乡镇图书馆业务辅导、图书调配以及乡镇图书馆之间的经费统筹、协作协调、运行监督等;乡镇图书馆服务站(乡镇分馆、工业区分馆)为图书馆服务网的二级单位,主要由乡镇图书馆来分担,作为乡镇图书馆和县(市)图书馆分馆,负责村级图书馆(流通站)的图书配置调换、本地区经费的统筹以及业务辅导工作;村、社区服务点(包括企业服务点)为图书馆服务网的三级单位,也是服务中心的最基层图书流通站,是根据实际情况由二级服务单位提供图书,直接服务于民众的服务点。服务网成员之间通过签订协议,确定各自的权利和义务,包括资金筹集额度、图书配置数以及人员培训,并确定终止协议条件与赔偿条款等。我们根据基层的需要建立服务点,经济条件差的地方我们给予免费服务,经济条件好的企业、工业区等地,则实行有偿服务,并用这些收入养活经济条件差的村庄、社区服务点。

在进行乡村服务网点建设过程中,我们积极参与永康市政府在全市范围内开展的"百村整治"和"文明示范村"考核评比活动,通过主动设计考核标准和巩固措施,促使政府把乡村图书馆建设作为基层考核的必备条件,各被考核乡村也根据图书馆制定的要求,主动建立起相应的图书馆(室),大大地减轻了图书馆为建设乡、村图书馆(室)的人力和物力投入。

我们有 16 个乡镇,目前这些乡镇我们都已经建立了分馆,有 711 个村,农家书屋已经全部覆盖,上规模的农家书屋有 350 个。这些分馆和服务点让村民、外来建设者、企业职工在家门口就可享受到现代文化。我们每年都会对这些分馆和服务点进行绩效评估,通过评估选出有 2 个五星级、7 个四星级、240 个三星级单位,根据相应的星级我们都会给他们以资金的鼓励。

（刘锦山　刘锦秀　徐关元）

十二、田勤:以企业化管理提升图书馆服务效能

田勤,女,汉族,1955 年出生,中共党员,图书馆副研究馆员,本科学历。安徽省芜湖市镜湖区图书馆馆长。2003 年担任芜湖市委党校图书馆馆长职务,2005 年兼任芜湖市委党校信息中心主任职务。曾多次在安徽省委党校图书馆系统的评估中获得第一名。2010 年获得安徽省党校图书馆系统"先进个人称号"。

图书馆业务外包作为一种新趋势已成为近年来业内外关注的一个热点,尤其是在国家提出"引导和鼓励社会力量参与公共文化服务体系建设"这一政策方针后,图书馆探索社会化管理运营的实践日益增多。2013 年 11 月,镜湖区采用政府向社会购买服务的方式,为镜湖区图书馆迎来了专业"管家",使之成为安徽省内首家实行整体外包的公共图书馆。2014 年元旦,镜湖区图书馆正式开馆。如今,镜湖区图书馆的社会化运营实践已取得显著的社会效果,在赢得了较高的社会关注度的同时,也为国内其他基层图书馆的管理运营创新提供了宝贵经验。

1. 关于图书馆外包

e 线图情:田馆长,您好! 恭喜贵馆在第五届百县馆长论坛服务案例征集活动中荣获二等奖。首先请您简单介绍一下贵馆的基本现状。

田勤:您好! 这次获奖我们也很惊喜,因为镜湖区图书馆毕竟是个新馆,还处于起步阶段。

镜湖区图书馆是安徽省芜湖市的一个区级馆,馆舍面积 5200 平方米,目前有藏书 10 万余册(种)。我们馆在服务和运营上积极响应政府"简政放权,转变职能,创新管理,激发市场创造活力和发展内生动力"的号召,是安徽省首家全流程服务外包的区级馆。我们在读者服务中始终坚持"五全"宗旨,即全年开放、全免费、全年龄段阅读、全馆无障碍服务、全阅读方式,努力为读者营造极具人文关怀的阅读和交流空间。2014 年 4 月正式开馆至今,镜湖区图书馆的读者到馆人次已逾 31 万人次,图书借阅量 63 689 册次,举办读者活动 156 场次,这组数据远远高于安徽省其他同级的公共图书馆。

e 线图情:目前我国提出了鼓励和引导社会力量参与图书馆建设的政策,但图书馆整体外包还是比较少见。很多人认为在图书馆业务外包中,应区别图书馆核心业务和非核心业

务,实施外包范围应限于非核心业务。对此您是怎么看的?

田勤:核心业务能否外包,关键在于两点:一是图书馆的核心业务是什么,不同体系的图书馆核心业务差别是很大的;二是核心业务交给社会力量能不能做好,能不能做好不仅仅在于企业,还在于企业以外的因素,比如政府的监管职能和相关的法律依据等。

如果说现在让所有的图书馆都进行全流程服务外包,肯定是不实际的,只能有条件的先执行,在这个过程中,还可能会出现这样那样的问题。这中间,政府的作用很关键。政府不仅仅是要放权,还要为社会力量的加入提供政策、法律支持,制定系统的考核办法,不仅要考核企业的服务,还要考核监管部门的监管。

2. 关于馆长角色定位

e 线图情:田馆长,现在关于图书馆馆长角色定位的探讨有很多。在我们看来,一个现代图书馆的馆长应该是集管理者、学者、社会活动家三种角色于一身的复合型人才,您认为呢?

田勤:在这个现代高新技术日益快速发展的环境下,公共图书馆事业也受到了巨大的影响,每一个组成部分都在发生剧烈变化,构成图书馆的各种要素都面临重新定义。作为现代公共文化服务机构图书馆的核心关键人物,图书馆馆长的角色定位也在发生变化。有学者曾提出,图书馆馆长必须是具有现代意识的知识型管理者和社会活动家,应该具有善于求和、善于管理和善于公关的素质。简单点来说就是,图书馆的领导不一定非要是学图书馆专业的,但做了图书馆的领导,则非要学学图书馆专业知识不可。

e 线图情:您能介绍一下您在担任镜湖区图书馆馆长之前的工作经历吗? 另外,您觉得作为一个实施全流程服务外包的图书馆馆长,和一般图书馆的馆长在工作职能方面有区别吗?

田勤:我从 1976 年开始在芜湖市委党校工作,2003 年开始任党校图书馆馆长,在这期间,党校图书馆在全省党校系统评估中,多次荣获全省第一的成绩。我快 60 岁了,现在很多工作都交给年轻人了。

2014 年年底,我了解到镜湖区图书馆服务外包给企业运营,觉得这是一个很好的尝试。镜湖区图书馆每一年都会开展一些大型的志愿者招募活动,我当时是通过老年大学的同学知道图书馆在招募志愿者的。我已快到退休年龄,但是作为一名光荣的志愿者是不存在退休限制的。我承诺,尽己所能,不计报酬,帮助他人,服务社会,践行志愿精神,传播先进文化,为构建和谐社会奉献力量。我在图书馆行业工作了 40 年,国家培养了我,给了我很多的学习机会和平台,我也是看着地方图书馆事业一步一步发展到现在的。我很想多做一些事,觉得这样更有意义。于是就决定去镜湖区图书馆当一名志愿者,希望尽自己所能为镜湖区图书馆服务。于是我就以志愿者身份来到镜湖区图书馆,担任馆长。

作为一个实施全流程服务外包的图书馆馆长,其职能与非外包图书馆馆长是有很大区别的。企业的管理更严格、更高效,作为馆长,你要对政府主管部门负责,对公司负责,对员工负责,对读者负责。因此相对而言,工作内容和压力都比较大。但是在这个环境下,馆长的优势也是显而易见的,你可以将你的想法彻底执行,真正为读者做一些事情。

3. 关于图书馆管理

e 线图情:海南大学图书馆前馆长詹长智在接受 e 线图情专访时曾指出,如果说,从私家藏书楼到公共图书馆是中国图书馆事业第一次重大变革的话,采用企业化的经营运作则是中国图书馆事业的第二次重大变革。我们知道,贵馆实行的正是企业化管理,在管理上做出了重大创新,馆长以下只设了三个部门,而且所有人员都是馆长的直接下级。从您已有的经验看来,企业化管理模式给贵馆工作带来了什么影响?

田勤:企业化管理模式关键是加强了工作的执行力度和决策效率。企业的绩效考核方式能真正做到激励员工,优胜劣汰,把人员聘用、职务升降、培训发展、劳动薪酬相结合,使激励机制得到充分运用,彻底改变事业单位普遍存在的办事效率低下、奖惩机制不健全等问题,同时也利于员工自身的成长。实际上,我们的每一项工作都有量化指标,尤其是在服务方面,包括一年应举办多少场次活动,以及图书的借阅量、读者接待数量方面,要完成这些目标,我们馆的每一位员工都必须积极行动起来,要走出图书馆,开展各种有吸引力的活动,让读者到我们图书馆来。

e线图情:您能介绍一下贵馆目前员工队伍的情况吗? 职员的薪酬、绩效考核是怎么管理的?

田勤:图书馆目前共有员工20人,其中包括图情专业的2人、师范专业2人、计算机专业3人、具有讲解员资质的2人。职员的薪酬是已包含在政府支付的服务外包费用里面的,日常绩效考核由公司管理服务中心主持,考核的内容因岗位不同而指标也不相同,主要是为了让合适的人在适合的岗位上。

e线图情:经费是每个图书馆都很关注的问题。贵馆这几年的经费情况如何?

田勤:目前图书馆一年经费大概在170万左右,这里面主要包括员工工资、活动经费、办公经费等。我们是2013年11月与区文广新局签订合同的,这两年的经费属于持平状态。

4. 关于图书馆服务

e线图情:田馆长,正如您曾提到的,关于图书馆全流程服务外包,人们最担心的就是图书馆公益性、专业性会丧失。除了基础的借阅服务外,贵馆还提供了哪些服务项目? 都是免费服务吗?

田勤:我们目前采取的是"服务外包、免费开放、政府监督、企业运营"的方式,政府的监督有年终的考核、月度的考核和不定期的现场调查,考核的内容是根据国家对区(县)一级图书馆评估标准制定的,这其实就避免了服务外包的图书馆丧失专业性和公益性。

图书馆目前所有的项目都是公益免费的,除了基础的借阅服务以外,还有镜湖大讲堂、英语角、节日主题文化活动等,覆盖了老年人、少儿、妇女、特殊儿童等各个群体。如面向少儿群体的有"绘声绘色"和"宝宝快到书里来";面向老年读者的有"健康养生讲座"和"E时代电脑课堂";面向女性的有"她阅读、她时代"女性阳光课堂等。特殊儿童也是我们的重点服务对象之一。2015年"六一"儿童节前,我们特别邀请了芜湖市盲人学校的孩子们到馆里来,带领他们在视障阅览室阅读了盲文书籍,还教了他们如何使用电脑。这些孩子有很多是第一次来图书馆,他们特别开心,盲人学校的老师们也觉得这样的活动特别好。

e线图情:现在图书馆越来越重视读者的参与,您认为,读者在图书馆发展中承担着什么角色? 贵馆获得过来自读者的哪些好的建议和意见?

田勤:读者是图书馆的主人,这一点是非常明确的,我们公共图书馆虽然是免费开放的,但是图书馆的费用是财政拨款,财政说到底还是纳税人的钱。为了确保图书馆社会效益的实现,我们需要主动走出馆外把读者请进来,开展丰富多彩的文化活动促进读者参与度,积极开展读者满意度调查,征求读者意见。目前读者座谈会已经开了 5 次,加上平时在意见箱和留言簿里面留下的建议,真的有很多很好的建议,对图书馆帮助很大。给我印象比较深刻的是,曾经有位读者在读者座谈会上提出,应该在图书馆增加非公益服务支持系统,如饮料自动贩卖机、图书衍生物等,增强图书馆周围的配套设施,打造文化商圈,这将会提高整个区域的文化氛围和商业价值。目前,我们图书馆旁边有体育馆、文化馆,三馆联动,形成了镜湖区文体中心,所以也吸引了很多家庭过来活动。

e 线图情:贵馆的下一步发展规划重点是什么?

田勤:图书馆下一步工作的重点是:与市图书馆、社区图书馆建立业务上的联系和支持,扩大服务的覆盖面,扩大影响力,其中包括通借通还、数字资源共享、读者活动共享等。

（刘锦山　刘剑英　田勤）

十三、胡春波:一分耕耘一分收获

　　胡春波,女,1969 年 3 月生,本科学历,中共党员,馆员,浙江省宁波市鄞州区图书馆馆长。自 1990 年毕业于杭州大学图书馆学专业,从事图书馆工作已 25 年。作为业务骨干一直负责馆内的专技改革、提升及新技术的运用等工作,主持和参与了鄞州区图书馆自动化建设过程中所有的重大项目,如图书馆自动化管理系统的实施和应用、古籍地方文献数据库的创建、宁波市数字图书馆的建设、总分馆制的探索和实践、数字图书馆的推广等。任现职以来,在各级各类专业报刊和学会会议上发表论文 11 篇,主编《明州大讲堂》一书。主持参与沙文汉、陈修良 6000 多份自存文档的整理,结集出版《沙文汉陈修良自存文档目录》。专业技术考核有 13 年为优秀,有 7 年被评为"局级先进工作者",两次被评为"省级先进工作者",被中国图书馆学会评为"2012—2013 年优秀会员"。自考汉语言文学本科专业。

　　浙江地区图书馆事业的发展近年来在国内表现较为突出,引起了社会各界的广泛关注。鄞州区图书馆地处浙江宁波市,与宁波大学园区图书馆合并后实行"一套班子、两块牌子、统一管理",在国内首开先河,可以说是从根本上打破了国内公共图书馆体系与高校图书馆体系的壁垒限制。以此为起点,鄞州区图书馆取得了长足发展,并以诸多成果显示出,在构建现代公共文化服务体系中,基层公共图书馆拥有巨大的能量。

1. 整合优势,推进城乡服务一体化

e 线图情:胡馆长,您好! 首先请您简单介绍一下贵馆的基本情况。

胡春波:鄞州区图书馆于 2003 年 12 月 28 日正式对外开放。2004 年 6 月 1 日,鄞州区图书馆(下称"区馆")与宁波大学园区图书馆(下称"园区馆")合二为一,实行资源共享。最早两方的协议是"一套班子,两块牌子,统一管理",两家单位分别隶属于两个主管部门:园区馆是隶属于宁波市教育局下的一家处级单位,区馆是属于鄞州区文广新局下的一家科级单位,在级别上是有所区别的,人员编制和财务各归各,资源共享,鄞州区图书馆馆长兼任大学园区图书馆副馆长。

和园区图书馆合并以后,我们进一步明确了区级图书馆的职能:面向群众、服务大众、扎根基层,以普通群众为主要服务对象,同时加强指导、强化基层图书馆的职能,满足人民群众日益增长的文化需求。

e 线图情:鄞州区图书馆与宁波大学园区图书馆的这种合并机制非常特别,在您看来,这种机制有哪些利弊?

胡春波:我认为图书馆合并以后有很多优势。首先是资源方面,纸质资源丰富,共享资源比较多。园区馆每年的投入是两千万左右,区馆现在大概是八九百万,加在一起大概三千万元左右,我们在纸质资源上每年采购大约 20 万册图书;数字资源方面,宁波市数字图书馆的平台就设在园区馆,整合了 15 家高校、市图书馆、科技信息研究院的数字资源,资源非常丰富。另外,对馆员来讲,平台大了,接触的面也比较广,这也是有利的一个方面。硬件方面也有优势,我们图书馆的建筑面积是 2.8 万平方米,占地面积 5.8 万平方米,总投资 1.4 亿,设施设备很完备。这些对基层图书馆的发展都是非常有利的。而园区馆颜务林馆长是鄞州区政协委员,在工作上对区馆也很支持,而且他的理念和想法总会先走一步。如最早提出了以"人气为中心"的办馆理念;2003 年一开馆就实行全免费;办集体免押证卡;争取到宁波市数字图书馆的项目平台在鄞州区(大学园区)图书馆建设;2008 年开展"走出图书馆办图书馆",当管理和服务发生冲突时,以改善管理来做好服务;2011 年推出免押证办卡;促成市少儿图书馆挂牌鄞州区(大学园区)图书馆;实行内部扁平化管理;等等,使图书馆在十年中取得了令人瞩目的成就,在读者中赢得了比较好的口碑。

不利的地方是由于分属两个不同的主管单位,各自的要求、职责都有所区别。教育局下属的图书馆是比较边缘的,教育系统对大学园区图书馆没有什么特别的要求。文化系统从国家、省、市方面对图书馆的要求会比较多,要承担的责任比较多。另外自主权上也会有所削弱,对经费的各自分担,人员在各部门的配备上会存在一些矛盾,但因为大家秉着互相尊重的原则,班子成员和单位员工在各方面对区馆工作都很支持。我很感谢!

e 线图情:职能上,鄞州区图书馆显然更侧重基层公共文化服务,您能具体介绍一下贵馆的城乡服务一体化建设吗?

胡春波:在 2008 年鄞州区就已完成农家书屋建设,但 2011 年发现农家书屋存在一些问题,硬件配备是有了,但管理人员未能到位,纯粹是检查的时候应付一下。为此,2011 年区里提出了"天天读"图书分馆暨公共电子阅览室建设工程,即从各个乡镇中选择 103 家村级和镇级图书分馆作为图书馆分馆,每个村级分馆要求配备 100—150 平方米的面积,镇级分馆是 300 平方米,跟公共电子阅览室一起建设。这样一来解决了三个方面的问题:资源方面,由图书馆统一采购、分类、编目,送到各个村、镇级图书馆分馆;管理员方面,采用服务外包的方式,由电信成立服务外包公司,管理员由电信来签订协议,每个人全职一年 3 万的待遇;图书轮换方面,乡镇与村之间图书的轮换工作由图书馆承担。公共电子阅览室的电脑都是由文化局统一采购,采购后分到各个村级图书分馆。每一个村级图书分馆送 11 台电脑,其中 10 台提供给读者使用,1 台作为工作用机;每个镇级图书分馆大概有 20—30 台电脑。文化局每年拨付给电信成立的外包公司 200 多万元,用于公共电子阅览室的网络建设,其中包括了网络费用、电脑维修维护费用和外包公司的费用等。村级分馆由村里提供场地和基础设备,如空调、书架,还有相应的电费也都是由村里承担的,管理员的工资则是由区和镇两级财政保障。这项工程从 2011 年到 2013 年都在铺点,工作量很大。目前"天天读"图书分馆有 132 家,公共电子阅览室和图书分馆一体的有 103 家,单独的村级图书分馆够条件也可以申请加入分馆,书籍由图书馆提供,管理员由村配备。

另外我们还有 2 辆汽车图书馆,共 62 个服务点,作为公共图书馆参加公共文化服务一体化的补充。有的企事业单位、学校、部队有需要但又不具备建立分馆条件的,每个月汽车图书馆就会定时定点为读者提供服务。我们两辆汽车图书馆现在办理了 13 000 多个借书证,这比原来县级图书馆的量还要大,县级图书馆也就办理有 4000—5000 个借书证。

在人员管理方面,我们对管理员每年组织 4 次培训,包括讲座、业务培训、竞赛等方式。实行所有制度上墙,这些制度包括上网制度、管理员职责、场地管理制度、图书阅览制度。2014 年,我们要求"天天读"图书分馆每季度上报简报,简报中要有每个分馆借阅人册数、办借书证量、活动次数、电子阅览室上网人次。上报后汇总成册,然后再统一分发到宣传部、文化局、乡镇宣传委员、文化站长和各个管理员手上,每个分馆的情况一目了然,互相有所促进。

e 线图情:如何杜绝谎报、多报?

胡春波:电脑里面是有访问量的,上网都会有记录。而且,每个阅览室中都安装了摄像头,我们可以直接看到所有分馆的情况。我们要求上班时间是中午 12 点至晚上 8 点半,上午不开放,但镇级(街道)分馆很多是上下午、晚上都开放。

另外,每年年初对管理员都有考核,做得好就会有 1000—3000 元不等的奖励,从 2011 年开始区里投入了 822 万元作为图书、期刊及运行经费,市里也有一部分奖励经费,约 100 万元。

e 线图情:书的物流和中转数量是不是很大呢?

胡春波:现在有一部分书是分馆自己来拿,像村之间换书则是由图书馆换的。我们现在有 4 辆车,其中 2 辆汽车图书馆,1 辆商务车和 1 辆全顺中巴车。另外图书馆还在企事业单位、学校、部队建立分馆,分馆中的所有设备、装修都由建设单位负责,图书馆只提供图书,双方相互签订协议,这些分馆可在图书馆的阅览区域选择图书。这是从 2008 年开始提出的"走出图书馆办图书馆",宁波市区现在有 800 多家,以学校为主,学校有 400 多家,还有一些大的机关企事业单位的分馆。

e 线图情:那初中、高中是不是就不用建设图书馆了?

胡春波:还是要建的,图书馆只提供 1000 到 2000 册图书,但可以经常换,因此学校还是要建设图书馆的,我们仅仅是起到补充作用,大部分的书还需要学校自己采购。但系统可以统一,而且我们的系统比较强大,通过网络就可以知道书的所藏地;学校管理员的培训也可以更专业化和常规化。原本各学校图书馆是单独管理的,现在把所有的书都编到图书管理系统里来,学校图书馆就成了区馆的分馆。另外学校的学生都可以免费办借书证,借书证有两个功能,借书和访问数字资源。从 2015 年 5 月开始宁波全大市所有的公共图书馆都可以通借通还。

现今图书馆的馆藏量有 133 万多册图书,如果没有"走出图书馆办图书馆"的活动,这些书籍已经容纳不下了,打包的话可能被浪费掉。我们图书馆的书全是对外开放的,没有密集架,除了地方文献古籍、部分大部头的书不外借,其他都对读者开放。书是为了用的,特别是基层图书馆。

2. 拓展公共文化活动,提升图书馆人气

e 线图情: 贵馆在公共文化服务方面还有哪些做得比较成功的项目?

胡春波: 我们的漂流书库也做得比较好。这方面的工作从 2006 年开始与《宁波日报》"城事帮办"合作,由他们负责招募书源和漂流点。图书馆作为闲置图书的集散地优势非常明显。漂流书库中有部分书就是通过把市民手中闲置的书籍汇总以后漂流到漂流点。我们图书馆放了两个爱心漂流箱,读者可以把自己多余的书放在里面,每个礼拜都会放满,然后由大学生志愿者进行整理。漂流书库中有一些书会跟随大学生暑假支教带走。一些漂流点像外来民工子弟学校、大型工地,漂过去的书就不再回收。开始是在宁波范围做,后来这个活动逐渐发展到湖南、云南、贵州、新疆、四川、甘肃、宁夏等边远省份的学校。宁夏吴忠市红寺堡区图书馆已经连续两年是由他们自己买好 5 万块钱的图书,我们再把 5 万块钱汇过去,对口扶持。

e 线图情: 您指的漂流是书籍不再回来了吗?

胡春波: 是的,这也是我们给予困难地区的一种支援。但在刚开始我们也是采用漂来漂去的方式,后来发现这样效果并不是很好,漂流的书都淤积了。后来得知四川阿坝县很偏僻,十分缺乏图书资源,当大学生去那支教的时候都会带一部分书去,漂流书库也就随之发展到那边。为了让活动更好地开展,图书馆也为他们提供了一些书和购书经费方面的支持。

我们所开展的这些活动,包括乡镇的"天天读"图书分馆、汽车图书馆、漂流书库和"走出图书馆办图书馆"活动,都是为了让老百姓能在身边很方便地借到书。到现在,全市已经实现通借通还,而且数量也很大,在图书馆办卡之后一次可以借书 16 本,交 100 块钱押金的话可以借书 26 本,在全大市另外的公共图书馆还可以借 10 本。这样最终的发展趋势就是要把量的限制取消掉,读者可以根据需要随便借多少书,比如写论文搞科研需要很多书就可以多借一些,如果就日常阅读,几本也可以。

从 2008 年开始,我们还采用了"你点我购"的方式。读者需要的书如果在图书馆和其他地方都没有,就可以采用"你点我购"的方式在图书馆的服务台登记购买,随后可能在一周至半个月内就可以到读者手上。我们现在和书商合作,每个月都有 500—600 册书籍是通过"你点我购"购买的,另外读者还可以通过数字图书馆获得电子图书。图书馆的目的就是让图书馆真正像读者书房一样,可以很方便地得到书籍,这是我们图书馆的服务宗旨。

此外我们还开展了一些活动,主要目的是为了吸引人气,使纸本图书和图书馆的服务项目更多地让老百姓知道,吸引更多的人到图书馆来。比如 2006 年开始的"明州大讲堂"讲座项目,刚开始的时候是向区里争取了 10 万元的经费,然后到前年已经增加到了 40 万元,另外还向区科协、区卫生局争取了各 5 万元经费。讲座主要分五方面内容:第一块内容是名人名家,每个月一期。第二块内容是科普讲座进学校,主要是在中小学学校里面举办讲座,邀请的是中科院的老科学家讲师团,他们已在全国各地举办科普讲座 17 年了,2008 年开始和我们建立起的联系,2014 年还在图书馆成立了中科院老科学家科普宣讲基地。第三块是健康讲座进文化礼堂,浙江有农村文化礼堂建设,我们邀请了市、区大医院的主任医师,到农村为老百姓普及各种健康知识,各个科目的都有。我们是从前年开始实施这个健康讲座进文化礼堂活动,在 2015 年一共有 25 场。第四块是地域文化讲座,这是关于宁波地域文化方面的讲座。第五块是亲子教育讲座。2015 年上半年我们已举办各类讲座 47 场。这些主要是鄞州区图书馆方面的,没有包括大学园区图书馆举办的讲座,大学园区图书馆的有教育大讲堂和每年中高考的考前讲座,还有基础教育讲座,所以两边的讲座合起来还是很多的。

e 线图情:学校请专家团讲座是不需要出任何费用的吗?

胡春波:不需要的。讲座方面学校基本免单,讲座排出来后由我们与区教育仪器站合作挂在教科网上,让学校报名,额满即止。原来是一年一次,去年开始变为一年两次,一共有 50 多场。

e 线图情:学校只要安排好时间和场地就可以了?

胡春波:是的。

e 线图情:公益性还是非常强的。

胡春波:专家团的收费也不高,1000 元一场。钟琪团长快 80 岁了,现在是名誉团长,她原来是中科院人事方面的领导,对人员管理非常严格。专家团的成员必须是演讲过的,即使有些科研能力很强,或是担任领导岗位的人,讲得不好也会被淘汰。

e 线图情:都必须要在团里试讲过?

胡春波:每个人都要被成员评过的,讲得不好需要改,要求非常高。他们的人品非常好,很踏实,踏踏实实做事情,非常质朴,没有一点架子。这些老科学家们无论是能力还是为人都是非常值得学习的,而且他们各个专业都有。这些专家团的成员在学校非常受欢迎,学生以前几乎没有见过科学家。我感觉这个项目非常棒,但是专家团的成员太累了,从 2014 年开始,我们这边是 5 月和 9 月各举办一次,每次为期一周,大约要去 20—30 个学校,如 5 月总共举办了 31 场。在全国的话他们一年要讲 1000 多场,一共 30 多个人,平均每个人每年要讲 30 多场。

e 线图情:也就是每个月每人要讲 2—3 场,还是把寒暑假算进去了,如果按照正常学期 3—6 月和 9—12 月,密度就会更大。

胡春波:是的,中央电视台和《光明日报》还专门报道过这个科普演讲团,并获评过全国"银杏奖"。

e 线图情:这可以做出一个品牌了。

胡春波:是的。另外还有阅读沙龙,和讲座又有一些区别。讲座是以主讲为主,而沙龙是以聊天为主。沙龙的形式互动比较多,由邀请嘉宾、主持人把某件事情的正反观点亮出来以后,和读者进行更多的互动。从 2011 年到现在也有开展 70 多期了。

还有从 2006 年开始的"王应麟读书节"。王应麟是鄞州人,他是《三字经》的作者,《三字经》大家都知道的,所以他在全球影响力都比较大,这也是用王应麟作为读书节冠名的缘由。它最早是由图书馆和新华书店发起的读书节,两年一届,现在已成为鄞州区委区政府层面的全区性活动,由宣传部、文化局牵头,各职能部门和图书馆一起承办,乡镇联动区级层面全都参与进来。现在每两年都会组织各种各样的活动,2015 年上半年已举办了 90 多场系列活动。此外还有省里组织的"未成年人读书节",各县市区图书馆联动,每年 5 月举办,我们也每年举办。

针对中小学生的活动每年有很多,包括和青少年活动中心合作的,比如组织孩子们去种田、拔秧、割稻,让孩子们知道稻米是怎么来的,这个活动已经开展了有五六年。图书馆专门请了农业专家为孩子们讲解稻谷怎么种、蔬菜怎么种、如何播种和成长,让孩子们自己尝试一下,一个月之后再拿回来比赛,看看谁养得最好,通过这种方式让孩子们更好地成长。还有"走读鄞州"活动,利用双休日带孩子们去参观鄞州特色景点、民办博物馆等。另外还有"图书馆日",我们和学校联系好,安排学生按年级到图书馆来,为学生们介绍图书馆的功能、服务项目,下午再组织学生看电影,通过这种方式让更多的学生知道图书馆是什么样的,是干什么的,培养潜在的读者。

e 线图情:这是学校自愿报名还是图书馆进行邀请呢?

胡春波:是图书馆联系学校看看有没有这方面意向组织学生过来,因为有一部分学校要考虑到学生的安全问题,如果有意向的话就可以安排。现在已有很多学校都来过图书馆。目前图书馆面向小孩子的活动非常多也非常丰富,因为我们图书馆同时也是宁波市少年儿童图书馆。事实上,目前图书馆有五个名称:宁波大学园区图书馆、鄞州区图书馆、宁波市数字图书馆、宁波市第二图书馆、宁波市少年儿童图书馆。

e 线图情:少儿馆也是在咱们图书馆吗?

胡春波:是的,因为文明城市建设必须有市少年儿童图书馆,我们场地大,后来就放到了这里。目前图书馆的一层是以少年儿童为主,一边是幼儿部,1000 多平方米,另外一边的1000 多平方米则是少年部。少儿馆的活动很多,如专门讲绘本阅读的"小星星阅读课",我们组织了一批学校老师做志愿者,主要是幼儿园和小学老师,图书馆要先给这些队员进行培训,培训好以后再组织他们去学校给低幼孩童免费讲绘本。

e 线图情:讲绘本是义务的吗?

胡春波:义务的。少儿部还有妈妈讲师团,针对幼儿园的孩子开展。暑期也有很多各式各样的培训班,包括跆拳道、折纸、街舞、书法、美术等,都是公益性的,都是少儿部的工作人员在操作。还有一些选拔赛,像浙江卫视、宁波电视台的选拔赛,也发展到了图书馆。

我们还引进了两个项目:一个是红牡丹国际交流社,教在宁波的国际友人学习中国书法和画红牡丹,教画画的是原来华茂外国语学校的英语老师,这位老师一直很喜欢书法和国画,后来就辞职做了义务的国画教师。

e 线图情:相关的运营费用是怎么解决的呢?

胡春波:刚开始我们也很担心这个问题,他辞职后工资也没有。后来是市委宣传部、外事办、区委宣传部、区文化局、区民政局等部门给提供的经费补助,一年大概 20—30 万元。图书馆负责提供场地和设备设施、笔墨纸砚,现在这个活动的影响非常大,已有 152 个国家的 3600 多位外国友人在这里学过国画。最难得的是这位老师有十多年的教育经验,英语非常好、画得好、教得好,三方面集于一身十分不容易,在他两个小时的授课中就能让人爱上画牡丹花。为迎接今年国庆,交流社组织了个活动,66 个国际友人画 66 朵牡丹,献给中华人民共和国 66 岁华诞,在一幅 9.9 米长的宣纸上画出来的,十分宝贵。这个活动是在 2015 年 5月 30 日开展的,与《中国日报》社合作举办,全国有 500 多家媒体转载报道了此事。

第二个项目是引进地质宝藏博物馆,都是矿石,是我们宁波没有的宝贝,现在作为中小学的科普教育基地。这些矿石都是来自个人收藏,即鄞州区民办的博物馆,图书馆免费提供场地展示,这对老百姓来说就多了一个更直观了解这些宝藏的渠道。这个很受欢迎,截至目前来图书馆参观的人流一直比较大。

除此之外，我们还有个项目准备要启动，是 0 岁宝宝阅读计划，主要面向 7—8 个月的宝宝。

e 线图情：这个阅读推广分会苏州的一位区馆长说到过。

胡春波：是的，我们就是去苏州参观才了解了这个项目。0 岁宝宝阅读计划，最早是1992 年英国发起的，现在美国、日本、新加坡、德国等 12 个国家都做得比较好，国内苏州图书馆是第一家。我觉得这个项目很好，成年人的阅读习惯大多已经固定，很难改变了，但孩子的阅读习惯正在形成，是可以改变的。例如采用分级阅读，让家长知道多大的小孩子可以知道哪些方面的东西。具体来说，0 岁以下 6—7 个月的宝宝逐渐看一些可以玩的书，比如有发音的书会让宝宝觉得很好玩。这期间首先是要让孩子们喜欢上书，并且赶在孩子们喜欢电视之前，喜欢上书以后就可以随着孩子年岁的增长一点点根据指导中的内容更换不同的书。

即使是绘本阅读也需要指导培训，通常成人看到的就是一幅画、几句话，很简单，而实际上作者在其中会有很多深意、心意，我们需要做的是把里面的东西挖掘出来，要在绘本中可以看到情感，而不单单只是一幅图片、图画。绘本是这两年开始兴起的，原来人们还不是很关注。最好对家长们进行免费培训，让家长也加入培养活动中，再去吸引更多的人。现在宁波有一个纸飞机童书馆，童书馆的老师一开始是指导绘本阅读，有一些经验以后就在社区里开了一个绘本馆，这个绘本馆是有点营利性的，会员制，收 700 元一年的会费，他们每天晚上会讲绘本。

e 线图情：针对多大岁数的孩子呢？

胡春波：稍微大一点的孩子，大概幼儿园以上。现在连锁店已经开了三家。这说明确实是有这样的市场，而且现在家长对孩子的阅读教育越来越重视。我们少儿馆目前的活动家长参与也很积极，现在有 3 个亲子群，1500 多位家长，活动一上来名额马上就秒杀掉了。所以我感觉图书馆人可以把这方面的工作做起来，通过小孩子的阅读带动更多的家长开始阅读。现在少儿馆的借阅量与成人借阅量差不多是对半。1—7 月，借还图书 297 万多册。到馆人次单是 7 月就达到了 35 万人次。

3. 优化管理机制，充分发挥馆员积极性

e 线图情：从您刚才介绍的情况看得出来，鄞州区对图书馆的工作非常支持，您讲的这些公益性项目，正常的运营经费区里面都给补助和帮助，非常重视。

胡春波：这几年领导对我们工作确实非常重视，也是靠我们自己做出来的。社会效益先出来了，政府的支持也就会增加了。现在图书馆在老百姓的口碑都非常好，而且很多区级单位领导在寒暑假期间也都把子女放在这里。

但在刚开始建设的时候，图书馆地方比较偏僻，周围都没有居民，我们也担心过没有读者怎么办。当时是十年前，我们图书馆是挨家挨户上门与单位签协议，办集体免押金借书卡，到图书馆借还书，使用电脑等都免费。那时候国内很多图书馆还在向读者收取 1—2 元的上网费，而我们都是免费。我们还到各个学校推广集体免押金卡，这样一来无形当中扩大了图书馆的影响。然后还和媒体方面合作，如跟《东南商报》合作做数字资源推广。一开始很少有人知道图书馆里有很多书都是免费的，虽然我们有 20 多个数据库但是使用率不是很

高,通过媒体进行报道以后知道的人越来越多。比如宁波市总工会就是看到新闻主动和我们联系,由总工会把所有下属的单位工会主席召集起来,宣传我们图书馆的服务项目和资源,借着这个契机我们也加强了数字资源建设。

2009 年,促使宁波十五家高校和市图书馆、市科技信息研究院的宁波市数字图书馆平台建在鄞州区(大学园区)图书馆,开通后,我们通过与市总工会、区总工会、区教育局、区卫生局合作联合发文,主要有这几方面内容:免费办理借书证、免费设立数字图书馆服务点、图书馆分馆和鄞州区汽车图书馆服务点。文件发下去以后,我们派技术人员到各医院、学校、企业挨家挨户现场推广数字图书馆。正是通过这些方式慢慢打开了图书馆的局面。

我们现在的图书馆建成都已十多年了,截至 2015 年 5 月,我们的办证量已经超过 40 万,去年的借阅量是 195 万册左右,到图书馆的人次是 273 万人次,相当于平均每天有 7500 人次,暑假大约 13 000 人次。我们现在是实行扁平化管理,有 17 个部门,其中对内有 5 个部门,其他都是对外的,除了一些传统的部门外,其他都是去外面做宣传、搞活动。有些部门只有一两个人,旨在发挥每个人的积极性。部门中的人多了容易变成主管很能干,员工不是很能干,而实行扁平化管理就可以让每个人的作用都发挥出来。套用眼下网络上的一句话:"21 世纪,谁拥有了用户谁就拥有了一切。"而我们图书馆也是"谁拥有了读者,谁就拥有了未来"。

e 线图情:这样的管理模式和很多馆都不太一样。

胡春波:很多馆都是几个部门,都有定数的。图书馆有很多部门,设置比较细化,像鄞州区城乡服务部、公共部、地方文献部、信息服务部、区馆行政部等。公共部主要负责活动、讲座方面,城乡服务部主要面对鄞州区的乡镇、村级图书分馆。而园区馆还设有图书馆联盟部、外联部,外联部和韩国、美国、英国、以色列大使馆都有联系,我们和韩国顺天市是友好城市、友好图书馆,我们图书馆里有一些韩国给的资料,同时韩国也拿了一些这边的书籍过去,让双方馆员互相交流。

e 线图情:物理资源部的职责是什么呢?

胡春波:物理资源部主要职责是负责图书分类编目,但因为分类编目已经外包了,他们现在主要做采访,还有主题书展、"你点我购"图书采购以及分馆所有人员的培训、数据审校、图书调拨,包括园区馆和学校、企事业单位的图书调配。乡镇图书馆的资源调配是城乡服务部负责。

e 线图情:分化得太细致了!这是一个值得借鉴的好经验,有些图书馆现在是采用大部制,一个部门中有好几十个员工,可能也有自己的有利之处,但是对于员工的积极性调动方面可能欠缺一些。而你们相当于把工作细化了,细化了就可以更好地去衡量。

胡春波:对,这样很多员工能够把自己的积极性发挥出来,工作很有成就感,虽然也有些问题,如各部门的配合协调,但对整个事业发展来说还是利大于弊。

4. 加强地方文献资源建设,传承优秀文化

e 线图情:鄞州是个人杰地灵的地方,老的文献比较多。您能介绍一下贵馆在地方文献资源建设方面的情况吗?

胡春波:我们图书馆几代领导在地方文献方面一直比较重视,20 世纪 90 年代我刚进图

书馆的时候就在挨家挨户地征集资料，把那些文献都收集过来装订成册。我们始终秉承老一辈图书馆员工作的职责，到现在也特别重视对地方文献的收集保存。我们的地方文献保存在全省一直走在前面，省里评定的时候我们馆获得了示范馆先进奖，这在区级馆中并不多。

2014年又推出了新的政策，《关于引导与鼓励地方名人捐赠家藏文献的实施办法》，这是区委区政府发文。因为此前有两位地方名人，一位生重病，另一位年纪比较大，他们把所藏的图书全部赠送给图书馆了，这些书非常有价值。因此我们想到了制订一个捐赠方案，让图书馆接受名人捐赠家藏文献的工作更加科学规范。提案提交上去，分管领导看了以后很重视，做了批文，草拟了意见，然后在2015年1月发布了这个实施办法。

限于很多因素，名人的藏书后代不一定能够很好地保存和传承下去。因此在这个政策发布后，得到了很多社会名人的支持和响应。已过世的王重光老师是著名的地方文化学者，他有一个遗愿就是把所有书籍捐赠给图书馆。他写《中国帝陵》这本书的时候，把中国历代皇陵都跑遍了，记录了大量的资料；他还在宁波市文物保护方面做了大量的工作，在地方文献方面也做了大量的事情。政策出台以后，我们收到了他积累的大部分藏书。还有一位宁波大学的退休老师，已经87岁了，他对书籍特别喜爱，要把自己藏的书籍也捐赠给图书馆。另外还有一位83岁的老人，他喜欢摄影，愿意将积累了三十多年的影像资源捐给图书馆，让图书馆帮他做成影像库。

e线图情：影像资料的价值非常不得了。现在很多地方都想做这方面的事情，但都苦于没有资料，找都找不到。

胡春波：所以我感觉这挺好。现在藏书的家庭越来越多，他们和我们一样存在放不下的问题，所以图书馆想到了建设新的副楼，这样一来又可以拓展新的项目。

e线图情：可以做地方志或者地方相关文献的展示、浏览。

胡春波：是的，但现在图书馆地方不够大。我们想过为每个名人都设置专门空间展示他们的藏书，让子孙后代也可以随时来看，当然还有其他项目也可以开展。如果这样做的话现在的图书馆还是不够大，地方还是需要拓展。

e线图情：现在很多馆藏都开始数字化、虚拟化了，纸本图书的量都在下降，按说应该可以给图书馆腾出更多空间。

胡春波：这是对的。但是图书馆功能也有变化，最早是藏书楼，后来是知识中心、学习中心，现在是交流中心和人类的精神家园。这也是颜馆长的观点，我对颜馆长的这个观点确实比较认同，符合发展趋势。现在很多人宅在家里，但是宅也是过程，最后可能会走出来，因此社会上就需要有一个场地给他们，如阅读沙龙、读者联谊会。别的地方不可能有这么好的组织层面去做，图书馆却是最适合做这些的，图书馆可以提供场地让他们进行交流。因此，今后图书馆会需要更大的空间。我认为图书馆不管造得多大都会不够，即使像广东图书馆有10万多平方米还是会觉得不够大。政府把经费投入到图书馆是值得的，图书馆可以做很多事，包罗万象什么都有，而且图书馆人做事情都很踏实，每个人都在认真做，对读者来说整个图书馆的氛围、环境都非常好。

e线图情：确实，图书馆功能在不断变化，这在馆藏建设工作方面也有展现，比如过去采编工作是图书馆的核心业务，但现在基本上图书馆的编目都已外包出去了。

胡春波: 现在我们图书馆的编目也都是外包。所有的书都外包了,原来是书商在做,由书商和外包公司签订协议。现在每年大概有500万元购书经费,乡镇方面还有118万。刚开始区里提供的乡镇经费是300万元,但后来变成220万、170万元,2014年是130万元,2015年是118万元,经费一直在削减。这笔经费除了购买书以外,还要购买每家镇村分馆30种报纸期刊,其中也有管理员的奖励经费、活动经费。所以我们要确保花出去的钱都能起到作用。为了确保编目工作的质量,我们改变了之前的做法,2015年,我们专门拿出来27万元的经费找了一家编目加工的公司,这样我们这里就可以监督,质量可以得到控制。

另外,地方文献规定出台以后,我们也加强了对各种地方文献的收集整理。比如我们建立了和各个单位的联系网络,他们有新出版的书和内部资料都会和我们联系,内刊内报通常会直接邮寄过来,现在我们已经与100多家有内报内刊的单位建立了联系。

e线图情: 企业内刊的收集工作我们公司也在做,我们现在已经收集了全国很多大企业的内部刊物,像三一重工、福耀集团、五芳斋、康恩贝、红蜻蜓、杭州万向等,我们收集的是全国范围内各个行业知名企业的内刊。

胡春波: 我们收藏的是宁波市内的,市文化局出版处专门有登记,把名目拿过来发信函过去征集。你们做得很好,这些内部的东西如果企业没了就跟着也没了。

e线图情: 是的,而且很多企业自己的文献保存工作也有问题,有些企业很多前面出版过的内刊现在也都找不到了,很多企业在文献的保存方面还不是体系化的,而这方面图书馆却具有独特优势。

胡春波: 是的。我们也在做地方名人网站。如书法家沙孟海的网站。沙孟海是西泠印社社长,著名书法家,他是鄞州人,给蒋介石编过宗谱。沙氏五兄弟都很有名,沙孟海、沙文求、沙文汉、沙文威、沙文度。沙文汉是浙江省第一任省长,他的夫人陈修良是南京地下党的第一任书记,陈修良原来做过向警予的秘书,南京策反和平解放就是她组织的。还有沙耆网站,沙耆是沙孟海的族弟,他是一位富有传奇色彩的现代油画家,跟毕加索一起办过展览,曾留学比利时,他是在徐悲鸿的推荐下去的。新中国成立前沙耆回到国内,在故乡定居,他那时候精神有点错乱,过得比较痛苦。开始国内都不知道他,后来在20世纪50年代,欧洲有个艺术代表团到中国来访问,问起周恩来总理关于沙耆的事,大家才知道他的事迹。沙耆已于2005年病逝。现在他的油画作品价值很高。

沙氏后人把他们的所有资料都放在了网上。我们现在正在做沙文汉和陈修良自存文档资料的整理,这项工作从2011年开始,目前图书馆已经完成扫描工作,文档打印也已经完成了70%。我们从他女儿那里找到6000多份手稿,从20世纪20年代一直到90年代过世之前的都保存完好,包括所有的信函、作品手稿、"文化大革命"时候写的各种材料、工作笔记等,一些只言片语也都保存下来了,十分珍贵。

e线图情: 这些资料都会放在数据库中?

胡春波: 都会做成数据库,有一部分也会放到网站上去,让更多人知道。沙文汉、陈修良的原始资料保存得很全,其中书信部分也可以出版,他们和家人朋友及党早期领导人的通信很多。目前图书馆一直在做这方面的整理工作,工作量比较大。

e线图情: 收集的工作不太好做吧。

胡春波: 收集工作是沙文汉、陈修良的女儿沙尚之女士已经做好的。图书馆是把6000

多份手稿的中心内容提炼出来,配合沙尚之老师编成了一本《沙文汉、陈修良自存文档目录》,并将所有的手稿和文档扫描、归类,逐步放到网站上。因原文件很多都是手写的,有些字很难辨认,现在这些手稿有些已经不是很清楚了,如果再任其发展下去就会无法分辨了。所以我们要把手稿打印出来,并专门请人校对。有一部分手稿华东师范大学也在打印整理。

此外图书馆也有收集家谱文献,现在家谱越来越少,但人们对于家谱的意识越来越高,图书馆来做这方面的工作是很有意义的一件事。目前图书馆已收集了 60 多种,破损严重的都已修补完成,并做了夹板。有一些是民间收藏着的,我主张由图书馆负责修补,做成电子版或复印本,原稿愿意归图书馆收藏的,我们欢迎,想自己保存的,也可以,不强求。家谱资源是中华民族共同的财富,我们有义务和责任把它传承下去。

(刘锦山　刘剑英)

十四、周雪景：弘扬特色文化，创新服务社会

周雪景，女，1968 年 3 月 17 日出生，47 岁，回族。1987 年 12 月参加工作，2000 年 7 月加入中国共产党，2002 年 1 月任宁夏回族自治区吴忠市利通区图书馆副馆长，2005 年 4 月任吴忠市图书馆副馆长，2012 年 4 月至今任吴忠市图书馆馆长。2012 年 7 月宁夏大学图书馆学（函授）本科专业毕业，2009 年 9 月取得图书资料馆员任职资格。吴忠市第三届、四届人大代表，吴忠市第四届人大常委会委员。宁夏图书馆学会常务理事，协作与协调工作委员会副主任委员。

公共文化服务是一项普惠工程，建立覆盖全社会的公共图书馆服务体系是保障和实现人民群众基本文化权益的重要途径之一。而随着图书馆事业的不断发展，我国图书馆发展失衡的问题也日益凸显，如老少边穷地区的图书馆，以及处于公共文化服务第一线的广大基层图书馆，他们的发展面临着更为严峻的挑战，也受到了越来越多的关注。作为少数民族地区基层公共图书馆，宁夏吴忠市图书馆一直坚持服务创新，发扬自身文化资源特色与优势，提升服务水平，以更好地满足人民群众日益增长的精神文化需求，服务社会。

1. 服务创新

e 线图情：周馆长，您好。吴忠市是闻名遐迩的"中国回族之乡"，回族人口占总人口的一半以上，同时又是贫困地区和革命老区。作为这样一个地区的基层图书馆，贵馆服务创新的理念和重点是什么？

周雪景：我们服务创新的理念就是为公民提供公平、充足、适合不同需求的文献传递服务、信息服务和知识服务。民族地区公共图书馆肩负着少数民族文化繁荣发展和服务于地方经济文化发展的双重使命，只有不断地创新服务，才能完成其使命，实现自身可持续发展。作为民族地区基层公共图书馆，我们十分重视图书馆服务创新，为此确立了以下工作重点：第一，持之以恒地开展基层流动服务；第二，以地方文献为重点的文献资源建设；第三，以特色数据库为基础的数字图书馆建设；第四，与时俱进地开展阅读推广活动。

吴忠市图书馆是吴忠地区的中心馆，成立于 1956 年 9 月，1994 年文化部第一次评估时，被评为西北唯一一家一级图书馆，撤地建市后，又连续多次被评为"一级图书馆"。吴忠市图

书馆现有老馆、新馆两处馆址,老馆馆舍建筑面积 3600 平方米。新馆 2009 年 4 月 30 日建成开放,占地面积 20.3 亩,建筑面积 9024 平方米,设计藏书容量 76 万册,年接待读者 42 万人次。馆内采用 DLIBS 数字集群图书馆管理平台系统,实现了文献资源的"藏、借、阅、检索"服务的一体化。同时设有借书处、地方文献及参考咨询部、期刊借阅室、电子阅览室、少儿借阅室、少儿电子阅览室、自学室、社会辅导部、多功能报告厅等读者服务部门,已形成了具有特色的读者服务体系。另外,为了方便读者,全年不闭馆,开放时间为早 9:00—19:00,是全区同行业中开馆时间最长的市级图书馆。

为了满足不同人群的需求,我们对读者群进行了细化服务。馆内为成人和少儿分别设立了不同功能的分区,有成年读者所需的期刊、电子阅览室,有满足青少年读者需求的少儿借阅室和少儿电子阅览室,另外还为中小学生专门设立了自习用的自学室,老年读者也有专门的老年阅览室。弱势群体服务方面,我们为广大残障人士设立了残障人士阅览室,里面配备了盲文图书、有声读物、无障碍电脑,以及专门服务视障人群的"心声—音频"数字资源,建立了无障碍阅读数字平台,视障人士可通过该平台欣赏内容丰富的音频资源。

e 线图情:在进行服务创新中,贵馆举办过哪些重要的活动?

周雪景:为了让更多的读者了解图书馆、利用图书馆,我们一直十分重视读者活动的开展。比较重要的有:从 20 世纪 50 年代开始的少儿寒假、暑假读书系列活动,从 60 年代至今的元宵节大型灯谜竞猜活动,从 70 年代,吴忠市图书馆开始的"送书下乡"活动,以及"4.23世界读书日"和图书馆服务宣传周系列宣传活动。

吴忠市图书馆在建馆早期就开展了定期向各乡镇文化站(室)送书的活动,到现在这个活动已经坚持了 40 多年,主要是为农民免费发放种植、养殖方面的图书,以此丰富广大农民群众的科技文化生活,推动农村经济发展和社会全面进步。另外,我们还坚持开展送书到军营、警营、社区、企业、劳务市场、监狱、戒毒所等基层流动服务,直到今天依然如是。截至2015 年 5 月,我们已在市区 11 个乡镇及部队、学校、社区建立了 30 个不同类型的图书文化室,形成了以图书馆为龙头,乡镇文化站为枢纽,村级、家庭、学校、部队、社区图书室为基础的图书流通服务网络。

为了鼓励大家好读书、读好书,我们多年来一直大力开展各种阅读推广活动。如联合其他机构合作开展丰富多样的主题读书活动,以少儿阅读推广为重点,包括少儿知识竞赛、少儿小报比赛、有奖征文、主题演讲、故事大赛等,使图书馆真正成为青少年的"第二课堂"。并利用"4.23 世界读书日",中国传统节日春节、中秋节等,回族节日开斋节、古尔邦节,国家法定节假日等特殊时间段加强全民阅读宣传推广,把图书馆打造成人民群众的精神家园。

比如在 2015 年的"世界读书日",我们就组织了很多活动,包括邀请知名青年学者开办专题讲座,创办吴忠市图书馆微信公众服务号,为利通八小留守儿童捐赠图书,组织孩子们在百米画卷上画出他们心中的图书馆等。另外,我们还开展了"年度阅读之星"评选活动,分设成人组和儿童组,对借书多、读书多的读者进行了奖励,为他们颁发阅读之星证书,并赠送图书。

e 线图情:吴忠市政府对贵馆的发展给予了哪些政策和资金方面的支持?

周雪景:吴忠市图书馆新馆项目是宁夏回族自治区成立 50 周年的献礼工程,也是吴忠市的重点建设项目之一。2007 年图书馆新馆建设时,吴忠市政府投入资金 1300 多万元;

2011 年数字图书馆推广工程试点馆建设中政府配套资金 30 万元;2011 年开始,每年下拨免费开放配套资金 5 万元。

2. 资源建设

e 线图情:地方特色文献是民族地区公共图书馆馆藏建设的重点,请您谈谈贵馆在地方特色文献建设方面的举措。

周雪景:我们的主要措施有:第一,专项资金保障地方文献建设;第二,多种形式的地方文献建设(购买、交换、接受捐赠等);第三,每年定期指派专人对吴忠地方文献的征集;第四,吴忠地方特色数据库建设。

收集抢救回族文献一直是吴忠市图书馆地方文献工作的重点。吴忠市地处宁夏中部,素有"回族之乡"的美称,是全国回族人口比例最高的地级市,历史悠久,蕴含着丰富的民族历史文化。吴忠地区拥有丰富的回族地方文献资源,包括口述文献、刻画文献、阿拉伯文字记载的文献、汉族文字记载的文献等。我们在尽力收集各种地方文献资料,包括和吴忠相关的地方志、行业志、地名录、地图、家谱;吴忠历代各界名人的著作、照片、手稿、回忆录、传记等;地方革命史料,如工、农、青、妇运动的历史和现状资料,以及其他地方出版物等。为了尽可能地收集这些地方文献,我们通过馆际间协作对文献进行全方位调研普查,对于流散在外地和民间的珍贵地方文献,我们或实行无偿回赠,或采取有偿回购,或用复制、缩微、抄写、翻拍等方式来收集保存。近年来,我们一直在鼓励社会各界向我们捐赠地方文献资料。通过这些方式,我们成功获得了《吴忠文史资料选编》《吴忠党史人物简介》《吴忠历代名人》《吴忠解放》《吴忠地方文献文摘》等十余种历史文献,极大地丰富了我们的馆藏资源。

通过上述几大举措,我们目前已经取得了一定的成效。如在吴忠市历史文化街区建设、中华黄河文化园回族历史人物园等工程中,吴忠市图书馆的《吴忠市志》《吴忠史料》提供了重要参考价值。还有由吴忠市图书馆牵头,协同青铜峡市、同心县、盐池县图书馆联合协作编制的《吴忠市、青铜峡市、盐池县、同心县图书馆馆藏地方文献联合目录》(以下简称《联合目录》),已作为吴忠区域地方民族文献资源建设的重要成果得到广泛利用。

e 线图情:您认为在当前网络环境下,民族地区公共图书馆信息资源建设应采取什么样的策略?

周雪景:和经济发达地区相比,吴忠市图书馆的经费投入、馆藏面积等方面相对有限,为避免盲目建设和重复建设带来的浪费,我们应以读者需求为本,加强文献信息资源建设。尤其要重视民族特色产业、中小企业的信息需求,他们是地区经济发展的支柱力量,图书馆在文献采购和特色资源建设方面应该对他们的需求予以更多关注和重视。

另外,虽然我们已进入互联网时代,但在民族地区,图书馆服务还多处于传统阶段。目前来说,吴忠市图书馆仍然以读者到馆的方式提供服务为主,主动的、远程的、信息化的服务开展较为匮乏,无法很好地满足人民群众和社会发展需求。因此,我们要转变服务方式,向信息服务尽快迈进,加强信息化基础设施建设,开展个性化信息服务,这是图书馆发展的必由之路。

基于此,我们要做的是:第一,科学合理地制定信息资源建设的中长期发展目标和纲要;第二,丰富馆藏信息资源建设的内涵,突出馆藏资源的实用性和地方民族特色;第三,加强区域内图书馆合作联盟,实现信息资源共建共享。

e 线图情:贵馆牵头编制的《联合目录》促进了吴忠地方文献的有效利用,未来在地方文献联合目录的建设方面还有哪些打算?

周雪景:《联合目录》自编制完成以来,发挥了重要作用,但也存在一些问题。我们总结经验后打算:第一,以《联合目录》为依据开展吴忠公共图书馆间的馆际互借;第二,以《联合目录》为依据进行地方文献的查漏补缺;第三,以《联合目录》为依据,加强各馆资源共享,避免购买地方文献时重复浪费;第四,以五年为一个周期,收录各馆新增地方文献,编辑出版《联合目录》增订版。

(刘锦山　刘剑英　周雪景)

十五、鞠建林:传统文化成就的图书馆服务

鞠建林,男,1971 年 3 月出生,山东文登人,馆员。2012 年 10 月任威海市文登区图书馆副馆长,2014 年 3 月主持图书馆工作。

位于胶东半岛的文登区历史悠久,因秦始皇东巡"召文人登山",吟诗作赋、歌功颂德而得名,文化底蕴深厚,自古享有"文登学"的美誉。文登区图书馆抓住山东省文化厅在全省创新推进"图书馆 + 书院"的公共文化服务模式,把当地传统文化与图书馆服务紧密结合,成功地将尼山书院打造成品牌服务,使图书馆的整体服务增添了更多的传统文化气息,通过传统文化和地方特色助推了图书馆事业的发展。

1. 公共图书馆与城市文化

e 线图情:鞠馆长,公共图书馆在城市文化发展中发挥着举足轻重的作用,反过来,城市文化发展水平也对公共图书馆有着深刻的影响。贵馆尼山书院的成功建设事实上也印证了公共图书馆与城市文化的相互促进作用。请您谈谈在书院建设前后,图书馆内外的文化氛围发生了哪些显著的变化? 这些变化对图书馆的发展、建设和服务又起到哪些作用?

鞠建林:的确,公共图书馆的服务水平与城市文化发展程度有着密不可分的联系,一方面公共图书馆本身就是城市文化的一个重要组成部分,通过图书馆的服务可以提高城市居民的文化素养和文化意识,从而促进和推动城市文化建设;另一方面,由于城市文化不仅能够带动经济的发展,还能使城市的社会环境更加和谐、融洽,成为现代化城市发展的驱动力。因此,随着城市化进程的加快,城市文化建设在整个城市建设中占有越来越重要的地位,作为城市文化重要组成部分的公共图书馆也必然会迎来更多的发展机遇。

在城市文化建设中,传统文化是城市文化的根本,是其不可或缺的组成部分,"图书馆 + 尼山书院"的建设,是传承中华优秀传统文化的有效途径,也非常适应当前公共文化服务的实际情况。尼山书院建成后,经过一段时间的运营,文登区图书馆内外的文化氛围发生了显著的变化:一是整体环境的文化特色更加浓郁,牌匾、讲堂、展厅等有力提升了现代图书馆的传统文化气息,特别是门前矗立的孔子雕像,进一步增加了图书馆的文化底蕴;二是活动更多、人气更足,国学讲堂、书画展览、文化体验等多彩活动吸引了更多的市民走进图书馆,感

受优秀传统文化的独特魅力;三是"以人为本、和谐共处"等优秀传统文化理念熏陶和感染着每名馆员,继而影响到读者的心灵和行为,并通过它所创造的精神氛围和相应的文化载体,潜移默化地感染市民的情绪和心灵,提升公民道德素养。

总之,尼山书院的建设进一步发展和提升了公共图书馆服务,并通过它为城市的可持续发展源源不断地注入新的活力,使其与城市文化发展形成良性互动关系,增进了城市发展的文化和谐,从而有助于实现整个城市乃至社会的和谐。

2. 儒学书屋与道德讲堂

e 线图情:贵馆的案例中提到,在尼山书院的服务范围拓展中,依托遍布城乡的图书馆分馆、文化大院、农家书屋等公共文化服务设施,布局了 20 个"道德讲堂",升级了 100 个"儒学书屋",您能详细谈谈这些道德讲堂和儒学书屋的建设和运营情况吗?

鞠建林:文登区农家书屋工程自 2007 年年底推进以来,已经完成 309 个建制村的农家书屋建设任务,实现农家书屋全覆盖。2012 年 7 月,启动了全区图书馆总分馆建设,即构建以区图书馆为总馆,镇(办)图书馆为分馆,村、社区(居委会)农家书屋为补充,吸收企事业、学校等其他系统图书馆加入的图书馆网络集群系统。截至 2015 年 5 月,文登区已建成分馆20 个(其中镇办分馆 16 个、社区分馆 1 个、村级分馆 1 个、特色分馆 1 个、学校分馆 1 个),初步形成了"5 公里阅读服务圈"。在建设过程中,我们通过四项措施不断提高分馆和农家书屋的活力:一是文登区每年都安排足额资金用于农家书屋的设备维护、图书更新、人员培训及数字化建设等支出,不断提升农家书屋的建设质量;二是文登区图书馆建立了流动配送书库,区财政每年安排资金 50 万元购置流动配送图书,将图书统一编码,向乡镇分馆统一配送图书,并定期在分馆与农家书屋间进行图书交流;三是开展读书征文、演讲比赛、农业技能培训、文化知识讲座等丰富多彩的活动,扩大分馆和农家书屋的影响力;四是开展"你选书,我买单"服务,由读者列出所需书目,经书屋或分馆报区图书馆,再由图书馆汇总采购,满足读者阅读需求。

经过这几年的努力建设,分馆和农家书屋的资源更为丰富,服务能力更强,服务范围也更广,实现了较好的社会效益。适逢 2014 年 5 月,山东省文化厅在全省创新推进"图书馆 +书院"的公共文化服务模式,也为我们进一步拓展服务效能提供了契机。2015 年,文登区图书馆按照"因地制宜、资源整合、分级管理"的原则,已试点建成 5 个社区儒学讲堂和 15 个乡村儒学讲堂,我们为其统一配备孔子挂像和牌匾,并组织志愿讲师巡回宣讲 30 多场次,社会反响强烈;选择社会效益较好的 100 个农家书屋,为每家配送、交流国学书籍 100 册,建立国学专架,发放内置传统文化内容的"E 播宝"硬盘播放器、光盘等数字资源,建设儒学书屋,传播优秀传统文化;同时,结合电视台"仁孝频道"节目播放、文化信息资源共享平台播放等,使广大群众知仁、重爱、行孝。

3. 志愿者与尼山书院

e 线图情:请您谈谈尼山书院建设经费方面的情况。

鞠建林:公益文化服务离不开政府的扶持。"图书馆 + 书院"模式是山东省文化厅颁布实施的公益文化项目,文登区委、区政府都给予了大力支持。2015 年年初,地方财政就把尼山书院所需建设运行经费10万元列入预算内支出项目，保障了书院的建设和活动的开展。在此基础上，我们内引外联，广泛寻求社会各方面的人力、物力支持，与众多公益组织合作，并引入了志愿者参与到书院的各类活动中，共同完成尼山书院的建设和运营。

e线图情：请您举例谈谈与这些公益组织具体的合作方式，以及志愿者的招募、培训和管理。

鞠建林：我们通过宣传栏、图书馆网站、图书馆微信和其他媒体发布公告和志愿者倡议书，向社会广泛征集志愿者。只要是年满10周岁的公民，不分性别、民族、职业、身份、信仰，热爱公益文化事业，具有服务他人、服务社会的意识，乐于通过志愿服务切实使公众和社会受益的人士都可以成为我们的志愿者。我们尤其欢迎那些热衷于传统文化传播，并希望能够参与传统文化普及活动，在朗诵、书法、绘画、剪纸、音乐、曲艺、非遗项目等方面具有特长的社会各界人士参与我们的志愿活动。

在志愿者的管理方面，我们制定了志愿者服务章程，要求志愿者按约定时间挂牌上岗，登记志愿服务时间，热情为读者服务，态度谦和，周到细致。为激发志愿者的积极性，我们在培训和激励方面也给予大力支持。对每位参加图书管理员志愿服务的学生发放统一的志愿者标志服装，并传授相关的图书馆专业知识，为志愿服务做得好的学生开具社会实践证明并寄送表扬信；2015年我们还选拔了两名优秀国学志愿讲师参加全省培训，帮助其提高专长；志愿服务时长还被确定为图书馆"读者之星"评选的重要依据；每年对"优秀志愿者"和"优秀学生志愿者"表彰各一次，以激发社会参与志愿服务的活力。

我们始终本着"资源共享、合作共赢"的宗旨与公益组织合作，具体做法就是开放场馆设施，完善服务功能，把志愿团队请进来，让志愿服务在图书馆"生根发芽"，让图书馆成为文化志愿服务活动的"大本营"。比如，我们在馆内四楼专门腾出近200平方米的区域，配齐桌椅、黑板、背景灯、笔墨纸砚、棋类、古筝、古琴、乒乓球台等器材和教具，设置了礼室、书法美术培训室、乐室、射艺室、诵读室、棋室等专门室所，与"爱心联盟""文博读书会"携手，共同开展琴棋书画、文体培训和读书活动，办起"读书沙龙"，盘活了闲置区域，丰富了读者活动。从2014年11月起，我们与"爱心联盟"每个周日间隔举行免费的绘画、书法培训，由专业的美术和书法老师讲解和指导，吸引了许多孩子和家长参加；2015年年初，我们与"爱心联盟"《威海晚报》共同发起了爱心义卖活动，鼓励市民将家中闲置书籍及物品捐献出来，每周末在图书馆进行义卖，所得善款捐赠给贫困家庭，活动得到了广大市民的积极响应。

4. 地方资源与古籍

e线图情：我们了解到，贵馆一向非常重视对文登传统文化资源和地方文献的收集和整理工作，建设了如"秃尾巴老李的传说""胶东花饽饽制作工艺"等地方资源库，请您谈谈这方面的情况。

鞠建林：文登历史悠久，文脉绵长，物华天宝，人杰地灵，衍生了丰厚的非物质文化遗产，这既是历史发展的见证，又是重要的文化资源。为此，文登区图书馆联合非遗保护中心，加强对传统文化资源的收集和整理，共同建设了非遗展馆和地方资源库，涵盖了非物质文化遗产47个保护项目的实物、简介及图片。2015年6月13日，举办了非物质文化遗产展览展示活动，展出草柳编、鲁绣等国家、省、市、区级多项非物质文化遗产项目实物，共吸引了3000

余人到馆参观。

为丰富地方文献建设,我们向社会广泛征集文登籍或在文登工作的作者的各种编、著、译等著作,有关文登的政治经济、工农业生产、科研、文学艺术、历史地理、社会风俗等各种门类的图书及电子音像制品,有关文登各个姓氏的族谱、家谱等以及单位或个人编印的各种公开或内部发行的出版物(报纸、期刊等)。对征集到的文献资料图书馆将列为特藏品永久收藏和展出,并发给捐赠人馆藏证书。

e 线图情:贵馆的古籍藏书无论是数量还是质量都居山东省县级图书馆之首,请您谈谈古籍藏书方面的情况。

鞠建林:古籍藏书是文登区图书馆的一大特色,现藏线装古籍 35 607 册 2000 余种,善本 5413 册,有近 2000 册明版书和珍贵的稿本抄本。这些古籍中有 69 种 1173 册被列入《中国古籍善本书目》。收藏有全套《四库全书》及《四库全书存目丛书》和《续修四库全书总目提要》等。先后荣获"山东省古籍保护工作先进单位""山东省古籍重点保护单位""全国古籍重点保护单位"等荣誉。为保护珍贵古籍的安全,图书馆建有设备完善的古籍库,配备动态监控和红外线报警、自动气体灭火、恒温恒湿空调等系统,全面启动"文登民间古籍保护计划",对区域内古籍收藏和保护状况进行全面普查,并把古籍普查成果汇集成书,进一步增强全社会古籍保护意识。

（刘锦山　刘锦秀　鞠建林）

十六、史军:精心打造基层公共图书馆服务一体化

史军,男,安徽省金寨县图书馆副馆长。曾先后就职于金寨县广播电影电视局新闻中心、金寨县文化市场综合执法队,2013 年 7 月至今担任金寨县图书馆副馆长,从 2014 年 8 月开始以金寨县图书馆副馆长一职主持工作。

总分馆制近年来一直是我国图书馆界的高热点,各地图书馆积极开展相关探索,涌现了众多优秀模式。对于基层图书馆来说,总分馆制的优势也很明显,促进资源共享与利用,提升图书馆服务能力,让更多的人能够更方便地享受到图书馆的服务,大大增强了图书馆的社会效益。在安徽省金寨县开展的公共图书馆服务一体化试点建设中,以县图书馆为总馆、各乡镇综合文化站为分馆进行县域总分馆制建设,效果明显,令人颇为关注。

1. 县域总分馆制建设概况

e 线图情:史馆长,您好! 非常感谢您接受我们的采访。请您简单介绍一下贵馆的基本现状。

史军:2013 年,金寨县图书馆在全国公共图书馆评估中被评为二级馆,馆内设置对外开放窗口 6 个。现已建立 23 个乡镇分馆和 240 余个基层服务点。人员编制 12 个,在岗工作人员 9 人。馆藏纸质图书 30.5 万册,电子图书 40 万册,电子期刊数据库 2 个,电子期刊 7900 种,电子报刊数据库 1 个,电子报纸 1050 种。图书馆全天开放,年接待阅览读者 2 万人次,外借图书 7 万余册次,持证读者 4000 余人。每年举办培训、讲座,开展了有奖征文演讲比赛、读书活动,实施图书服务进乡村、进社区、进企业、进学校“四进”活动,开展阅读推广,举办了图书馆服务宣传周和图书“漂流”活动,并把“书香金寨　全民阅读”活动打造成一个图书馆固定的阅读推广品牌活动,每年开展。

e 线图情:贵馆实施的公共图书馆服务一体化试点建设也可以说是县域公共图书馆总分馆建设,当前总分馆制在我国多地得到实践,形成了多种模式的总分馆制。贵馆的总分馆建设主要有什么特点?

史军:金寨县总分馆的主要特点有五个方面:一是领导重视程度高。县委书记亲自任试点工作领导小组组长,宣传部部长亲自抓试点,说明各级领导对文化工作是非常重视的。二

是专项资金保障有力。试点工作拨付的 150 万元专项资金在全省 6 个试点县中属于最多的县。这么多的经费,在图书馆发展历史上是绝无仅有的。金寨是革命老区、山库区的国家级贫困县,每年的购书经费只有 4 万元,在实施公共图书馆免费开放前,都是勒紧裤腰带、到处要钱过日子。三是人员队伍得到加强。县图书馆原有编制 7 个,试点工作实施后,新增了 5 个事业单位编制,并在 2014 年选调 3 名工作人员充实图书馆员队伍。四是分馆建设起点高。每个乡镇分馆统一命名为"金寨县图书馆××乡镇分馆",分馆图书室统一配置了和县馆一样的图书管理软件、借书证、门禁、冲消磁器、书架等设备。每个分馆图书室面积均在 30 平方米以上。五是强化培训。各乡镇分馆管理员由于基本未接触过图书管理业务,总馆采取多种模式加大了管理员业务培训力度,每年集中培训 1—2 次,每年总馆技术人员到乡镇分馆现场指导 2 次以上,总馆建立了业务 QQ 群,通过网络在线解决分馆遇到的各种问题。目前,各乡镇分馆管理员基本上都掌握了图书管理软件使用方法和图书分类法。

2. 细化分工,明确职责

e 线图情:李国新教授曾提出,我国总分馆建设的最大障碍是体制障碍。在贵县的试点中,将原本由新闻部门主导的农家书屋纳入公共图书馆服务一体化建设中,在一定程度上打破了体制的"篱笆"。具体情况是怎样的?

史军:金寨县的总分馆建设过程中,对农家书屋的管理仍然是新闻部门主管,县图书总馆在实施总分馆建设过程中,仅将图书业务纳入统一管理,图书由乡镇分馆统一流转,每年流转 2 次,每次流转 200 册图书。总馆对村服务点进行业务指导等工作,并没有因为农家书屋是新闻出版部门管理而对村服务点不管不问。

e 线图情:试点工作启动后,在 2013 年和 2014 年,县财政每年提供 150 万专项资金作为一体化试点建设的运营经费,请问这笔经费是怎么分配的?

史军:在每年财政提供的 150 万元专项资金中,100 万用于新书采购,50 万用于总分馆软硬件设备采购、数字资源采购和分馆建设。资金由县图书馆负责做出使用方案,县文广新局进行审核,报县财政审批后进行政府招投标采购。

e 线图情:总馆、分馆和服务点面向读者提供的服务有什么不同?

史军:总馆和分馆的服务方向有比较大的区别,分馆和服务点目前还局限于图书借阅服务,分馆适当开展阅读推广活动,负责本乡镇村服务点的图书流转工作。县图书馆在做好本馆免费开放的同时,还注重阅读推广活动的开展,开设了"映山红"讲堂、举办各种公益展览、打造"书香金寨 全民阅读"品牌活动、开展参考咨询服务等,同时负责协调各乡镇分馆读者需求图书的相互调配工作。总的来说,县总馆按照相关要求,服务面更广、服务方式更多、覆盖面更大。

e 线图情:除了文献资源统一采购、编目、加工和配送外,在这个公共图书馆服务一体化试点建设中,还有哪些工作是由总馆负责的?

史军:金寨县的公共图书馆服务一体化试点,县图书馆基本上实施了所有的业务工作。负责起草了试点工作实施方案、做出了试点工作资金预算,制定了试点工作考评细则,组织开展了乡镇分馆业务培训,进行现场业务指导和试点工作进展情况督查等。

e 线图情:各分馆、服务点的工作人员是谁在担任? 一个分馆平均有几个工作人员? 服务点呢? 对这些人员是如何管理的?

史军:乡镇分馆图书管理员由乡镇综合文化站工作人员兼任,村服务点由村干部兼任。乡镇分馆人数不一,每个分馆和村服务点明确至少有 1 名专兼职人员负责。乡镇综合文化站负责乡镇和村图书管理员的管理。县总馆负责乡镇分馆的业务指导、培训、督查等工作,不参与人员管理。

3. 稳步推进,扎实前行

e 线图情:现在金寨县的总分馆体系中,达到了每个乡镇都有分馆,每个村都有服务点吗? 目前用户的利用情况如何?

史军:金寨县的总分馆建设现已覆盖到了所有乡镇和所有村,服务点同时还延伸到了部分机关企事业单位、驻军、中小学校和企业等。实施总分馆建设后,配备了大量的新书,加强了对分馆和服务点开放的督促、管理,各乡镇分馆和村服务点的借阅人数稳步提高。

e 线图情:在贵馆建立的这个总分馆模式中,最远的分馆或服务点离县总馆有多远?

史军:金寨县是山库区县,群众居住非常分散,最远的乡镇分馆,从总馆开车要两个半小时以上,最远的村服务点开车要接近 4 个小时。

e 线图情:分馆和服务点的开放时间是固定的吗? 提供的服务都是免费的吗?

史军:分馆开放要求每周达到 5 天以上,时间相对固定,对群众实行免费开放。办证复印等服务一律免费,不收取任何费用。村服务点开放时间由各乡镇具体安排,管理员姓名和联系方式对外公开,方便群众到图书室借还图书。

e 线图情:分馆和服务点能获取到总馆的全部数字资源吗? 和图书等纸质资源相比,哪种利用率更高?

史军:金寨县图书馆非常重视数字资源建设,拥有的数字资源包含了图书、期刊、报纸、影视频等,在建设图书馆网站的同时,还开发了图书馆微信公众服务平台,现在正在筹建地方文献数字资源数据库。为了保证数字资源与乡镇分馆和村服务点远程共享,县图书馆安装了数字资源远程访问系统,所有分馆和村服务点下载软件后即可远程访问总馆数字资源。从目前来看,纸质资源利用率相对高于数字资源,但是数字资源使用率在稳步攀升,每天访问量达到 100 人次以上。

e 线图情:为满足基层广大人民群众的公共文化需求,目前,图书馆"最后一公里"的问题受到了越来越多的关注,贵馆在这方面采取了哪些举措? 下一步有什么新计划?

史军:金寨在解决图书馆服务"最后一公里"的过程中,除了将服务覆盖到村服务点,同时在相关单位和学校等建立了流动服务点,启动流动图书服务车送书下乡,为基层的农村农业合作社送去科技图书和共享工程资源,开通微信公众服务平台,开拓手机阅读窗口,安装数字资源远程访问系统。只要是有网络、电脑的地方,都可以无障碍访问金寨县图书馆数字资源。

下一步,我们还将继续努力,争取支持,扎实开展好总分馆建设。一是继续争取财政支持。虽然在试点过程中,县财政给予了大力的支持,但是没有纳入每年正常的预算当中,目前还需要争取将总分馆建设资金纳入财政预算当中。二是深入开展阅读推广活动。通过开展丰富多彩的阅读推广活动,在全县上下形成爱读书、多读书的阅读氛围,特别是要把阅读推广活动延伸到乡村,帮助基层群众培养阅读习惯,为构建书香社会而努力。三是努力培育图书馆志愿者服务队伍。2015 年,县总馆启动了图书馆志愿服务队伍,吸引了社会上的教师、学生、干部职工等来到图书馆奉献爱心,为读者服务。下一步在总馆做好志愿者服务队伍建设的同时,指导乡镇分馆和村服务点因地制宜,建立志愿服务队伍,弥补人员不足问题,吸引有文化的爱心人士加入图书馆服务队伍当中。四是进一步开展流动图书服务点和流动图书下乡活动。继续在事业单位、企业、基层学校、农村农业合作社等建立流动图书点,延伸图书馆服务的触角,扩大服务范围。五是强化考核,确保分馆及村服务点的服务质量。加强对乡镇分馆和村服务点的考核力度,督促分馆及服务点认真做好免费开放工作,切实为基层群众服务,充分发挥图书分馆应有的作用。

(刘锦山　刘剑英　史军)

十七、金磊:开创昆山特色的发展之路

金磊,男,1980年出生,江苏省昆山市图书馆馆长。2004年进入图书馆工作,2015年被任命为图书馆馆长。在这十一年中,从技术骨干一步步成长为图书馆馆长,他始终坚持以"服务读者,奉献社会"为己任,秉持换位思考理念,常以读者、员工的角度考虑问题。

昆山是苏州市的下辖县级市,地处上海与苏州之间,是"百戏之祖"昆曲的发源地,有着深厚的历史文化积淀。改革开放后,昆山由一个农业县发展成为一个经济发达的现代化城市,拥有一个国家级经济技术开发区,一个国家级高新技术产业开发区,连续多年位列中国百强县首位。在发展经济的同时,当地政府也非常注重文化建设,持续加大对公共文化设施的投入,使昆山图书馆新馆开放伊始就成为全国县级市最先进的公共图书馆之一。昆山图书馆不负众望,依托政府的支持,在做好基础服务的同时,积极创新,利用丰富的馆藏资源为当地企业和政府提供深层次的信息服务,在昆山文化发展和经济繁荣中做出了自己的贡献。

1. 政府支持下的发展环境

e线图情:金馆长,您好。昆山市图书馆是全国县级市最先进的公共图书馆之一,请您谈谈当地政府对昆山图书馆事业的发展给予了哪些政策、资金和其他方面的支持?

金磊:昆山市图书馆近几年的快速发展离不开昆山政府的大力支持。2004年新馆建设选址位于昆山市内的黄金地段,也是作为当年昆山市重点实事工程,总投资达2.1亿。由于各个方面保障有力,新馆整个建设过程非常顺利,自2003年10月奠基,到2005年1月正式开馆,仅用了一年多的时间。新馆设施配备先进、齐全,为昆山图书馆成为全国县级市最先进的公共图书馆之一提供了硬件条件。

由于昆山市委、市政府非常重视昆山的公共文化服务建设,昆山图书馆近几年的发展一直处于一个良好的文化环境和政策环境中。2007年,昆山市政府确定了"文化昆山"的建设战略目标。2009年,进一步明确了"文化昆山"建设的三年目标,市人大将"文化昆山"建设列为一号议案,市政府把市、镇、村三级公共文化设施建设列为头号实事工程。2011年年底,昆山市委、市政府召开加快文化强市建设工作会议,出台了《关于加快文化强市建设的实施意见》。2013年5月,昆山市正式入选江苏省第二批公共文化服务体系示范区创建城市,昆

山市委、市政府高度重视创建工作,主要领导亲自担任创建领导小组组长,统筹指挥创建工作,定期听取工作汇报,专门召开全市性的动员会议,把创建工作摆到十分重要的位置。为建设全面而高效的公共文化服务体系,昆山市还成立了由市长牵头负责的工作领导小组,统筹协调各项工作,先后制定出台了《关于加强公共文化服务体系建设的实施意见》《创建国家公共文化服务体系示范区过程管理实施意见》《基层公共文化体育设施使用管理办法》《加强公共文化服务和产品评价激励机制建设实施方案》《基层公共文化设施管理运行办法》等10多份政策文件。昆山图书馆在市委、市政府支持下开展了"智慧昆山"手机客户端服务、完成图书馆随书光盘系统建设、昆图"移动阅读平台"建设,新购少儿电子图书近3000册,建成电子图书20余万册,同年获得"国家公共文化服务体系示范区创建先进集体"荣誉。

2015年3月,昆山市政府发布了《昆山市国家公共文化服务体系示范区后续建设规划(2014—2016)》,其中涉及公共图书馆的重点指标和任务有"公共图书馆人均占有藏书1.8册、人均年增新书0.08册次、人均到馆次数2次,市、镇两级图书馆平均每册藏书年流通1.1次以上""市、镇两级图书馆年均下基层服务不低于60次""至2016年,全市公共图书馆总分馆达36个,图书流通点140个,建设24小时自助图书馆1个"等。并提出要从加强组织领导、加大财政投入、完善激励机制、加强舆论宣传四个方面来保障公共文化服务体系的建设。这些政策和规划的出台,无疑为昆山图书馆的进一步发展提供了保障。

2. 符合昆山实际的发展目标

e 线图情:有了好的环境和政策的支持,图书馆能否抓住机遇应该说是创新的关键所在。贵馆从2009年起就开始注重对新媒体技术的应用,逐步摸索出一套适用于基层图书馆的信息服务发展道路。请您谈谈贵馆服务创新的理念是什么?

金磊:当前的中国是改革的时代和创新的时代,再加上互联网和计算机技术的发展,图书馆作为一个传统文化部门,如果不积极改革,不创新服务手段,将会逐渐被读者所遗忘。昆山图书馆作为一个服务性机构,定位就是"以读者为本、用户至上",以让读者更便捷、更舒适地利用图书馆的各项功能服务为目标,以"互联网+"的思维定义图书馆的运营模式,把读者体验做到极致,提倡主动服务、互动服务、深度服务。

e 线图情:您怎么看待基层图书馆建设与服务创新? 您认为创新的重点在哪里?

金磊:基层图书馆的发展首先一定要结合地区实际情况,制定长远的发展目标。昆山图书馆在新馆建馆伊始,即根据昆山企业数量迅速增长、科研单位及科研技术人员逐渐增多的特点,确立把发展信息服务作为全馆的重点工作。实践也证明,我们的这一目标符合昆山地区的发展需要,也为图书馆自身的发展奠定了社会基础。

其次是要跟踪发展动态,寻找发展助力点。确立了目标,接下来就是寻找突破口,解决图书馆在这一过程中能做什么,如何去做。昆山图书馆近几年陆续开展了竞争情报、参考咨询、科技查新等业务的尝试,在做好基础服务的同时,开辟了针对企业和政府的深度信息服务,取得了很好的社会效益,也为昆山图书馆的发展找到了前进的方向。

最后要根据本馆实际情况,着力落实发展。一是要大力培养人才,二是要加大经费投入,制定数据库采购目标,为信息服务的开展提供充分的资源支撑。人才和资源应该说是图书馆发展的基础条件,有了高素质的人才,还需要丰富的资源才能为用户提供深层次服务;

同样,丰富的资源,也离不开高素质的人才对其进一步挖掘,把资源转换成服务提供给用户。

e 线图情:在资源建设方面,我们注意到,贵馆除了自购的 8 个数据库资源和共享苏州地区 5 家公共馆的 14 个数据库外,还自建有多个展示昆山本地文化的特色数据库。请您谈谈贵馆建设特色数据库的初衷、建设方式、数据情况以及目前的使用情况。

金磊:特色资源数据库建设一是可以体现本馆馆藏特色,避免馆藏建设重复现象;二是能够为用户提供差别化服务,提升地区文化软实力,促进地区经济建设和社会发展。

"昆山名人网""昆曲网""昆石网"是以图书馆纸质文献为基础,遍访昆山名家、昆山文献各地收藏馆以及网上开放资源等收集整理制作而成的专题网站。"昆山历代方志"为电脑客户端图片库,用户通过下载安装即可检索从清朝到民国(1906—1948 年)的昆山县志及各乡镇志。

e 线图情:在深化服务方面,请您谈谈昆山图书馆竞争情报服务系统为当地企业带来了哪些好处?

金磊:昆山图书馆竞争情报服务系统一方面提供产业政策环境、市场数据分析的信息汇总,专利、标准等专业文献的查询检索,一方面提供有利于昆山企业发展的深度分析报告以及以提高企业人员竞争情报理论知识水平的相关业务培训。

我们的服务缩短了企业科研人员查找专业文献的时间,通过 QQ、邮箱等方式可以在两小时以内满足企业的需求。定期编撰的《信息前沿》《产业前沿》《每日竞争情报》《苏州地区城市竞争力分析研究报告》等情报产品,为企业了解市场、抓取价值信息提供了参考。此外,我们还深入企业开展企业信息检索能力培训、文献资源与竞争情报综合利用等讲座,与企业进行面对面地交流和沟通,了解企业在产品研发、专利申请、项目申报、课题研究中的具体需求,全面听取企业的意见建议,帮助企业解决信息需求难题。

3. 专业化与年轻化的人才队伍

e 线图情:作为一个县级市图书馆,能够开发竞争情报服务这样深层次的服务,以及在全国图书馆参考咨询联盟取得排名 14 远超一些省市级公共图书馆的好成绩,贵馆一定有一支充满活力和创新能力的人才队伍,请您介绍一下人力资源建设方面的情况。

金磊:近年来,随着图书馆信息技术发展及业务扩展,图书馆对人才的要求也越来越高,在人才队伍建设方面,昆山市政府也给予了图书馆大力支持。市政府依据图书馆发展实际需要,提高了对人才的招聘条件,学历要求从专科提高到本科,个别岗位甚至提高到硕士,极大地充实了图书馆的人才队伍。

昆山图书馆目前有员工 74 人,其中 10% 达到中级职称,90% 具有大专学历;员工年龄结构合理,呈现出年轻化的态势,70% 为 40 岁以下员工,在图书馆管理中富有朝气与潜力。图书馆在人力资源建设方面主要遵循以下原则:一是提高准入门槛。近几年招聘新馆员要求至少是本科学历。二是馆员学科专一性与多样性相结合。图书馆运行需要具备图情专业学科背景的馆员,同时随着图书馆技术的更新、业务的扩展,图书馆更需要外语、历史、计算机、市场营销等专业人才的加入。三是加强员工继续教育。在每月的闭馆日期间,都要组织馆员进行业务培训和岗位练兵,两年一次的业务征文活动也逐渐常态化。通过这些活动逐步提高了员工的业务技能。四是轮岗激励机制。对于新进员工采取适用部门轮岗机制,通过熟悉每个部门的业务,可以让新员工及早掌握图书馆整个运行流程,有利于员工对图书馆形成整体认识,老员工则根据聘期实行三年轮岗制,根据学科背景、工作业绩等将职位与员工进行高效益匹配,最大限度地激发个人潜力,达到人力资本开发和增值的最大化。

此外,我们也积极引进志愿者参与图书馆的各项服务,一方面可以补充现有人才队伍的不足,另一方面还可以加强昆山图书馆与读者的沟通,提升服务水平。目前,"书海导航"志愿服务和"小雏鹰"志愿服务已成为昆山图书馆的品牌志愿服务项目。"书海导航"志愿者主要是参与图书馆的使用导航工作,在各借阅窗口内为读者介绍馆藏资源,帮助读者进行书目检索与书刊查找。其次是参与图书馆的日常管理,包括为读者办理期刊借还、续借以及图书整理等工作。这一项目主要面向青年志愿者,每年暑期都会有上百名志愿者报名参加。"小雏鹰"志愿服务主要是在暑期面向小学生进行招募,志愿者负责在少儿部进行服务工作。为了激励志愿者,我们每年都定期举办优秀志愿者总结表彰大会,对评选出的优秀志愿者进行表彰奖励。例如,2015年8月的表彰大会,我们就评选出4名"书海导航优秀志愿者"和22名"优秀小雏鹰管理员",为他们颁发了获奖证书,并邀请两名优秀志愿者同大家一起分享他们在活动中的心路历程。

（刘锦山　刘锦秀　金磊）

十八、张健:馆小服务不能少,馆小理念不能老

张健,大学学历,研究馆员,灞桥区图书馆馆长,西安市有突出贡献专家。兼任西安市图书馆学会副理事长,西安市美术家协会常务理事,灞桥美术家协会主席,陕西省第四次美代会代表,西安市第十一、十二次党代会代表,西安市第六次文代会代表,西安市文联委员等职。

灞桥区是西安市主城区之一,因境内遗存始建于隋代的灞河古桥而得名。2003 年 5 月,灞桥区图书馆独立馆舍建成并交付使用,结束了其"四无"图书馆[无场地(与文化馆合用)、无藏书、无经费、无专业管理员]的尴尬境地。第二年,画家馆长张健赴任,图书馆虽然有了场地,但他依然要面对的是一个无藏书、无经费、无专业管理员的"三无"图书馆。在张馆长和 4 名馆员的努力下,新馆于 2005 年 7 月正式对外开放。此后,通过发动政府部门进行图书捐赠、举办各类活动提高图书馆知名度、建立以分馆为主的三级图书馆服务体系、利用农家书屋和共享工程进行服务延伸和阅读推广等多项举措,如今的灞桥区图书馆已基本实现了图书馆服务体系建设无盲点、人员编制增加到现在的 12 人,新馆建设也已列入灞桥区公共文化建设"十二五"规划中。虽然发展还面临诸多困难,但张健馆长依然在信心满满地规划着图书馆的未来。

1. 克服困难,踏踏实实做好基础工作

e 线图情:张馆长,您好。灞桥区图书馆在近几年的发展中获得过政府的哪些支持? 资金情况如何?

张健:基层图书馆的发展离不开政府的主导和支持。客观地说,灞桥区图书馆这几年的发展,相较以前来说,省市区的支持还是很大的,无论从资金、人才培训、技术支持等角度来看都有较大提高。从资金方面来说,省财政每年下拨的 20 万元免费开放资金保证了图书馆免费开放服务的需要,市财政下拨的专项资金能够保证图书馆的馆舍维修,区财政的配套办公及业务经费也基本能得到保证。另外,灞桥区图书馆的新馆建设计划也已被列入灞桥区公共文化建设"十二五"规划中。从社会大环境讲,图书馆已经处于一个良性的上升发展阶段。这首先体现在国家近些年出台了一系列繁荣和发展公共文化服务事业的政策,对于基础条件比较薄弱地区的图书馆和基层图书馆都给予了一定的政策倾斜;其次是全国范围内的阅读推广活动使得整个社会的阅读氛围、学习氛围也日渐浓厚,图书馆的价值体现有了更

好的社会基础。由灞桥区文体旅游局主办,图书馆承办的"西安读书月"到 2015 年已举办了 9 届。这些都是对我们基层图书馆发展非常有利的方面。因此,虽然我们现在还存在着这样、那样的困难,尤其是资金方面,虽有提高,但远远满足不了图书馆发展的需要。但我们有信心、有决心在这样利好的政策和社会环境下,争取到政府更多的支持,在我们力所能及的范围内,踏踏实实地做好基础工作,尽最大可能让更多的读者享受到更好的文化服务。

e 线图情:我们了解到,灞桥区辖 9 个街道办事处,33 个社区,226 个行政村,常住人口就有 50 余万,在现有条件下,灞桥区图书馆服务体系建设取得了哪些成就? 在满足基层群众的文化信息需求方面做了哪些工作?

张健:按照灞桥区常住人口来计算,应该说我们的图书馆现有的面积(1500 平方米)有些小了,已经不能满足当地群众的阅读和文化信息需求。针对这种情况,在目前新馆建设还不能落实的情况下,我们配合上级把农家书屋建设作为文化信息和阅读推广的重要补充,同时通过建设馆外辅导点和分馆,使图书馆服务延伸到最基层。例如我们 2009 年成立的骏马村分馆,同时也是骏马村农家书屋,采取民办公助的模式,由村民陈武艺提供场地、购置设备、聘请管理员,图书馆在业务和书屋管理上为其提供指导和帮助。骏马书屋的图书服务可辐射至周边 10 个村,以及 2 所中学,4 所小学,涉及村民 5 万余人。我们还针对人员特点,将骏马书屋的图书资源按 1/3 为农业科技图书,1/3 为青少年读物,1/3 为文学、历史和大众科普类图书进行配置。

截至目前,灞桥区农家书屋已经实现了全覆盖,建成分馆 2 个,馆外服务点 7 个,基本实现了图书馆服务体系建设的无盲点;同时通过文化信息资源共享工程与农村党员远程服务点的结合,把文化信息送到最基层,目前已经实现文化信息资源共享工程基层服务点的全覆盖,并建设了 14 个社区电子阅览室,打通面向基层服务的最后一公里。

此外,我们也在寻求与高校图书馆和中小学图书馆的合作。2010 年 12 月,在陕西高校图工委和陕西省图书馆学会联合主办的高校图书馆与基层公共图书馆结对帮扶协议签字仪式暨信息交流座谈会上,西安电子科技大学图书馆与灞桥区图书馆正式签订了结对帮扶协议,提供图书补充、设备支持以及人员培训,并传授新的管理思想和新的服务理念,使我们可借助高校丰富的文献资源和专业优势,更好地服务全区、服务当地的农民群众。灞桥区还有众多的中小学,我们积极联系在小学建设分馆,例如我们建成的三阳院小学分馆,不仅为学校师生提供了图书服务,也解决了分馆建设场地的问题。

e 线图情:从贵馆提交的图书漂流案例中可以看出,贵馆在读者对漂流的认识和参与方面做了很细致的调研工作,鉴于目前灞桥区的文化氛围和读者实际情况,图书漂流还会坚持做下去吗? 近期有没有具体的改进措施和新的实施规划?

张健:图书漂流活动我们还会做下去,不过会不断地完善和细化,使之更加符合当前的阅读推广理念,同时发挥更大的示范效果和作用,主要有以下几项工作:一是完善图书漂流的绩效评价手段,跟踪了解图书漂流的效能作用;二是进一步规范图书的加工整理和遴选,通过总结经验,选择更符合漂流的图书;三是加强读书理念宣传,建立图书漂流的诚信体系,使漂流真正达到传递读书理念、培养阅读习惯、营造文明氛围的效果。

2. 馆小服务不能少,馆小理念不能老

e 线图情:如您所介绍的,在各种条件并不是很理想的情况下,贵馆还先后获得了国家级三级馆称号以及省级基层服务工作先进单位和市阅读推广活动先进单位，这和贵馆的努力和务实是分不开的。请结合贵馆实际谈谈您如何看待基层图书馆的服务创新？如何找到创新点？

张健：灞桥区图书馆的现状也可以说是目前市属区馆的典型，馆舍面积小，布局不是很合理，这与当时的建馆理念有关系，也是造成现阶段服务瓶颈的主要原因。针对这种情况，我们提出了"馆小服务不能少，馆小理念不能老"的思路，积极开拓思维，在延伸服务上下功夫，通过创新服务，目前已经形成了"图书漂流活动""牵手残疾人，走进图书馆"等10多项品牌服务活动，每年推出不同的主题，结合"全民读书月"和"世界读书日"的宣传，积极拓展各项阅读推广服务。2015年我们的全民读书月主题为"丝路新起点，阅读促腾飞""文明灞桥，书香东城"，启动仪式上举行了2015年灞桥区图书馆图书漂流首漂活动，活动期间还举办了"少儿绘本大赛""关注乡村学生，分享阅读快乐"等阅读推广系列活动。

服务要靠大家出主意，想办法，那么职工业务水平的程度直接决定了全馆各项工作的水平，据此我们加大各项培训力度，积极选派优秀的职工参加省市以及全国的业务培训，放宽视野，提高理论和实践水准，并积极鼓励职工开展业务研究，撰写专业论文、参加业务比武和竞赛，使得职工的整体业务水平上了一个台阶，能够及时把握和了解图书馆发展和服务的最前沿信息，更新知识，为开展业务创新打下良好的基础。

e线图情：最后请您为同类型地区基层图书馆的发展提一些建议。

张健：我想馆无论大小，服务理念都不能落后，跟踪社会对信息的最新需求，及时把握最新的服务方式和手段，在保证馆内正常开放及业务延伸力所能及的范围内，因地制宜地提供尽可能最大化的服务，是做好图书馆服务工作的关键。小馆没必要去做高大上的工作，无论从人力、物力和影响力都不现实，但是可以做小而精的特色服务。我们要做的就是把政府交给我们管理的这块阵地业务经营好，使其发挥最大的作用。

（刘锦山　刘锦秀　张健）

十九、刘志大：少儿阅读服务是基层图书馆义不容辞的责任

刘志大，男，1969年生，河北省唐山市丰南区人，现任唐山市丰南区图书馆馆长，副研究馆员。在省级以上专业刊物发表文章近10篇。于2007年率先组织实施免费服务，率先引入策划理念。开创了小学生驿站、"书香丰南动车组"流动服务、点点绘本馆、入校园讲座、文博展廊等多项特色服务项目。设计改造多功能智能化流动图书馆服务车并获得国家专利。重视个人修养、热爱图书馆事业，满怀济世情怀，多次在中国图书馆学会以及省市图书馆学会会议上发言。

　　最早知道唐山市的丰南图书馆，是源于他们的"书香丰南动车组"流动服务，不仅进社区、下乡镇，流动服务做得好，在丰南地区家喻户晓，而且他们用厢式货车改造成流动服务车，成本低、功能全、先进实用，还取得了国家专利，受到了业界和媒体的广泛关注。2014年中国图书馆年会上，丰南图书馆被评为"最美基层图书馆"。丰南图书馆新馆坐落于风景秀丽的惠丰湖畔，不仅环境美，而且设施先进，服务贴心。然而，在丰南区城乡孩子们的心中，丰南图书馆却又是另一种美，持续不断地开展的儿童阅读推广服务，让全区的孩子们享受着阅读的快乐。而这一切，离不开馆长刘志大的努力，在他的带领下，丰南图书馆从一个面临拆迁还没有新馆舍的图书馆成长为现在的一级图书馆，他认为对少儿阅读推广的重视和持续推进是基层图书馆义不容辞的责任，这也是他对丰南图书馆发展方向的策划之一。

1. 志愿者和图书馆一起成长

　　e线图情：刘馆长，您好。从贵馆报送的案例中我们了解到，贵馆的儿童绘本阅读推广活动办得有声有色，开展了丰富多彩的活动。持续的阅读推广活动离不开志愿者的参与，请您谈谈贵馆儿童阅读推广活动志愿者的招募、培训和管理方面的情况。

　　刘志大：在儿童阅读推广活动中，我们一直在努力发现、积极联系并倾力培养志愿者队伍。

　　致力于儿童绘本阅读推广的唐山爱阅团正是在丰南图书馆的培养和支持下与丰南图书馆儿童阅读推广活动同步发展起来的。2011年5月21日，北京爱阅团发起人李一慢随台湾著名作家林清玄到丰南图书馆做讲座，经一慢老师介绍，我们得识两位唐山籍爱阅团成员，

她们也正寻觅推广儿童阅读的满意场所，双方当即达成协议。当天下午，一慢老师现场为两位爱阅团成员及部分妈妈们做了讲故事培训。经丰南图书馆提出要求，5月28日我亲自开车带两位爱阅团成员和丰南区第三幼儿园三位老师赴京参加一慢老师安排的系列参观和培训活动。6月1日，丰南图书馆组织了首场儿童故事会。从2011年第一场故事会发展至今，爱阅团的QQ群成员现有100多人，有30多人持续参加绘本阅读推广的相关活动。每周六下午几位"故事妈妈"轮流来馆为儿童讲绘本故事。此举极大地吸引了儿童，培训了家长，倍受社会好评。同时，我们的"故事妈妈"义工队伍也在不断走向成熟和壮大。后来，我们把每年的5月21日定为唐山爱阅团和丰南图书馆阅读推广纪念日，举办各类活动，扩大影响。到2015年为止，爱阅团的义工妈妈们与图书馆经历了四年多的发展历程，我们在2015年的5月16日特意精心策划举办了"唐山爱阅团丰南图书馆儿童阅读推广四周年生日会"活动，制作了生日蛋糕，吸引了众多家长与小朋友的积极参与。唐山爱阅团与丰南图书馆的绘本阅读推广工作互助合作、互相成长，唐山爱阅团的成长与壮大与丰南图书馆绘本阅读推广工作是分不开的。

丰南图书馆拥有丰富的绘本资源，经常邀请绘本阅读专家来馆为家长讲座，同时也是培训志愿者的好机会。丰南图书馆成了志愿者的"孵化器"，使之更加富有成效地推广儿童阅读，反过来支持图书馆，改善图书馆人才不足的局面。他们承担着讲故事、荐书、推广阅读新理念、提供活动策划创意、活动组织操作、推荐并协助联系讲座名家、带动新的志愿者入馆、带动读者入馆阅读等工作。我们的系列周末活动除外教英语角外，均为志愿者主持。2015年以来，已有近10场主题讲座由志愿者或者志愿者机构免费提供。

2. 有声有色的少儿阅读推广活动

e线图情：刘馆长，贵馆的儿童阅读推广活动做得有声有色，请您详细介绍一下这方面的情况。

刘志大：我们有专门的部门——少儿部负责这项工作，而且整体规划和部分重点活动我一直具体在抓，从绘本的采购，到绘本阅读推广的活动组织，到安排绘本讲座人的邀请，甚至阅读推广活动后期的儿童与家长的反馈，安排流动车去农村开展绘本阅读推广活动等。我们建有少儿阅览室，现有各类少儿图书4万余册，少儿报刊近200种，座位200个。设有20台电脑，提供文化信息资源共享工程的电子资源及少儿3D科普资源。少儿借阅部是集藏、借、阅为一体的综合型服务区域，空间布局装饰符合少儿特点，有点点绘本馆、贝贝阅览室、主体藏借阅区、少儿电子阅览室、少儿报刊区。其中点点绘本馆，在湖南图书馆举行的出版界图书馆界全民阅读年会上，中国图书馆学会与全民阅读年会组委会联合主办的"全国优秀绘本馆评选表彰活动"中入选"全国十佳绘本馆"。除常规借阅服务外，少儿部的主要工作就是举办多种形式的阅读推广活动，此外还定期组织故事妈妈的培训，周末组织父母沙龙，进行家长的培训等。

e线图情：刘馆长，我们知道，国外图书馆的阅读推广活动其经费主要来自出版商和基金会以及其他渠道。问您一个很现实的问题，贵馆的经费情况如何？儿童阅读推广活动的经济来源是怎样的？是否已达到理想状态？就目前的情况而言，对于基层图书馆，您认为还有什么渠道可以解决或增加这部分经费？

刘志大：我们有专项的购书经费、读书活动经费，这些经费在安排上重点向购买儿童绘本图书和组织儿童系列读书活动倾斜。但是总体来说，经费情况并不理想。为此，我们积极联合社会培训机构合作开展了系列讲座活动，如学而教育、养正国学馆、唐山趁早读书会、部分幼儿园等。与这些社会机构的合作是取得双赢的举措，一方面丰南图书馆可以依托社会机构强大的讲师力量、组织能力、现有的学员与家长这些既定的社会群体，对丰南图书馆在这些社会机构中进行软硬件设施的宣传、阅读、推广；另一方面，这些社会机构又依托丰南图书馆的读者进行品牌、文化宣传，达到双赢的效果。今后，我们还将努力争取企业资助，通过企业协办或冠名来举办活动，这方面我们已经进行过一些尝试，比如我们曾和北京方塘读书会以及唐山通达集团合作，在图书馆举办方塘读书会，与会者一起分享阅读心得。少儿阅读推广也可以采用这种与企业合作的方式。

e 线图情：儿童阅读推广活动，不仅仅要让儿童阅读，还要带动家长乃至整个社会参与阅读，这也是图书馆实施儿童阅读推广活动的目的之一。我们也了解到，贵馆在少儿服务方面做了很多工作，请您谈谈对于基层图书馆来讲，加强少儿服务，对带动图书馆事业的发展有哪些重要作用？

刘志大：首先，儿童阅读是带动成人阅读的最好方式，能够增加区图书馆读者量。如我们于 2011 年迁入新馆后，由于儿童阅读的带动，不但本地区读者量大幅度增加，而且还吸引了许多外县区及农村读者到馆办证读书，其中办证读者达 4000 多人。其次，借助校园便于组织儿童阅读推广活动。我们开创的入园讲座活动竭力依托校园这一优势平台向儿童父母推广阅读理念，成效显著。2013 年以来，先后为城乡 8 家幼儿园组织讲座 14 场，培训家长 2000 多人次。围绕儿童阅读，并依托校园建设分馆流动点，有利于切实推动服务体系建设。我们以开办 200 到 400 册借阅量图书证的方式，围绕小学、幼儿园已设立 10 多个服务点，效果很好。最后，由于儿童教育备受关注，借由儿童阅读推广活动来提升社会对图书馆的需求度、影响力，进而促进领导重视和社会支持，在这方面，我们深有体会，受益良多。

3. 未来的规划

e 线图情：请您谈谈贵馆在少儿服务方面还有哪些规划？

刘志大：强化少儿服务是我们基层图书馆义不容辞的责任，也是基层图书馆发展的突破口，少儿服务工作也一直是丰南图书馆的工作重点。今后我们主要有以下几方面的想法：

一是在我们的"书香丰南动车组"流动服务中增加随车故事会和流动车绘本阅读推广讲座。丰南图书馆的流动服务车从 2010 年起采用厢式货车改造的新型流动服务车，车上采用适应集群管理的管理软件，应用 3G 网络与馆内服务器连接，配载小型自助借还设备，实现了户外流动服务的智能化，可以进行视频播放、数字资源阅览、自助借还书，我们随车还带了桌椅、护眼灯等设备，非常受百姓欢迎，所到之处都有很多家长带着孩子来看书、借书。这几年"书香丰南动车组"走遍了全区所有社区、乡镇和大部分农村，已经形成了较强的辐射力。因此，我们计划在巩固已有成果的基础上，增加随车故事会和绘本阅读推广活动，满足不能到馆参加活动的小读者的需求，扩大影响。

二是建设"书心小屋"，开展周末家教辅导和家长孩子心理咨询活动。少儿的家庭教育目前越来越受到家长的重视，家长们也希望了解和学习一些科学教育孩子的方法，掌握孩子的心理特点,解决家庭教育中出现的一些问题。利用图书馆的资源优势,开展有关家庭教育和心理咨询的培训和辅导活动,为家长们答疑解惑,必然能进一步拓展阅读推广活动的效果。2015年5月,我们请国家二级心理咨询师郑素娟老师举办了一场以"幸福家教　成功家教"为主题的讲座,吸引了100多位家长的积极参与和互动,效果非常好。

三是组织持续的周末手工活动。手工活动有助于激发孩子们的创作思维,培养其动手能力,是深受孩子和家长喜欢的活动之一。通过制作一些绘本故事里的人物或道具,激发孩子们的阅读兴趣,尤其是一些年龄较小的孩子,让他们一开始就安静地看书是有困难的,通过手工活动来逐渐引起少儿的阅读兴趣,吸引家长和孩子更多地参与阅读。

四是进一步强化与社会培训机构的合作,扩大成果。2015年4月,我们与唐山养正教育联合举办了"唐山养正教育第六届全国师资研习会",来自全国各地的近100名幼儿、小学教育工作者参加了培训。与丰南第七幼儿园合作,邀请到了崇高妈妈教育体系总设计师、崇高妈妈教育体系高端课程灵魂老师、崇高妈妈(北京)文化投资有限公司创始人朱有康教授做了"妈妈就是教育家"的精彩讲座,引起很大反响。2015年"六一儿童节",我们联合唐山联合救助行动公益网、丰南在线网等媒体组织开展了儿童跳蚤市场义卖活动,家长和孩子全部参与其中,很多家庭都踊跃报名,效果非常好。7月,我们又联合这些机构举办了第二期。

五是强化向农村家长的阅读推广工作。除了依托校园这个平台为家长组织讲座活动外,还将直接进入农村,依托村多功能大厅直接为家长组织讲座活动。丰南区自2013年起开展了农村面貌改造提升行动,同时深入实施"四大工程",即每个村建设一个文化广场、一个多功能厅、一个农家书屋和一个文化信息资源共享工程。其中多功能厅是按照具备承办村民会议、农民大讲堂、开展文体活动及便民服务等四大功能的要求进行建设的,截至2014年,全区多功能厅累计已达到127个。2015年,还将继续建设多功能厅28个。这对于我们图书馆在农村的阅读推广来说,无疑是带来了机会,创造了条件。我们要充分利用这个现成的条件,把更多的阅读活动带到农村去。

(刘锦山　刘锦秀　刘志大)

二十、杨琪先：敢为敢创，山区图书馆事业焕新颜

杨琪先，女，1963年10月生，大专学历，中共党员，馆员，广东省新兴县图书馆馆长、党支部书记。1993年9月参加工作，2005年至今任新兴县图书馆馆长，2007年兼任六祖分馆馆长。2006、2008、2010年获"广东流动图书馆先进工作者"，2012年获广州市满天星青少年公益发展中心"特别贡献奖"，2013年获"广东最美图书馆员"，2014年获"广东省基层宣传文化工作先进工作者""云浮好人"。

基层民众的基本文化需求主要是读书、看报、上网，但在我国很多地方，尤其是广大农村，这一基本文化权益却往往无法得到保障。广东省新兴县地处山区，交通不便，经济欠发达，这无疑给现代公共文化服务体系的建设带来了更多挑战。近年来，新兴县图书馆提出构建"广延伸、全覆盖、大服务"模式，在馆长杨琪先的带动下，全馆上下齐心协力，创新服务方式，提升服务能力，建立起县、镇、村三级公共图书馆服务体系，大大促进了新兴县图书馆事业的发展，也让山区广大基层老百姓实实在在地享受到文化惠民成果。

1. 勇于创新，积极激发图书馆内动力

e线图情：杨馆长，您好！请您简单介绍一下贵馆的基本现状。

杨琪先：新兴县图书馆被评为"一级图书馆"。目前，馆舍建筑面积2200平方米（其中六祖分馆450平方米），馆藏图书24万余册（含电子图书3.1万册）。馆内读者阅览座位382个，设有全国文化信息资源共享工程新兴支中心、多媒体电子阅览室、地方文献室、六祖慧能数据库网站和广东流动图书馆新兴分馆以及六祖分馆等对外服务窗口。

e线图情：杨馆长，您在2013年曾被评为"广东最美图书馆员"，当年全国只有10位图书馆人获此殊荣，这充分说明了您对于图书馆事业的热忱与贡献。您能为我们介绍一下您的工作经历吗？另外，作为基层图书馆工作者，您对于基层图书馆在构建现代公共文化服务体系中的角色是怎么看的？

杨琪先：我是军嫂，以前在湖北结婚生子工作，1999年才随丈夫转业到新兴县图书馆工作，2004年任馆长。2003年新兴县图书馆经费不足5万元，藏书不足4万册，进馆读者不足10万人次，人员少、经费少、藏书少、服务项目少、开放时间少，烦事、杂事、是非多。我的性

格比较急,每件事情都想做得最好,事事亲力亲为。任馆长最初几年,为了扭转落后的局面,我与同事们一起做了大量而艰辛的工作。我几乎放弃了所有的休息时间,一年一个目标,一件事一件事地努力做好。坦白说,最初所有人都不理解我的做法,包括家人和馆员,甚至老公都给我取了个外号叫"拼命三娘"(我老公在家排第三)。

但最终,我和馆员的努力得到了较好的回报,每年我们都能实现目标,每年都有亮点。2005年全馆实现了计算机管理,2005年实行每周六天六晚、寒暑假全周开放的制度,每天开放的时间达13小时。2007年建成全省首家外资企业援建的镇级少儿图书馆。2010年被中宣部、文化部、广电总局、新闻出版总署评为"全国服务农民服务基层先进集体"和"全国基层文化馆(站)、图书馆(文化信息资源共享工程支中心)先进集体"。2012年获得首届广东省图书情报创新奖。2014年经费已经达到50多万元、藏书21多万册、基层流动服务点80多个,全年接待读者49万多人。近十年来,新兴县图书馆获得国家级奖项3个,省级奖项10多个,市、县奖项30多个,所有这些成绩的取得有我和同事们同心同德、不懈努力的结果,包括我个人的一些荣誉同样是全体馆员的共同努力的成果。在我的心中,我们图书馆的所有馆员都是最美图书馆员。

基层图书馆应当在构建现代公共文化服务体系中发挥着积极的作用,特别是在提升公共文化服务覆盖面、推进公共文化服务均等化建设方面要做主力军。首先,要争取各方支持,不能"等靠要"。经费不足的要向上争取,甚至与企业和一些单位合作,积极主动扩大阵地、增加馆藏、更新设备设施等。其次,要主动"走出去",不能"等读者上门"。在镇村建设更多的图书服务点,提升图书服务的覆盖面,让群众在家门口就能阅读。再次,要与时俱进,不能"故步自封"。数字图书馆、电子阅览室、网上课堂和报刊阅读器等新的图书服务措施必须跟上。最后,要把握方向,不能"眉毛胡子一把抓"。要发挥宣传部门和文化部门的应有作用,把握时代脉搏,宣传和提升社会正能量,促进经济社会发展,通过读者活动,对外来工、军队、留守儿童、独居老人、残疾人等相关群体要经常关注、关怀,并助力青少年健康快乐成长。

2. 多管齐下,切实提升图书馆服务力

e线图情:我国图书馆持证率普遍较低已是一个众所周知的问题。据了解,新兴县在2008年末户籍人口已达46余万人,而贵馆持证读者为8343人,可以说,要真正实现全覆盖,向未持证人群提供图书馆服务就显得十分重要。贵馆是怎么做的?

杨琪先:向未持证人群提供图书馆服务的方式包括建立基层服务点和开展读者活动。

开展基层服务点建设,提升图书馆服务覆盖面。为提高图书文献的利用率,扩大社会服务范围,县图书馆积极推进基层服务点建设,将图书馆服务向边远的镇村全面延伸。截止到2014年年底,新兴县图书馆在全县农村、社区、学校、军营建立80多个基层服务点,覆盖群众40万余人,送书下乡10万多册。既方便了群众就近、就便读书,又有力地弥补了不能到馆阅读读者的要求,在农村实现了"五公里图书服务圈"。

开展各类读者活动,打造阅读推广活动品牌。近年来,县图书馆平均每年开展阅读推广70多次,参加群众7万多人次,逐步形成了知识讲座、读书征文、节日灯谜竞猜、国学经典朗诵等品牌活动,群众参与面较广,社会反响极佳。其中根据图书馆广场的数百年大榕树而打造的"榕华书香"阅读推广品牌尤其受到当地读者欢迎。到2015年止,新兴县图书馆与政府

部门、学校、企业等合作,已经连续举办了11届春节、元宵、中秋灯谜竞猜活动,每次竞猜活动都要准备谜语近3000条,群众踊跃参与,收到了良好的宣传和推广作用,对促进社会和谐起到了积极的作用。开展"图书暖流"活动,加强对特殊对象的服务。近年来,图书馆积极开展"图书暖流"活动,坚持为老年人、进城务工人员、服刑人员、残疾人员等特殊服务对象开展送书服务,每年送书达5000多册,使很多不能到图书馆阅读的特殊人员享受到图书服务。

e线图情:杨馆长,提升图书馆的服务能力是吸引读者到馆的有效途径。请您谈谈这方面的情况。

我们主要是从如下几个方面着手提升图书馆的服务能力的:

首先,加强馆藏建设,满足读者需求。书刊是图书馆的根本,新兴县图书馆从多个方面来加强藏书建设。一是争取上级支持,增加购书经费;二是拓展社会捐书途径;三是积极整理收集地方文献;四是调整采购思路,以读者需求为导向;五是改进报刊的管理;六是在图书选配、日常管理等方面,做到以人为本,实行人性化管理。

其次,完善设施设备,提升服务效益。一是完善和改进电子阅览室,建立全国文化信息资源共享工程新兴支中心。二是购置报刊阅读器,实现全国报刊实时网上阅览。三是重新布置了少年儿童阅览室,全面更换了少年儿童阅览的书架、桌椅,为少年儿童创造一个良好的学习环境和阅读氛围。四是积极做好免费开放工作,提升公益文化服务。五是适应和吸引青少年的阅读,增加了现代流行的阅读方式。县图书馆实行了读者借阅一卡通服务,并建立了新兴县图书馆网站等。

再次,抓好整体管理,提升服务质量。一是增加开放时间。实行全周六天六个晚上开放,每周72小时对社会全免费开放,寒暑假期间全周开放。二是开展便民服务。设了两个读者存包柜,并在各楼层安装了饮水机。在网站及时发布各类相关信息,对各室设置、管理制度、开放时间、联系方式等常用信息进行了介绍。同时开展为社会公众提供包括借阅帮助、查找资料、解决具体问题在内的各种参考咨询。三是开展志愿者培训班和知识讲座。

最后,抓好作风管理,树立服务形象。从服务意识、礼仪礼貌、服务技巧、岗位操作规范等方面规范馆员的操作和服务言行。

e线图情:儿童是阅读推广的重中之重,据了解贵馆也十分重视儿童阅读推广在山区的应用,已在全县各流动服务点全面同步开展儿童阅读推广活动。您能介绍一下贵馆在这方面的做法吗?

杨琪先:为适应新形势的发展,新兴县图书馆打破传统单一的服务方式,主动、积极、创造性地开展工作。结合儿童阅读推广,围绕"4.23世界读书日""图书馆宣传活动周"、全民阅读、书画培训班、暑假系列丰富多彩的读书活动等,加强了馆内和服务点开展儿童阅读推广活动的力度,充分利用图书馆场馆及丰富的资源,每周六、日组织读书活动,以活动激发阅读,以活动促进阅读,增强图书馆对读者的吸引力和公众的参与度。

广东省委省政府提出"全民阅读,广东领先;广东阅读,儿童先行",今后,为进一步推动新兴县少年儿童阅读活动的开展,全面提高少年儿童对阅读的理解和应用,新兴县图书馆将积极开展儿童绘本活动,以绘本的特殊阅读方式——共读,引导孩子爱上阅读,培养儿童阅读兴趣和阅读习惯。

e线图情:馆藏资源是图书馆服务的基础。现在越来越多的图书馆在自建特色数据库,这方面,贵馆的"六祖惠能数据库"可以说是一个非常优秀的典型,请您介绍一下这方面的情况。

杨琪先：新兴县图书馆充分利用文化信息资源共享工程的县级支中心的信息资源,积极与学校、乡镇开展共建共享活动,以"共享工程"为平台,开展建设新农村送文化下乡活动,通过各种网络进村入户让读者轻松实现资源共享。六祖惠能是中国佛教禅宗的祖师,由其国恩寺众位门人弟子辑录的《坛经》被誉为中国唯一的佛经。而新兴县是六祖慧能的故乡,是中国禅宗的重要发祥地,被誉为"中国禅都",拥有极其丰富的禅文化资源。我们最初的想法是收集六祖惠能相关资料,以便于深化传统文化研究,挖掘优秀传统文化,促进和谐社会建设。为切合当前图书资源收集和利用的新要求,从 2014 年年底开始,我们就将"六祖惠能数据库"进行改造和整合,建设新兴历史名人数据库,以便更好地收集和研究新兴县的地方名人、历史文献资料。

3. 坚持不懈,不断强化图书馆辐射力

e 线图情：实现公共图书馆覆盖全社会是当前我国图书馆事业发展的一大重要战略,而老少边穷地区是这项工作中的一大难点。贵县地处粤西山区,经济尚不发达,贵馆在构建"广延伸全覆盖大服务"模式中主要遇到了哪些问题?

杨琪先：一是经费还是比较缺乏。由于新兴县是山区县,财政相对薄弱,购书经费和更新设备经费等经常捉襟见肘。

二是专业技术人才比较缺乏,尤其缺乏图书情报学和信息技术都很专业的高端人才。由于待遇、环境等问题,基层图书馆难以引进高学历层次的专业技术人才。

三是老百姓的参与程度还是有待提高。农村群众整体教育程度较低,文化层次相对较低,从事操作性工作的人较多,从事管理性工作的人偏少,对阅读的重要性认识不足,重视物质追求的较多,重视精神文化生活的较少。

e 线图情：人员不足的问题在基层图书馆中十分普遍,现在有很多图书馆在通过发展志愿者来缓解这一困难。我们也了解到,贵馆目前正式干部职工只有 10 人,而稳定的社会志愿者有近 200 人,显而易见,志愿者在贵馆的发展中有着重要作用。请您介绍一下贵馆志愿者队伍的发展情况,以及志愿者提供了哪些服务?

杨琪先：新兴县图书馆在编人员 10 人,日常开放的窗口有 6 至 8 个,每周开放 72 小时,阵地服务人员已经严重不足,还要发展基层流动服务点和开展读者活动,人员不足矛盾非常大。为解决这一矛盾,从 2005 年开始,我们就组织了一支志愿者服务队伍,协助和参与图书馆服务工作,最初只有 50 多人,目前发展到近 200 人。这些志愿者主要是在校的教师、学生和退休人员,机关工作人员也占一定比例,大约两年左右对人员进行更替。

日常服务窗口、送书下乡和读者活动等工作都有志愿者参与,发挥的作用不比在职的馆员小。如果没有志愿者参与,我们每年的工作任务不可能完成。我们取得的成绩都有志愿者的功劳。由于所有志愿者都是通过跟岗学习培训后上岗的,所以志愿者提供的服务大部分与馆员一样,包括图书的登记、编目、借阅、出入库管理和为读者提供找书、回答读者咨询等等日常管理工作。也与我们馆员一起做如读者活动、送书下乡等各种具体的工作。

e 线图情：杨馆长,在图书馆服务半径方面,有的国家规定,从住地最远步行 10—20 分钟

的距离内,就应找到一所图书馆。我国要普遍达到这一要求显然还需要更多努力。目前,贵县已在农村实现了"五公里图书服务圈",那么,在下一阶段,贵馆有什么新的发展规划?

杨琪先: 一是建设更多的基层服务点,进一步巩固"广延伸、全覆盖、大服务"模式,重点是加强对边远山区村庄的延伸和服务,争取实现全县每个中心村民小组都建设有图书室。

二是加强县城、中心镇的社区图书室的建设和管理,实现从住地步行 10—20 分钟的距离内有图书馆的目标。同时,加强图书管理和服务,坚持每年必须更替图书室的图书,使有限的图书在各个点流转。

三是加强信息化建设,构建信息化图书馆。随着网络的普及,让老百姓在家里或者手机上就能够阅读到县图书馆的所有藏书。同时,进一步推进文化信息资源共享工程进村入户。

(刘锦山　刘剑英　杨琪先)

二十一、刘亚涛:民族地区图书馆事业的发展任重而道远

刘亚涛,男,1966 年 3 月生,副研究馆员,研究方向为基层图书馆的建设与服务创新,现任内蒙古自治区鄂托克旗图书馆馆长。

鄂托克旗是鄂尔多斯最大的旗区,自然风光优美,是西鄂尔多斯国家级自然保护区、恐龙遗迹国家级自然保护区的自然属地,广袤的草原和雄浑的沙漠让人流连忘返;人文历史悠久,是成吉思汗圣火文化传承之乡。这里有着洁白的阿白山羊绒,静穆的乌仁都西峰,还有纯朴善良的蒙古族和汉族人民。建于 20 世纪 90 年代后期的鄂托克旗图书馆,在馆长刘亚涛的带领下,以她朴实无华的建筑,十几位亲切和蔼的馆员为鄂托克城乡百姓和农牧民提供着优质和便捷的文化服务。他们默默无闻,没有轰轰烈烈的"大事",没有高深的理论,却点点滴滴、时时刻刻地发挥着图书馆在传承文化、传播知识、传递信息、开发智力、培养人才等方面的作用。

1. 多元文化服务

e 线图情:刘馆长,您好。据我们了解,鄂托克旗的蒙古族人口占全旗总人口约 15%,有着丰富的蒙古族文化遗产,请您介绍一下贵馆关于蒙古族文化遗产特色数据库的建设情况。

刘亚涛:是的,鄂托克旗是一个以蒙古族为主体、汉族占多数的少数民族聚居区,有着丰富的蒙古族文化遗产。鄂托克旗图书馆从 2012 年开始就着手建设蒙古族文化遗产特色数据库的前期资源收集工作,抓住鄂托克旗以蒙古族为主体的少数民族聚集区的地域特点和民族特色,结合地方经济、文化建设等实际情况,有侧重地收集、开发特色资源;并与国内知名的数字资源加工软件供应商建立了合作关系,现已建立了包括电子图书、地方文献、图片、视频 4 个资源库的数字资源平台。接下来,我们将在继续收集、挖掘、整理地方文献的基础上,进一步将已经打造成型的特色资源利用光盘、互联网、微信平台等载体对外发布,最大限度地发挥地方文献的价值。

e 线图情:除了特色库建设,在馆藏建设中,蒙古族文献的建设情况是怎样的?

刘亚涛:在馆藏建设上,图书馆一直就非常重视对蒙古族文献的收集、开发和利用。每年都在有限的购书经费中抽出一定比例的资金来购买蒙古族文献,并与地方相关部门建立合作关系,重点收集与本地区相关的蒙古族地方文献,在馆内建立了蒙古族文献室,为地方

文化建设提供专题文献服务。2012年我们专门制定了《鄂托克旗图书馆地方文献征集方案》,把征集范围定为"重点收藏有关或涉及本地区的政治、经济、文化、教育、历史、地理、民族、人物传记、风土民情、物产资源、天文地质、名胜古迹等方面内容的不论载体形式和出版方式的地方资料;同时也应注意收藏本地区的出版物和原籍在本地区及曾在本地区活动过的有较大影响和知名度的地方著者的著述,特别注意收藏他们的手稿",这其中就有很大一部分文献为蒙古族文献。

e线图情:作为一个民族地区的基层图书馆,图书馆提供的服务应该是多元化的,要为不同民族、语言和文化的群体提供服务。请您结合本馆实际谈谈贵馆针对蒙古族和基层群众提供了哪些特色服务?

刘亚涛:近些年鄂托克旗图书馆结合当地实际,不断创新服务模式,探索出了一条立足基层、大力发展数字化、全面实现全旗文化共享的新路:一是所有服务项目实行免费开放,坚持常年开馆,节假日及双休日不休息,并加强免费开放宣传,提高公众的知晓率,吸引广大群众走进图书馆。二是加强基层服务网点的建设,拓展图书馆服务的广度和深度。目前,在全旗范围内已建立了10个图书分馆,9个共享工程基层服务点,并与全旗75个草原书屋建立了合作关系,服务网点涉及苏木(镇)、嘎查(村)、社区、学校、机关单位等,在鄂托克旗已初步形成了一个较为广泛的图书服务网络。三是以特色为先,加强数字资源的建设。特色数据库已成为图书馆展示个性、提高信息服务竞争力的重要途径。四是加强数字化、信息化服务,以满足读者对文献资源的个性化、多样性的需求。先后建成了图书馆网站、官方微博、微信公众平台,引进了少儿多媒体、电子借阅机等设备,不仅为读者提供便利,也为图书馆与读者间开辟了新的沟通渠道,拉近了与读者的距离。五是我们将联合省内外各类出版集团、出版社举办主题为"书香草原"全民阅读蒙古文图书展销活动,将优秀的民族文献、蒙古文图书以最优惠的价格送到广大基层群众的手中。此外,我们还不断探索,积极采取多种方式开展群众文化活动。

我们利用每年全旗"文化、卫生、科技三下乡活动",通过村图书室,将图书馆的服务内容融入农村科技、教育、文化事业中;每年都举办如摄影展、农牧民实用知识讲座、计算机培训、征文比赛等活动;在蒙古族传统节日如"敖包祭祀日",与文化馆合作,举办"送书下乡,送戏下乡"系列活动,利用流动图书车为嘎查捐赠农业科技图书,播放宣传视频;还根据不同时期不同季节开展了以关爱老年人、农民工、留守儿童为主题的特色文化活动;并与学校、社区、苏木(镇)等联手,开展全民读书活动和流动图书服务、送书进校园、进机关、进社区、进农村等活动。又如我们在传统节日端午节与文化馆合作,举行"端午节全民阅读、送戏"系列活动,不仅为广大市民送去秧歌队、腰鼓等文艺演出,还利用流动图书车为群众提供了1000余册流动图书,播放宣传视频,现场办理阅读证,发放读书卡等。近两年举办这类活动都在30场次以上。此外,我们还积极为驻地部队提供服务,如利用文化信息资源共享工程支中心为人武部网上征兵培训提供方便,中秋节为驻地官兵举办"情系军营 共享中秋"等慰问活动。

由于鄂托克旗图书馆近几年取得的良好办馆效益,在2011和2013年两度被自治区文化厅授予"全区十佳图书馆"称号,在2013年的全国公共图书馆第五次评估中顺利晋升为"一级图书馆"。

2. 与时俱进,借势发展

e 线图情:刘馆长,我们了解到,鄂尔多斯市从 2011 年起创建国家公共文化服务示范区,请您谈谈示范区创建对于贵馆的影响?

刘亚涛:示范区的创建对于我们图书馆而言,是一次良好的发展契机。地方政府对文化事业的支持力度明显加大,图书馆的办馆经费也有了增加。尽管如此,还是无法满足图书馆事业发展的需要。为了克服经费不足的困难,我们以示范区创建为契机,想了很多办法,也采取了一些合理的措施,为图书馆的发展创造良好的条件。

一是加大对图书馆的宣传,扩大图书馆的社会影响力,争取政府的投入。在这方面,我们积极参加鄂托克旗文化局组织的公共文化服务体系宣传活动,提高群众对公共文化服务体系示范区创建的知晓度,营造良好的公共文化服务体系宣传氛围。为深入推进自治区"四城联创",即文明县城、国家卫生县城、国家园林县城、环境保护模范县城的创建,图书馆积极开展面向大众、内容丰富的系列宣传活动,通过倡导阅读,指导阅读为"四城联创"助力。二是充分利用现有的乡镇、社区、学校等地的图书室资源,将其设为分馆,整合全旗的资源来开展图书馆文化服务。三是放开和拓宽捐赠渠道,鼓励社会捐款捐赠。吸引企业、个人为图书馆捐书、捐款,来弥补经费的不足。例如棋盘井第三小学服务站的建立、服务宣传周举办的有奖读书征文比赛等活动就得到了鄂托克旗众多企业家的赞助和捐款。同时我们还为读者建立图书置换平台,将闲置的图书集中在馆内为读者提供面对面的交流置换活动,充分发挥了闲置图书的价值。

e 线图情:文化信息资源共享工程是文化部重点推进的一项文化惠民工程,请您谈谈共享工程对贵馆发展起到的作用?

刘亚涛:确实如此。2009 年我们成立了文化信息资源共享工程鄂托克旗支中心,现已在乡镇、社区、机关事业单位等地建立了 9 个共享工程基层服务站。图书馆充分发挥共享工程信息资源的丰富、快捷、适用等优势,结合当地实际,不断探索,积极采取多种方式开展各类文化活动:已举办了多期摄影展、实用知识讲座、计算机培训、征文比赛等活动,还根据不同时期、不同季节开展了以关爱老年人、农民工、留守儿童为主题的特色文化活动。通过几年的建设,支中心已成为鄂托克旗对外宣传,展示优秀文化的重要窗口。

支中心的工作受到了上级部门的认可,并多次获得了表彰,其中政和园社区基层服务点在 2012 年被文化部授予"全国文化信息资源共享工程·公共电子阅览室示范点"。政和园社区基层服务点建于 2012 年 6 月,是在鄂托克旗支中心投入资金 5 万元购置 5 台电脑、1 台服务器、一套卫星接收设备以及 500 册图书的基础上,乌兰镇政府积极配合投入资金建成的。现已建成了面积约 35 平方米,可供 10 人同时在线浏览的电子阅览室,以及藏书 3000余册、可供 20 人同时阅读的图书阅览室,配有两名专职管理员负责电子阅览室的日常管理和运行,实行全天候免费开放,并设有残疾人阅览专区。服务点依托共享工程的数字资源,从中挑选了群众喜闻乐见的农业技术、经典影视、少儿动漫、文化讲座等方面的内容,建立了"共享工程·政和园社区精品文化专题库",适时组织有针对性地为社区群众播放,如为社区老年人播放经典影视、地方戏,为孩子们播放少儿动漫等,所有内容也可通过电子阅览室浏览观看。暑假期间,服务点组织大学生志愿者为社区青少年开展各类活动,以丰富他们的暑假生活。此外,服务点还通过网络为社区居民提供考试、违章查询等各类信息,以及网上缴纳水电费、电话费等,使社区居民足不出户就可以解决日常生活遇到的各种问题。

3. 服务创新

e 线图情:刘馆长,您怎样看待基层图书馆,尤其是民族地区基层图书馆的建设与服务创新?

刘亚涛:我国民族地区由于历史和经济原因,不论在图书资源积累方面还是资金投入上都相对欠缺,也导致了今天民族地区图书馆事业发展滞后的状况。当前,国家和地方政府加大了扶持力度,图书馆工作人员应不断积累经验,针对历史和现状,摸索发展民族地区图书馆的创新发展道路。

首先要建立具有特色的文献资源馆藏体系。民族地区图书馆除了建设普通汉字书籍文献检索系统,更多地还要考虑到所在地区各少数民族的知识结构和日常学习需要,突出民族特色,结合民族实际情况,发展本民族的历史文化,走适合当地政治经济发展之路。我觉得立足当地、突出本民族特色、弘扬发展本民族历史文化是民族地区图书馆服务大众的根本所在。其次要建设数字化图书馆。更好更快地引进先进的科学技术手段,建设与时代发展接轨的数字图书馆,学习有经验地区的图书馆数字化建设经验,积极发挥本地资源的优势。再次,要建设合格专业的馆员队伍。图书馆的读者服务,既要求馆员具备高尚的职业道德和奉献精神,还需要有过硬的专业技术知识。地方政府要培养本地图书馆人才,特别是创新型、应用型人才,为图书馆事业的发展注入新的生机和活力。

民族地区图书馆事业的发展需要长时间的努力,任重道远,不可能一蹴而就,因此,不能急功近利,要与时俱进,不断创新,在观念上和方法走出一条具有民族特色的发展道路。

(刘锦山　刘锦秀　刘亚涛)

二十二、李春:在废墟上崛起的精神家园

李春,女,出生于 1964 年,副研究馆员,四川省北川羌族自治县图书馆馆长。1981 年 6 月参加工作,先后在乡镇小学、北川幼儿园等当过教师,2006 年 3 月调入县图书馆,2007 年至今担任北川羌族自治县图书馆馆长职务。2008 年在"5·12"汶川大地震中受伤致残。2011 年被推选为绵阳市第六届政协委员。2013 年兼任县作家协会秘书长。多年来,致力于基层公共文化的探索,发表过近二十篇的经验文章。

2008 年 5 月 12 日,一场突如其来的巨大灾难,让北川成为国人之殇。在看望北川受灾民众时,温家宝总理郑重写下"多难兴邦"四个字,激励灾区人民发扬百折不挠、自强不息的精神,重建家园。正是在这一精神的鼓舞下,一个新北川迅速重建了起来。北川羌族自治县图书馆馆长李春是这场灾难的亲历者,而作为图书馆幸存的工作人员之一,她也亲自参与并见证了图书馆的灾后重建工作。从震后的一片废墟到新馆的重新开馆,再到继续为当地现代公共文化服务体系建设发挥所长。在李春馆长等图书馆人的不懈努力下,北川羌族自治县图书馆如涅槃重生,已成为今天北川人民的精神家园,为基层图书馆建设与服务创新提供了一个重要范例。

1. 凤凰涅槃

e 线图情:李馆长,您好! 非常感谢您接受我们的采访。北川是 2008 年"5·12"地震中的重灾区,北川羌族自治县图书馆(以下简称"北川图书馆")也在这次特大灾害中被夷为平地。可以想象,贵馆这几年工作的艰巨程度。您能介绍一下北川图书馆当时的情况吗? 以及之后的重建工作?

李春:首先,我要借这个机会向一直关心并致力于帮助北川图书馆发展的社会各界人士表示衷心的感谢!

北川图书馆始建于 1979 年,位于老县城曲山镇危家巷,2007 年建立新城区政务服务中心文化惠民阵地。北川图书馆虽然起步晚,基础薄弱,但一直在力所能及的情况下致力于加强公共文化基础设施建设,积极开展文化为基层、为人民大众服务。2008 年"5·12"汶川特大地震中,北川县城被夷为平地,北川图书馆的基础设施也全部损毁。而随着灾后重建工作

的展开,北川图书馆在灾难中崛起,成为废墟上不倒的精神家园。2009 年北川图书馆随新县城异地重建,2011 年 5 月 11 日北川图书馆正式对外开放。

"5·12"汶川特大地震后,北川图书馆基础设施被废墟淹没。馆内一位临聘人员和一位退休职工罹难,另外三名馆员无家可归。而北川图书馆原有的馆藏图书,包括经过多年努力收集和整理成套的古籍、地方文献等共计 3 万余册,全部损毁。我被埋在废墟三天后才获救,经过了近一年的治疗,落下二级残疾,随后又重返工作岗位。

北川图书馆的重建工作主要分为五个阶段:首先是自救,在巨大的灾难面前,为了尽可能地抢救出图书馆的珍贵资源,地震后,坚强的北川图书馆人不顾失去家园、失去亲人的痛苦,以百折不挠的意志,抗震救灾,在一次次余震中冒着生命危险抢救地方文献;其次,向社会发出公开信,接受社会捐赠;再次,建立临时图书馆,开辟基层文化信息资源共享工程服务点;然后,设计新馆建设方案,落实援建单位;最后,建立新馆功能室,保证图书馆如期开放。

"5·12"地震后,根据灾区和灾后重建的实际需要,北川图书馆马上开展了"全国文化信息共享赈灾电影放映活动",利用"易播宝"放映抗震救灾、自救、防疫知识等科普影片。并先后建起了帐篷图书室、板房图书室、羌寨图书室、新县城建设工地永昌图书室。

与此同时,我们还积极争取援建项目和中央灾后重建经费,规划图书馆的建设方案。北川图书馆作为公共文化服务机构,是北川县文化中心,新馆的重建不仅要考虑抗震功能,还要保证交通的便利性,体现羌族文化特色,同时满足现代化图书馆的服务需求。最后,经过专家们的几次实地考察调研,新北川图书馆避开地震断裂带,随新北川县异地重建。

北川图书馆于 2009 年 12 月由山东德州市援建,2010 年 10 月竣工移交。2011 年 5 月 11 日北川图书馆期刊阅览室、少儿阅览室、电子阅览室面向社会免费开放;2012 年图书外借室对外开放;2013 年盲文阅览室、地方特藏文献室对外开放;2014 年 10 月县图书馆安昌分馆对外免费开放。

北川图书馆建筑面积 3393 平方米,以羌寨聚落为依据,四周交通便利,景观和谐宁静,与周边学校毗邻相接,已成为北川新县城景观轴上的标志性文化建筑群。图书馆内部功能齐全,资源丰富。馆藏图书 16 万册,其中少儿图书 2.2 万册、盲文图书 798 册、特藏文献 6000 册。馆藏报刊 63 种,期刊 404 种,电子期刊 1000 种,电子书 27.4 万册。电脑 80 台,网站 1 个,移动图书馆 1 个,馆内 Wi-Fi 全覆盖,实现了图书馆现代网络化的管理流程。此外,我们的服务队伍也有了保障,现有在编人员 6 人,聘用人员 9 名。

2. 创新发展

e 线图情:李馆长,贵馆的重建发展再度验证了机遇往往与挑战并存。作为一个特殊契机,图书馆重建推动贵馆迈上了一个新的发展阶段。据了解,贵馆曾与四川大学图书馆合作开展"北川新图书馆功能定位初探"的课题研究,那么,现在贵馆的功能定位是什么?

李春:北川图书馆的发展聚集了全国乃至世界的眼光,我们一直在思考,如何让北川图书馆得到长足发展? 2011 年,我们就相关问题与四川大学图书馆进行多次沟通,大家一致认为:北川图书馆要有一个全新的发展目标和功能定位,必须立足于北川的历史渊源、文化个性、经济特色。最后,在充分借鉴现代科学技术,吸取国内外先进图书馆发展经验的同时,我们分析提出,北川新图书馆的功能定位应为文献资源中心、公众阅读中心、社会学习中心、文化交流中心、信息服务中心。几年来,我们围绕着功能定位持续发展,收到了很好的效果。

e线图情:北川是少数民族自治县,既是大禹故里又是革命老根据地。面对这样特色鲜明又呈现着多元化的文化环境,贵馆在构建本地公共文化服务体系中是怎么发挥自身作用的?

李春:北川是全国唯一的羌族自治县,古代治水英雄大禹的故里,还是红军长征主要途经地之一。羌族独特的传统文化、乡村文化、民俗文化丰富多彩;大禹文化、古人类遗址文化、红军文化源远流长,底蕴深厚。因为原有馆藏在地震中几乎毁损殆尽,地震后,北川图书馆一直致力于地方文献、禹羌文献、红色文献资源的抢救和收集、整理,以丰富特藏,弘扬禹羌文化和红色文化。

我们向全国收藏有北川史料的机构和个人发出公开信求助,对此社会各界纷纷积极回应。我们共收到了超过10万余册捐赠图书,其中包括一些珍贵史料,如国家图书馆捐赠的馆藏珍品《北川县志》和《石泉县志》影印文献两份。同时,为了记录震后"举全国之力援助灾区"的感人历史,图书馆加强了对地震文献全方位的收集及传播。此外,还建立了禹羌画廊、羌民族民风民俗图片长廊,并争取荷兰克劳斯王子基金会的支持建立了地方特藏室。

为避免今后再度出现这类毁灭性损失,我们现在严格执行备份管理制度,对重要的史料如禹羌文献正在进行电子文档备份,正在筹建羌族文化数据库,这一做法也将更加方便社会各界对图书馆藏资源的利用。

e线图情:图书馆服务需要依赖馆员去实现,馆员是图书馆的第一资源。而我国基层图书馆普遍面临着人员不足的问题,这在老少边穷地区表现尤为突出。据了解,贵馆2014年在编人员仅有6人。那么,贵馆如何应对人员缺乏的难题?

李春:北川图书馆如同西部基层图书馆一样,面临着人员不足的巨大问题。在震前我们馆员就只有4人,人力资源相当紧张,而地震中又导致了人员伤亡。2010年,当我从山东德州市手中接过新图书馆,激动的热泪中包含着更多的担忧,因为当时图书馆在岗人员仅有我这个残疾的馆长和另一名馆员。为了让涅槃重生的图书馆早日发挥作用,我怀揣着一颗感恩的心,义不容辞地挑起了这副沉甸甸的担子。地震后,百废待兴,工作量相当大,每个人都忙得分身乏术,因此,我们经报领导批准,由馆内自主招聘了9名临时人员,开始规划、布局图书馆的发展。2011年,国家实施图书馆免费开放,20万元资金的到位才为我们解了燃眉之急。

而一直关注北川图书馆发展的广州中山大学图书馆程焕文馆长,在参加北川图书馆的开馆仪式时,亲眼看见了图书馆面临的困窘,于是伸出温暖的双手,指导我们规范图书馆,开展形式多样的培训和讲座。在程焕文馆长的帮助下,我们拉开了北川图书馆与大学生志愿者长期合作的序幕。志愿者的到来,也很好地缓解了馆内人手不足的问题。在北川图书馆建设初期,这些大学生志愿者们每天早上8点半就开始了一天的工作,包括图书馆的新书加工,开展电脑培训、知识讲座、课题调研等。可以说,新北川的每一寸土地都留下了志愿者们的深深足迹。

"星星之火,可以燎原",就这样,大学生志愿者服务的接力火棒,一年又一年地传了下来。这期间,来自西南交大和西南民大等新的志愿者团队陆续加入。其中,中山大学和武汉大学的大学生志愿者,不但把北川图书馆列为大学生的实践活动基地,而且活动从未间断过,具有持久性和连贯性,深受北川老百姓的喜爱,也有效扩展了北川图书馆的知名度,让北川图书馆的发展之路更加顺畅。

3. 实干兴馆

e 线图情:李馆长,2011 年我国在全国范围内推进公共图书馆免费开放,众多基层图书馆的阅读推广工作迎来了一个重要发展机遇。贵馆在免费开放方面是怎么做的? 目前还有哪些有偿服务? 这些有偿服务将来可能变成免费服务吗?

李春:北川图书馆在免费服务中是这样做的:一是将免费服务和有偿服务项目公开,让所有读者都能全方位地了解图书馆的服务情况;二是馆内的所有图书全开架免费使用,外借图书免费 30 天,电子资源免费阅读下载,对青少年上网免费两个小时,超时网络自动关闭,成人适当增加网络时间;三是借阅图书提供免费借书凭条,建立短信催还图书平台;四是所有的培训和讲座都是免费举办的。

在有偿服务方面主要是读者卡补卡费、借书押金和超期滞纳费,补卡费 10 元,借书两本押金 50 元,借书四本押金 100 元,超期交滞纳费每天每本 0.2 元。我们刚开馆时,补办读者卡不交钱,但有的读者因此就不爱惜自己的读者卡,要么丢失,要么损坏。而自从我们公布了补卡收钱后,大家就更加珍惜读者卡了。后来,我们也曾尝试过办卡不交押金,但反馈来的情况同样不太乐观,有的读者借书不归还,直到现在我们还有几百本书在图书馆外流浪,找不着归家的路了。有的人借了图书就据为己有,为了确保国有资产不流失,我们只好继续收取押金。

今后,我想在青少年中试行借书不交押金的服务,但不知道这样做,究竟行不行得通? 不过,任何东西只有尝试过了,才能知道它的最终结果,在条件成熟时,我们还是想试试看。

e 线图情:近几年,贵馆在基层图书室建设方面取得了重大进展,农家书屋和社区书屋的覆盖率达 100%,公共电子阅览室已实现乡镇社区 58.85% 覆盖率,并计划在 2015 年实现村级全覆盖。在农家书屋、社区书屋和公共电子阅览室的建设过程中,贵馆主要负责哪些方面?

李春:我们负责对农家书屋、社区书屋和公共电子阅览室的业务指导。农家书屋设备是由文广新局统一配送到县图书馆,我们再按乡镇行政村的详细名册,一一对应配送到点。北川有 311 个村,要建 311 个农家书屋。这样大的任务,对于图书馆来说,不可能面面俱到,于是,我们在每个小乡镇建 2 个示范点,在每个大乡镇建 4 个示范点,县城周边全部开花。然后,分片区集中开展管理人员培训,并督促完成其他农家书屋的建设,建好后,图书馆再派出人员进行检查。

社区书屋数量很少,全县只有 32 个,需要的图书资源先由图书馆工作人员统一编目,然后派出人员进行排架上架,同时负责安装阅览室桌椅,并教会社区管理员管理图书。

公共电子阅览室由各乡镇派人到县城集中培训,然后由各个乡镇负责督促建设。但是,我们发现,农家书屋、社区书屋和公共电子阅览的利用率很低。因为北川是山区县,青壮年人都到外地打工去了,很多村子只剩下少得可怜的留守老人和儿童,公共文化资源几乎是无人问津。

e 线图情:李馆长,政府是公共图书馆的建设主体。因此,公共图书馆尤其是基层图书馆争取政府的支持十分重要。对此您是怎么看的? 您能分享一下贵馆在这方面的做法和经验吗?

李春:说到图书馆的工作,表面上看似非常简单,可以按部就班地守着庙门,心安理得地过着太平的日子。但大凡有着居安思危和几分血性的人,都不愿平平庸庸地躺在那儿睡大觉,总想利用这份小天地,做出一番成绩来,发挥图书馆真正的作用。我一直认为,政府虽然是公共图书馆的建设主体,但政府投入的经费再多,没有读者来光顾,图书馆还有存在的价值吗? 我曾经参观过一个图书馆,馆长口若悬河地介绍,这几年向政府要了上千万的资金。光是一个电子阅览室就投入了好几百万元。但我们看到的是:很有气派的电子阅览室是空荡荡的,这样好的设备竟然没有一个读者来享用,真是图书馆的一种悲哀。我倒觉得图书馆办得好不好,其关键还是我们的读者说了算,读者才是图书馆的生命源泉。

我们的做法和经验是:花小钱,先做事;干好事,再说钱。比如:我们馆现有的馆藏资源和设备,绝大多数都是来自于我们厚着脸到处"化缘"得来的捐赠,如国家图书馆,北京东城区图书馆,中国设计院,武汉大学图书馆、重庆大学图书馆、中小型图书馆联合会……都为我们提供了很多帮助。然后,我们把这些有限的资源利用起来吸引读者,让他们沉醉在书香里。北川图书馆的读者从周五到双休日、节假日、寒暑假等这段时间里,门庭若市,但其他的时间,来馆光顾的读者就要少些。如何让周一至周四的图书馆也能火起来,带着这个问题,去年我们和县广播电视台建立了"青少年读物宣传栏目",又争取宣传部发文,要求机关干部每人每月读两本书,但其结果呢? 只有个别单位有了行动。因此,图书馆的阅读和推广依然是我们要面临的新难题。

一直以来,在一些人的眼中,都片面地认为图书馆的工作就是守几本破书,他们对图书馆的功能和存在的社会价值始终抱有否定的态度。这几年,我们把整个心思都放在图书馆的发展上了,目的是希望有朝一日,图书馆能扬眉吐气。多年来,我们靠着"乞讨"过日子,厚着脸皮要捐赠、要资金、要人员。还充分抓住各种协作的机会,积极和其他机构团体开展合作。比如,当县作协要出版《北川文艺》时,我们便搭上了这一艘船。我们花时间、花力气在全县范围内收集文学作品,或抽时间写一些小块的文章,书刊出版了,我们没花一分钱,却获得了"北川图书馆协办"的好名声,这无形中就宣传了图书馆。还有,大学生志愿者团队来北川后,我们负责搞宣传、招募培训对象、提供免费活动场地,同样钱花得不多却产生了很好的社会效益,得到了广大老百姓拥护和青睐。图书馆有了可喜的变化和发展,地方政府当然会大力支持图书馆的发展。

(刘锦山 刘剑英 李春)

二十三、解爱林：基于多元化创新的图书馆服务

解爱林，1971 年 7 月出生，山东即墨人，本科学历，从事图书馆工作二十余年，现任即墨市图书馆馆长。注重对图书馆工作的理论研究，撰写并发表论文40 余篇。其中《多元合作与少年儿童阅读推广》获国家级论文一等奖并在鲁豫皖赣新五省图书馆学会交流。《社区图书室的建设与利用——关于即墨市社区图书室可持续发展的思考》《关于公共图书馆营造优雅舒适的服务环境的几点思考》获国家级论文三等奖。曾先后荣获"青岛市服务农民服务基层文化工作先进个人""青岛市'益民书屋'工程农家书屋建设十佳个人""即墨市关心下一代先进个人""山东省农村优秀文化人才""山东省古籍保护先进个人"等荣誉称号。2012 年，主导推出了图书馆吉祥物"墨墨"小精灵及少儿活动品牌"墨墨"智慧加油站。

即墨市位于中国山东半岛西南部，秦代置县，隋朝建城，到如今已有 1400 余年，文化历史悠久。目前，即墨拥有 1 个省级经济开发区、1 个省级高新技术产业开发区、1 个省级旅游度假区，是国家环保模范城、中国优秀旅游城市、全国科技进步先进市、省级文明城市。2012 年，位居"福布斯中国大陆最佳县级城市"第 17 位、山东省县域经济"十强"第 7 位。即墨市图书馆 2008 年开始实行免费开放，2010 年迁入新馆，在第五次公共图书馆评估定级工作中荣获"一级图书馆"荣誉称号，是青岛所属区县图书馆中最大的图书馆，与青岛市图书馆和其余 10 个区市图书馆均已实现了通借通还。在这里，丰富多彩的儿童活动，可爱的吉祥物"墨墨"小精灵，微笑服务暖意融融的图书馆员，认真负责的小小志愿者无不成为市民和孩子热爱她的理由，图书馆年接待读者人数连年攀升，在当地已经形成了较强的文化辐射效应。

1."微笑服务明星"

e 线图情：解馆长，您好。从贵馆提交的案例中我们了解到，贵馆在服务理念、服务方式和服务内容上都进行了创新，2008 年以来持证读者人数和借阅量一直处于上升状态，取得了很好的成绩。特别是贵馆实施的"微笑服务明星"评选活动取得了很好的成效。请您向读者朋友介绍一下这方面的情况。

解爱林："微笑服务明星"评选活动，最早是 2012 年图书馆在响应即墨市委、市政府发出

的"关于在全市开展'改进作风促发展、服务群众惠民生'主题活动"而开展的，后来这项活动就一直延续了下来。图书馆将每年4月确定为"微笑服务月"，并举办"微笑服务明星"评选活动。即墨市图书馆始终坚持"读者第一、服务至上"的观念，利用闭馆时间组织馆员模拟实际借阅情景，让工作人员多换位思考，想读者所想、帮读者所需，增强服务的主动性和自觉性，通过开展微笑服务活动，增强图书管理人员的服务意识，提升读者的愉悦度。同时，要求馆员在工作中要经常使用"十字文明用语"，即"您好、请、谢谢、对不起、再见"。提倡文明用语，改善服务态度，树立微笑服务意识，每天问问自己"今天我微笑了吗?"把灿烂、真诚、热情的微笑送给每一位读者。

4月初，为确保"微笑服务月"主题实践活动顺利进行并取得成效，首先成立以馆长为组长的"微笑服务月"督导小组，召开全体员工动员大会，要求各馆员深刻领悟微笑服务的真谛，把微笑服务活动作为培养自身职业修养的方式，要求大家积极投身到活动中，并将微笑贯穿到服务的方方面面。图书馆宣传栏悬挂活动标语，并在大厅设置全体工作人员微笑专栏。最终根据评比标准综合评定，选出"微笑服务明星"两名。

"微笑服务明星"的评比分为四步进行，即读者打分、督导小组打分、员工互评和个人述职，所占分权重分别为50%、20%、20%、10%。第一步：读者打分。印制"微笑服务调查问卷"600份，内容包含工作人员精神面貌、服务态度、业务熟练程度等多个方面，在20天的时间内，采取现场发放的方式邀请读者对参评馆员进行打分。第二步：督导小组打分。由督导小组成员对参评馆员的日常综合表现进行打分。第三步：员工互评。组织员工进行无记名互评打分。第四步：个人述职。参评馆员对于自身工作进行简明介绍评价。最后根据上述综合得分评选出"微信服务明星"两名。活动期间如发生读者投诉服务态度问题，则直接取消参加活动评比资格。对于当选的馆员除授予"微笑服务明星"荣誉称号、颁发证书外，也把评选分数作为馆员年度考核的重要依据。此外还给予获奖馆员一定的物质奖励，虽然不多，但对其自身也是一种肯定和鼓励，有助于其进一步端正工作态度，提高服务品质，高标准严要求，以更加完美的服务赢得读者肯定。

"微笑服务明星"评选活动至2015年已举办四届，在全馆形成了学先进、拼业绩、比奉献的良好氛围，馆员把"微笑"服务渗透到工作的每一个环节，倾听读者意见，了解读者需求，以更加热情、主动、积极的良好情绪完成各项读者服务工作。

2. "墨墨"火炬手

e 线图情:解馆长，贵馆的"墨墨"火炬手行动——小志愿者服务活动获青岛市文化志愿者示范项目。请您详细介绍一下小志愿者的招募、培训、管理和服务情况以及对图书馆服务起到了哪些促进作用。

解爱林:"墨墨"火炬手行动——小志愿者服务活动是即墨市图书馆的品牌活动之一。该活动以自愿为原则，以义务服务为形式，通过小馆员参与图书馆日常借阅工作，引导他们认识、了解图书馆，科学利用图书馆，锻炼他们的社会实践能力，培养他们尊重劳动、热爱劳动、乐于奉献的传统美德，让他们走出课堂，融入社会;同时也为加强图书馆与读者的沟通搭建了一个良好的平台，也为小读者们锻炼自立能力，丰富实践经验提供了一个绝好的机会。

活动从2010年开始举办，每年寒暑假各1期，至今已举办10余期，一直以来都备受小读者和家长的欢迎。在初期的招募中一直采取的是以优先报名的方式进行选拔,后来随着活动知名度的提高,报名的小读者越来越多,为公平起见,采取了竞争上岗的方式。这一方面有利于培养小读者的竞争意识,选拔出一支更加优秀的小馆员队伍;另一方面也给了更多的小读者一个锻炼体验的机会。所谓的竞争上岗,即对所有报名参与的小读者们进行笔试、面试考核,笔试主要测试图书馆的相关借阅规定,考察小读者对馆内各项制度的了解程度;面试则侧重于考察小读者的表达沟通、应变及服务能力。最后根据综合成绩,图书馆按比例择优录取,选拔出一批高素质的小读者成为小志愿者。

小志愿者在服务期间的任务主要是负责馆内秩序维护及图书分类排架、日常巡架、为读者推荐书籍等实践性工作,工作虽然看起来简单,但对于小志愿者的责任心、耐心、团队协作能力及沟通能力等都是不小的考验。同时,若小志愿者在志愿服务期间违反图书馆制度、不能保证出勤时间、消极怠工等,将被终止"墨墨"火炬手或志愿者身份。如在上班期间不得用工作电脑上与工作无关的网站或者玩游戏,一经发现,第一次将给予提醒,第二次将取消其小馆员资格。

每一期活动结束后,都要对表现优异的小志愿者进行表彰,评选出"最佳小馆员"和"优秀小馆员",并举办颁奖仪式,为他们颁发荣誉证书。

3. 多元合作

e 线图情:贵馆在品牌服务的创建中,提出要借助外力,与馆外社会力量进行多元合作的思路。请您详细介绍一下具体的合作方式和运营情况。

解爱林:通过寻求馆外合作办活动是即墨市图书馆创新服务模式的一次比较成功的尝试。

即墨市图书馆自开新馆到 2015 年 5 月,拥有持证读者 3.1 万余人,年图书借阅量 32 万余册次,服务读者 35 万余人次。在做好基础业务工作的同时,年开展征文比赛、朗诵比赛、读书交流会等阅读推广活动 30 余次,举办各类展览、讲座 20 余场。作为一个县级图书馆,在人员、资金有限的情况下,要大规模、高标准地完成每一次活动,实在是力不从心。在这种情况下,图书馆充分发挥自身有限的人力、财力等资源优势,探索与民办社会组织、机构的合作,多方整合社会资源,采取联合办活动的方式来提高活动水平、扩大活动影响力。

在寻求合作伙伴上,图书馆秉承公益服务以及平等互助的宗旨,双方签订合作协议,在活动策划、观众组织、媒体公关、资金运作等方面,充分发挥各方优势,各司其职,有效实现资源的互补。至今已与昂立外语学校、音乐之声艺术中心、德韵培训学校等多家机构合作,每年合作举办活动 10 余次,且都属于参与人数众多的大型活动。2014 年 4 月,图书馆与昂立外语学校联合举办的"2014 英语活动基地社会实践活动",吸引了近千名家长和孩子现场参与体验。2014 年 7 月,与七色光少儿艺术中心联合举办了"墨墨"智慧加油站小主持人才艺展演,孩子们展示的才艺多种多样,既有古筝、电子琴、小号、黑管和长笛,又有唱歌、朗诵和讲故事,丰富了他们的暑期文娱生活,受到了青少年及学生家长的热烈欢迎。2014 年 8 月,市关工委、市教体局、市自来水公司、市文广新局、市广播电视台、市慈善总会联合举办的即墨市第二届"'自来水杯'中小学生暑期书画大赛颁奖仪式暨获奖作品展"在馆内举行,吸引了众多学生和市民前来参观。2015 年 7 月,为庆祝"七一"建党节,图书馆联合翰博书法教育在一楼大厅举办"庆七一　贺党建"少儿书法展,共展出少儿软笔、硬笔书法作品 120 余幅,为少年儿童学习书法、了解书法、传承传统文化提供了一个良好的平台。

2014 年年底,按照省文化厅要求,图书馆建成并开放了尼山书院。在尼山书院的运作上,即墨市图书馆依然采取多元合作的方式,与奥星学校联合,图书馆提供国学信息资源及更新服务,负责场地设施的维护及日常监管,奥星学校负责组织学习经典文献、进行礼乐教化和道德实践、组织文化体验及情趣培养等各类公共文化活动,双方秉承公益服务以及平等互助的合作宗旨,共同为广大市民服务。尼山书院自开课以来,每周日上午举办国学经典诵读活动,下午举办墨城故事汇活动,吸引了众多家长和孩子参加。

与社会各类机构多方合作,联合举办多种活动,有效地解决了图书馆在人力和财力方面的不足,增加了活动种类,丰富了读者的业余生活,宣传并提升了图书馆的社会知晓度,对合作机构也起到了宣传作用,可谓一举多得。

4. 延伸服务到基层

e 线图情:解馆长,流动服务是基层图书馆开展延伸服务的重要手段和方式,请您谈谈贵馆在这方面的工作情况。

解爱林:流动服务是即墨市图书馆拓展社会服务职能的一种有效途径,极大地方便了基层群众借阅文献、利用图书馆资源。即墨市图书馆的流动服务点现有 20 余个,主要分布在企事业单位、学校、部队。每个流动服务点都会为其办理一张集体借阅证,根据其自身需求,可借阅 300 到 500 本图书,借期不超过三个月。在图书的配送上,主要有两种方式:一种是流动服务点负责人员亲自到馆选书,此种方式的好处是,流动服务点可根据自身实际需求选择需要的图书,灵活性更强,所选的图书相对利用率更高。另一种方式则是图书馆自行挑选图书(多为当年所购新书)送至服务点,此种方式主动性更强,也在一定程度上减少了流动服务点来回奔波的麻烦。两种方式服务点根据需求自行选择。

在到服务点送书的过程中,图书馆往往会"顺便"与服务点一起举办读者活动,例如在每次到德馨小学、二十八中学等学校送书时,会联合学校举办学生们比较感兴趣的朗诵比赛、演讲比赛、国学知识竞赛等活动,受到学生和家长们的欢迎。

e 线图情:贵馆的案例中提到"在全市 24 个乡镇建立分馆、1033 个村设立农家书屋",请您具体谈谈贵馆参与农家书屋建设的情况。

解爱林:我们参与农家书屋建设主要从如下四个方面入手:第一,参与农家书屋图书配送。农家书屋的图书主要都是从全国农家书屋图书必备出版物目录和推荐目录中挑选,挑选的图书都是统一配送,图书质量有了一定的保证,基本上满足了农村群众阅读的需求,但在实际操作中还存在一定的问题。比如图书重复配置、图书种类比例不协调、数量不充足等。针对存在的一些问题,即墨市图书馆积极参与到图书配送这一具体的工作中,所挑选的图书都经专业人员多方比较和认真挑选,以保证用有限的资金采购到最适合农民阅读的图书、报刊、音像制品等,尽可能做到在保证图书质量和内容的前提下,最大限度降低成本,以有限的资金采购到尽可能多的图书。

第二,加强农家书屋图书管理员的培训和辅导,规范农家书屋业务管理。农家书屋管理员基本上是兼职或临聘人员,没有管理经验,为提高管理人员的业务水平和工作能力,图书馆每月都会选派业务人员,到各乡镇、办事处为其辖下的农家书屋、基层图书室管理人员进行业务辅导、培训。针对基层图书室、农家书屋普遍存在的分类不准确、排架不规范等现象,辅导人员结合各图书室的实际情况进行讲解,并帮助解决图书室在图书管理过程中遇到的各种疑点、难点问题。

第三,利用文化信息资源共享工程,提供电子阅读服务。现即墨市各村镇均设立了共享工程基层服务点,开设了电子阅览室。图书馆依托共享工程强大丰厚的数字资源,多种方式开展基层服务工作。一是开设共享工程培训班,对文化信息资源共享工程基层点技术员进行专门辅导培训,年举办培训班10余期,培训人员近1000人次;二是利用共享工程资源进行视频播放,年播放100余场次,服务群众20 000余人次;三是利用电子阅览室开展农民上网培训,以提升农民获取信息的能力,满足他们对信息日益增长的需要。

第四,开展各种读书活动,增强农家书屋活力。为满足农民群众日益增长的文化需求,我们主动参与"三下乡"活动,利用活动积极策划把农家书屋作为文化下乡活动的主要阵地,充分利用图书馆的资源优势,联合举办系列服务宣传活动,与农家书屋一道举办农业实用技术书籍展览宣传,在农闲、传统节日期间开展农业生产生活知识竞赛、猜谜语活动以及棋牌比赛、手工比赛等娱乐活动。

(刘锦山　刘锦秀　解爱林)

二十四、张猛:用软实力打造图书馆发展硬道理

张猛,1975年11月生,中共党员,毕业于中央财经大学,公共管理硕士。先后在山西省朔州电视台历任记者、栏目制片人,外宣部副主任,2005年12月担任朔州市文化中心主任,2011年兼任朔州市图书馆筹备组负责人负责图书馆开馆筹备工作,2012年10月任朔州市图书馆馆长至今。

2015年,山西朔州市图书馆刚刚迎来了新馆开馆后的第三个年头。但就在这短短几年间,朔州市图书馆的发展势头却丝毫不亚于国内其他同类型图书馆。有特色,亮点多,这是有关专家对朔州市构建公共文化服务体系方面的有力评价。这其中,朔州市图书馆作为当地公共文化服务的主体力量,正在并将继续发挥越来越重要的作用。

1. 职能转变与创新

e 线图情:张馆长,非常感谢您接受我们的采访! 首先请您简单介绍一下贵馆的基本情况。

张猛:朔州市图书馆是于2012年6月经山西省编办和市委市政府批复设立的副县级建制的全额事业单位。开馆时间虽晚,但起点较高,是目前全省规模最大的地市级图书馆之一。新馆占地面积5万平方米,建筑面积1.5万平方米,地上四层,地下一层。全部采用大开间、软分隔的空间布局,错落有致、简约大气。新馆是典型的"园中馆""馆中园""馆中馆"。

作为一个现代化图书馆,朔州市图书馆引进了业界许多先进的图书馆设备。实现了全省6个"首次":首次运用休闲与阅读并重的设计理念;首次全面运用RFID无线射频技术自助借还;首次配备24小时自助图书借还机;首次引进电子书及报纸杂志借阅机;首次引进自助办证机;首次开通手机移动图书馆和微信图书馆。这些都为读者的自主检索、阅读和借还提供了极大的便利,使我们的服务真正达到了"高层次、全天候、无盲时"。

截止到2015年6月,朔州市图书馆接待读者182万余人次,累计办证1.8万张,文献借阅量127.5万册,举办各类活动470余场,品牌栏目"朔州大讲堂"已成功举办111期,周末公益电影免费播放130余场。手机图书馆读者点击量呈现出爆发式的增长,达到34.9万人次。报刊部在2015年1月1日正式实行期刊外借,受到读者的欢迎,短短半年的时间,期刊借阅量达到1716册次。2014年4月,朔州市图书馆成功承办了"山西省公共图书馆高峰论坛",在省内图书馆界产生了较大的影响力。此外,还先后荣获了"2012—2013年度文明单

位"、山西省"爱国拥军模范单位"等称号,先后有20多家图书馆同行组团前来参观交流。

e线图情:我国公共文化服务体系中涵盖了众多的公共文化服务机构,图书馆是其中的主体。您此前曾在朔州电视台、朔州市文化中心等多个文化机构工作过,在您看来,在公共文化服务体系中,图书馆所承担的角色和其他文化机构有什么不同?

张猛:公共文化服务体系是政府部门主导的为确保公民实现文化权利,以满足公民基本文化需要为根本目的,向公民提供公共文化产品与服务的制度和体系。党的十八大报告明确提出要建立覆盖全社会的公共文化服务体系。图书馆作为公共文化服务体系建设的中坚力量,是一个专门收集、整理、保存、传播文献并提供利用的科学、文化、教育和科研机构。

与其他文化机构相比,图书馆的独特职能主要体现在以下几个方面:①保存人类文化遗产。从图书馆的历史可以知道,图书馆的诞生就是为了保存人类文化遗产,直到今天这依然是图书馆最基础的职能。②开展社会教育。著名教育家蔡元培先生说过,"教育不专在学校,学校之外,还有许多机关,第一是图书馆"。学校教育之外,对我们最为重要的就是社会教育,而图书馆特有的社会教育功能是其他任何形式的社会文化教育机构都无法替代的。③传递科学情报。图书馆馆藏是图书馆开展科学情报传递工作的物质基础,因此图书馆在这方面也具有独特的优势。而在当前信息社会,图书馆的科学情报功能将变得日益重要。④在学习中体验文化娱乐。图书馆提供的服务不仅可以满足社会对知识与信息的需要,同时还能满足人们对娱乐休闲的需要,丰富和活跃了人民群众的文化生活,在精神文明建设当中起到了不可磨灭的作用。

e线图情:张馆长,那您觉得,图书馆要在构建公共文化服务体系中更好地发挥自身作用,应该朝什么方向发展?

张猛:目前,面对社会发展的新要求和人民群众日益增长的精神文化需求,图书馆的建设不能仅仅局限在增加投入、加强文献资源建设和基础设施建设等硬件方面,更要在管理理念和服务意识等软实力方面下功夫。对内创新管理和服务模式,对外以读者需求为导向,提升服务效能,这样才能充分发挥图书馆的功用,进而为构建公共文化服务体系做出贡献。

一是要确立以人为本的理念。变"以书为本"为"以人为本",建立以需求为调节手段的动态运行机制,及时掌握并适应读者的新要求,根据最新反馈的需求和问题,将丰富的馆藏资源进行有效的组织和管理,满足当今环境下读者对文献信息多样化、个性化和深层次化的需求。二是要提高专业人员素质。要为群众提供优质、快捷、方便的文化服务,必须要有一支高素质的队伍作为支撑。要努力吸引优秀的复合型人才加入公共文化服务体系的建设事业中。三是要创新管理和服务模式,激发内生动力。比如实行岗位管理、公开招聘等管理模式,对人员收入分配实行同工同酬,将绩效考核与工资挂钩。通过这些措施,调动员工的积极性,提升他们的竞争力,从而激活图书馆的内部活力。四是要完善图书馆服务网络,扩展服务范围。公共图书馆在缩小数字鸿沟、消除城乡文化差别方面担负着重要责任。各系统图书馆应努力建设城乡一体化、功能完善、资源共享、管理规范的全新公共图书馆服务网络。

e线图情:贵馆网站上很醒目地提出了"城市会客厅,市民大书房,文化大展台,高雅休闲地"这几个概念,您能结合贵馆开馆以来的情况谈谈您对当前图书馆的功能定位的理解吗?

张猛:过去,我们的传统图书馆只限于为读者提供文献查询服务,而且采用的是闭架阅览,无法为人们提供方便快捷的服务,大大限制了图书馆的作用。随着我国图书馆事业的发展,人们越来越重视图书馆职能的转变与创新。图书馆不仅有保存文化遗产、向人们提供信息查询服务的功能,还具备开展社会教育、传递科学情报、开发智力资源、提供文化娱乐等能力。这在我国的现代图书馆里已经得到了很好的体现。

朔州市图书馆以"城市会客厅、市民大书房、文化大展台、高雅休闲地"为服务定位,集知识、文化、休闲娱乐为一体,致力于为人们提供一个轻松娱乐的学习场所。我们不仅要让读者在这里能够吸取知识的养分,还要让读者在学习知识的同时感受到学习的快乐与高贵、静雅的享受。可以说这非常符合图书馆的发展规律,也完全迎合了社会对图书馆职能转变的新要求。通俗点说,就是用优雅的环境吸引读者,让读者在潜移默化的氛围中感受读书的乐趣,从而爱上读书,我们开玩笑地说,来图书馆可以不看书,来发呆也行……

2. 加强图书馆文化建设

e 线图情:张馆长,加强图书馆文化建设可以对内凝聚人心,对外树立形象。近年来,我国图书馆界对于自身的关注正在不断加强,如越来越多的图书馆有了自己的馆歌、馆刊,以此推动图书馆文化建设,让全社会更多地了解图书馆的作用和价值。贵馆也有自己的馆歌和馆刊,而且贵馆还设立了宣传企划部,这在图书馆的部门设置中十分少见,可见贵馆对于图书馆文化建设的重视。您能为我们介绍一下贵馆在图书馆文化建设方面的想法和做法吗?

张猛:图书馆文化是具有丰富内涵和外延的文化复合体,就像您所说的,图书馆文化建设可以对内凝聚人心,对外树立形象。朔州市图书馆一直以来都非常重视文化建设,具体包括以下几方面:

①环境文化建设。加强图书馆物质环境建设,增强馆舍环境人文内涵的营造,能使图书馆超越简单的物质形态,成为有灵魂的存在形态,给读者心灵以精神性的文化陶冶和濡染。如朔州市图书馆不仅有供读者查阅文献的阅览区,还有风格迥异的休闲区,且每一层的墙体设计都彰显着朔州市的人文历史;设有老年阅览室、视障阅览室等为特殊群体服务的空间,并设有对困难群体关怀的无障碍通道;有数字图书馆、手机移动图书馆等数字资源服务等。这些都是图书馆环境文化建设的重要内容。

②制度文化建设。制度文化是图书馆文化的重要构成要素,包括图书馆的各项规章制度和行为准则等,表现了图书馆在管理上的文化个性特征。通过对报酬与奖惩系统的设计,晋升、遴选或解雇等标准,行为规范等的制定,它可以营造一种图书馆所独具的着意于人的精神与物质需要、图书馆近期目标与长远发展、对内的自我完善与对外的社会奉献等的和谐统一的图书馆文化。朔州市图书馆的《馆员手册》就是从行为规范、员工福利、奖惩条例等多方面制定的。馆员仔细阅读如无异议,均要在手册上签名,立下承诺,以此来提升员工的认知度和责任感,促成行为规范。

③组织文化建设。图书馆组织文化也是图书馆文化建设中的重要内容,包括图书馆的最高目标、基本信念、价值标准和行为规范等,它是图书馆在长期的生存和发展中所形成的,是图书馆多数成员所共同遵循的。通过两年的积淀,朔州市图书馆人也有了自己的理念与目标。我们的管理理念为"公司化管理、酒店式服务、公益化运作、项目制推进";设计理念为

"市民大书房、城市会客厅、文化大展台、高雅休闲地";发展理念为"传承、融合、创新、超越";行动理念为"马上行动、没有借口、做到完美、再接再厉、认真负责、敬业奉献";全馆的座右铭是"把事情做到最好";终极目标是"打造全国领先、全省一流、业界有名、市民满意的现代化图书馆"。

3. 创新管理和服务模式

e线图情:张馆长,在图书馆管理方面,您提出的"公司化管理、酒店式服务、公益化运作、项目制推进"的管理理念十分新颖独特,而且实践效果十分显著。您能谈一下,当初您为什么会提出上述理念?

张猛:提出这一管理理念,一是与我的工作经验有关,二是与我求学期间所攻读的公共管理专业有关。在事业单位待得久了,发现与企业相比,事业单位工作人员相对而言纪律比较松散。与市场经济发展起来的第三产业服务业工作人员相比,服务意识比较单薄,衙门意识较强。因为服务质量和效果与本人的经济收益没有直接关系,也没有业绩考核的压力。图书馆作为文化公益窗口服务单位,起着传承文明、社会教育的公众职能,如果我们延续事业单位的工作作风不进行改进的话,就不能真正发挥其职能,所以我借鉴国内外著名管理学原理提出了这一理念。我提出要变被动管理为自觉管理,意思是只要制度建立好了,执行好了,那么员工从被动接受你的管理就会变成一种习惯行为,最终成为自觉管理,也就是自我约束,从几年来的实践来看,管理效果很明显。

e线图情:目前贵馆所取得的成效已经达到了您预期目标了吗?

张猛:从朔州市图书馆实践的经验来看,我觉得我的理念收到了预期的目标。图书馆实行"公司化管理、酒店式服务",主要体现在严格的考勤制度和全勤制度以及工作人员良好的工作态度和工作作风上。迟到早退缺勤现象很少,能够保证工作人员始终为读者服务,从未出现过读者有需求找不到工作人员的现象。而且我们的工作人员态度很好,对读者的提问要求必应,想方设法满足读者的需求,根本不存在机关事业单位"门难进、脸难看、事难办"的现象。

"公益化运作和项目制推进"主要体现在图书馆开展的效果显著的一系列公益活动。图书馆的社会活动采取项目制推进的做法,由一个或几个部门主办,其他各个部门相互配合,最大限度保证了大家齐心协力的状态,不至于出现推诿扯皮现象,同时也锻炼了各个部门策划、组织活动的能力,增强了馆员凝聚力的效果。可以说由于开馆时间短,馆员的专业素质还需要一个积累的过程,但我们的礼仪服务和管理模式已经成为我们的名片。

e线图情:贵馆的项目制管理方式的顺利实施必然需要管理者具有一定的综合管理能力。显然,这对馆员的能力提出了更高要求。在您看来,一名优秀的图书馆员应具有哪些能力?

张猛:我认为一名优秀的馆员首先应该具备很强的执行力、扎实的业务能力和出色的创造力。

e线图情:人才是图书馆发展的第一要素,在图书馆人才队伍的建设方面,贵馆是怎么做的?

张猛:在人才队伍的建设方面,我们做了很多工作。为了推动馆员队伍业务素质的尽快提升,图书馆每周一闭馆期间雷打不动地开展业务学习活动;另外我们还采取了"走出去、请进来"的办法,带领馆员到山西省图书馆、国家图书馆等兄弟图书馆参观学习,让他们增长知识、开阔眼界。2014 年图书馆全员到省图培训,规模之大,开创了省内图书馆界的先河。我们还不定期地聘请知名专家开展礼仪服务培训,提升馆员的服务素质;我们积极创新业务学习方式,倡导"干中学、学中干",自行研制考试软件,精心准备考试内容,举行馆员业务知识竞赛,达到了全面检测馆员业务理论水平的目的;我们还不定期地进行社会拓展活动,举办文化娱乐活动,开展各类竞赛,如演讲比赛、最美馆员评选等,并由全馆各部门协力组织,馆员共同参与。通过这些平台,馆员将个人梦想融入工作实践中,促进馆员之间沟通,增进彼此间的了解,培养团队的协调互助能力,最终增加团队凝聚力。

目前,朔州市图书馆已拥有一支充满活力的馆员队伍,现有员工 90 名。他们年纪轻、学历高、素质硬。其中,90% 的员工都在 30 岁以下,14% 的馆员为硕士研究生毕业,80% 以上为本科学历。在"公司化管理、酒店式服务、社会化运作、项目制推进"的管理理念的引领下,他们朝气蓬勃,拼搏奋进,伴随着同样年轻的朔州市图书馆一同成长。

e 线图情:对于今后贵馆的发展,您还有什么新的想法吗?

张猛:对于图书馆今后的发展,我们希望,在开展社会活动方面,走特色化和品牌化,真正形成具有地方特色、满足市民需求、有实质效果、有深远影响的品牌项目;在业务方面,尽快填补短板,将馆员培养成学科型馆员、知识经纪人,凸显图书馆信息高地的职能。

e 线图情:为了更好地吸引人们走进图书馆、利用图书馆,现在图书馆都在积极推出各种服务和活动,特色化、品牌化趋势日益突出。您能给我们介绍一下贵馆的特色服务项目或服务品牌吗?

张猛:除了日常借阅、咨询服务、推动全民阅读,朔州市图书馆注重打造市民生活第三空间,我们以"一体两翼"品牌活动为支撑,积极开展丰富多彩的阅读推广活动。其中,"阅读推广活动"为主体,"朔州大讲堂""周末公益电影"为两翼。

为了充分发挥图书馆馆外图书流通点作用,使文化资源惠及各阶层群众,延伸图书馆社会教育空间,朔州市图书馆还建立了"服务下基层,书香飘万家"的品牌活动,广泛开展图书进机关、进企业、进农村、进学校、进工地、进军营"六进"活动,不仅将知识带到最需要的地方,也给这些地方送去了温暖。

我们采取兵团作战,全面开花的方式,利用"世界读书日""科技周""服务宣传周"、法定节日、"全民读书月"、寒暑假等节假日和热门话题,针对老年人、未成年人、残障人士、农民、大学生等各类人群,融汇讲座、展览、比赛、论坛等各种活动类型开展主题阅读推广活动。

品牌栏目"朔州大讲堂"每周六固定推出,遍请名家讲解历史、文化、教育、健康等内容,提升了朔州市图书馆的文化品位。"朔州大讲堂"自 2013 年 3 月 23 日开办以来,已成功举办了近 106 期,成为朔州市民非常欢迎的一个品牌讲座栏目,社会反响强烈,各大媒体争相报道,朔州广播电视台还专门开辟栏目实况播出。

为进一步扩展服务内容,丰富读者的周末生活,图书馆还推出周末电影放送活动。每周六和周日各有一场,读者凭借书证领取观影券就能够免费入场看电影。考虑到读者以学生和年轻人为主,我们在电影的选择上,注重选择一些优秀的富有教育意义的影片。

（刘锦山　刘剑英　张猛）

二十五、王芳:创新机制　服务基层

王芳,女,汉族,1968 年 2 月出生,研究馆员,现任内蒙古自治区鄂尔多斯市东胜区图书馆(东胜区少年儿童图书馆)党支部书记、馆长,鄂尔多斯市图书馆学会理事。2010 年,被文化部主管中国文化管理学会授予"公共文化设施管理先进个人"荣誉称号;2010 年,被鄂尔多斯市精神文明建设委员会评为"全市未成年人思想道德建设先进工作者";2010 年,被中共东胜区委员会、东胜区人民政府评为"东胜区首届'万家乐'元宵文化节先进个人";2010 年,被东胜区文化局评为"文化系统先进工作者";2011 年,被内蒙古图书馆学会评为"百县图书馆优秀馆长";2012 年,被中共鄂尔多斯市委员会、鄂尔多斯市人民政府评为"创建全国文明城市先进工作者";2012 年,被中共鄂尔多斯市东胜区委员会、鄂尔多斯市东胜区人民政府评为"'三八'红旗手";2012 年,被中共鄂尔多斯市东胜区委员会、鄂尔多斯市东胜区人民政府评为"东胜区民族团结进步模范个人"。出版专著《鄂尔多斯笑话》《月下情诗随风来》,发表学术论文多篇。

鄂尔多斯市东胜区图书馆成立于 2012 年 5 月,其前身是成立于 1987 年 6 月的东胜区少年儿童图书馆,是一所独立建制的少年儿童图书馆,也是全国文化信息资源共享工程东胜区支中心。外设有 14 个分馆、11 个社区阅读角、7 个机关图书流动点、9 个图书馆基层服务点以及 4 台 24 小时街区自助图书馆、1 辆汽车图书馆、15 个共享工程基层服务点、68 个公共电子阅览室。如此规模的基层服务网点建设,对于一个馆舍面积 2520 平方米的区级图书馆而言,实属难能可贵,非常值得我们去学习借鉴,于是我们走访了东胜区图书馆并对王芳馆长进行了访谈。

1. 抓住机遇　跨越发展

e 线图情:王馆长,您好! 很高兴您能接受我们的采访。请您首先向读者朋友介绍一下贵馆的发展历程和基本情况。

王芳:鄂尔多斯市东胜区图书馆于 2012 年 5 月成立,系一级图书馆,其前身东胜区少年儿童图书馆成立于 1987 年 6 月,是一所独立建制的少年儿童图书馆。我于 2005 年 6 月来到这里工作,当时馆藏只有 1 万册,每年的购书经费只有 1 万元,8 名在职职工,2 名馆长,一正一副,就是这样一个基本情况。近十年来,我们抓住鄂尔多斯市经济发展的良好机遇,经过不懈努力,实现了跨越式的发展。馆员队伍逐渐壮大,现有职工 105 人,其中具有本科以上学历的 84 人,占职工总数的 80%,高级职称 4 人、中级职称 9 人、初级职称 63 人;馆藏文献逐渐充实,现有文献资源 74 万册(件)22 万种。其中,期刊 1576 册 784 种,报纸 1097 册 93 种,古籍文献 4801 册,盲人有声读物 250 盘 34 种、盲文读物 270 册,电子图书、报刊 10 325 种,视听文献 1451 件及数字动漫视听文献 20 611 分钟。

2005 年 10 月,我们开始使用 ILASS 小型版数据库,对书目数据进行加工,由于人员知识结构和业务水平有限,难度还是相当大的。于是我们就从电脑的开关机开始,对人员进行了计算机、图书馆学方面知识的全面培训。从 2005 年 11 月到 2006 年 7 月,我们自行完成了 3 万册图书的书目加工。2009 年,东胜区通过了全国文明城市的评选,这项评选要求行政区必须拥有一个二级图书馆,而我们馆当时正好也已具备这个条件,同时我们又向政府申请到 70 万册的图书,馆藏资源得到充实和壮大。2010 年 1 月,图书馆通过了文化部二级图书馆的认定。2011 年,我们又采用 Interlib 图书馆集群自动化管理软件,实现了馆藏文献智能化管理,接通了百兆光缆宽带,实现了馆内无线网络全覆盖,并建立了图书馆网站、开通了微博、微信及掌上手机图书馆。2012 年,图书馆正式挂牌成为东胜区图书馆,同时保留鄂尔多斯市东胜区少儿图书馆。

我们的采编室是图书馆基础业务部门之一,是图书馆工作的源头,负责通过调查、分析、研究读者的需求,掌握图书出版发行动态,然后结合实际制订出图书经费的预算和采购计划,还要通过各种渠道收集文献资料,并对这些文献资料进行加工整理。专业化的采编室逐步实现了馆藏文献的规范化、有序化,并建起了特色的馆藏体系。我们的地方文献室主要收藏了反映东胜地区政治、经济、科技文化、历史地理等各个方面的地方史料、地方志、行业志等。地方文献作为一种独有的文献资源,具有一般文献资源无法替代的文献价值和现实意义。目前我们已经收集到地方戏剧、地方作家作品、地方企业报刊、地方非物质文化遗产等各类文献 150 多种、近 8000 册。后续我们还打算以建设地方文化产业、地方劳模、地方党政领导、地方非物质文化遗产等专题地方文献数据库为重点,逐步推进特色地方文献资源的建设工作。

东胜区图书馆是全国文化信息资源共享工程东胜区支中心,挂牌成立于 2005 年。通过这些年的不断发展,现已建成 15 个共享工程基层服务点及 68 个公共电子阅览室,并且实行统一的规范化管理。我们定期为共享工程基层服务点下放数字资源,为技术人员提供培训服务,确保文化信息资源的广泛传播。作为共享工程的支中心,我们利用共享工程数字资源不定期地深入社区、学校、农民工棚等地开展各类电影放映、知识讲座等,从而让广大人民群众能够方便快捷地享受到优秀的文化成果。图书馆培训室的主要工作就是负责对分馆、社区阅读角、草原书屋、万村书库、各镇、街道文化站及村、社区图书室进行人员培训及业务辅导,提高基层图书管理员的服务水平,加强基层图书室的规范化管理,确保各基层图书室的正常运行,全面提升图书馆的整体服务能力。我们的馆外流通室会根据分馆、社区阅读角等各馆外流通点读者的需要,有选择地、有针对性地配送图书,并且不定期地进行图书更新、交换,从而使有限的资源能够得到最大化的利用,让更多的市民享受到读书的乐趣,获得终身学习的机会,同时也负责协调与馆外流通点开展各项读者活动,使馆内外形成联办互动的读书氛围。

多年来,我们以"读者至上、服务第一"为宗旨,创新、优质的读者服务工作得到了广大读者和上级部门的一致肯定,先后受到国家、自治区、市、县各级部门的表彰奖励30多次。在得到肯定的同时,我们希望通过不断努力,进一步拓展思路,提升服务品质,为实现全区的文化大繁荣、大发展而贡献更大的力量。

2. 强化服务　提升效能

e 线图情:王馆长,我们了解到,贵馆年流通人数达21万人次,年流通图书近40万册次,而东胜区的人口约60多万人,流通人次占到了东胜区人口的三分之一,流通图书几乎人均一册,应该说这个比例是相当高的,也就是说作为一个基层图书馆,贵馆的运营效益是非常好的,因此先后受到国家、自治区、市、县各级部门的表彰奖励30多次。请您向读者朋友谈谈贵馆是如何做到这样的成绩的?

王芳:这些年我们通过积极开展各种活动,加强对图书馆的宣传力度,让更多的人了解图书馆、关注图书馆、走进图书馆,到馆人数、流通册次等数据都不断刷新纪录。东胜区图书馆实行全免费开放,每周开放72小时,提供借阅、咨询、检索、网络信息查询、音像、培训等多类型、多层次的服务。在内蒙古地区的区县图书馆中,东胜区图书馆是开馆时间最长的,曾经一度达到84小时,从早上8点半到晚上8点半,节假日不休息。后因场馆原因,我们不得已将开馆时间调整为72小时。现在已经达到年流通人数达21万人次,其中馆内13万人次,馆外8万多人次;年流通图书近40万册次,其中馆内26万多册次,馆外13万册次;每年举办读者特色活动80余次,参与者达3万人次;每年开展共享工程影片播放、知识讲座、培训40余次,受益近万人;年下乡辅导800多次。

在1987年到2012年之间,东胜区图书馆的持证读者只有3000人,主要是因为以前馆舍面积小,加上对阅读不够重视,也缺乏必要的宣传,很多人都不了解图书馆。在我们创建文化服务示范区的申请过程中,在政府的重视之下,从过去的持证读者3000人激增到了2万人,流通人次也达到了20万。我们每周六、日进行统计,比如上个星期流通册次是1000册次,流通人次800人次。我们一个班上是4名职工,这么大的读者量还真是有些接待不过来了。现在东胜区的固定人口数量大约是43.8万,人均年流通册次基本上达到2册。到馆的读者大多数都是持证读者,有的来看书,有的来自学,无论是阅览还是自学,我们都给予支持。到馆的读者中,老年人主要是来学习电脑操作的,青少年主要是来阅读、学习的,也为参加一些活动、讲座,比如故事会讲座、作家签名活动等。中学生大多自己来,学龄前儿童以及小学生由家长领着来,孩子不需要办证,只需家长办证。针对不同年龄的儿童,我们会用不同的颜色标注出适合各年龄段儿童的图书,方便家长引导孩子阅读。我们还考虑到学生平时都要上学,没有太多时间来图书馆,就服务上门,用图书流动车拉上书籍进校园,为学生们现场办证,送书上门,主动参与到教学中去。

在2013、2014年,我们做到周周都有活动,通过活动引导读者热爱阅读,不断提升自身的文化素养,创建书香东胜。通过每年举办高达80项的主题活动,吸引了越来越多的读者走进图书馆,这大大增加了流通册次和流通人次。我们的活动主要是以面向青少年和老人为主,采取主动走出去的策略,与不同的团体开展活动。比如我们和老年公寓合作,为老人开展一些文化活动、亲情活动,如播放电影、书画比赛,还有阅读报纸、讲故事活动等。再一个是与特殊学校合作开展活动,我们每月都会去一次特殊学校,面向学校的全体师生组织开展一些文化活动。事实上,开展活动是一个共同学习、共同进步的过程,在提高读者文化素养的同时,馆员的综合素质也可以相应得到提升,包括服务能力、政治素养、文化修养等各个方面。

3. 创新机制　服务基层

e 线图情:王馆长,我们知道,基层图书馆是群众享受公共文化服务最为便捷和现实的途径。因此,服务基层群众也就成为基层图书馆最为拿手的服务项目之一。基层图书馆将自己的服务触角深入到更加基层的地方,是基层图书馆服务创新的重要内容之一。请您谈谈这方面的情况。

王芳:由于我们的旧馆只有 2000 多平方米,新馆也是刚刚建起来,为了更好地开展服务,让精神的食粮和文化的大餐惠及更多的群众,我们决定将服务的触角延伸到馆外,特别是到最基层的社区。截至目前,已经建立了 13 个分馆、9 个基层服务点、26 个草原书屋、11 个社区阅读角、15 个共享工程基层服务点、68 个公共电子阅览室以及 1 个汽车图书馆、4 个 24 小时自动图书馆。通过这些基层服务点的建立,真正实现了身处东胜区的每个人都能看到图书、享受到阅读服务,同时也很好地增强了我们自身的服务意识。为了使服务能够更好、更专业化、制度化地可持续开展下去,我们把人员直接派驻到 15 个街道办事处的文化站担任副站长,主要负责开展群众文化和服务,他们的行政编制仍然隶属于图书馆,这一举措应该算是我们的一项创新了。

我们分布在城区里的分馆能够保证 42 小时的开馆时间,利用率还是比较高的。利用率最高的是设立在学校的分馆,主要是因为现在学校基本都开设有语文课的课外阅读课程,能够很好地利用图书馆的资源。为满足牧民的文化需求,我们利用共享工程的数字资源,建立了草原书屋,利用率也比较高。24 小时街区自助图书馆免费向市民提供全天候自助借书、自助还书、申办新证及图书查询等服务,凡持有第二代身份证的中国公民以及外籍人士都可以在自助图书馆办理读者证,真正实现了一卡通。每个读者证每次可以外借图书两册,借期为 20 天,到期前可续借 1 次,续期为 10 天。读者可以通过东胜区图书馆的网站、微信或在本机进行续借。

另外,我们利用互联网和文化共享工程,建立了 68 个公共电子阅览室,通过网络为读者提供服务,每年我们都会加载新的资源供读者阅读利用。还有就是每年的 7 月到 8 月,我们利用汽车图书馆为社区播放电影、现场办证、提供阅读服务,这一流动服务形式深受广大居民的欢迎,也已成为我们的一个服务亮点,总之就是通过各种形式和手段开展服务。现在人们家里都会有不少读完后闲置的图书,为了充分利用这些资源,进一步发掘其使用价值,2013 年,我们推出了"爱心图书接力"活动,读者可以带来一本或多本自己六成新的书放在图书馆供其他读者阅读使用,然后交换一本或多本图书馆或者其他读者拿来的同等价值、同等数量的书。这项"读者—图书馆—读者"的互动活动一经推出,就得到广大读者的热烈响应,到目前为止我们已经交换了 1 万多本书。为了方便读者查找、借阅,我们对读者拿过来交换的图书都进行了编目。活动中,我们还对积极参与的读者给予必要的奖励,如赠送读书卡等。

在图书馆的管理与服务中,我们必须要解放思想,如果始终停留在过去的服务模式上,必然会制约整个图书馆的发展。我认为,图书馆不应该只是一个藏书、看书的地方,我们完全能够开展与阅读、文化相关的更多活动。比如少儿馆完全可以在条件允许的情况下,划分出动静两个区域,以适应孩子好动的天性,并引入一些适合孩子们的寓教于乐的游戏活动,让孩子们来到图书馆,既可以安静地享受阅读,又可以开心地参与有益身心成长的游戏活动,通过创新服务模式,诠释"以人为本"的要义,更好地体现人性化的发展思路。文化知识并不只是通过看书才能获得的,它同样可以在有益的活动中获得。我们要做的,就是打造一个多元化的文化氛围和舒适的阅读环境,充分利用图书馆的空间资源,以文学、历史、艺术等各种文化为模块,打造独具特色的墙上文献、空间文献,为读者营造全新的文化视觉,让读者一走进图书馆,随处都能立即感受到书籍和文化所蕴含的内在生命力和感染力,同时还有一种回家的感觉,置身其中,清新自在,安逸祥和。

从建馆至今,我们始终坚持以"读者第一、服务至上"为宗旨,并随着时代的发展不断推进更加人性化的服务,加强宣传,让读者能够更多地了解和热爱图书馆,提高馆藏资源的利用率,践行终身学习的社会倡导,让大家真正能够活到老学到老。我们就是以这个为出发点去开展我们的工作、做好我们的事业的。我们希望能够通过努力,把整个地区的阅读能力提升起来,大家共同阅读,共同提升,共同做好这份事业。

e 线图情:非常感谢您,王馆长!从您的介绍中,我们了解到很多值得推广和借鉴的服务创新和举措,正如您所言,无论是读者还是图书馆人员,在阅读服务的过程中,都将获得共同的提升,共同为做好图书馆事业做出贡献。

(刘锦山)

第三部分 案例:基层图书馆建设与服务创新案例研究

一、白云有意 润物无声
——大连图书馆"白云系列"文化活动案例

文化传统是一个民族赖以生存的基础。图书馆作为终身教育的最佳场所,应充分发挥馆藏和人才资源优势,对引领社会风气起到积极的促进作用。大连图书馆作为有着百年历史的"老馆",一直以弘扬中华优秀传统文化、打造城市文化底蕴为己任,依托白云书院,开展各种形式的文化活动,形成了享誉国内外的国学义塾、传统文化系列讲座、书"春"大赛、白云吟唱团古典诗词吟唱、白云美术展览等系列文化品牌,以此传播优秀的中华传统文化,丰富市民的文化生活,发挥公共图书馆社会教育的职能,增强民族认同感和民族自豪感,让优秀传统文化成果更好地惠及广大市民。

(一)白云书院的创办宗旨

大连图书馆始建于 1907 年,前身为"南满洲铁道株式会社图书馆"。现有馆舍 8 万平方米,由白云山主馆、鲁迅路分馆、普湾新馆三部分组成。拥有藏书 460 万册,其中 55 万册古旧籍自成体系,独具特色。馆藏中的许多文献为享誉海内外的稀世珍本,有 128 部古籍入选《国家珍贵古籍名录》。2008 年 1 月大连图书馆被国务院确定为首批"全国古籍重点保护单位"。在文化部组织的公共图书馆评估中,大连图书馆连续五次荣获"一级图书馆"称号。守望与传承是文化发展的核心,也是图书馆担负的使命。为了更好地弘扬中华优秀传统文化,提高大众的文化素养,20 世纪末,大连图书馆创办了白云书院,其宗旨是"延续国学薪火,弘扬传统文化;研读圣贤经典,为学经世致用"。十余年来,白云书院在探索中前行,在实践中创新,走出了一条"图书馆 + 书院"的文化服务和社会教育模式,在国内外引起强烈反响,受到社会各界的普遍关注。

(二)白云书院情况介绍

白云书院取"白云"二字,缘于大连图书馆地处大连美丽的风景区白云山麓。白云书院位于大连图书馆内,占地近 2000 平方米,有专业教室 5 个(主馆 3 个、分馆 2 个)、展厅 1 个、多功能厅 2 个,可容纳听众 900 名,在大连市内建有白云新村小学、八一路小学 2 个国学教育基地。

白云书院的主要活动包括:国学义塾、传统文化系列讲座、书"春"大赛、白云吟唱团古典诗词吟唱、白云美术展览、学术研究和出版。

1. 白云书院国学义塾

国学义塾是一所免费为青少年提供传统文化教育的公益学堂,其宗旨是以传承传统文化教育为主导,以培养少年儿童的国学基础为重点,免费向社会开放,让更多的青少年接受传统文化的熏陶。为了营造良好的教学环境,白云书院主体建筑依照明清书院的风格进行装修,设博文堂、立雪堂、依仁堂、仰山堂、依礼斋,大厅供奉孔子铜像,在走廊两厢树立儒家各时期具有代表性的孟子、荀子、董仲舒、朱熹、顾炎武等人物的碑石线刻造像,以此纪念先圣先贤,激励后学后进。参加义塾的学生统一着蓝布国服,追求传统文化教育内容与形式的完美统一。

为延续传统的书院精神,我们制定了《白云书院学规》①:

延续国学薪火,弘扬传统文化。

入院均须尊师,向学更要重道。

学为己身立本,砥砺志气品节。

研读圣贤经典,为学经世致用。

举止整齐严肃,立身明礼敬人。

读书务必四到,疑误即时明析。

国学义塾是依照传统书院模式来运作的社会教育机构,其管理模式有别于全日制义务教育阶段的学校管理模式。全院设置 13 个班型,招生对象是 6—12 周岁的少年儿童。在教学方式上,采用中国传统的授课模式。在课程设置上,分为蒙学类(《弟子规》《千字文》《三字经》《唐诗三百首》《笠翁对韵》)、四书类(《论语》《大学》《中庸》《孟子》)、《老子》《诗经》和书法。国学义塾创办至今,先后培养学员 4000 余名。

2. 传统文化讲座

白云书院传统文化讲座是面向广大市民的公益性讲座,开办于 2001 年 8 月。截至 2015年,参与讲座的名家和学者共计 358 名,就传统文化领域中的历史、文学、艺术、宗教、哲学等问题进行了精辟论述,先后有李学勤、周笃文、卜孝萱、乌丙安、钱逊、杨新、楼宇烈、葛建雄、裘锡圭、龚鹏程、虞万里、李零、杜维明、王充闾、上山大峻、木田知生等名家莅临讲坛,传经论道。目前,白云书院讲座内容进一步丰富,在传统文化主题的基础上又增加了"市民文化""大连地方文化"两个系列。白云书院的讲座资源被整理成"白云书院讲座数据库",免费推送各地,拓展了讲座服务的范围。至 2015 年 5 月,共举办讲座 500 余场,听众达十万余人次,社会影响广泛,听众亲切地称讲座为"没有围墙的大学""提高人文素养的城市教室"。

3. 书"春"大赛

书法是中国传统教育的重要内容,为了普及大连市青少年的书法知识,提高书法水平,白云书院自 2004 年开始举办"书院杯"大连市书"春"大赛,是大连地区最大的青少年书法赛事,至今已经成功举办了十二届,共有近 3000 名中外小书法爱好者参加。每年的正月十四,参赛选手身穿传统服装,挥毫泼墨书写"春"字及与春有关的成语、诗句,增添了节日的文化色彩,增强了青少年对民族文化的认同感。

4. 白云吟唱团古典诗词吟唱

"不学诗,无以言",古典诗词是我国传统文化中的一块瑰宝。为了加强大众对古典诗词

---

① 张本义.书院和"学为己"的书院精神[C]//辛欣.白云书院纪念文集.沈阳:万卷出版社,2012:3—22.

的理解,继承和发扬诗词吟咏艺术,2001 年 8 月白云吟唱团成立,以中国古典诗词为演唱内容,以辽南旧时书房音调为基础,将辽南地区传统的吟诗方法同现代音乐相融合。演出主要曲目有《蒹葭》《夜行黄沙道中》《长相思》《秋兴八首》(之一)、《茅屋为秋风所破歌》《游子吟》《赋得古原草送别》《静夜思》《雨霖铃》《回乡偶书》《将进酒》《春夜喜雨》《春日》等。白云吟唱团全部由大连图书馆馆员组成,平时参加馆内的正常工作,利用业余时间进行集体排练,成立以来为学校、机关、军营等社会各界演出近百场,曾应邀在国家图书馆艺术节以及日本栃木县那须地区文化艺术节上演出,并在中央电视台多个栏目中表演吟诵曲目,产生了强烈的社会反响。

5. 白云美术展览

白云美术馆成立于 2002 年,拥有 500 平方米专业展厅,举办形式多样、信息丰富的各类书法、绘画、摄影、雕塑等公益展览。曾成功举办“全国第四届书法扇面展”“全国第五届篆刻艺术展览”“一轮明月——李叔同遗墨展”“书法男女 20 家作品展”“彩墨生辉——大连中柬书画名家邀请展”等大型展览,备受海内外瞩目。还经常举办全国各地名家个人作品展览,规模虽小,却拥有较大的影响力,适应了不同观众的欣赏标准,使展览更有针对性。

另外,白云美术馆还承担着面向市民介绍大连图书馆特色馆藏的任务。多次举办“大连图书馆古籍珍品暨保护成果展”,展出馆藏明清小说、地方志、彩绘舆图等珍贵古籍。在向市民展示馆藏珍品、古籍保护与修复成果的同时,还普及了古籍知识,提高了大众的古籍保护意识。所有展览都是免费参观,受到了市民的欢迎,赢得了良好的口碑。

我们还探索把展览、讲座等文化活动融为一体。如在举办“弘一大师的生平与思想”讲座的同时,举办了“无上清凉——弘一大师墨迹展”,并适时向读者推荐馆藏弘一大师的相关文献资源;在举办“洁白的丰碑——纪念傅雷先生诞辰 100 周年”展览时,举办“傅雷先生生平与学术思想”讲座、《傅雷家书》签售和读者沙龙活动,实现与观众的多层次互动交流。这种将展览、讲座、阅读合而为一的做法,调动了读者主动走进图书馆的积极性,让图书馆的服务功能得到了充分延伸。

6. 出版与研究

白云书院秉承传统书院藏书刻书的传统,陆续将邀请的名家讲座整理编辑,出版了《白云论坛》(1—7 卷)、《大连图书馆百年纪念学术论文集》《白云书院纪念文集》《大连图书馆“书院杯”书春大赛作品集》(4—6 届)、《大连图书馆“书院杯”历届书春大赛获奖作品集萃》《大连图书馆“书院杯”书春大赛十年纪念集》《四书读本》《大连书法百年回顾展作品集》《大连市书法家协会理事作品集》《大连西郊国家森林公园杯中国书法名家邀请展作品集》《大爱无疆书画作品集》等 20 余种文献。

(三)“白云系列”文化活动的社会效果

十余年来,“白云系列”文化活动确立了图书馆在社会的教育地位,扩大了图书馆的社会影响,带动了图书馆工作的全面发展。

白云书院国学义塾先后有 4000 余名少年儿童在此学习了中华传统文化。2010 年被评为“大连市精神文明建设最佳品牌”。

书“春”大赛已成功举办十二届,迄今全市有 1200 多名中外青少年书法爱好者参与了这个大连市唯一的青少年书法赛事。在书"春"大赛的第十个年头，我们推出了《历届书"春"大赛获奖作品集萃》，并以征文的形式，组织曾经参加过书"春"大赛的小选手"再聚首"，分享自己与书"春"大赛的温馨回忆。同时，在白云美术馆举办了"历届书'春'大赛获奖作品集萃展"，回顾历届"小书法家"的风采。

十余年来，白云论坛举办讲座近500场，累积听讲人数十万余人次，已经形成了一个固定的听众群。特别是一些知名学者高屋建瓴的观点和妙趣横生的演讲赢得了广大听众的热烈欢迎。许多听众为了听讲座，从很远的县区坐火车赶往图书馆，风雨不误，坚持不懈。有的听众是举家来现场听讲座，目的是让孩子也受到传统文化的熏陶。更多的听众在讲座之后写信或打电话，赞扬我们为城市文化事业做了一件好事，促进了城市文化事业的发展。由于我们的讲座立意新、层次高，被听众誉为是大连弘扬传统文化的一面"奔跑的旗帜"。白云论坛也成为国内坚持时间最长、影响最为深远的公益讲座，曾得到文化部领导的高度评价，并得到辽宁省对外宣传刊物《今日辽宁》的专题报道。

白云吟唱团自成立之日起，深入学校、机关、军营，先后为社会各界观众演出百余场，并应日本栃木县那须地区日中友好促进会的邀请，赴日本参加当地的文化节演出，所到之处受到观众的热烈欢迎。2011年同年中央精神文明办公室王世明副主任一行来馆视察，观看了演出并给予高度评价。

白云美术馆成立至今共举办各种级别展览百余次，其中既有大型的"国展"，也有外省和本地艺术家的个人展，接待观众80万人次。

经过十余年的努力，大连图书馆的社会教育活动得到了广大市民的认可，在社会上产生了良好的反响。在2003年至2005年大连市委宣传部、文联、《大连晚报》联合举办的市民评选"全市十大最有影响的文化活动"中，大连图书馆的白云书院讲座、书"春"大赛、白云吟唱团演出等活动，连续三年榜上有名。图书馆的社会教育地位逐渐确立。

由于大连图书馆"白云系列"文化活动良好的教育效果，引起了社会的极大关注，省市的多家媒体对活动进行了专题报道，把大连图书馆比作是城市的一张亮丽名片。辽宁省电视台的"辽宁卫视频道"还将活动的部分内容做成专题片，向海内外播放；中央电视台十套《子午书简》栏目组，为"书香中国"晚会及相关专题片来大连录制白云吟唱团演出曲目《送元二使安西》，并播出。特别是白云书院装修以后，其古色古香的教育环境，作为大连文化的一道靓丽风景，吸引了国内外络绎不绝的参观者。

在文化部的五次评估中，大连图书馆的特色社会教育活动均赢得了专家的高度评价。2014年，白云书院被国家古籍保护中心确立为"首批国家中华优秀传统文化实践基地"（全国仅两家）。

（四）"白云系列"文化品牌活动的几点思考

"白云系列"文化活动一路走过来，现在已经成为大连图书馆的一张文化品牌，这其中有成功的喜悦，也有探索的痛苦，更有从容的坚守。在多年的社会教育工作中，我们认为突出特色、注重规模、社会协作、持续发展，是"白云系列"文化活动坚持下来的理由。

1. 发挥优势，突出特色

图书馆不是唯一的社会教育机构，所从事的教育活动也不具有强制性。所以要想扩大影响,吸引读者参加,必须要做出特色。我们充分发挥馆藏古籍多,有一批专门从事传统文化研究和教学人才的优势,以书院为切入点,确立了传统文化的社会教育特色。

2. 注重规模,打造品牌

大连图书馆的社会教育工作,紧紧围绕传统文化这条主线,在不同的领域以不同的形式开展活动,使活动形成系列,相互承接和呼应,增强了教育的连贯性和整体性,壮大了社会教育的声势与规模,扩大了教育的影响。

3. 加强宣传,寻求协作

我们的社会教育活动,从开始就把宣传放在首位。我们在合作媒体《大连晚报》上,发表记者对讲座专家、学者的人物专访,在大连各主要媒体和网站发布讲座信息,每场讲座之后在图书馆的网站上发表讲座反馈信息,目的在于扩大活动的知名度和影响力。另外,我们坚持"社会教育社会办"的原则,以多种形式寻求社会各方面的支持和赞助。白云书院明清风格的装修就是靠社会捐助来完成的。这种来自社会的支持不仅是指财力,还有人力,如志愿者队伍,我们所从事的白云书院的教育活动,有许多都是由志愿者完成的,其中有两位志愿老师已经坚持了十年。

4. 长远规划,持续发展

社会教育是个系统工程,具有整体性和连贯性,我们在实施的过程中尽力做到立意高、规划远,不急功近利,追求持续发展。"十年树木,百年树人",教育是百年大计,从娃娃抓起,从根本抓起,我们有决心坚持做下去,以此培养一代新人,传承我们中华民族传统文化的根脉薪火。

"圣人久于其道而天下化成",我们坚信,通过不懈的努力,"白云系列"文化活动在润物无声中,一定会绽放出更加美丽的硕果①。

(李珠　邱菊)

大连图书馆概况

大连图书馆(http://www.dl-library.net.cn)始建于1907年,前身为"南满洲铁道株式会社大连图书馆",是集文献收藏、信息咨询、社会教育、学术研究于一体的大型综合性现代化公共图书馆。在文化部组织的公共图书馆评估中,连续四次荣获"一级图书馆"称号。2014年被文化部评为"全国文化系统先进集体"。

大连图书馆馆舍建筑面积近4万平方米,现有藏书451万册,其中55万册古旧籍。馆藏中许多明清小说、满铁资料等文献是稀世珍本,享誉海内外。大连图书馆是"全国古籍保护重点单位",馆藏古籍入选《国家珍贵古籍名录》128部。近年来,《中国馆藏满铁资料联合目录》《图录——大连图书馆藏清代图录》等40余个研究成果相继完成、出版,古籍保护成绩斐然。2014年被文化部评为"全国古籍保护工作先进单位"。

---

① 辛欣.白云无语自化成[C]//辛欣.白云书院纪念文集.沈阳:万卷出版社,2012:35—46.

　　大连图书馆与 11 个区(市)、县图书馆实现了通借通还。现有持证读者 12 万人,"一卡通"成员馆读者 49 万人,周开馆 72 小时,实行全年无节假日开放,年流通量 305 万人次。馆内配置各类型计算机 350 余台,信息节点 952 个。通过网络实现书目查询、图书预约、续借、在线咨询等功能,网络数字资源丰富,向读者提供总量达到 42.5T 的 70 个自建和外购数据库。"大连图书馆手机图书馆""大连图书馆有线电视图书馆""电子阅读机"等项目的开通为读者提供新的阅读途径,丰富市民的阅读内容。

　　大连图书馆始终把"读者至上,服务第一"放在首位,文献外借采用 RFID 技术,实行开架自助借阅。馆外"24 小时图书馆"为读者提供全天候服务。在全市机关、企事业单位、监狱、敬老院、驻连部队、街道、商业中心等建立分馆、流通站(点) 54 个,其中汽车流动服务点 9 个,通过送书上门满足社会需求。

　　大连图书馆还积极开展定题、信息咨询、科技查新、政务公开查询、文献提供、编制二三次文献、代查、代译、代检索等服务,为各级政府、"两会"代表、教育、科研、企事业单位、公众提供参考咨询服务。为特殊群体提供人性化、便利化的服务,并为外地来连务工读者免费办理读书证,为残疾读者提供电话预约和上门服务。

　　打造"白云系列""传统节庆系列""读书系列"三大品牌。白云书院传统文化系列讲座成为"大连市最有影响十大活动之一";"国学义塾"有近 4000 余名儿童受益;白云美术馆已成功举办大型展览 200 余场;白云吟唱团深入学校、部队、机关、社区演出 100 余场,并出访过日本,参加过国家图书馆艺术节、辽宁省群众歌咏比赛。"传统节庆系列"主要在春节、元宵节、清明、端午节、中秋节等传统节日通过讲座、灯谜、书"春"大赛等形式,引导市民对传统文化的认同。大连市书"春"大赛迄今已举办了十二届,深受欢迎;"读书系列"通过"大连读书月""世界读书日""图书馆服务宣传周"等载体,开展阅读推广活动,多次荣获大连市褒奖。这些形式多样、内容丰富、充满关怀的人性化服务,取得了良好成效,受到社会广泛赞誉。

(大连图书馆)

二、让阅读无处不在的"图书馆驿站"模式

国务院总理李克强在会见采访十二届全国人大三次会议的中外记者并回答提问时说:阅读不仅会增加发展的创新力量,而且会增强社会的道德力量,把全民阅读提到了前所未有的高度。他同时希望全民阅读形成氛围、无处不在。公共图书馆如何发挥自身的优势,推动全民阅读形成氛围、无处不在,张家港市图书馆在全国首创的"图书馆驿站"给出了实践答案。

(一)图书馆驿站的定义

驿站,汉语大辞典的解释为:"古时供传递文书、官员来往以及运输等中途暂息、住宿的地方;旅店。"采用该名称,取"休息的场所"之义。"图书馆驿站"强调驿站概念,包含三层意思:一是公益阅读。图书馆驿站,顾名思义是图书馆举办的,提供市民休息的场所,揭示了驿站的图书馆的属性,浅显易懂,指向明确。如果起名"图书驿站",很可能导致部分市民误解为售书的地方。二是 24 小时开放。市民只要有需要,随时可以享受驿站的阅读服务。三是无人值守。馆员是图书馆的构成要素之一,"图书馆驿站"的落脚点为驿站,向市民传递没有馆员管理的信息,同时也隐含了提供基本阅读服务的概念。四是阅读休闲空间。内部布置突出休闲性,提供配套的自助服务,努力营造温馨之家。因此,图书馆驿站是一个 24 小时开放、自助服务的免费阅读空间。

(二)图书馆驿站的基本模式

1. 开放阅读的服务模式

图书馆驿站采用智能化系统,实现无人值守,自助服务。该系统建筑在 RFID 基础上,共有十大子系统组成:一是自助借还系统,读者通过简便操作实现图书自助借还;二是自助办证系统;三是智能门禁系统,读者刷卡进入,携带未借图书自动报警并锁门等;四是自助上网系统,刷"卡"上网并控制时长;五是灯光自动控制系统,根据光线明暗,区别有人无人,自动开启、关闭灯光;六是空调智能控制系统,根据气温和人员情况,自动开启、关闭空调;七是远程监控系统,实时监控运行情况,实现远程管理;八是消防报警系统,有人吸烟,及时报警;九是数据汇总分析系统,实时记录读者进出、图书外借等情况,并自动生成读者流曲线图;十是故障自检及应急响应系统,设备一旦发生故障,显示屏会向读者提示,并立即发送短消息给技术人员。如果突然停电,读者可以手动开启大门。

2. 城乡共享的资源支撑

包括纸质文献和数字资源。图书馆驿站根据规模不同,分别有两千到两万多册图书不等,与全市各级公共图书馆一卡通用,通借通还,同时具有预约借书功能。站内图书由市图书馆定期更换,每月每家 200 册。对于借阅量比较大的图书馆驿站,会增加图书更换频次。驿站内设有电子阅览平台和免费 Wi-Fi,采用 VPN 方式与市图书馆联网,市民可随时访问市

图书馆数据库,查阅电子图书、电子期刊、学位论文等各种数字资源,以及下载二维码电子书等。

3. 志愿服务的运行机制

根据读者使用图书馆驿站的情况,在阅读高峰时段,通过招募文化志愿者,提供阅读志愿服务。日常志愿服务内容主要为清洁卫生、图书排架、辅导咨询、阅读活动等。如东莱图书馆驿站推出的每晚"伴您夜读"、周末"东莱图书管家"等项目,得到市民的普遍响应。同时还组织了"书的再生"计划、"快乐小书房"亲子绘本阅读等丰富多彩的阅读活动,丰富了图书馆驿站的内涵,激发了读者的阅读兴趣。

4. 便捷灵巧的休闲空间

如果有现成的房屋,而且面积大小、所处地段比较合适,可以采用现有房屋。如果没有合适的房屋,在小区内,采用活动房搭建,可以有效降低造价;在城市繁华街区,采用钢结构、全玻璃房形式,虽然造价相对较高,但是会产生显著的宣传、示范效应,如张家港购物公园图书馆驿站采用全景式落地玻璃,钢结构的简易房模式,内外通透、时尚现代,成为该市的文化景观,并成为新浪微博同城江苏的热门话题。图书馆驿站内还提供自助售卖,免费外借雨伞等服务,处处体现了人性化的服务和关怀。

(三)图书馆驿站的建设与管理

1. 建设规模应坚持小型化的原则

因为图书馆驿站采用无人值守和 24 小时开放模式,面积越大,不可预见因素和安全风险将会越大,同时也会相应增加单位运行成本,尤其是在每天的阅读低峰时段,站内一两个读者,将会使所有的灯光、空调全部运行,增加不必要的能耗。如果该地区阅读需求旺盛,需要更大的馆舍,应考虑建设分馆,在分馆内开辟驿站,高峰时段由馆员提供服务;低峰时段,由驿站进入无人值守模式。

2. 建设地址应选择人流集中地区

观察现有的图书馆驿站,其服务半径大约在 500—800 米,也就是步行 10 分钟以内,服务半径覆盖人口在 5000 人以上的效能明显较好。通过观察同时发现,即使服务半径覆盖区域达到一定的人口基数,但建在人员流动比较小的地方,图书馆驿站的效能相对较差。因此,图书馆驿站的建设地址应选择规模较大的住宅小区相对中心的地段和繁华的商业街区。

3. 日常管理原则上以属地管理为主

无人值守不等于无人管理。图书馆驿站的日常管理包括文化志愿者的招募、管理,读者违规处罚,设施设备维护,突发情况应急处置等,原则上应由属地社区、村承担日常管理的主体责任,一方面可以强化属地社区、村的担当意识,避免产生"两张皮"现象;另一方面,万一出现突发情况,确保第一时间有人赶赴现场应急处置。属地社区、村应有专人负责。此外,市图书馆应作为全市图书馆驿站的业务支撑,提供技术指导、进行远程监控、建立应急响应机制,以及文化志愿者的辅导培训等。设备维护可以通过购买服务的方式,委托社会组织负责。

(四)图书馆驿站的效能评估

图书馆驿站自问世以来,其独特的形象开始深植在市民心中,成为读者爱去、常去的快乐"充电站",农民工喜欢到这里找书"充电",孩子们放学后到这里做作业,年轻人走出家门在这里交往沟通,一个具有鲜明现代特征的自主阅读场所已经显现初步成效。

1. 公众使用率明显上升

2015 年春节,通过对首批进入大数据系统的 12 家图书馆驿站进行统计、分析,春节长假期间共接待读者 8048 人次,平均每家每天接待读者 96 人次,其中金港镇塍丰社区图书馆驿站日均达到 331 人次,21 日年初三更是达到了 441 人次的最高值,服务效能明显高于传统的社区图书室和村农家书屋。同时,通过对运行成本的初步测算,平均接待每位读者的成本只有 0.42 元。显示了图书馆驿站强大的生命力。

2. 社会各界高度评价

《中国文化报》、中国文明网、新华网、文化部网站等媒体纷纷刊发相关报道,认为图书馆驿站模式值得学习和推广,有利于推动城市的精神文明建设。国家公共文化服务体系建设专家委员会常务副主任、北京大学李国新教授认为"张家港市的 24 小时图书馆驿站是将机器变成了空间,一台机器的时代基本上已经结束了"。国家公共文化服务体系建设专家委员会委员、上海社科院巫志南研究员称:"一个自由而健康、有序而温馨的现代公共阅读场所,破解了公共阅读领域如何加快推进现代治理的大问题。"

(五)图书馆驿站的应用前景

"图书馆驿站"作为创新型的免费阅读空间,在解决公共图书馆服务体系"最后一公里"、推动全民阅读、建设书香社会等方面有广阔的应用前景。

1. 有助于解决面广量大的社区图书室、农家书屋运行效能不佳问题

目前,全国已建有农家书屋 60 多万个,以及数量庞大的城市社区图书室,大部分陷入了门庭冷落的尴尬境地。原因主要有三方面:一是文献资源更新不及时,主要原因是缺少持续的经费投入;二是不能正常开放,难点在于缺少专职管理员;三是馆舍位置相对偏僻,有些或者在社区、村部大院内,或者在办公楼上,产生这一问题的原因主要是受制于用房困难。图书馆驿站的无人值守模式,以及建设容易、便捷灵巧的特点可以较好地解决以上难题。然而,大规模推广图书馆驿站模式,目前所面临的最大困难在于智能化系统方面的投入较大,但智能化管理将是发展趋势。当前,可以采取分步走的办法,鼓励经济发达地区先行一步,形成规模效应,使设备价格降到相对合理的区间。对于经济欠发达地区,中央财政给予一定的经费扶持,使现有社区图书室、农家书屋尽快走上智能化管理轨道。

2. 有助于促进社会力量参与公共图书馆服务体系建设

在传统图书馆模式下,建办一座社区图书室投资较大,不仅要解决馆舍用房,还要面临装修、日常运行等一系列问题,这是许多有责任、有爱心的企业家对此望而却步的重要原因。然而,投资建办一座图书馆驿站只要几十万元,其中还对企业宣传、拓展服务将创造许多机会,如给爱心企业图书馆驿站的冠名权,给予银行 ATM 机与图书馆驿站结合建造的权利等,将进一步激发企业投资建设图书馆驿站的热情。此外,图书馆驿站还可以带动文化志愿服务。因为图书馆驿站贴近百姓,提供志愿服务的市民既是图书馆驿站的主人,也是读者,有助于激发小区居民的主人翁意识和参与志愿服务的热情。购物公园等图书馆驿站在每次发布志愿者招募公告不久,名额立即报满,显示图书馆驿站志愿服务更受市民欢迎。

3. 有助于培育读者文明行为,推动社会文明进步

在无人值守模式下,读者的行为不仅真实地反映了读者的素养,也反映了一个城市的文明程度。图书馆驿站内设置的实时监控终端,为培育文明读者发挥了重要作用。当刷卡进入,看见监控终端内自己的画面,绝大部分市民将会主动约束自己,注意自身形象。但是,可能会有一小部分人属于例外。这可以通过远程监控,及时发现和纠正不文明现象。有一次,在一个新建的农村社区图书馆驿站内,市图书馆发现有市民打牌,立即通知所在社区的工作人员,进行劝阻和教育,从此以后,再也没有发生过类似情况。如果出现多次教育,仍不改正的情况,建立的刷卡锁定警告机制将发挥强制约束作用,根据严重程度,分别给予禁止入馆一个星期、一个月、一年的警告,并纳入读者诚信系统。在多种措施的作用下,图书馆驿站内秩序井然,成为体现城市文明的又一重要窗口。

图书馆驿站将图书馆多项基本服务完美融合,成为市民身边自助、自主、自由的免费开放阅读空间,为有效破解社区图书室、农家书屋布点困难、效能不佳的难题,打通公共图书馆服务体系"最后一公里",实现阅读服务"零距离"提供了新的范例,必将为进一步推动全民阅读、建设书香社会发挥更大的作用。

(缪建新)

张家港市图书馆简介

张家港市图书馆(www.zjgtsg.com)成立于1976年。2009年9月26日,异地建造的市图书馆新馆正式对外开放,建筑面积1.5万平方米,总藏书190万册(含分馆),设综合借阅室、报刊阅览室、电子阅览室、视障读者阅览室等20个服务窗口,全年坚持夜间延时开放制度,全面实行免证入室、免费阅览、免费办证,先后获得全国"服务农民服务基层"文化建设先进集体、一级图书馆、全国最美基层图书馆、中国书业年度图书馆、全国"全民阅读"示范基地、江苏省文明单位等一系列荣誉称号。

近年来,以"全民阅读 让张家港更文明"为主题,充分发挥全市全民阅读主阵地和主力军作用,全力助推全市"书香城市"建设。在全国首创试行"书香城市"建设指标体系,获全省宣传思想文化工作创新奖;率先建成公共图书馆总分馆体系,率先创建图书流转中心,全面实现市、镇、村图书馆文献资源的大流转大共享;首创图书馆驿站,提供24小时自助服务;首推民间阅读推广人资格认证,培育民间公益阅读组织,激发市民的阅读自觉;坚持分类引导、建立阅读品牌,合理规划重点阅读活动,在全国县级馆首推"阅读起跑线计划",常年组织开展的"沧江市民大讲堂""我们的节日"系列阅读活动、"张图妈妈故事会""阳光驿站"盲人读书等公益性品牌阅读项目,深受广大市民欢迎。

(张家港市图书馆)

三、书箱上船头,文化泽船人

文化建设和图书馆事业如何服务于、服从于县城经济和产业发展,实现图书与流通居民"零距离"对接,是公共图书馆研究的核心课题,更是图书馆自身科学发展的生命及活力的源泉。

(一)积极探索,独具一格的文化传播渠道

因地制宜设计载体

嵊泗县是我国 12 个海岛县之一,海域面积 8738 平方公里,陆地面积 86 平方公里,有404 个岛屿组成,是陆地小县、海洋大县。全县总人口 7.8 万人,常住人岛 22 个,辖 3 镇 4乡。据 2007 年的统计数据,嵊泗县渔业人口为 4 万余人,捕捞劳力为 1 万余人,渔业户为15 184,渔业劳力为 16 586 人,养殖人员为 1661 人,加工人员为 835 人。从以上数据分析:一是农业与非农业人口比例各处一半;二是海上作业人员(包括渔业生产相关人员)占全县人口的 16%。加上嵊泗县是著名的舟山渔场中心,水产资源丰富,盛产鱼类、贝类、藻类等500 余种,是东海渔场的天然鱼库,优越的港、景、渔资源成为发展海洋经济和海洋文化的重要保障基础。长期作业在海上的渔民兄弟的文化享受和精神滋养滞后问题成为嵊泗县图书馆面临的命题,将生产生活在茫茫大海的渔船民作为图书服务重点对象,既是创新发展了船头图书流通箱这一新颖载体,又为海岛小县公共图书馆拓展特色服务开辟了新的领域,同时也走出了一条适合嵊泗县图书馆文化服务的新路子。

图 3 - 1　嵊泗县图书馆馆员为渔民送去图书

（二）有益尝试，循序渐进的船头文化建设

以点带面逐步推广

文化生活需求是人类最高层次的享受，阅读不仅是获取知识和信息的主要途径，也是渔民兄弟自身思维思辨能力的提升。嵊泗县图书馆以"贴近实际、贴近生活、贴近群众"作为指导思想，以"面向大众的文化关怀、面向大众的文化享受、面向大众的文化提高、面向大众的文化创新"作为工作思路，在加强馆藏建设的基础上，结合渔村百姓对图书的需要，把服务深入海面上航行的一艘艘作业渔船中，由此产生了美丽海岛图书馆特色的——书箱上船头服务。"书箱上船头"顾名思义，是指设立在船头上流通的图书箱，服务内容是图书，服务场所在船头上。

图 3-2　嵊泗县图书馆开展"书箱上船头"交流座谈会

早在 20 世纪 80 年代初，乡镇图书室利用县馆的图书资源，制作一些简易的箱子，工作人员采用"一根扁担，肩挑书箱"的精神，忙碌、穿梭在全县各乡镇船头之间，形成了书箱上船头服务的雏形阶段。特定时代因受经济、交通、人员方面因素的制约，书箱更换数量也因县馆自身的藏书量不足难形成规模，导致船头图书箱工作处于停滞不前的状态。随着海岛经济建设发展、精神文明建设提高和基层文化建设的加强，加上海洋资源逐渐缺乏，海上捕捞作业枯燥、时间延长，作业人员（渔老大）结构年轻化的特征，尝到船头图书箱"甜头"的年轻渔老大们，对知识的渴望与追求成了他们享受文化的迫切要求。县图书馆及时了解这一信息需求，经过与渔老大们交流、商议，建立相关船头图书箱档案，开通联系方式，办理图书更换手续，签约船头图书箱协议书，船头专人负责等一整套制度。

1993 年重新发展设立海岛亮点的船头图书箱服务载体，率先在菜园、五龙、金平乡镇 10 艘渔船上推行。考虑到渔民的文化素质及年龄层次不同，专门抽出馆内工作人员为他们精心挑选不同类别的书籍，每只书箱中放置 20—30 册不但有通俗易懂的读物，而且有海洋知识、渔业法规、船舶维修、养殖产业等方面的科技应用书籍。图书馆针对各类渔船作业时间差异进行开展各种服务。如帆涨拖网在小潮汐作业,近洋涨网在大潮汐作业,根据这一规律在潮头潮尾组织工作人员上船头送书,为渔船民提供方便、快捷、优质服务,满足了渔船民精神文化的享受,也提高了他们自身阅读的修养。这期间还组织开展多种阅读活动,如"最佳船员读者""我与图书箱""我最喜欢的一本书"等,并给优胜者适当的阅读奖励。同时展开边服务、边交流服务更新模式,召集渔老大征求意见交流会,及时更正服务。在建立完善文化服务体系的同时,从原来20至30册单一的图书种类书箱发展到多类型种类的65册图书资料放置,由原来的10只船头图书箱渐渐扩大至今覆盖全县3镇4乡的105只船头上。

图3-3　工作人员将图书放入船头图书箱

图3-4　渔民在阅读嵊泗县图书馆送来的图书

（三）总结提炼，彰显亮点的船头巾帼风采

嵊泗四面环海，岛屿分散，产业结构以渔业捕捞为经济基础，独特的地域条件给嵊泗县图书馆正常地开展船头服务带来一定困难。

嵊泗县图书馆克服受地域、交通条件约束以及工作人员为清一色女同志等种种不利因素，迎难而上、突破瓶颈、找准服务对象，重心下移至全县渔区，积极开展送图书进船头服务活动，定期地为全县渔船民送上光盘、图书及渔业知识杂志。一只只装载着影片、图书和杂志的流通图书箱活跃在船头中，当渔民兄弟们享受到我们的服务时，他们露出了灿烂的笑容，使图书流通箱真正地深入到渔船民们的心坎中，成为渔船民们的"流动的精神饭馆"。在做好为渔民兄弟服务的基础上，嵊泗县图书馆大胆尝试，推进图书流通箱到交通客运船上及海洋渔政执法船头中开展服务活动，让更多的群众在行程途中享受到"小小图书流通箱"的服务，让忙碌、劳累在茫茫大海中的海上执法人员享受到"小小图书流通箱"带来的快乐，使他们忘却心力交瘁、身躯疲惫的紧张工作，提升了文化传播效率。

虽说清一色的女工作人员在服务过程中担负着心理上，身体上的艰辛，但她们在投入此项服务工作时，克服风吹浪打、风急浪高的自然现象和特殊潮汐需要工作人员乘小船爬大船的辛苦，他们不畏艰险、不辞劳苦多次下小岛、进乡镇，体现了 21 世纪海岛公共图书馆人对图书馆事业的热爱与执着，也反映了嵊泗县图书馆工作人员飒爽英姿的风采。这种设在渔船上的流动图书箱，在舟山市渔区已推广多年，但要说历史最早最长的，非嵊泗县图书馆莫属。从最早挑担送书的"流动书担"，到后来常驻船头的"流通图书箱"，嵊泗县图书馆已为全县 3 镇 4 乡的渔民船头送书长达二十余年。二十几年来，共赠送共享工程影片 5622 盘，图书、杂志 22 046 册，流通图书 14 320 册。船头服务活动极大地提高了船头图书箱的知名度，促进了社会主义新渔农村建设，满足了基层群众精神文化的需求，受到了基层群众的好评，良好的展示平台同时也形成了海岛特色服务的亮点，为嵊泗美丽海岛添设一道别具特色品牌的文化风景线。

图 3－5　嵊泗县图书馆职工在进行图书装箱

海的波浪是他们成长的摇篮,海的涛声是他们劳动的号子,海的怒吼是他们生命的诠释。应该说,船头流通图书箱的实施与推广,培育了具有核心价值的现代文明的现代渔船民,为建设现代渔业、美丽海岛和全面建设社会主义新渔村提供合格的生力军,是嵊泗县图书馆把文化"零距离"对接服务植入在现代渔业上的创新思维经验成果。

(娄静)

嵊泗县图书馆简介

嵊泗县图书馆(http://www.sstsg.cn)成立于1952年,现馆于2010年2月28日正式建成开放,建设面积3700平方米。目前累计办证量达3400余张,年借阅31 018人次,借阅量达到79 813册次,流通点171家,全馆工作人员11名(其中临时用工4名),有各级专业技术人员7人,全部工作人员拥有大专以上学历。馆藏112 000余册。最有特色的部分是嵊泗县图书馆地方文献,其中古籍13册,民国时期嵊泗县第一任县长所著的《奋起中的嵊泗》(舟山市公共图书馆仅有此一本),嵊泗县图书馆独有的民国时期渔业收账本。自建具有海岛文化特色的地方文献:《聚集岛城》一书、电子书《嵊泗2014与美丽同在》、电子刊物《离岛嵊山》与"嵊泗渔俗文化特色数据库"。定期举办公益讲座、展览和文化走亲、文化礼堂活动,形成了具有海岛特色鲜明文化名片的"渔夫·拙"嵊泗渔民画、离岛风情剪纸、摄影展览和渔歌赏析讲座,书箱上船头、美丽书屋、"慢读山海"以书会友、"同一蓝天下的至爱"亲子阅读、"乐和嵊泗·庆元宵"谜语大赛等品牌活动。

嵊泗县图书馆围绕"充实馆藏、提升服务、分享悦读"的办馆宗旨,以突出海岛公共图书馆"小、精、特"潜质,针对海岛小县岛屿分散、交通不便、人口集中度不均等特征,在保持传统服务的基础上,创新理念,充分挖掘和利用本土资源,将服务不断向广度拓展,开展各种图书阅读服务活动,满足渔农民、未成年人和驻岛军营文化需求,营造全县全民阅读氛围,逐步形成有地方特色的服务模式。有效实现知识资源、馆藏资源、服务能力共享共用,更好地服务于广大人民、地方文化、经济发展及相关学科研究,服务于"美丽海岛"海洋文化生活。

(嵊泗县图书馆)

四、宝安区区域图书馆网络建设与运营管理

（一）深圳市宝安区公共图书馆服务体系建设概况

1. 宝安区历史文化及行政区划概况

宝安，是深圳历史的起源地，宝安县始设于东晋咸和六年（公元 331 年），有 1600 多年的历史，是岭南重要的文化名城之一。客家文化、广府文化、工业文化、移民文化、海洋文化等多元文化并存。

宝安区地处深圳市西部，西临珠江口，总面积 392.14 平方公里，下辖新安、西乡、福永、沙井、松岗、石岩等办事处，有 123 个社区居委会。

2. 宝安区公共图书馆服务体系建设历程

1993 年宝安撤县建区时，全区仅有一个区级公共图书馆。从 1998 到 1999 年，宝安区开展"百村书库"工程，大规模建设村级图书馆，为基层图书馆的建设和发展打下了基础。2003 年深圳图书馆之城建设启动，2004 年起宝安区内使用统一技术平台，区内统一读者证，使基层图书馆业务管理实现了网络集群化和服务规范化。2006 年起，宝安探索建设流动图书馆，并在此基础上从 2008 年起开展劳务工直属分馆建设。随着 2012 年宝安区 30 家社区阅读中心的建成，并纳入深圳市图书馆之城统一服务平台提供服务，宝安公共图书馆的三级服务体系得到了不断的发展和壮大。

从建设初期的广泛布点、指导发展、业务管理到后期的直接服务提供，宝安区图书馆的总分馆建设经历了单纯藏书建设、粗放式联合建设、协议化保障联合建设，最后演变为统一建设的过程。

3. 宝安区公共图书馆总分馆建设与服务现况

目前，宝安全区的区、街道、社区三级公共图书馆服务网络基本完善，到 2014 年 12 月，全区共有各级公共图书馆 96 个：其中 1 个区级图书馆、7 个直属分馆、5 个街道图书馆和 30 个社区阅读中心由区财政保障日常运营经费，其余 53 个社区图书馆，经费由属地保障提供（见下图）。

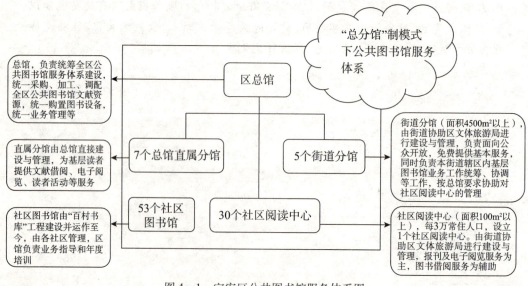

图 4-1　宝安区公共图书馆服务体系图

截止到 2014 年 12 月,全区公共图书馆图书总藏量 405.85 万册,全年服务读者 294 万余人次,外借图书 107.3 万余册次,共举办读者活动 628 场,近 6.8 万人次参加活动。

(二)宝安区公共图书馆服务体系建设五点体会

从 20 世纪 90 年代"百村书库"工程建设至今,宝安区一直不断完善三级公共图书馆服务体系架构,不断探索基层图书馆建设与运营的最佳模式,特别是从 2007 年起,在上级主管部门的大力支持下相继出台基层图书馆建设与运营管理政策,启动项目建设,在基层图书馆建设与管理机制上持续创新,推动了全区公共图书馆事业的健康持续发展。在服务体系建设中主要有以下几点体会:

1. 政策保障:服务体系健康可持续发展的决定性因素

2007 年 9 月,宝安区委区政府出台了《关于加强和改善劳务工工作建立和谐劳动关系的若干意见》;同年,区文化局配合制定了《宝安区保障劳务工文化权益工作实施方案》,相关政策出台为劳务工图书馆的建设提供了政策保障。2008 年,区文化局启动"十大劳务工图书馆"建设工程;2008 年该项目荣获深圳市文化局文化创新奖,省市业界专家多次参观学习;2008 年年末深圳市劳务工图书馆建设会在宝安召开。

为完善宝安区公共图书馆服务体系,2012 年,中共深圳市宝安区委,深圳市宝安区人民政府出台了《关于创新文化工作机制　加快建设文化强区的意见》(深宝安〔2012〕1 号),要求"加强社区阅读中心建设""研究出台公共图书馆管理办法,积极推进全区公共图书馆总分馆制建设""加强文化信息资源共享工程和电子阅览室建设""打造十分钟阅读圈"。30 家社区阅读中心建设列入当年宝安十大民生实事项目,延续"劳务工图书馆"建设模式,并将建设主体上移至区文体旅游局。

除了政策文件的强有力推动,财政保障也十分关键。近年来,区级财政保障统筹了运营管理经费,明确了基层图书馆运营管理主体为区级图书馆或者街道级政府机构。2009 年,宝安区财政将建成后的劳务工直属分馆的日常开支列入 2009 年区图书馆的财政预算。创新型的管理模式,率先在全市大规模实行真正意义上的"总分馆制"管理,劳务工分馆当年共建成 11 家,其中 8 家作为直属分馆由区图书馆直接进行管理。30 家社区阅读中心建成投入运营后,2013 年,区文体旅游局下发《关于下达宝安区 30 家社区阅读中心 2013 年运营经费的通知》(深宝文发〔2013〕40 号),指出"社区阅读中心运营经费由区财政局直接拨付到街道财政办""各用款单位须严格按规定项目用途使用资金",确保社区阅读中心经费专款专用,为社区阅读中心的正常开放提供了保障。区财政提供给每个社区阅读中心运营经费 11 万,要求各社区阅读中心配备专职员工至少 1 人;区图书馆每年为社区阅读中心配送 3 万册新书。区财政提供基本保障性运营经费,街道和社区、企业补充提供不足部分经费。

2. 模式多样:结合实际采取灵活多样的建馆模式,始终保持服务体系建设的活力

"百村书库"时期,通过在基层广泛布点,协助藏书建设和进行业务指导,初步形成了基层图书馆服务网络。

流动图书馆建设时期,采取粗放式联合建设,单纯为合作方提供图书统一配送与定期更换,为后来的合作建馆提供了有益的探索。

从 2008 年起开展的劳务工图书馆建设改变了传统公共图书馆建设完全由政府投资的

形式,改为政府推进、企业参与、统一建设建馆模式。共有四种建馆的合作方式:一是与工业区合作建馆,二是与大型企业合作建馆,三是与街道合作建馆,四是与政府物业管理公司合作建馆。在合作中的职责分工是:区图书馆负责选址、装修、馆舍布置等前期建设,提供统一的业务管理技术平台,统一配置资源,包括图书资源、书报刊柜设备、数字资源、讲座资源和业务辅导,统一铭牌标识,选派工作人员,统一服务规范,业务统一管理与业务维护。工业区、企业或物业公司负责提供馆舍场地、物业管理、工作人员的食宿,部分合作方根据实际能力还承担运营管理的水电、电话及网络费用,安排兼职工作人员等。街道宣传文化办或文体中心负责推荐选址、协调关系及分馆的资产监管。

2012年,根据《宝安区文化事业发展"十二五"规划》的有关计划,由区图书馆负责进行30家社区阅读中心的建设,建成后交由属地各街道统一管理,并纳入深圳市图书馆之城统一服务平台,区图书馆负责资源的统一配置和运营绩效考核。

3. 队伍建设:提高基层从业人员的专业素养

宝安区历来重视馆员队伍建设,将集中授课、基层现场培训及外出参观学习相结合,积极开展多层次、多类型的全区专业人员培训与辅导。

从2008年起,区财政安排全区的基层图书馆工作人员辅导、培训经费,由区图书馆落实统一的辅导和培训,每年开展集中培训与下基层现场培训多场。基层工作人员必须参加基础业务培训后上岗,以保证各基层服务点的基本服务标准。在后续的专业人员继续教育与年度考核中,加强每年专业技术教育管理与考核。

2014年,成立了宝安区图书馆基层培训讲师团,以区图书馆为龙头,逐步建立起基层培训师资队伍,鼓励指导青年馆员成长为合格的基层培训讲师。

4. 龙头带动:统筹服务,加入深圳市"图书馆之城"统一服务平台

宝安区图书馆负责全区公共图书馆统一管理,是全区公共图书馆网络的业务管理中心、技术支持中心、专业培训中心、文献信息资源保障及配送中心,统筹全区公共图书馆业务。区馆以及2008年后建成或改造的分馆及基层服务点全部于2012年起加入深圳市"图书馆之城"统一服务平台,参与全市文献通借通还服务,真正实现了服务标准化和业务规范化。

5. 不断创新:多途径创新基层服务形式

(1)社区阅读中心成为综合性公共文化服务设施

2013年建成的社区阅读中心,是集书刊阅览、亲子互动、电子阅览于一体的综合性社区阅读服务场所,是为全区读者提供图书馆服务的"连锁店"。社区阅读中心在外观设计和服务内容提供上实现"五个统一":统一装饰风格,统一外部标识,统一服务功能,统一布局形式,统一规范管理。

(2)创新社区阅读中心的电子阅览室管理

社区阅读中心的电子阅览室通过"文化e管家"进行管理,实现可控、可管理、可扩展。将软件系统、数字资源、安全网络设备、无线接入设备等相关元素集成到一台服务器上,客户端无须阅览室工作人员参与管理和维护,为在全区范围内大规模建设公益电子阅览场所提供了切实可行的实践方案和施行模式。

(3)"免证免押金",服务"零门槛"

2013年5月,宝安区图书馆联合龙岗区图书馆率先在全市范围内推出"免证免押金"服

务模式,在全市范围内带动性地启动"励读计划",真正"零门槛"服务群众。从2013年5月至2014年年底,全区新办励读证18 184张,占全区新办证总量的36.6%,服务惠及全区三分之一的新读者。

(4)加强合作,拓展服务群体

宝安区图书馆加强与辖区内机关企事业单位和人民团体的合作,于2004年启动了集体借阅服务,向这些单位和组织机构提供图书资料集体外借以及图书管理的专业意见,协助他们建立起各具特色的阅读服务站,将公共图书馆服务延伸至更广人群。历年来在馆外累计共设立69家馆外服务站,现有服务站51家。

(5)业务监控网络平台创新基层图书馆业务监督管理模式

宝安区图书馆劳务工直属分馆于2009年全面推行网络视频监控,通过电脑及监控平台实时掌握分布在各街道及工业区分馆的开放服务动态。2013年,区图书馆完成了社区阅读中心数字化监管项目,实现远程数字化监控、区馆和各街道通过电脑远程实时掌握各社区阅读中心的开放服务情况。

借助网络监控系统,采用业务管理监控平台,远程数字化监控各社区阅读中心的开放服务情况,实时监控公共电子阅览室服务。区图书馆每月进行开放异常情况汇总及业务数据统计汇总,业务监管结果数据化。

(6)量化业务考核,规范基层业务管理

2008年宝安区图书馆出台了《事业发展部部门职责及岗位职责要求(含直属分馆岗位)》《宝安区图书馆直属分馆量化考核表》《宝安区图书馆直属分馆馆员绩效考核表》等管理制度。2013年区文体旅游局印发实施了《宝安区30家社区阅读中心管理办法》、宝安区图书馆印发实施了《宝安区30家社区阅读中心考核办法》及《宝安区30家社区阅读中心服务规范》等业务管理规章。

通过推行服务规范、用统计数据进行量化考核对基层图书馆进行精细化、规范化管理。在业务管理方面,采取网络监控形式辅助现场巡查、电话抽查对分馆进行远程监管。各分馆和社区阅读中心每月进行开放情况及业务数据统计汇报。

(三)宝安区公共图书馆服务体系建设下一步主要思路

1. 充分发挥宝安区图书馆在全区公共图书馆服务体系中的龙头作用

2014年,全区以宝安区图书馆新馆开馆为契机,依托一流的馆舍条件,通过以现代信息技术提供读者服务、开展品牌读者活动、引进各类文化展览、探索"创客之家"创新服务等方式,致力打造多元文化体验平台,营造区域性文化交流中心,扩大社会影响力,丰富图书馆服务的内涵。

服务立馆,技术强馆。宝安区图书馆作为全区公共图书馆服务体系的龙头,在进一步规范各项服务,加强新技术应用,广泛学习国内外同行先进经验和理念的同时,将继续依托上级部门的各项政策规定,争取更大力度的支持,统领全区各级公共图书馆务实求新,努力推动服务工作更上一层楼。

2. 完善全区总分馆联动的宣传推广、服务机制

区财政安排全区的基层图书馆宣传、辅导和培训经费,区图书馆落实统一的宣传、辅导

和培训。

2014年9月,宝安区图书馆在各劳务工直属分馆推出总分馆读者活动联动宣传计划,借助网络将总分馆的每周活动预告、往期活动回顾等在总馆、分馆通过一体机在各馆显著位置展示。目前,各分馆读者活动、业务活动与总馆已实现信息共享。

下一步重点将指导各社区阅读中心开展多类型、多形式的特色读者服务,拓宽读者活动覆盖面。该计划于2015年在各街道分馆、社区阅读中心推广实施。借助网络,还可以同步将总分馆的热点活动在其他分馆、阅读中心现场通过音、视频直播。

3. 引进义工等社会力量开展图书馆特色服务

自2012年宝安区全面实施"文化春雨行动"以来,宝安区图书馆的义务馆员工作也得到了长足发展,义务馆员队伍不断壮大。2014年义务馆员总数达803名,全年累计到馆服务1724人次,累计服务时长达到3292小时,服务人次和时长均创历史新高,平均每周有30人次来到图书馆提供义务服务。

目前义务馆员除了在总馆提供引导、秩序维护、图书整理等服务外,在分馆的义务馆员也开展了特色活动。畅鸿分馆吸引了义工妈妈开展讲故事活动,水田分馆吸引了暑假义务小馆员参加服务与活动。

义务馆员服务逐步向多元化和专业化发展。目前已有学生家长义工队、志愿摄影义工队和主持人义工队以团体形式加入义务馆员队伍中,各类社会团体的不断加入,为义务馆员服务形式的创新提供了更多可能。由图书馆推出的义务馆员"星期书友会"品牌活动,则为义务馆员打造了生活交流和才艺展现的平台。

今后将继续加大向基层图书馆培育和输送义务馆员的力度,除了加强针对基层义务馆员的岗前培训外,各街道也尝试将文化义工服务拓展到街道图书馆和属地社区阅读中心,广泛吸引社会力量参与图书馆公益服务。

(周英雄)

宝安区图书馆简介

宝安区图书馆(http://www.balib.cn/)始建于1983年,前身是"宝安县图书馆"。1993年正式更名为"宝安区图书馆",1993年7月,老馆馆舍启用,2015年5月,位于宝安中心区中央绿轴上的宝安区图书馆新馆体验式全面开放。

宝安区图书馆新馆馆舍为图书、博物、展览"三馆合一"设计,项目总投资6.15亿元,占地31 854平方米,建筑面积48 000平方米,其中图书馆面积37 270平方米。设计馆藏量120万册,阅览座位2000个,日接待读者能力10 000人次。新馆共设置少儿图书馆等20余个全开架式文献阅览室,以及图书借阅区、数字服务与体验区、参考与专题服务区等不同功能的阅览区。新馆依托全覆盖的无线网络,把新技术应用于各种服务,图书通过RFID技术实现定位和自助借还,自助办证机、自助借还书机、自助检索机、自助扫描仪、自助复印机等自助设备以及电子公告板、少儿互动体验机等设备分布在馆舍的不同区域,读者可以全程自助完成从办证、检索、借还图书、扫描打印到缴费等各项操作。

秉承"开放、平等、免费"的服务宗旨,宝安区图书馆多年来一直致力于为读者提供优质服务,并不断创新服务形式。2013 年推出"免证免押金"励读计划,至今办理免押金励读证两万多张,占全区新办读者证的三分之一,真正实现了图书馆"零门槛"。开展丰富多彩的读者活动,品牌活动"宝图星期讲座"自 2004 年创办以来累计开展活动 400 多场,参与人次超过 6 万人。馆藏建设精益求精,结构不断优化,目前全区公共图书馆文献均由区馆统采统编并统一配送,绘本图书、音像资料、设计与艺术特藏、港台文献等各类特色馆藏深受不同群体读者的喜爱。2011年,宝安区图书馆成为深圳市首批十家"全民阅读示范单位"之一;2012 年,电子阅览室获颁"全国文化信息资源共享工程公共电子阅览室示范点";2014 年,宝安区图书馆被评为深圳市"文明示范窗口""深圳市文化志愿服务先进单位"。

(宝安区图书馆)

五、"三味书咖"城市阅读联盟概述

——江阴全民阅读社会化发展的实践与探索

(一) 建设初衷

江阴一直有崇文重教、热爱阅读的传统,市政府一直不遗余力地为市民营造书香的氛围。1995 年,江阴率先开展"一二三家庭读书工程",至 2000 年,已经有 70% 以上的家庭拥有 1 个书柜、2 份报纸和 300 册以上藏书。全市性的读书节到 2014 年为止已经连续举办 18 届。2013 年,江阴市被评为江苏省首届"书香之县"。随着江阴市图书馆总分馆体系逐渐完善,城市的书香氛围日益浓厚,但分馆的布点和设置依旧根据行政区划确定,要真正实现按照服务人口数量科学布点还有一定难度。随着市民文化需求的不断提升,江阴市不少社会力量对于文化投入的意识增强,有热情共同参与城市全民阅读建设。

党的十八届三中全会《中共中央关于全面深化改革若干问题的重大决定》提出推动公共文化服务社会化发展,"三味书咖"城市阅读联盟正是江阴深入贯彻全会精神,结合本地实际情况进行的一种尝试,希望通过构建政府和民间力量之间的纽带,让公共文化服务的主体衍生出更多的触角,直抵市民身边,推进全民阅读,推动书香城市的建设。

(二) 建设现状

"三味书咖"城市阅读联盟通过使社会力量参与构建现代公共文化服务体系的平台,引入竞争机制,整合公共资源和社会力量,创新服务模式,提升服务效能,推动全民阅读,提升居民综合阅读率。联盟采用如下的合作机制:以"市图书馆 + 社会咖啡屋"的方式,市图书馆根据实际情况提供一定量的图书资源,定期流转和管理,咖啡屋提供合适的场地,投入必备设备以及日常服务人员,合作双方各自提供的资源原有产权不变。市图书馆对合作联盟单位的阅读服务工作进行统一管理,委托第三方进行年度社会服务效益评估。市政府根据具体社会效益确定扶持补助。

城市阅读联盟的主要功能是:①构建社会力量参与公共文化服务发展的平台,引入竞争机制制度和标准体系,形成考核监督机制,形成政府、社会、群众共同参与的管理运营体制;②缩短服务半径,提升服务效能,合理分布服务网点,织密覆盖城乡的十五分钟文化生活圈,缩短全民阅读服务半径,构建现代公共文化服务体系;③提供延伸服务,网点逐步推出公益文化培训、群众文化活动,代购电影票和戏票等增值服务;④宣传弘扬社会主流文化和社会主义核心价值观,引导良好社会风气。

截至 2015 年 5 月,"三味书咖"城市阅读联盟共建成 5 家,取得的初步成效主要体现为:①成为市区网络的有益补充。"三味书咖"在市区范围内已经有了桥南小茶咖啡馆、匆匆那年茶咖音乐吧、丰硕茶楼和天鹤社区等 4 家联盟成员,与现有总分馆体系、24 小时城市街区自助图书馆等设施形成了布局合理、层次分明、功能完善的网络体系结构。②乡镇试点合理推进。2015 年 4 月下旬在周庄镇中心区域设置并开放浦发银行分馆,"三味书咖"开始试点向乡镇发展。③业态融合不断展开。"三味书咖"合作伙伴类型日益多元化,目前已有咖啡馆、茶楼、银行和社区等与日常生活密切相关的行业和组织，使"三味书咖"能有效"嵌入"公众的日常工作和生活。④运营效益稳步提升。《中国文化报》①《新华日报》②《农民日报》③和凤凰网等主流媒体先后报道"三味书咖"，肯定这是一种服务方式的创新，是推动公共文化服务社会化发展的尝试。各联盟点图书流通数据逐步攀升，天鹤社区自助图书馆开馆半月，平均每天外借数量就达到近100册，讲座、沙龙、读者培训等众多活动也逐步延伸进各个联盟点。

(三) 建设思路

1. 一个立足点

"三味书咖"城市阅读联盟的根本立足点是"推动公共文化服务社会化发展"，通过构建社会力量参与公共文化服务的平台，给政府主导的公共文化事业注入新活力，推动服务模式创新，提升公共文化服务效能。党的十八届三中全会提出，要推动公共文化服务社会化发展。中央两办《关于加快构建现代公共文化服务体系的意见》将培育和促进文化消费、鼓励和引导社会力量参与、发展文化非营利组织作为构建现代公共文化服务体系的重要内容，进一步明确了公共文化服务社会化发展的方向、思路和实施路径。这些论述和观点为"三味书咖"城市阅读联盟建设提供了明确的行动指南和前进方向。

2. 两项原则

建设"三味书咖"城市阅读联盟的原则是推动现代公共文化服务体系建设和以文化事业推动文化产业发展。①建设阅读联盟，有利于推动现代公共文化服务体系建设。十八届三中全会对构建现代公共文化服务体系提出明确要求。"三味书咖"城市阅读联盟在现有总分馆体系的基础上，进一步优化图书馆服务网点分布和功能定位，让江阴市的图书馆体系能够更好地满足人民群众的公共文化需求，保障其基本文化权利的实现。②建设阅读联盟，可以文化事业推动文化产业发展。建设"三味书咖"城市阅读联盟在促进公共文化服务体系建设的同时，有利于推动社会力量借助公共文化建设培育消费群体，养成文化消费习惯，促进转型升级，推动文化产业的发展。

3. 三个阶段

"三味书咖"城市阅读联盟建设的主要安排和设想是：①拟订方案，先行试点。对全市图书馆事业和相关社会力量进行调查摸底，在此基础上，形成"三味书咖"城市阅读联盟整体实施方案，选择申报者先行试点。②选择重点，示范建设。先期在市区建成体系，形成一整套行之有效的制度和办法，构建"三味书咖"城市阅读联盟总体框架。做好宣传推广工作，让社会和群众了解和接受"三味书咖"城市阅读联盟。③合理铺开，构建体系。在全市范围内合理稳步推进。根据实施状况，及时修订相关制度和办法，提升服务水平，实现良性循环。扩大联盟的影响力，做好与总分馆体系等其他阅读设施的衔接工作。

---

① 王学思. 江苏江阴探索社会力量参与阅读建设　当咖啡馆遇见图书馆[N]. 中国文化报，2014 – 11 – 12(3).

② 贾梦雨. 把好书送到大街小巷　江阴图书馆开进咖啡馆[N]. 新华日报，2014 – 11 – 25(6).

③ 王小川. 三味书咖：茶香半间书半间——江苏省江阴市推广全民阅读活动[N]. 农民日报，2014 – 12 – 27(7).

4. 四个步骤

相关社会力量要加入"三味书咖"城市阅读联盟,应当按照以下步骤进行:①申报加入。加入"三味书咖"城市阅读联盟,本着公开、公平、公正的原则进行,相关社会组织均可自愿申报。具体申报办法和信息将向社会公布,并在明确的申报期限内接受申报材料。根据申报的情况,进行综合评审,确定名单,并对结果进行公示。②达成合作。在申报阶段之后,与确定的加盟成员签订合作协议,达成合作关系。合作协议(另行制定)的主要内容有合作方式、合作期限、合作内容、各自的权利和义务等。城市阅读联盟成员要符合统一的建设标准。③辅导考核。江阴市图书馆对"三味书咖"城市阅读联盟成员开展全程业务指导,保证服务网点服务和活动均符合统一的操作标准和规程。同时建立健全考核评估制度,引入第三方考核机制,接受社会监督。根据运营服务情况及评估结果,优胜劣汰。每年对若干服务网点进行奖励,表彰先进,促进成员整体水平的提升。对于部分长期不达标或因其他原因不宜继续合作的服务网点,取消其成员资格。④信息公开。"三味书咖"城市阅读联盟有关制度和信息均向社会公开,主动接受社会和群众的监督。

5. 五项规范

"三味书咖"城市阅读联盟建设要出成效、有作用,必须要遵循统一的标准规范。为此,在建设过程中,我们全力推动以下5项规范的建设:①准入标准。申报参加"三味书咖"城市阅读联盟的社会组织或机构,其资质、业务范围等均需满足一定标准。②建设标准。"三味书咖"城市阅读联盟成员要符合统一的建设标准,主要包括馆舍面积、功能布局、基础设备、人员配置、开放时间、服务范围、图书流转等方面。③服务标准。"三味书咖"城市阅读联盟执行统一的服务标准,各服务点设置统一标识,执行统一制度,实现一卡通借通还,共享数字图书馆资源,及时传递各类服务信息,推动优质资源和服务走进各服务点。④评估标准。评估标准主要分为办馆条件、业务建设、读者活动与延伸服务、宣传推广等方面,突出服务和读者活动的考评。⑤交流机制。加强总馆与各服务点之间的沟通联系,建立日常交流机制,互相沟通情况,保证业务和服务正常开展。

(四) 相关思考

1. 要正确认识社会力量的作用

社会力量是公共图书馆事业特别是全民阅读事业的重要推动力量之一。在国外,众多民间机构都参与到全民阅读事业中来,例如日本的"读书活动推进协议会"就是出版界、文化界、图书馆界、教育界等行业共同发起成立的全民阅读推广组织,常年开展"儿童读书周""读书周"等全国性的阅读推广活动。又如英国的英国图书信托基金常年组织"阅读起跑线"活动,联合社会各种力量,为婴幼儿提供各种阅读服务。近几年,国内也不断涌现类似的组织机构,例如蒲蒲兰绘本馆、悠贝亲子图书馆等,他们都是推动全民阅读的重要社会力量。在苏州、嘉兴等地,图书馆也在尝试全民阅读社会化发展。在江阴,"香山书屋"等民间机构开始关注全民阅读,一些退休教师也向社会开放自己的书房,为周边群众提供图书借阅。

2. 要强化模式、路径的实践和探索

上文的例子表明我国的社会力量和社会组织已经开始介入全民阅读事业,但是方式较为简单,发展程度也不高。在推动公共文化社会化发展思想的指导下,有必要广泛吸引社会力量参与全民阅读事业。在加强理论研究的同时,实践领域中也应当做到以下几点:①强化政策制度建设。通过制定政策和制度,形成全覆盖的政策制度体系,建立有效的支撑平台、

规范合理的运营机制,明确政府、图书馆、社会力量等主体的职责、权限和关系,形成以制度管事、以制度管人的局面。②构建阅读设施网络体系。在现有图书馆、书店等阅读设施的基础上,不断发展多种形式的设施,形成覆盖全社会的阅读设施网络体系,让群众能够方便快捷地及时参与到全民阅读事业中。③引入竞争机制。依托现有的各类阅读设施,逐步延伸合作领域,通过多样化的运作模式向全社会提供阅读产品和服务,使服务供给方式多元化,服务效能得到提升。

3. 要加大宣传推广工作力度

在"三味书咖"城市阅读联盟的建设过程中,我们深切感觉到宣传推广工作的重要性。在建设过程中,要建立信息公开和沟通反馈机制,回应社会和群众的关注,一方面及时将各类信息公布出来,让更多人了解、接受新的服务模式和做法,另一方面及时收集各种意见和看法,认真探讨和研究,群策群力。在宣传手段方面,要做到传统与新兴媒体相结合,充分利用报刊、电视、网站、社交媒体等各种传统和新兴媒体,以文字、图片、多媒体等多种形式将"三味书咖"城市阅读联盟的建设进程和成果展示给公众。

(宫昌俊 曹磊)

江阴市图书馆简介

江阴市图书馆(http://www.jylib.cn)创建于 1936 年,1987 年独立建馆。新馆于 2005 年落成开放,占地面积约 5100 平方米,建筑面积达 14 300 多平方米,可藏书 100 万册,设读者座位 1200 个,日均可接待读者 4000 人次。多次被评为"一级图书馆""全国文明图书馆",并荣获全国"读者喜爱的图书馆"称号。

江阴市图书馆融成人和少儿服务功能于一体。成人服务区域设有面向大众的综合借阅室、报刊阅览室、音像资料视听室、共享工程播放室、读者自修室,面向研究性读者的参考阅览室、古籍阅览室、地方文献室,还设有面向视障人士的视障人士阅览室、展示地方人学术成果的江阴人著作展厅、院士长廊,建有高标准的报告厅、电化教室,并创新建设了以读者需求为中心的借、阅、购一体的新书速递吧。江阴市少儿图书馆面积 1500 平方米,设少儿图书借阅区、绘本区、电子阅览区。

江阴市数字图书馆建设在全国县级图书馆中处于领先地位,实现了不受时间、空间限制的 24 小时全天候服务的模式,向读者提供"中国期刊全文数据库""中国基本古籍库""中国工具书网络出版总库""江阴古桥、江阴地方文献目录"、非遗等自建数据库,共 20 余个数据库,并建成文化信息资源共享工程支中心。

江阴市图书馆秉承最大限度满足读者需求的公益服务宗旨,全年天天开放,365 天服务不缺席。在全市 17 个乡镇、街道建有图书馆分馆,形成以江阴市图书馆为总馆,各乡镇图书馆为分馆的全市图书馆服务网络体系。依托丰富的资源,图书馆每年开展大量阅读活动,举办大型讲座、展览,广泛开展延伸服务、流动服务。引进城市街区 24 小时自助图书馆,为人们提供 24 小时自助服务,把图书馆的公共文化资源和服务空间延伸至城市的每个角落,使市民更便捷地享受到公共图书馆服务。

(江阴市图书馆)

六、开辟公共图书馆多维度空间:采书乐坊的实验意义

众所周知,我们生活在一个四维空间里。"维"是一种度量,在四维时空里,时间一维,空间三维。以下试图以图书馆为空间对象,探讨如何突破时空制约,开辟多维度的读者空间,最大限度地拓展图书馆的服务外延与内涵。

(一)背景分析

1. 读者对多维度阅读环境的期望

多元化的现代社会,读者不再满足于"一本书一杯水"的阅读环境,开辟一个寓文化休闲与文献服务为一体的多维空间成为多数读者的期望。读者期望图书馆能提供丰富而多元的文化服务,形成立体、多层次、多维度的文化空间;期望图书馆能提供一个全方位的交流空间,实现人与人、人与物、人与环境之间的和谐交流。

2. 图书馆文献采访的局限性

图书馆通常意义上的文献采访途径,主要以在出版社或书商提供的当年书目单上下订单为主,结合每年一至两次的有组织的文献现采活动,如每年一度的北京图书订货会等。下单主要以图书馆的馆藏结构以及当年采访计划为依据,尽管该计划已尽可能考虑到读者的需求,但还是在一定程度上形成文献采访的盲区,即无法及时贴近与满足读者的文献需求,读者选择文献的主观能动性受到图书馆文献采访计划等客观条件的制约。

3. 新书上架时间相对滞后

图书馆新书上架时间受制约的因素颇多,包括查重、下订单、配送周期、编目加工、验收、审校、上架等环节。通常完成大批量的文献采编流程约需一个月,若加上前期采访与书商配书时间,则需两至三个月。在这个时长里,新书已经在书店上架,读者迫切需要在更短的时间里在图书馆借阅到新书。

4. 社会机构承担专业化的社会服务

不可否认,现代图书馆提供的读者服务已不止于文献的借与阅,而是愈来愈多样化,如提供视听欣赏、文化展览、学术讲座、研究课题定制等诸多服务。尽管如此,满足读者日渐增多的多元化需求,仅仅依靠图书馆一己之力,难免捉襟见肘,而且也不够专业。诸如餐饮服务、文化创意展示、文艺沙龙、艺术品赏鉴、外语角、主题聚会等,这些活动社会机构做起来更加得心应手。

"一切为了读者"是公共图书馆的服务宗旨。既然读者有强烈的需求,又可解决图书馆文献采访编目的周期性与读者期望值之间的矛盾,并能借此引入更专业的服务机构为读者提供高品质的公益服务,何乐而不为呢?

(二)采书乐坊的定义

首先,明确采书乐坊是一个物理空间,类似工作坊、工作室或者实验场地等,具体指在图

书馆里专门辟出的一个有别于图书馆内设功能部室的空间。其次,采书乐坊首要的功能定位为"采书",既包含图书馆采编人员的文献现采,也包含读者对文献的免费借阅。再次,着眼于"乐"。何谓"乐",乐从何来? 乐是指读者在采书乐坊里享受到的快乐。乐由心生,身心的愉悦源自于读者的合理需求得到及时而贴心的回应,诸如最新的文献资源、免费的无障碍借阅、美味简餐、静态展览、艺术品赏析等。综上,采书乐坊整合了五种功能。一是图书文献现采场地;二是读者阅览室;三是休闲书吧;四是文化创意展览与交易区;五是餐饮、沙龙聚会等文化休闲区。寓文献借阅、生活休闲、展览展示、读者活动四位为一体。既有别于普通书吧、书店,又有别于图书馆借阅室、活动部门;既履行图书馆公益服务的职能,又不拘泥于传统的服务模式,而是更多地根据读者多元化的需求,拓展服务外延与内涵。

(三)实践文本的解读

1. 图书馆与采书乐坊的关系

2011 年 1 月 26 日,文化部下发了关于公共图书馆免费开放的政策规定,"免费开放作为政府的重要文化民生项目,免费提供的是与公共图书馆职能相适应的基本公共文化服务,应由政府予以保障落实",并且明确规定了免费开放的项目,主要针对的是"基本公共文化服务",这一举措意味着公共图书馆免费时代的到来。因此,图书馆的服务功能无论如何创新与拓展,均不应与此政策相背。

(1)合同层面上的甲方乙方

图书馆作为场地的提供者,是甲方,即通常意义上的业主或产权拥有者;而采书乐坊作为一种外来的社会力量,是乙方,即场地的承租者与经营者,经营活动自主、财务结算独立。从合同层面上理解,图书馆与采书乐坊之间就是法律意义上的租赁关系。

(2)实质意义上的合作共赢

从功能布局上,采书乐坊被视为图书馆的编外部室而存在。此定位有别于其他引进社会力量共同办馆的做法,可谓创新之举。"编外部室"即附生在图书馆里的社会文化机构,以免费、均等、公开为原则,履行图书馆借阅等相关服务以及承担部分读者活动的职能,但因该机构的人员及资源非源自本馆,故定名为"编外部室"。必须明确的是,凡涉及公共图书馆免费开放项目,无论是否增加其运营成本,采书乐坊均不应向读者收费。

(3)管理模式上的双重化

采书乐坊的装修风格、陈设布置、服务规范等必须经由图书馆审核,并与图书馆保持一致;人员由采书乐坊自行招聘与管理,但又接受图书馆的管理,即推行双重管理,既遵守采书乐坊的规定,又不能有违图书馆的制度,实现一体化的服务规范。如采书乐坊的人员纳入图书馆每年的文明礼仪培训与业务培训计划,培训成本由采书乐坊自行承担。

2. 开放时间与资源获取途径

(1)开放时长

采书乐坊的开放时间暂定为 9:00—21:30,服务时长每天超过 12 个小时,每周不少于 87 个小时,夏季开放时间还适当延长,全年 365 天均对公众开放,远远超过文化部规定的一级图书馆的服务时长。采书乐坊作为图书馆延长服务时长的重要抓手,弥补了图书馆正常闭馆的服务空白时段,给读者带来较大的便利。

（2）基本服务功能

目前，按照借阅、续借、预约、还书、办证的顺序，依次授权开放读者服务功能给采书乐坊，逐步引导其完成物理图书馆的基本服务功能。在授权过程中，不急于求成，待成熟运作一个功能后，再授权开启下一个功能。有序授权开放图书馆服务功能，有利于循序渐进地促进采书乐坊逐步走向成熟。

（3）资源获取途径

自 2008 年 10 月起，我们推行了"免费办证、无证阅览"的服务承诺。读者无须办理借阅证即可阅览，若需借出，则需办证，但不必付任何费用。读者进入采书乐坊，同样享受这一承诺。不同的是，图书馆开架的书已经加工，而采书乐坊架上的图书均为新上市，尚未加工。那么如何成功借出呢？读者只需到服务台出示图书馆借阅证，简单地办理相关借阅手续即可将图书带离采书乐坊，办理时间控制在 45 秒以内。每一册图书的借阅期与图书馆一致，还书地点包括图书馆、采书乐坊，以及其他通借通还的图书馆分馆。

（4）文献采访流程

采书乐坊将读者当天的借阅信息通过系统传递至图书馆采编中心，采编中心据单开展查重，并按照图书馆的年度采访规则，次日即直接向采书乐坊下订单。如文学类复本数为 5 册，即订 5 册。下单后，采书乐坊着手配书，并在一个月内完成复本数的深加工。加工完毕后交由采编中心审校、入藏、上架流通。采书乐坊每周均应保证有一定数量的新书上架，上架图书两个月内若无人问津，则需下架。读者从采书乐坊借出的新书还回图书馆后，由图书馆读者流通部直接转入采编中心，进行深加工（编目等）后，再次上架流通。

3. 读者活动推广

采书乐坊不仅是读者获取静态文献信息资源的场所，而且通过整合社会资源，被扶持培育成一个动态的小型图书馆，借此拓展读者服务的外延与内涵。这才是设立采书乐坊的亮点所在。首先通过与图书馆联办读者活动，逐步引导采书乐坊参与读者活动的策划、组织与举办，如读书沙龙、知识讲座、外语角、新书赏析会、艺术品鉴赏等。条件成熟后，再放手让采书乐坊独立承办。经费主要有两种渠道。一是由公共财政出资购买社会服务；二是由采书乐坊自筹。但无论出资方是谁，每一场读者活动从策划生成、文案拟制，到组织实施，再到收官反馈，均应在图书馆的具体指导下，确保活动以服务读者为宗旨，既不偏离主题，又秉承免费公益服务的性质。

4. 免费服务与收费服务

在文化部关于公共图书馆免费开放政策的"工作原则"一节中提到"坚持公益，保障基本"，着重指出，"对于基本公共文化服务以外的文化服务项目，要坚持公益性，降低收费标准，不得以营利为目的。"基于此，界定采书乐坊的免费与收费服务的范畴至关重要。采书乐坊作为图书馆编外部室，所有与借阅相关的服务均不应收费。具体而言，即采书乐坊里所有的图书仅接受读者的免费借阅，不可对外销售，一经发生，视为违约；无论读者活动的承办方是图书馆还是采书乐坊，读者均可免费参加在采书乐坊里举办的任何读者活动。可以收费的服务项目明确标示如餐饮、茶点、文化创意用品销售等。

5. 采书乐坊的赢利空间

显然，作为一家文化经营机构，采书乐坊若无法产生利润就难以为继。采书乐坊的内部装饰、场地费用(租金或管理费)、家具、陈列品、人员经费、物流成本等,是一笔不少的开支。另外,甲乙双方又约定采书乐坊里所有的文献只供借阅不可售卖。那么,采书乐坊的赢利点在哪? 首先,作为甲方,图书馆为乙方设立了一个租金优惠与减免期,帮助其顺利度过经营磨合阶段。采书乐坊对公众开放后的赢利点主要有三方面:一是来自于图书馆的文献采访。根据读者借阅情况下单以及图书馆定期组织的现采活动,读者一旦借阅一册书,该书图书馆即购买,购买数与借阅数成正比,而且上不封顶。这样,图书馆在采书乐坊的文献采购量永远大于读者的借阅量。比如文学类复本数为 5 册,读者若借阅 1 册,图书馆则一次性采入 5册。二是来自于采书乐坊售卖的简餐、茶点、饮料、文化创意产品(诸如创意小盆栽、闽南礼俗饰品、创意陶具)等服务。三是由公共财政或其他社会机构出资,采书乐坊独办或联办政府部门、社会机构的文化活动,读者免费参与,采书乐坊从这种购买服务的行为中获取利润。

综合比较以上三方面赢利点,各有千秋。第一种利润的增长取决于读者的借阅量,利润值的提高与阅读氛围的营造以及读者的阅读热情有关。这就要求采书乐坊提供的文献要全、上架要快、服务要好。第二种利润在设计之初仅作为一种配套服务,限定经营者必须薄利多销,而且工作台、产品展示台规模不得超过全场的五分之一。实际上此方面利润的增长与第一种相辅相成,对服务质量的要求也高,食品的新鲜度与安全系数、文化礼品的创意点无不影响其利润收入。第三种作为最大的利润增长点,取决于采书乐坊从业人员自身的素质,如策划组织能力、协调统筹能力等。图书馆在整体活动中主要起穿针引线的作用,为采书乐坊承接活动项目牵线搭桥,或者直接把部分读者活动转包。如举办外语角,每周一次,每期一名外教主持,向读者免费开放。采书乐坊先提出策划文案与经费预算报送图书馆,图书馆审定通过并纳入年度读者活动计划。项目实施时,场地布置、外教聘请、设定主题、现场服务等均由采书乐坊自行负责,图书馆仅负责预审教师执业资格、活动主题等。项目完成后图书馆与采书乐坊一次性结算费用。

(四)与传统的书吧、书店的比较

1. 服务模式

传统的书吧或书店基本构成"一本书一杯水"的服务模式,支撑其存活的利润空间是读者购书与饮品服务。这种服务模式利润微薄,经营起来捉襟见肘。近年来,大量实体书店、书吧倒闭即是实证。采书乐坊则是据读者的借阅量售卖给图书馆,对读者则只提供借阅而不售买。另外,其余如售卖饮品、简餐、文化创意用品以及承办读者活动等服务外延的不断扩大,为采书乐坊提供了更多的利润空间。

2. 空间布局

书吧、书店的陈设以书架、吧台与书籍为元素,物理空间布局单一。而采书乐坊除大部分区域为阅览区外,增加了文化创意用品展示区,以及可供享用简餐、茗茶、咖啡等餐饮服务的休闲生活区,甚至还设置了可灵活装拆的小型舞台等,可承办沙龙、外语角、餐叙会、讲座、展览、书友会、艺术品赏鉴等读者活动。书吧、书店的空间舒适感与采书乐坊不可同日而语。

3. 人员管理

书吧、书店通常采取人员自行聘请、自行管理的模式。采书乐坊既是一个相对独立的书吧,又是图书馆的编外部室,同时接受图书馆的管理,从人员着装、文献借还、预约、服务用语,到整个服务流程规范均应与图书馆保持一致。

4. 功能设置

书吧、书店仅供读者就地阅览或者购买,采书乐坊则承担图书馆文献借还、预约,以及部分读者活动等功能,实际上视为相对独立的图书馆内设小分馆而存在。其中,对图书馆而言,采书乐坊承办读者活动仅作为一种补充力量,即利用其独有的资源与优势,如餐饮果品服务、新书品鉴、闭馆期间的时间优势等,以此拓展与增强图书馆的服务职能,更加人性化地服务读者。

(五)成效分析

1. 从图书馆层面看

首先是新上市的图书实现与书店同步,让读者第一时间借阅到新书,得到最新的资讯,弥补了图书馆因采访编目加工延迟上架的缺陷;其次是借助社会力量延长图书馆的服务时间,一定程度上节约了公共财政对图书馆人力资源投入的成本;再次是拓展了图书馆多维度的服务空间,使之更加贴近读者的需求,服务内涵更加丰富。尤值得一提的是,通过重新优化整合了图书馆的资源分布与职能结构,均出部分读者有需求,但图书馆做起来既不专业也力不从心的部分功能,交由社会机构运作,比如餐饮服务、创意用品展示、节目主持、展台布置、个性化定制等。

2. 从读者的反馈方面看

采书乐坊开放半年后,发放读者问卷调查4000多份,收回3000多份,内容涵盖服务时长及时间段、服务模式、服务用语、服务水平、个性化服务、饮品品种、简餐味道、图书更新率、图书种类、畅销书、读者活动的形式与主题、文化创意用品、价格定位、整体满意度等20多项的调查。其中,98.7%的读者对采书乐坊的服务模式持肯定与赞赏的态度,认为弥补了图书馆的服务时长,为读者提供了更自由的阅读时空;96.3%的读者对能在第一时间借阅到新书非常满意;94.8%的读者对采书乐坊举办的活动参与热情高,认为气氛活泼自由,主题贴近实际需求;4.9%的读者认为图书馆应该授权给采书乐坊更多的权限,比如办证等功能。另外,0.6%的读者认为,应允许采书乐坊对读者售书;0.2%的读者认为,采书乐坊举办的个别读者活动影响了阅读的宁静,建议调整举办时间……综合读者的反馈,对采书乐坊这种新兴载体的整体评价,满意率达99.2%。

3. 从采书乐坊角度看

首先,图书馆与生俱来的社会公信力是采书乐坊的无形资产,无疑为采书乐坊的读者服务提供了一份无声的诚信证明。其次,图书馆可资利用的有形资源不可估量,如舒适典雅的馆舍空间、4万多名持证读者(持证读者人数日渐增加),以及每年承办的100余场读者主题活动……无不带动读者阅读量的提高,直接促进了采书乐坊从图书馆的文献采购中获取更大的利润空间。再如,公共财政对图书馆逐年的持续投入,包括设备与文献购置费用等,优化提升了阅读环境的品位,引进了各种图书馆新技术新设备,"近水楼台先得月",间接带动与挖掘了采书乐坊潜在的读者源。另外,采书乐坊通过承办或联办读者活动,既提高了从业人员的个人修养与业务素质,又通过口耳相授的传播,提升了采书乐坊在读者中的知名度,从而拓展了更多潜在的利润空间。以下是采书乐坊开放半年提供的一组数据:采书 20 336 册,总码洋 630 239 元;其他服务收入 144 000 元。

采书乐坊作为一种由图书馆主导,引导社会力量共同发展公共图书馆事业的实验载体,其诞生与存在的土壤是什么? 在新一轮的社会体制改革中,公共财政出资购买社会服务的新政受到社会广泛的关注。采书乐坊的出现,既没有与公共图书馆免费开放的原则相背,又符合新时期文化事业改革发展的要求;既充分考虑采书乐坊的赢利空间,又利用其独有的资源为读者提供高品质的公益服务,如举办文艺沙龙、书友会、展览、图书漂流、书籍捐赠、艺术品赏鉴等活动。因此,可以说采书乐坊是实体书店、书吧转变为融图书馆服务职能与读者文化休闲功能为一体的范本。这一过程的演变,既可理解为是在大量实体书店倒闭的背景下的一次华丽转身,又可理解为迎合了读者的多元化需求、社会阶层的期望,更可理解为是现代图书馆拓展多维度服务空间的实验。但无论是图书馆,还是采书乐坊,无论如何变化,"万变不离其宗",其终极目标均应以为城市的文化重建与繁荣、为读者的知识渴求与休闲生活提供一片春意盎然的文化绿洲为己任。这才能实现采书乐坊的社会效益最大化,也是其存在的根本理由。

(郑君平)

晋江市图书馆简介

晋江市图书馆(http://www.jjlib.net/)创建于 1953 年,先后被评为"全国文明图书馆""中国书业 2010 年度图书馆""全民阅读先进单位",连续 5 届被文化部评为"一级图书馆",连续 7 届被中共福建省委、省政府评为"省级文明单位"。2011 年加入国际图联(IFLA),2012 年加入联机计算机图书馆中心(OCLC)。晋江市图书馆为福建省目前规模最大、最现代化的县级市公共图书馆,居全国县级市公共图书馆前列。

晋江市图书馆采用 Interlib 图书馆集群管理系统,实行"通借通还"惠民服务,读者可在市图书馆、市少儿馆、24 小时街区自助图书馆、企业分馆、高校分馆和中学分馆等场馆通借通还文献并"跨馆"归还。设有文学借阅室、社会科学借阅室、自然科学借阅室、少儿借阅室、电子阅览室、读者休闲书吧等对外服务窗口,提供外借、阅览、咨询、视听、网络信息与数据库检索等服务。常年承办晋江市"悦"读节,包括少年儿童一生阅读计划、我们的节日、大型展览、名家讲座、英语角等阅读推广活动,举办培训、学术交流、读书沙龙等活动。推行总分馆制,着力打造晋江市"一公里半径·城市图书馆群",截至 2015 年 5 月,已建成图书馆分馆 11 个,24 小时城市街区自助图书馆 17 座,以及 37 个图书流通点,408 个文化信息资源共享工程基层服务点。

晋江市图书馆以谱牒(族谱)文献与台湾文献为馆藏特色,共藏有纸质文献 70 万余册(件),电子图书 50 余万册,数字资源近 30TB。设有全国文化信息资源共享工程晋江支中心、晋江市谱牒研究会和文献研究室,履行全国文化信息资源传播和地方文献学术研究职能。自建"晋江理论""印象晋江""晋江文化丛书"等系列富有晋江特色文化的专题数据库,与图书馆自购数字资源构建不受时间、空间限制的晋江数字图书馆,为读者打造统一的、"一站式"服务,方便读者浏览海量数字资源。

(晋江市图书馆)

七、农家书柜进农户

——莒南县农家书屋长效服务模式探讨

莒南县农家书柜工程是对农家书屋工程的创新和拓展,是农家书屋服务触角的再延伸,它是在摸民情、听民意的基础上,根据农户的需求和爱好,通过村民"您点书、我送书"的模式,盘活农家书屋家当,把农家书屋的藏书化整为零,分放到各家各户。这种借阅模式最大效能地发挥了农家书屋的作用,让农家书屋真正成为解决农民"文化温饱"、实现农民文化生活脱贫的"文化粮仓"。

(一)创新——来自于农民的需求

创新来自实践,经验出自基层。只有走近群众,才能了解群众需求,只有深入生活,才能找到满足群众需求的办法。近年来,在促进社会主义文化大发展大繁荣的实践中,在文化惠民的进程中,莒南县把农家书屋作为公共文化服务体系建设的重要组成部分和重点工程,立足实际,科学发展,率先在全县实现了农家书屋全覆盖。

农家书屋的建成,使图书走进农村,文化惠及农民,让广大农民群众有了读书的场所。但随着农家书屋的普及,相关问题也不断凸现。有的村民说:"有了书屋,我们也想去借书,但去了几次,不是大门紧锁,就是找不到人,后来也就不去了。"有的村民说:"俺干完农活回来,想坐下看本书,可还得跑到书屋去借,本来就很累了实在也懒得动弹,想想也就算了。"还有村干部抱怨:"图书不同于其他商品,在农村有'偷书不算偷的习俗,书屋的书是有借无还,还不如不借。"有的村民说:"我们种黄烟、饲养牲畜时经常遇到一些问题,想去找本书学一学,可是'书屋'里没有我们想看的书……"农民所反映的问题究其原因是在农家书屋的具体管理中出现了两个极端:一种是严管理严到了极端,少开放,少借书,甚至宁愿不借书,也要保住图书不丢失,书屋图书被束之高阁。一种是松管理松到了极端,制度不严,手续缺失,图书一阵风借出去了,却很难回收,从而造成了书屋图书流失严重、图书种类不全的现象。

乐民之乐者,民亦乐其乐;忧民之忧者,民亦忧其忧。莒南县文化主管部门在充分调研农民群众阅读需求后,大胆创新,勇于尝试,提出了为农户配置"农家书柜"的想法。即每家建立一个小书柜,把农家书屋的藏书分别存到小书柜里。村民可以根据自己的需求对农家书屋的图书自由选择更换,定期借阅,每半月一更换,每季度一轮换,本村农户之间也可以开展互通有无的书籍互换,把农家书屋变成小书柜的交流服务总站。如此,可有效解决农民想看书没书看、去看书不方便的难题,让农民在炕头上就能随时有书读。

农家书柜初期试点率先在莒南县相沟镇石家崖村展开。实践证明,飞入农户家的农家书柜给农民阅读带去了极大的方便。它的成功实施,不仅使"两种极端"所带来的问题得到了有效解决,而且还改变了人们的生活观念,农民由过去的"被动看"变成了"主动选",由"要我学"变成了"我要学",图书由"固定"变成了"流动"。在石家崖村,农闲时候玩麻将、打扑克的人少了，在家看书、学习的人多了，村里的风气焕然一新。

（二）光大——依靠党委政府的推动

从群众中来，到群众中去，这是我们党的优良传统和作风。善于发现典型，培养典型，推广典型是执政者境界、胆识和能力的体现。石家崖的做法很快引起了县委县政府的关注，他们看到了"小书柜"的大作为，"小创造"的大前景，政府随之实施的一系列助推动作使农家书柜工程在全县迅速展开：2012年7月20日农家书柜试点工程启动仪式在相沟镇石家崖村举行，通过试点摸索，这一创举的益处得以显现；2013年4月28日，莒南县委办公室、县政府办公室下发《关于加快农家书柜建设的实施意见》，将农家书柜建设纳入年度工作目标考核内容；同年5月4日，莒南县农家书柜建设现场会在相沟镇召开，现场会的召开标志着农家书柜推广工作在全县启动。来自于基层的创举变成了县委、县政府的决策，一个村的做法在全县普遍实施。

星星之火，可以燎原，目前莒南县农家书柜工作已全面铺开。目前全县有152个行政村推行农家书柜建设工程，5.6万家农户拥有了小书柜，受惠群众21万余人。我们的做法在全省得到了推广，《农民日报》《中国新闻出版报》《大众日报》《图书馆报》新华网、人民网、大众网等新闻媒体分别予以报道。2013年，莒南县文广新局在全省农家书屋长效机制建设座谈会上就农家书柜的推广实施做了典型发言。2015年，莒南县图书馆以农家书柜为主题提交的服务案例参加全国第五届百县馆长论坛，被中国图书馆学会评为一等奖，并在大会做经验介绍。

（三）长效——需要专业的提升

为保证农家书柜持续发挥重要作用，必须加强科学有效的管理，形成长效工作机制和易于操作的工作模式，莒南县就"小书柜"投入使用后的运作、管理进行了详尽的研究，形成了切实可行的长效工作机制和易于操作的工作模式：

一是科学规划。莒南县农家书柜工程建设坚持政府扶持、社会捐助、统一规划、分步实施的方针，试点村庄与省市第一书记包扶村、乡村文明示范村有机结合，选择农家书屋建设较好、农民读书意愿较强的村庄为试点村庄。

二是完善制度建设。建立健全规章制度，切实加强对农家书柜的管理。制定《农家书柜管理办法》《农家书柜图书免费借阅使用协议》《农家书柜图书管理员职责》等制度，完善书籍借阅、登记、定期轮换等制度。村妇代会负责图书编号、登记造册、规范发放、更新调换、日常管理等工作。

三是便民管理。农家书柜实行统一设计、统一制作、统一安装，不向群众收取任何费用。书柜的设计从实际出发，突出简单、美观、实用的特点，既可以悬挂，也可以安放。为保证通过农家书柜这个载体更好地开展优质便民服务，村"两委"与村民签订《农家书柜图书免费借阅使用协议》。村民委员会享有图书所有权和管理权，村民享有使用权和阅读权。村民有义务保护和爱惜借阅图书，阅后归还，损坏赔偿。明确由村妇代会主任专人管理，确保图书不损坏、不丢失。村"两委"依托农家书柜，积极组织开展知识竞赛、读书征文、书迷竞猜等形式多样的文化活动，进一步培养农民的阅读习惯。

四是业务扶持。县图书馆负有对全县农家书屋和农家书柜的业务辅导的职责,实施日常的业务管理与督导,及时总结经验,发现问题,解决问题,确保农家书柜工程健康持续发展。

莒南县农家书柜工程,有效解决了农家书屋运行中的诸多难题,盘活了乡村图书资源,统筹了农家书屋图书,将形同虚设的农家书屋落到了实处,切实解决了农民读书难、看书难的问题,满足了农民精神文化需求,提高了农民科学文化素质,打通了服务和联系群众的"最后一公里",为朝不保夕的农家书屋注入了新的生机与活力。

(李娟)

莒南县图书馆简介

莒南县图书馆(http://www.jnlib.com)建于1953年,是山东省文化厅为支援沂蒙革命老区建设而建立的第一个农村公共图书馆,二级图书馆,总藏书量33万册,馆舍总面积6700平方米,现有干部职工16人,其中副高级4人、中级5人。馆内设有外借室、儿童阅览室、普通阅览室、电子阅览室、资料库、综合业务加工室、办证室等服务窗口。年外借图书15万册次,年接待读者10万人次。面向社会开展了"书香农家评比""十佳书香家庭·百名读书之星"评比、"营造书香社会·共建厚德莒南"征文比赛、"送书进军营进社区"等阅读推广活动。2008年实现馆内业务自动化管理,2010年开通数字图书馆,2011年与国家图书馆实现联合编目,同年图书馆免费开放。在全县实现了文化信息资源共享工程基层服务点和农家书屋全覆盖。2012年,创新实施了"你点书·我送书"农家书柜建设工程,这一做法在全省作为经验介绍推广,《农民日报》《中国新闻出版报》《大众日报》《中国图书馆报》、新华网、人民网、大众网做了专题报道。2015年,莒南县图书馆以农家书柜为主题提交的服务案例参加全国第五届百县馆长论坛,被中国图书馆学会评为一等奖,并在大会做经验介绍。2014年,创新推出了"预约借书"服务,兑现了不让任何一个读者失望归,百分百地满足读者阅读需求的服务承诺,省市县新闻媒体先后对这一做法给予了报道。积极推进"尼山书院"建设,系统开展了经典诵读、宣讲辅导、道德实践等以"三个倡导"为主要内容的活动,做到了将现代公共图书馆和传统书院的有机结合,丰富了公共文化服务内容,提高了公共文化服务能力和水平。莒南县图书馆先后获得"山东省文化系统先进单位""全国图书馆服务宣传周活动组织工作奖""山东省文化信息资源共享工程建设与服务工作先进集体""全省地方文献工作先进集体""山东省古籍保护工作先进单位"称号。

(莒南县图书馆)

八、微信时代的图书馆阅读推广 one to one

——神木县图书馆微信阅读推广新平台

（一）神木县图书馆网络平台应用现状

随着互联网的高速发展,县级公共图书馆的网络平台应用已然成为完善公共图书馆职能的有效途径,它成功地打破了经济范围、阅读实践与地域空间的约束,无论是欠发达地区还是发达地区的县级公共图书馆,都可以通过有效的网络推广实现自己的服务职能,甚至通过这一平台为公共图书馆服务增值,扩大文化影响力。

神木县图书馆从 2010 年年末新馆免费开放以来,逐步建设了读者服务 QQ 群、图书馆官方网站、新浪/腾讯微博及公众微信等网络阅读推广服务平台,并通过县域门户网站、生活网站等不断拓展阅读服务半径,增值数字阅读,宣传公共图书馆服务职能,在与海报、线下借阅服务、阅读推广活动等传统阅读模式相结合的过程中,不断得到增长的网络平台关注读者人数及参与围观活动的人数,都体现了神木县图书馆网络平台的发展收到了很好的推广效果。

上述的各种网络平台中,新浪微博的应用成为神木县图书馆数字阅读发展与阅读推广的有效模式。从神木县图书馆新浪微博 2012 年的统计数据及艾瑞咨询集团出版的《2012—2013 年中国数字阅读用户行为　研究报告简版》的文献中,可以看出,2012—2013 年中国数字阅读用户中男性略微大于女性。从学历上看本科生是主流人群,并且到本科为止,学历越高,使用数字阅读越多。从年龄上看 30 岁之前随着年龄段的增长,使用数字阅读的用户越多,18 到 30 岁是主流人群,30 岁以后年龄段使用数字阅读的用户数量呈递减趋势(如图 8－1)①。

图 8－1　2012—2013 年数字阅读用户学历、年龄及性别情况

注:样本:n＝9861;于 2012 年 12 月—2013 年 1 月通过 iUserSurvey 在 43 家网站及艾瑞 iClick 社区联机调研获得

---

①　艾瑞咨询集团.《2012—2013 年中国数字阅读用户行为研究报告简版》[EB/OL].[2015－05－08].http://report.iresearch.cn/2045.html..

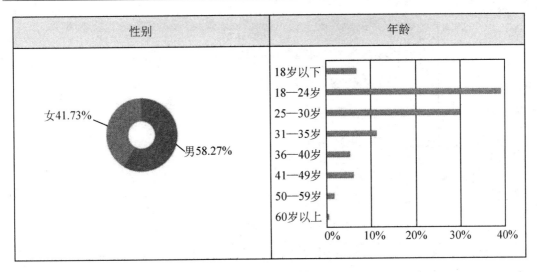

图 8 - 2 2012—2013 年神木县图书馆新浪微博粉丝性别及年龄数据统计

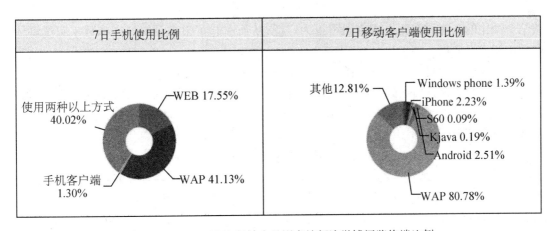

图 8 - 3 2012—2013 年神木县图书馆新浪微博阅览终端比例

从上述数据中也不难看出,2011 年神木县图书馆开通新浪官方微博后,片段阅读时间的覆盖和青年读者的增长,在一段时间内达到了很高的峰值,得到了全国各地读者,主要以本地青年读者为主的关注与互动。其阅读方式主要是通过 PC 终端来进行阅读。

但是,随着智能移动终端的市场飞速扩展,尤其是安卓系统的大力推广,手机逐渐取代 PC、平板电脑成为数字阅读的主要工具。在艾瑞咨询集团的《2012—2013 年中国数字阅读用户行为 研究报告简版》的调研数据也指出了,2012—2013 年中国数字阅读用户使用的终端中,手机、PC、平板电脑分别为用户最经常使用的终端。从移动端内部来看,手机端的使用大大强于平板电脑。从终端看出,用户使用数字阅读时,有便捷性、随时性、不受地点约束的需求,手机正好满足以上需求。另外,数字阅读运营商渠道占据强势地位,许多三四线用户在手机上看网络小说的比例较高。

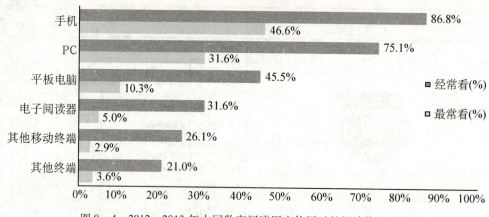

图 8-4 2012—2013 年中国数字阅读用户使用过的阅读终端占比

　　腾讯旗下的微信平台便是在手机终端发展的同时,通过其 QQ 聊天软件的影响力,迅速发展起来的新型数字阅读平台。覆盖了更多年龄层次用户的微信平台,其免费使用的 one to one 对话式系统迅速获得了 APP 的市场占有率。而随之诞生的微信公众平台则通过网络把微信个性化的功能和交互方式应用得更为广泛,从而引起了很多品牌推广和数字阅读群体的关注和大量应用。

　　如果说微博像自助选菜机一样,把读者需要的"阅读蔬菜"都直接放入了他的菜篮子中,那么微信则是直接把"阅读蔬菜"放到了读者的手中。放在篮筐里的菜,很快就看不到最开始放入的菜是什么,需要翻找才能发现,而放在读者手中的菜,读者可以选择直接阅读,也可以选择放在菜篮子里阅读。

　　相较微博平台一对多,或者多对多的信息传送模式,微信公众平台的 one to one 可以被理解为一对一,或者多对一的信息传送,其单独存在的账号模式,一定程度上避免了微博信息发送后被海量信息覆盖的命运。而从使用平台的用户年龄层上来说,微信的用户年龄覆盖,基于 QQ 这个聊天软件的应用,要广于单独注册的微博账号(包括玩 QQ 的 50 后、60 后)。虽然在起步上晚于新浪微博、腾讯微博,但其公众平台的出现,不得不说,从形式及覆盖用户年龄段上弥补了团体、单位、机构在网络营销推广的内容量、送达率及阅读率上的一部分缺失。可以说,虽然不能像微博平台一样每天不限次数只限字数的信息发送模式一样发送多条信息,但是微信公众平台订阅号的每日只限 1 条群发信息不限字数的信息发送模式却具有更高的信息送达率和阅读率,同时,在阅读推广的内容上可以更加丰富多元、并具有更为广泛的覆盖率。

　　所以,神木县图书馆于 2012 年年末也通过官方腾讯微博注册了微信公众平台,在继续维护微博阅读推广的同时,通过每日信息发送的模式开始了新型网络平台 one to one 的阅读推广模式。

(二)微信服务内容

　　2012 年 11 月,神木县图书馆遵从由"为人找书"到"为书找人"服务变革理念,正式通过腾讯微博账号,开通微信公众平台。从此开始每日持续的"片段时间阅读"的 one to one 的阅读推广服务,并在内容上形成了多方面的阅读补给。之后在 2013 年 2 月微信公众平台系统更新中更新账号后，从2月开始重新摸索微信平台上的 one to one 阅读推广模式。

1. 初期服务模式——划分栏目的文字推送

考虑到读者手机客户端的网络流量费用，2013年2月，作为平台发展初期，神木县图书馆的微信公众平台仅限于文字推送，每日一条文字推送，内容上分为"本地习俗"——介绍地方特色民俗文化；"线下活动推荐"——及时通知阅读沙龙、故事汇等线下阅读推广活动；"美文警句"——搜集整理正能量观点，形成做人做事的阅读补给；"好书推荐"——馆藏图书内容节选推荐；"微哲学"——短小哲理故事阅读5个栏目；平台通过读者 QQ 群等已有的网络渠道进行了简单的宣传，引起了部分微信读者的关注。

图8-5　手机等移动终端收到的神木县图书馆微信公众平台·单图文信息

2013年4月开始，随着各大通信服务商的移动终端流量优惠政策的变化，平台在以上5个栏目的基础上开始增加单图文信息的传送，精美图片和文字的结合，让每一条被送达的阅读推广信息都更具有吸引力和直观性。同时，从"世界读书日"开始，通过海报、活动展架、活动现场等模式，线下的阅读推广活动也开始加入微信平台阅读服务的推广宣传，到5月，已经培养了一部分忠实的微信读者，在每日信息未送达时间问催更。

随着神木县图书馆微信公众平台的不断摸索，每日仅限一条的微信信息，反倒形成了有效送达、及时阅读并不引起反感的一种新的阅读推广模式，弥补了微博平台信息容易被覆盖的缺失，但是因为纯文字的推广，却没有微博的高互动率，这就对我们的微信推广工作提出了新的要求。

2. 现有服务板块——关键词互动、丰富图文阅读推荐互动

随着阅读互动需求的发展及微信公众平台的系统更新，神木县图书馆微信公众平台通

过设置关键词自动回复,分担了一部分阅读推广工作,并根据文字推送时期的 5 个栏目划分,重新设置了图文推广内容,从多元丰富的角度,考虑阅读群体的阅读需求,进行图书推荐与互动。

(1)机答模式互动——关键词阅读推广

因为微信公众平台仅可以通过 PC 端或移动终端的浏览器模式编辑发送,所以决定了不能像微博一样随时在线与读者进行互动阅读推广,那如何实现 one to one 的阅读推广呢？在微信公众平台的设置中除了可以设定自动回复,同时还可以设定"关键词"回复,每当有新的读者关注了神木图书馆的微信平台,他都可以收到这样的信息:

> 分享阅读快乐,收获智慧时光~神木图书馆感谢您的关注和支持！如果你想询问图书馆的地理位置,可以回复1;如果你想了解图书馆今天是否开放,可以回复2;如果你想阅读美文,可以回复3;如果你想阅读小幽默,可以回复4;如果你想阅读英文名句,可以回复5;如果你想阅读数字游戏,可以回复6～每周更新,每次都有新收获。

当读者想要阅读美文或进行互动的时候,他通过微信对话框输入任何问题,都可以收到以下图片中的回复——读者可以根据自己的阅读需求自主选择回复数字或相关文字内容,即可实现机答模式的互动阅读。

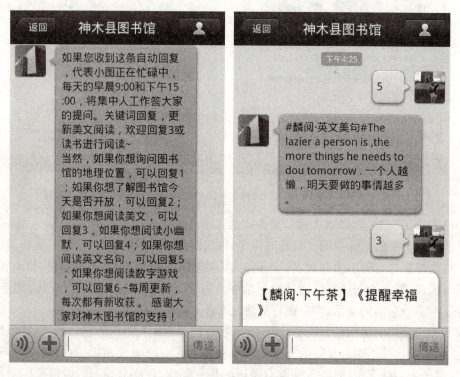

图 8-6　手机等移动终端收到的神木县图书馆微信公众平台·关键词机答互动

这种被添加自动回复、消息自动回复和关键词回复的功能,不仅仅体现了微信平台 one to one 的特性,有问必有答,更从很大程度上弥补了微信公众平台订阅号每日只能群发一条阅读信息的不足。同时帮助不能随时在线的管理员进行合理的读者引导与服务。

（2）栏目编辑互动——阅读版块设置

2013 年 9 月,随着微信版本的再次升级更新,神木县图书馆微信公众平台的每日信息发送的栏目,也进行了一次大的变动,除了增加开设多图文信息,增设"读、做、玩、约"等栏目外,还开通"点播阅读"服务,更好的通过平台互动,提高读者阅读的积极性。

神木图书馆微信公众平台开通"点播阅读"服务,想要阅读、推荐或分享的好书好文好片段,可以点播给自己、朋友、家人或所有读者,微信回复书名或新浪微博@神木县图书馆,均可点播,感谢大家一直以来的阅读支持!

图 8 - 7　手机等移动终端收到的神木县图书馆微信公众平台·多图文信息及栏目设置

重新设定的栏目,不仅从内容上增加多图文信息,保证每日推荐一本馆藏图书,同时增加了折纸互动、数独互动,及真人图书问答等内容,更是在微信公众平台中引入了有声读物,首先从内容上保证了栏目的丰富多元化,从文学阅读到艺术到逻辑思维训练,再到活动推荐,吸引不同的读者进行阅读;其次从栏目形式上增加互动,比如"点播阅读"活动,可以把自己喜欢的图书与大家分享,并通过作品试读,为读者提供电子文献的免费传送;再次,定期更新的关键词回复可以增加读者的阅读自主性,随时随地实现 one to one 的阅读推广。

2014 年,随着越来越多的阅读公众平台的开通,4G 手机的畅行,读者手机中的信息资源累积过剩现象出现。通过读者调查试行了一段时间每周杂志发送后,于 2015 年开始恢复每日发送,但将栏目进行内容精简,周一至周日,每天通过不同的主题进行阅读服务。并增加原创音画有声栏目,让阅读变得更为有趣!

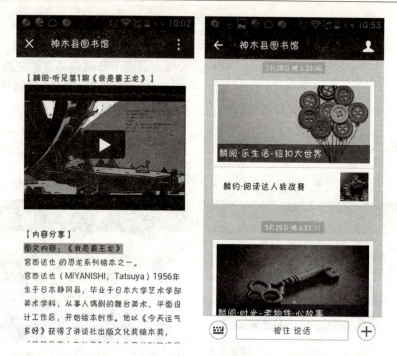

图8-8 手机等移动终端收到的神木县图书馆微信公众平台·有声绘本阅读栏目及每日栏目

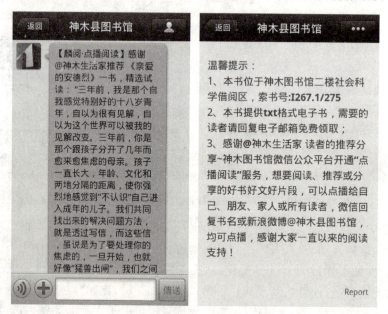

图8-9 手机等移动终端收到的神木县图书馆微信公众平台·点播阅读互动

当然,重新调整过后的微信公众平台的互动模式增加,栏目内容却比在文字推送时期更加丰富,为了保证one to one过程中的阅读新鲜感,神木县图书馆的微信公众平台栏目还将进行内容的丰富化工作,并根据读者即时的反馈意见做出积极的改进。

(三)创新服务作用及影响力

2014 年,神木县图书馆微信公众平台经过不断摸索和调整,发送各类阅读微信 290 余条,随着每日读者的增加,现在拥有稳定的微信阅读群体 1070 余人,虽然人数还不多,但每天都能通过数据统计看到读者人数与互动的增长数据,也能收到来自读者的阅读推荐、电子读物索取及互动鼓励,可以说微信公众平台已经成为神木县图书馆的阅读新势力。身在他乡的神木读者也可以通过图书馆微信公众平台的阅读得到阅读的快乐与放松。从这一网络平台在图书馆阅读推广中的发展作用与影响力而言,它做到了以下几点:

1. 拓展了网络平台上服务的读者范围

微信平台依托 QQ 软件的覆盖率,在使用人群的年龄层次上,比微博人群的年龄层次更加广泛,智能移动终端的普及,使得很多中老年读者及 18 岁以下的青少年读者都可以在片段时间进行手机终端的阅读体验。依托微信公众平台,一部分没有注册新浪微博的青少年及中老年读者,可以通过微信来进行阅读。同时,70、80、90 作为数字阅读主体,他们也可以将阅读到的微信公众平台上的内容进行朋友圈的分享和互相推荐,这也使得家长愿意让孩子在使用自己手机的同时阅读图书馆的微信平台推荐内容。

2. 增加了 one to one 的读者互动,实现更为尊重和亲和的阅读模式

每一条微信的接收端都是个人手机用户,或 QQ 用户,这使得每一条被发送的微信都具有一对一或多对一的特点,读者可以在自己的账号中阅读自己关注的内容并进行一对一的提问和回答,实现了更加亲近的互动模式。使读者能接收到来自图书馆的尊重性的阅读服务。这种体验类似淘宝阿里旺旺上有专门的客服针对每一个个体做出解答。及时准确地引导读者的阅读倾向更容易获得读者的认可。

3. 不被反感的推广——切实有效的影响力

图书馆用的微信公众平台是订阅号,每日只能发送一条群发信息,这对于微信平台的管理员及受众都是一个重要的规定。首先,从管理员的角度,因为每天只有一次的机会,在传送内容上要想达到影响力,内容必须准备的精致再精致,以实现对读者进行宣传分享,影响更多人的目的,所以首先保证了每一条微信信息到达读者手机终端时是高质量的;其次,从读者的角度看,发的过多的微信推广或者微博信息内容则不具有宝贵性,甚至有些厌倦病毒式营销的量贩,但是每天只发一条的订阅号,又是自己想要关注的内容,这就从读者心理上提高了阅读的欲望,从而避免了阅读推送频繁所引起的读者反感;最后,因为上述两点的保证,使得微信从发送端到受众都得到了重视,可控的微信粉丝分类与及时的一对一回复,让受众感受到了公共图书馆服务中的个性化尊重与及时,大大提升了读者对公众图书馆的认可度,使得微信公众平台上的阅读产生了切实有效的影响力。

当然,作为新兴的阅读推广渠道,微信时代的 one to one 阅读推广服务还不完善,神木县图书馆的微信公众平台也才刚刚起步,仍然在管理团队建设与发送内容素材储备方面存在问题,随着微信公众平台的系统更新与发展,神木县图书馆微信平台的阅读推广服务也将不断丰富推送内容储备,组建一支高效执行的管理团队及学习体系。

在电子科技与互联网迅速发展的今天,作为图书馆人,我们更应该应用新兴的网络媒

体,实施更加广泛、有效的阅读推广与媒体宣传。保证读者的片段阅读质量与阅读体验,让阅读成为一种习惯。

(许婷)

神木县图书馆简介

神木县图书馆(http://www.smxlib.cn)于1982年脱离神木县文化馆体系,独立建馆服务广大读者。但随着读者群体的扩大及对图书需求的增加,2007年,确立了神木县图书馆的建设项目。经过近三年的努力,这座新馆从软硬件上进行了更新扩大,尤其针对残障、老年读者及小读者设立了残疾人卫生间、视障阅览区、幼儿活动室等特别服务区域。2010年12月末,神木县图书馆新馆全免费开放,建筑面积12 000平方米,是陕西省面积最大的县级图书馆。主体建筑为U型,共四层。神木县图书馆全体人员将秉承"读者第一,服务至上"的服务宗旨,旨在打造"智慧型图书馆及智慧图书馆员"。1—3楼是针对读者全面开放的流通阅览部室,4楼作为图书馆行政办公区域,将为读者服务提供完善的后勤保障。当然,除了实体的书籍借阅服务,同时开放免费的阅读推广活动,如"真人图书""小皮球故事汇""阅读夏令营"等活动,并通过官方网站,新浪、腾讯官方微博,微信等网络平台,为读者提供免费的片段阅读等在线阅读推广服务。神木县图书馆工作人员60人,服务地区人口数量42万人,有专门从事阅读推广工作的读者服务部,现有岗位馆员4人及公共与独立的阅读推广区域。在2014年全年,共完成200场次含公益讲座在内的阅读推广活动,参与活动人数约11 000人,在线发送632条新浪微博及58份微信杂志(约290条)。

(神木县图书馆)

九、新常态下图书馆精细化管理与创新服务
——繁昌县图书馆创新服务案例

图书馆精细化管理是建立在图书馆常规管理的基础上,以其规范化、智能化、细节化、个性化的管理机制与服务模式,将公共文化服务聚集在满足社会受众合理文化需求上[①]。多年来,繁昌县图书馆坚持"一切为了读者、一切方便读者"的服务理念,从管理规范化、建设标准化、体验智能化、服务精细化、创新多元化5个方面,对新常态下图书馆精细化管理与创新服务进行了探索和实践。

(一)图书馆精细化管理与服务的探索及实践

1. 精细化理念融入职业化管理

馆员是图书馆的灵魂,馆员的职业素养直接决定了办馆质量。繁昌县图书馆从馆员的职业素养、职业行为、职业技能、职业关怀着手将员工管理职业化融入精细化管理中。一是建立《岗位工作职责》《岗位绩效考评细则》等行业制度,明确岗位职责,建立首问工作责任制考核体系。二是制定《繁昌县图书馆员工言行举止服务规范》《图书馆服务承诺》《文明公约》,确定《图书馆员之歌》,统一微笑文明服务言行举止规范,提升员工服务意识、职业自尊、行业自信。三是职业技能培训常态化,建立周一例会制度,外出培训学习谈心得,员工自学奖励、工作奖惩等制度,鼓励员工自觉学习、主动学习。四是建立图书馆团支部、工会、妇女委员会等基层组织,启用优秀的年轻员工担任部门主任和业务骨干,体现职业关怀,凝聚群体心智,激发工作热情,树立职业形象[②]。

2. CI规范设计营造舒适的阅读环境

请专业人士对8600平方米的图书馆进行CI规范设计,统一图书馆LOGO、品牌活动LOGO、基础色标、字体、分区色彩、宣传标识、绿化布局,营造了知性、美观、时尚的阅读文化环境。各功能区以人性化主题分区:一楼亲子图书馆以温馨书房和童趣乐园为主题,配以柔和鲜艳的色彩,卡通桌椅、书架,米奇触摸屏,青蛙自助借还机设计;二楼以开放式综合性借阅空间为主题,利用物理空间声波规律,巧妙将图书借阅、书刊阅览、少儿借阅进行功能分区软隔断;三楼定位为地方文献、特色藏书、公共文化交流平台,设置有鸿轩阁、乡贤馆、家谱馆、禅意书画馆、繁阳书画院、视听鉴赏厅、报告厅;四楼融数字体验、3D打印、读者DIY体验馆、沙龙汇为一体;公共区域则以立体绿化和休闲座椅营造便捷、舒适的阅读空间和人文环境。

3. 数字图书馆阅读新体验

建立基于互联网、物联网和数字图书馆基础上的"1＋N"基础应用平台,完成信息推送

① 邵敏,李欣.图书馆拓展服务探析与案例研究[J]图书情报工作,2011,55(5):5—10.

② 周庆梅,张漫玲.图书馆推行精细化管理的思考[J]河北科技图苑,2010,23(5):30—32.

(短信、微信)平台、统一认证系统、资源集成发布系统、门户网站管理系统、无障碍阅读平台、虚拟参考咨询服务平台、市民终身学习平台等多平台接口的规范集成,无缝跨库检索服务功能;无线射频 RFID 自助图书馆、总分馆管理系统、业务自动化系统、读者自助服务系统、Wi-Fi 全覆盖、自助街区图书馆建设让市民在数字图书馆体验中感受智慧城市元素。为读者感受数字图书馆阅读新体验,图书馆开辟出 400 多平方米空间建设数字体验区,配备有数字阅读体验互动、3D 打印、3D 影院、蓝光影院、发烧友音响等数字文化体验设备,提升了数字文化体验的吸引力和感染力。

4. 读者服务工作细节化

(1)建立馆长接待日

随着读者的日益增多,服务内容和需求也在不断增多,为加强馆员读者的沟通交流,更多更好地提供服务,图书馆确定每周六下午 3 点至 6 点为馆长接待日,由图书馆班子成员和部门主任轮流值日,及时了解、解答读者的服务需求和咨询课题。

(2)增设便民项目

设置了书吧、电梯、自动存包柜、残障轮椅、婴儿椅、便民雨伞、花镜、纸笔、免费开水、应急药箱等便民服务设施;成立馆员志愿者服务队,为留守儿童、老弱及困难读者送去爱心帮扶梳,启动了"爱心车"专门接送行动不便的老年读者和残障读者。

(3)扩大阅读时空

合理制定开放时间,扩大阅读空间,满足读者阅读需求。1999 年年初,繁昌县图书馆打破图书馆传统 8 小时开馆时间,实行 365 日开馆服务;通过推迟下班时间方便下班、放学的读者借阅图书。2014 年 7 月新馆开始运行,考虑新馆偏远,图书馆开放服务时间调整为上午 9 时至晚上 9 时,实现 12 小时连续开放服务。17 年来,为扩大阅读空间,图书馆每次书库调整、书刊倒架、借阅室调整、数据库录入等,都是员工们晚上闭馆后加班至深夜完成。2014 年新馆搬迁,图书馆又创下不闭馆完成新馆搬迁工程的奇迹。

(4)服务工作细节化

坚持"一切为了读者""一切方便读者"的服务理念,将《岗位绩效考评细则》和《图书馆员工言行举止服务规范》等管理考评机制融入精细化管理中,规范员工仪表语言、服务技巧、业务技能等方面服务标准,如弯下腰回答小读者问题,伸手搀扶年迈老年读者的动作,微笑解答读者咨询,查找资料专业化等,将精细化服务贯穿于读者服务的每一个细节和过程中[1],真正用微笑制作名片,把读者当成朋友,以服务诠释文明,让真诚构建和谐[2]。

(5)读书活动品牌化

一是精心培育品牌读书活动。立足公共图书馆潜移默化的社会教育功能,针对受众对象,挑选课题,精心策划,持之以恒,做大做强,逐渐培育并形成《信息摘要》、"春谷讲堂""网培课堂""灯谜会""天天影院""阳光周末"六大阅读推广品牌活动。其中:《信息摘要》是坚持了 19 年的二次文摘摘要月刊,迄今已编辑赠阅 295 期 55 万册次,成为城乡读者手边读物;

---

① 周庆梅,张漫玲.图书馆推行精细化管理的思考[J]河北科技图苑,2010,23(5):30—32.

② 赵多方.探索精细化管理之路——长春图书馆实施精细化管理的理论和实践[J]现代情报,2009,29(9):127—129.

"灯谜会"是图书馆坚持了 18 年的城乡群众翘首以盼的春节文化大餐,从图书馆 50 米长领取猜谜券的队伍到万人猜谜现场,从乡镇、驻军分馆赛场的互动猜谜,场面甚为壮观;"春谷讲坛"自 2008 年开讲以来,聚乡贤、邀名家,讲述老百姓兴趣话题、讲解经典宏论,迄今已开讲 100 场次;"网培课堂"以深入基层主题菜单式多媒体培训,成为城乡群众身边的课堂;"阳光周末"则包含故事会、小课堂、手工坊、小舞台 4 个主题阅读推广活动,成了孩子们每周的知识乐园。

二是积极开展日常假日读书文化活动。围绕"世界读书日""公共图书馆服务宣传周"、寒暑假日、传统节日,积极组织开展书画、摄影、剪纸艺术作品,征文、演讲比赛,知识问答、汉字大赛、动漫大赛等日常假日主题读书活动,定期开展送文化到军营、送文化到基层、送文化进企业活动。通过开展各类寓教于乐的读书文化活动,宣传了正能量,弘扬先进文化,传承民族精神,让城乡居民在参与活动中接受积极的人生观和价值观熏陶。

数十年来,图书馆年均组织开展各类读书文化活动 360 期次,受众达 8 万人次。

(6)基层服务均等化

立足图书馆服务基层化、均等化原则,克服经费不足,人员不足,受众不理解等诸多困难,努力将服务触角向镇、村、社区延伸。放电影、猜灯谜、开讲座、办培训……精心策划,征求意见,从基层群众的不理解、不参与,到村里、镇里、敬老院、军营的主动联系。2007 年以来,图书馆在完成文化共享工程城乡全覆盖后,于 2010 年启动了总分馆建设,完成县级图书馆、乡镇分馆、村社区基层服务点、专业图书室 4 级基层公共文化服务网络体系建设,建成 11 个总分馆,22 个基层公共电子阅览室,106 个基层服务点[包括乡镇分馆、农民工图书室、数字文化社区(村)、军营图书室、爱心驿站等],实现城乡图书借阅"一卡通"服务和数字资源共享,年均为基层分馆、基层服务点交流图书 2.2 万册,开展各类培训 96 期次 1530 人次。

5. 创新服务多元化

新常态下公共图书馆服务内容不再是单一的典藏、阅读、活动的组合,社会受众多样化的文化休闲需求催生了图书馆多元化服务。繁昌县图书馆地处县城新区,周边人居环境尚未形成。为盘活图书馆公共文化服务平台,发挥公共文化服务效益最大化[①],图书馆就多元化搭建公共文化服务平台做了以下探索:

一是以政府购买服务形式,引进悠贝亲子图书馆、乐儿课堂,丰富和创新亲子阅读的内容和形式;二是以零房租服务外包模式,鼓励社会公共文化服务公司经营书吧;三是以多元化嫁接活动平台的模式,吸引社会机构参与、利用、盘活公共服务平台;四是成立读者协会,组织开展丰富的读书文化活动,让社会受众享受更多的多元化公共文化服务内容。

(二)图书馆精细化管理与创新服务效果

1. 规范化管理提升馆员职业素养

繁昌县图书馆坚持从制度管理、服务规范、技能培训、人文关怀着手,将精细化管理思想融入图书馆规范化管理中,逐步建立起一个科学、规范、有序的管理运行机制,提高管理和服务质量,调动了员工的工作积极性、主动性,提升了员工的执行力和工作效率,增强集体核心

---

① 赵多方.探索精细化管理之路——长春图书馆实施精细化管理的理论和实践[J]现代情报,2009,29(9):127—129.

竞争力,营造良好的职业氛围,树立了现代图书馆人良好的社会形象①。

2. 建设标准化营造了舒适的阅读环境

大开间、软分隔、无障碍、简约大气的布局,CI 感光视觉设计,免费开水、爱心雨伞、老花镜、纸笔、应急药箱等便民设施体现了"一切为了读者"的服务理念②。来过图书馆的读者,都会为这座知性、美观、时尚的文化建筑,便捷、舒适、温馨的阅读空间而产生美好的印象,这里不仅是城乡读者享受文化的温馨家园,还成了读者手机中的图片墙,摄影爱好者镜头下的"标模",成了年轻男女婚纱拍摄景点⋯⋯

3. 智慧图书馆带来数字新体验。

统一用户管理、统一资源管控、统一权限体系、统一参数配置、无缝跨库检索等先进的数字化服务功能,让数字模块下的智能化的图书馆更具其智慧化。数字体验区通过寓教于乐的服务手段,打造集知识性、趣味性、互动性、娱乐性为一体的服务模式,大幅提升文化、知识服务的吸引力、感染力。RFID 自助图书馆服务,24 小时自助图书馆和丰富、便捷的数字资源,为城乡读者带来智慧图书馆数字新体验。

4. 精细化服务营造市民精神憩园

繁昌县城常住人口不到 6 万,城乡人口仅 28 万,图书馆建筑面积 8600 平方米,日开放服务时间 12 小时,阅览座席 800 个,持证读者 1.6 万个,年接待读者 77.65 万人次、市民年人均到馆 12.7 次,城乡居民年人均到馆 2.7 次。今天,当您在繁昌县城询问图书馆去处,60%以上的市民都能告诉您准确的地址。走进繁昌县图书馆,从摇车里的婴儿、稚嫩的幼儿、背着书包的中小学生、回乡的大学生、成年读者到白发老者,每天数千读者的来与往。读者享受的不仅仅是阅读文化休闲,家中书房的宁静、舒适与温馨,更是文化的享受、精神的愉悦。

5. 多元化创新嫁接平台增强动力吸引力

悠贝亲子图书馆专业、生动、活泼的亲子阅读方式提升了图书馆亲子阅读活动质量,让小城的孩子们享受到一线城市的品牌亲子阅读。书吧的零场租服务外包,引入专业公司的专业管理和服务,满足了读者文化休闲需求。多元化嫁接公共文化活动平台的模式也吸引 30 多家社会机构直接参与主办各类活动,繁昌县企业沙龙、梦想汇就集聚了全县 100 多家企业会员;借用平台展示优势,繁昌县 3D 打印企业还将 3D 打印机无偿赠送图书馆。读者协会汇聚繁昌书画、摄影、戏曲等众多人才,盘活了图书馆公共资源,确保图书馆定期展览展示档期;2014、2015 年"馆员读者共叙书香情晚会"更是掌声不断、好评如潮。新常态下公共图书馆多元化服务不仅盘活了图书馆活动内涵,而且扩大和提升了图书馆社会效益和社会地位,让社会受众享受更多的多元文化服务③。

① 周庆梅,张漫玲.图书馆推行精细化管理的思考[J]河北科技图苑,2010,23(5):30—32.

② 赵多方.探索精细化管理之路——长春图书馆实施精细化管理的理论和实践[J]现代情报,2009,29(9):127—129.

③ 邵敏,李欣.图书馆拓展服务探析与案例研究[J]图书情报工作,2011,55(5):5—10.

(三)案例分享

1. 服务分享

午休、傍晚的孙村镇农民工图书馆,戴着安全帽的工人们,手拿馒头,专注读书的瞬间镜头尽收《中国文化报》《工人日报》《中国新闻出版报》、凤凰卫视等多家媒体。

顺风村40平方米的书刊借阅、电子阅览室提供免费上网服务、这里是农民读者闲暇时的好去处,村民大会多媒体的PPT投影也是他们的另外一种阅读方式。中分村"公共数字文化社区"内,孩子们或手捧书刊出神入化,或手握遥控器,萌态十足体验"我爱运动"。

留守儿童的"爱心驿站"的孩子们围绕在图书馆志愿者身边,瞪着眼睛听着书中的故事;"牵手幸福"敬老院的老人们伴随着老电影的镜头,仿佛又回到曾经年轻的岁月。

文化军营,猜灯谜、听讲座、读书会、书画展、图片展、学电脑、做课件,丰富多彩的文化拥军活动让年轻的战士充满活力。

图书馆分馆,管理员在计算机上熟练地为读者办理书刊借阅,"一卡通"借阅让城乡读者共享公益文化。

一组组跳跃的数字,一幅幅醉人的画面,是繁昌县图书馆人用精细化服务所营造的城乡最美的文化乐园。

2. 故事分享

"馆员读者大拜年"是小城图书馆春节文化一大看点。2015年新年初一的早上,一位丈夫背着双腿残疾的妻子走进图书馆一楼大厅,正在筹备新春拜年会的馆长和馆员们赶紧迎上,推出轮椅让她坐下。这位双腿残疾的全女士一直听儿子说繁昌县图书馆"高大上",春节假期,特别让丈夫用三轮车送自己到图书馆看看。就这样,一家三口早早来到图书馆过年了。当馆长向女士献上第一枝玫瑰花和第一本礼品书时,现场的读者与馆员情不自禁地以掌声向他们致敬。其实,一枝玫瑰、一册图书远不及年初一早晨的美梦,但人们也许更多的是享受一种对文化的敬重。

新图书馆搬至县城新区后,一位读者找到馆长诉说:自己85岁高龄老父亲因路途较远不能来图书馆在家生气的故事。于是,2014年8月,图书馆"爱心接送车"便正式"营运"了,风雨无阻。"爱心接送车"接送了一位又一位老年读者、残疾读者。2015年4月的一天,一位84岁的老读者上午随"爱心接送车"享受图书馆阅读时光,晚上在睡梦中安详离开了。老人的儿子送走老父后,给馆长发来近200字充满感激之情的信息:是图书馆陪伴着老人度过了幸福、充实的晚年。

吴亚萍,小城中的才女,因病后天致盲。为帮助和她一样的盲人群体共同走出"单一世界",图书馆购买了争渡读屏软件举办软件应用培训,手把手教会他们使用软件,并通过读屏阅读开启心灵之窗。

朱能雨,县政府的公务人员。二十多年来,他的假日休闲一定会来图书馆。他还有个习惯,带着出差归来的一路风尘走进阅览室,翻翻报纸,看看杂志再回家。他说他喜欢图书馆,在这儿可以清心静思。

施明荣,一位热爱文学、摄影的城边上地道的农民。忙过生计劳作,图书馆便成了他的天地。如今,他的文章、影作屡次在各媒体、作品集中出现,"那人　那虎　那狗"一文入编

《繁昌文化丛书》。

天下大事必作于细,天下难事必成于易。繁昌县图书馆人一步一个脚印,汇集成这一个个真实的故事,诉说着图书馆精细化服务的创新,营造了城乡最美的文化乐园,收获为小城的城市名片。其实,在图书馆中夫妻、父女、母子、爷孙等家庭式亲情阅读,早已成了小城中的人文景观。

(管霞)

繁昌县图书馆简介

繁昌县图书馆(http://www.fcxlib.com),1959 年 9 月独立建制,2014 年 7 月新馆建成开放服务。新馆坐落在繁昌县城东南部,北临南新公路,东滨峨溪清波,坐拥安定公园翠色。占地面积 12.5 亩,一期馆舍建筑面积 8600 平方米,分地上四层,地下一层,总投资 5 千万元。

繁昌县图书馆坚持"一切为了读者""一切方便读者"的服务理念,实行 365 日免费开放服务,在岗员工 23 个,77% 以上大专学历,馆藏图书 12 万册,数字资源 42TB,拥有持证读者 1.6 万个,阅览座席 800 个,年流通人次 77.65 万人次,建成鸿轩阁、乡贤馆、家谱馆、禅意书画馆、繁阳书画院等特色馆藏,形成"春谷讲堂""实用技能网培课堂""灯谜会"《信息摘要》、"全民读书月""阳光周末"6 大品牌读书文化活动。建立了覆盖城乡的 11 个总分馆、3 个 24 小时自助图书馆和 106 个基层图书室、22 个基层公共电子阅览室,完成文化信息资源共享工程城乡全覆盖,实现图书借阅"一卡通"和数字资源共享,形成城乡公共文化网络服务体系,成为市民终身教育、信息获取、文化休闲的中心。

近年来,繁昌县图书馆先后获得"一级图书馆""2014 年度最美基层图书馆""文化信息资源共享工程示范县""文化信息资源共享工程·公共电子阅览室示范点"、安徽省"十佳图书馆"及"安徽省卫生单位标兵""安徽省巾帼建功示范岗""芜湖市先进基层党支部""芜湖市文明单位标兵""芜湖市女职工工作规范单位"等荣誉。

(繁昌县图书馆)

十、武安市灯谜一条街活动

武安市图书馆的灯谜一条街活动已连续举办了十届,灯谜活动得到了武安市委、市政府的大力支持,将灯谜一条街活动确定为武安春节期间十大文化活动之一。活动期间武安市委宣传部协调西岭湖公园管理处、电力部门配合图书馆做好灯谜用电及活动现场秩序的维护工作。目前灯谜活动逐步规范化,规模越办越大,影响也越来越广,每年的元宵节,灯谜一条街吸引着成千上万的市民,人们逛公园、看灯展、猜灯谜、品谜趣,其乐无穷。灯谜一条街活动已成为武安市民春节期间的一道不可或缺的文化大餐,也成为元宵佳节一道靓丽的风景。

灯谜活动为武安市打造灯谜之乡奠定了坚实的基础,且带动了全市灯谜活动的开展,2008 年,"武安市民俗谜会一条街"活动在中央电视台 1 套《新闻联播》、2 套《第 1 时间》及河北新闻频道播出,2009 年"武安灯谜"被确定为邯郸市非物质文化遗产。灯谜一条街活动将继续开展下去,为"武安灯谜"申报省及全国非物质文化遗产做好基础性工作。

(一)灯谜活动的缘起与发展

灯谜活动在武安有着悠久的历史传统和深厚的群众基础,晚清时武安就有元宵佳节猜灯谜的习俗,民国初年即已盛行,形式多为名门巨贾出资,请名儒雅士之熟谙此道者主持,悬灯猜射。兴盛时期,武安城猜灯谜场所不下二十余处。1938—1945 年抗战期间,灯谜活动一度停办。1950—1958 年的元宵节期间,灯谜活动再度兴盛,活动由街道或生产队主办,如东关街、北关街、南关街谜会办得比较红火,也有个人出资办的谜会。1962—1965 年元宵节期间,武安各街道、图书馆都曾先后举办过灯谜猜射活动。1976 年灯谜活动兴盛,图书馆及武安城内的六个街道也都相继举办元宵灯谜会猜。

1990 年版《武安县志》上记述有:"谜语,雅俗共赏,在民间流传甚广。昔时武安城内的有钱人家,每逢春节和元宵,于门外挂上个灯笼,贴上几条谜语,名之曰:灯虎。有射中者,给点糖果之类以示褒奖,这不过是有钱人家取乐的方式罢了。至于普通百姓,多几人相聚,随说随猜,其乐也融融……元宵节期间(农历正月12 日至16 日夜)人山人海,盛况空前。好者乐在其中,常自制谜条,供人猜射。"①

20 世纪80 年代,武安谜事兴盛,春节期间各街道争相举办谜会,武安图书馆亦在馆内开展谜语竞猜活动。后因建设新馆,灯谜活动一度停办。1994 年,武安图书馆增设少儿阅览室,为吸引更多的小读者走进图书馆,于次年元宵佳节再开虎坛,在少儿阅览室举办"少儿灯谜竞猜"活动;灯谜活动发展到2000 年,参加竞猜的人逐年增多,于是把活动场地定在图书馆大厅举行,参加竞猜的对象也不再局限于少儿读者,而是面向全馆读者。自此,灯谜活动逐步走向规范化,规模越办越大,影响也越来越广,逐渐引起了市相关领导的关注。2006 年,

---

① 李拴庆.武安县志[M].北京:中国广播电视出版社,1990:773.

市委、市政府决定将谜语活动确定为春节期间十大文化活动之一,当年在西岭湖公园东街举办了"首届武安市民俗谜会一条街"活动,至今,已连续举办了十届灯谜一条街活动。灯谜一条街活动丰富了武安市市民春节期间的文化活动,成为市民春节期间一道不可或缺的文化大餐。

(二)灯谜活动的开展

图书馆是人们学习、休闲和增长知识的场所,武安市图书馆每年举办各种展览、知识竞赛、读书征文、灯谜竞猜等活动,丰富市民的文化生活。尤其是灯谜活动的开展,深受全市广大群众的喜爱,目前已连续举办灯谜一条街活动十年,成为武安春节期间文化活动的一道景观。每年的元宵节,灯谜一条街吸引着成千上万的市民前来猜射。2008 年,"武安市民俗谜会一条街"活动在中央电视台 1 套《新闻联播》、2 套《第 1 时间》及河北新闻频道播出,使武安市的灯谜活动的宣传达到了高潮,也激励着图书馆的灯谜活动更好地开展下去。

1. 日常灯谜活动以"周末谜苑"为点,普及灯谜知识

为了进一步扩大图书馆的影响,提升服务品位,把灯谜活动办成图书馆的品牌活动,2005 年,图书馆与灯谜协会合作,在图书馆大厅开办"周末谜苑"活动,也就是每周末在图书馆大厅展出谜板,供灯谜爱好者猜射。同时向灯谜爱好者传授猜射技法,讲解灯谜知识,如什么是卷帘格,什么是秋千格,印章谜猜射时带上"章"或"印""玉"等,提高灯谜爱好者的猜射兴趣。六一,专为少儿读者开辟"儿童谜苑"。"周末谜苑"为灯谜爱好者营造了一个灯谜乐园,"周末到图书馆猜谜去",成为谜友们津津乐道的事情,他们互相切磋、探讨灯谜技艺,欣赏佳谜趣作,畅游在谜海中,领悟着谜中玄机,享受着猜谜的乐趣。"周末谜苑"在 2014 年改为周期性灯谜讲座,讲解灯谜知识,现场猜射灯谜,活动效果明显,具有针对性,培养了一批固定灯谜爱好者。

2. 灯谜一条街活动渐成亮点,活跃了市民的节日文化生活

气势宏大的灯谜一条街活动在西岭湖公园东街举行,道路两旁红灯高挂,彩幅高悬,专制的灯谜展牌悬挂在道路两旁,真可谓"三千年古城新姿美,五百步长街谜花红",西岭湖公园东街南北长 500 米,这就是灯谜一条街活动的场地,在路的两端各有 8 米长的拱门矗立,上写"武安市民俗谜会一条街",中间用标语、彩条装点,一条街的正中西侧有一个拱门和两个立柱,将整个谜会分为三部分:专题灯谜、谜王、大众展猜。整个谜会现场彩旗飘扬,游人如织,谜版下面汇集着猜射的人,人们时而观谜,时而互相探讨,时而用手机查询相关内容,个个都精神抖擞,挽弓待射,其乐融融。

3. 专题灯谜突出专题,与时事及地方特色相结合

专题灯谜在谜灯活动场地的中间部分,以两块大的谜版展示出来,色彩艳丽,是一条街活动形式最新颖、最有特色、也最吸引人的版块,专题灯谜的题材广泛,内容丰富,每年结合国家大事突出一些专题灯谜版块,如 2008 年推出以"雪灾""迎奥运"为主题的两个版块,2009 年推出"改革开放三十周年"版块,2014 年的专题谜以"大气污染治理""谜话武安平调落子"为主题,2015 年推出"武安文化我最爱"和"廉政清风专题"为主题的灯谜展猜。每年的专题灯谜版块也是灯谜爱好者最感兴趣的谜块,猜者汇集于此,搜索专题新名词进行猜射,如 2015 年的廉政展猜里的"举头三尺有神明"(打电视规格),谜底是高清。每一个灯谜

的猜射都有一个典故或寓意,猜者都觉得特别有意思。

另一个版块"谜王"也在中间部分,即立柱、拱门上的对联就是谜面,称为"谜王",这是专为猜谜高手准备的。

4. 灯谜一条街的擂台赛,射虎高手云集于此

为了使灯谜活动更具特色,图书馆灯谜一条街活动所用灯谜,大多是自创或通过网络向全国各地及每位谜人、谜家征集、筛选而来的,每条谜作都是原创精品,然后再通过评比,选出优秀佳作,在灯谜擂台赛上向获奖者颁发证书。为活跃气氛,擂台赛现场出谜,由灯谜爱好者在规定的时间内说出谜底。为了扩大擂台赛的影响,邀请武安本地的制谜、猜谜高手及省市谜协专家参加,如 2013 年邀请到河北省谜协副主席郝汉涛老师、邯郸谜协主席刘英魁老师参加。每年的擂台赛都确定一个主题,提前 3—4 个月开始准备,向全国各地的谜家征稿,如:2007 年征集谜作主题是"银华杯";2010 年举办了"读书杯"灯谜征稿赛,以图书馆的藏书目录为谜底,征稿活动受到全国各地乃至海内外谜友的广泛关注,共收到 223 位谜友的来稿 6800 余则,有新加坡、马来西亚等海外侨胞,有北京、天津、上海、内蒙古等 20 多个省 80 多个城市谜友的谜作;2014 年举办"健身杯"全国灯谜创作赛共收到谜作 1000 余条。

5. 灯谜形式多样化

灯谜活动每年在专题谜版块推出新的灯谜形式,如照片谜、手机短信谜、印章谜、对联谜、漫画谜、笑话谜等形式,第十届灯谜活动又充分利用智能手机的扫描功能,以图书馆馆藏书目、图书馆专用名词、武安文化等为谜底,猜者用手机扫描二维码可看到书目等相关方面的谜材,了解灯谜盛况。如书目谜:谜面是"围棋讲座",谜底是图书《黑白道》;"两次御批得状元",谜底是《重点高中》;"张丽",谜底是《看上去很美》;"御撰"(书目,卷帘格),谜底是《文成公主》;"大田会战",谜底是《奋斗》。这些谜底在扫描二维码后都可以在谜材里找到。多样的灯谜形式丰富了猜者的思想,开阔了他们的视野,提高了其兴趣,使他们增长知识。

6. 文企联姻,丰富灯谜活动内涵

吸引企业参与到灯谜活动中来,吸收有意于文化事业的企业单位参与,也是对企业进行间接的宣传。2007 年第二届谜会一条街首次与银华商贸有限公司、武安之窗、西关街等合作,举办专题灯谜赛,连续举办了三届"'银华杯'迎春武安专题灯谜大赛",有征联、试卷答题、与虎谋皮等方式,拉开灯谜一条街活动的序幕,并在春节后评出奖次,提高大家的参与兴趣。2014 年与市委办网络文化监督管理中心、武安之窗、武安传媒、百度武安吧联合举办了首届网络灯谜竞猜活动,活动以武安二次创业、大气环境治理、旅游等为主题的灯谜竞猜,制作灯谜百余则,通过电子邮件答卷或书面答卷两种形式进行,共收到谜作 521 份,最终有 20 人获奖。联合举办谜会,一方面减轻了图书馆的经济负担,另一方面丰富了谜会的内容。

7. 以活动促灯谜创作,以灯谜促活动开展,相辅相成,相得益彰

"灯谜一条街活动"为灯谜创作者提供了一个作品展示的平台,有时在灯谜活动上还为某谜人开辟一个版块展示其作品,提高了谜人创作的积极性,不断有新的形式、内容的谜作推出。谜作的不断更新,促进了灯谜活动的开展,使灯谜活动更臻完美。

(三)灯谜活动的收获

1. 丰富了图书馆地方文献的收藏

灯谜一条街活动为灯谜爱好者互相学习、切磋、交流提供了一个平台。每年在谜会结束后,灯谜协会就着手把灯谜活动所用灯谜及灯谜知识整理成册出版——书名是《雅风》,至 2015 年 5 月已出版灯谜专刊 10 期,赠送给谜友,并入藏图书馆书库。自 1995 年图书馆举办灯谜活动以来,每年都注重购进一部分灯谜图书,特别是收藏武安谜人写的谜书,充实地方文献馆藏。

2. 扩大了图书馆影响

每年出版的灯谜专刊向全国的谜友赠送,且开展征谜活动,各地的谜友通过书信或网络向图书馆发送他们的最新谜作,灯谜活动为全国的谜友提供了展示谜艺的平台。图书馆专门开设陈列室,展出武安市名家书画、摄影作品,地方文献及各种展览等,并且经常举办一些专题性展览,如灯谜展、诗词楹联展等,展出灯谜佳作,使制谜与猜谜者互动,共同研讨、欣赏,展览向全市市民开放,扩大图书馆影响。

3. 拓宽了图书馆的服务领域

灯谜涵盖了天文、地理、科学、文学、艺术等多方面的知识,正如武安一谜家所说:"欲破一谜底,当读百科书。"灯谜虽小,但其中却包含有丰富的寓意,要破灯谜,须博览群书,因此到图书馆读书的人日益增多,并带动周围的人参与进来。谜会的开展,增强了公众对图书馆的认识,使更多的人了解图书馆,走进图书馆,利用图书馆。图书馆也相应地改进了服务方式,提高了服务能力,尽力满足读者的阅读需求。灯谜活动营造了良好的读书氛围,图书馆为市民提供了良好的阅读环境,灯谜活动增强了图书馆的服务辐射能力,扩大了服务的覆盖面,不仅使图书馆的读者感受到服务,同时也使未到图书馆的人感受到图书馆对他们的影响。谜会如春风化雨、润物无声般滋润着市民的心灵,让先进文化占领广大市民的思想阵地。灯谜活动为构建社会主义和谐武安,建设学习型武安,提高武安文化、促进经济发展具有一定的推动作用。

4. 拓展了图书馆的社会教育职能

灯谜集知识性、趣味性、艺术性于一体,灯谜活动的开展活跃了群众的文化生活,发挥了图书馆的社会教育职能。灯谜形式虽小,但内容丰富,知识面宽,且寓教于谜,使人开阔视野,增长知识。如"先天不足须努力,后天有余武艺强"(影目),谜底是"功夫",让人壮怀励志;谜底"瑜亮同世公瑾叹"(计生用语),"只生一个好",此谜结合国家政策提倡优生少生,只生一个好;"移风易俗,婚事新办"(《西厢记》句三),谜底"不请街坊、不会诸亲、不受人情",用灯谜作载体,体现婚事新办;廉政专题,"不畏人知畏己知(解放军将领)",谜底"叶正明",通过清朝叶存仁居官三十年拒礼不收的典故来对应这一则灯谜;"清除贪腐要重视(电器)",谜底是"净化器";等等,都在灯谜中体现出教育作用,在休闲活动中提高公民的思想意识。

5. 为打造灯谜之乡打下基础

图书馆灯谜活动的开展带动了全市灯谜活动的发展,1995 年图书馆举办灯谜活动之初,正是全市灯谜活动的低迷状态,经过几年的努力,灯谜活动的规模逐渐扩大,带动了武安市灯谜活动发展壮大,近几年,随着文化环境的大发展,新世纪广场、西关街、土特产门市等的谜会逐渐发展起来,农村也有越来越多的村举办元宵谜会。随着全市灯谜活动的壮大,不断有外省、外市的灯谜爱好者到武安市观展,与谜家进行交流、切磋,提高技艺,为武安市申报灯谜之乡打下了坚实的基础。2009 年,"武安灯谜"被确定为"邯郸市非物质文化遗产",目前正在申报"河北省非物质文化遗产"项目。

武安市灯谜一条街活动弘扬了中华民族的优秀传统文化,丰富了市民的节日文化活动,陶冶了人们高尚的情操,提高了图书馆的社会价值,增强了图书馆的服务意识。灯谜一条街活动将会越办越好,同时为了扩大影响,我们将利用图书馆网站展出灯谜作品、讲解灯谜的猜射方法及谜格知识,使灯谜一条街成为品牌活动。灯谜这颗文化殿堂中的璀璨明珠,将会在古城武安越来越绚丽多姿。

(霍春霞)

武安市图书馆简介

武安市图书馆(http://www.watsg.com)始建于 1956 年,于 1989 年迁至现馆,面积为 2000 平方米,现有藏书 15 万册。馆内设有服务台、借书处、综合阅览室、少儿阅览室、过刊阅览室、古籍阅览室、政府信息室、资源共享武安支中心等服务窗口,为读者提供书刊借阅、视听欣赏、名家讲座、网上检索、参考咨询等服务项目。馆内图书编目、流通、书目检索实现自动化管理,基本服务项目实行免费开放。

武安市图书馆坚持"读者第一,服务至上"的服务宗旨,节假日、双休日不闭馆。实行"一卡通"借阅方式。馆内配备电子读报平台,平台中含电子报、电子图书、艺术博物馆和少儿读物。

武安市图书馆开展延时服务、跟踪服务、信息咨询、资料代查、预约借书等服务方式;组织开展灯谜一条街、"燕赵少年读书系列活动""真人图书"借阅、读书征文、诗歌诵读、知识竞赛、书画展等形式多样的读书活动;同时,为基层图书室培训图书管理人员,坚持"三下乡"服务,积极参与文化信息资源共享工程建设。

武安市图书馆始终重视读者服务及图书保护工作,多次被省、市文化部门授予"文明图书馆""先进集体""全省公共图书馆规范服务达标示范馆"等称号,2014年被确定为"河北省古籍重点保护单位"。连续四次被文化部命名为"一级图书馆",连续三次被评为"河北省服务质量奖"窗口单位。

(武安市图书馆)

十一、一缕阳光的温暖

——永康市图书馆阳光阅读站侧记

现代社会下"三馆"的免费开放给人民群众带来公平公开的学习机会。县级基层图书馆对社会弱势群体的阅读援助,是对"建立长期有效的阅读帮扶机制,构建公平的公共文化服务体系"的一种补充,满足了人民群众,特别是特殊群体,对知识信息的需求。作为基层图书馆工作者,多年来开展助学与阅读关爱活动,使我们认识到,优质的书籍作为最有影响力的教育资源之一,为贫困家庭孩子带去的不仅仅是心灵的润泽,还有人生启迪和改变命运的契机。

为此,笔者想以永康市图书馆的"阳光阅读站"为例,从筹备、组建、授牌、志愿者培训,到全面开展,深入践行,提升品质,最终形成阅读品牌的实践经验,谈谈县级图书馆在开展弱势群体的阅读推广活动中,如何保持活动的创新性、持续性、关爱性,如何整合各种阅读资源,促进阅读效果的最大化等方面,求教于大方之家。

(一)阳光阅读站的产生

在浙江永康,来自贫困家庭的孩子有一个很好听的名字,叫作"阳光花朵"。"阳光"象征着光明,它的含义是乐观、坦然地面对困难挫折,以积极的态度生活。永康市图书馆针对阳光花朵开展的阳光阅读服务,旨在给他们带去关怀与温暖,帮助他们开展新的生活。建设阳光阅读站,旨在培养孩子们的阅读习惯,构建孩子们的阅读理念,激发孩子们的阅读兴趣,让他们爱上阅读,享受书香。

1. 合作分工,明确责任

2014 年 3 月,永康阳光爱心社负责人徐美儿,找到徐关元馆长,为来自贫困家庭的孩子募捐图书。阅读推广部主任俞彬琳在了解 136 名贫困家庭孩子的状况后,考虑到单单捐赠图书,不能解决阳光花朵的阅读问题。相对于贫困家庭孩子、单亲孩子来说,培养阅读习惯与阅读陪伴更加重要。于是提议两个单位共建阅读关爱站,定期组织阅读推广志愿者,到各个关爱点组织阅读,为孩子们朗读、导读,开展阅读辅导、阅读比赛。

阳光阅读站由永康市图书馆与阳光爱心社联合共建。归图书馆统一管理。图书馆负责人为徐关元、俞彬琳;爱心社负责人为徐美儿、沈英维。图书馆提供图书流转,业务指导,推广员培训,相关活动的策划、举办等;爱心社负责阳光花朵的调查、阅读辅导、阅读陪伴、阅读总结、阅读活动的组织与实施等。

2. 募捐图书、培训志愿者、组建阅读推广团队

(1)培训阅读推广志愿者

2014 年 5 月 10 日,在图书馆一楼报告厅,为志愿者进行了第一次培训。图书馆俞彬琳老师、实验学校应潇震老师为志愿者讲课。俞老师就"什么是阅读推广人?推广人必须具备哪些条件?儿童阅读推广的方式方法、注意事项,实际问题以及国内阅读推广人概况"等内

容,做了生动的阐述。应老师具体介绍了 20 种儿童喜欢的图书。志愿者们表示,收获很大,将学以致用。图书馆决定在适当的时候举办第二期、第三期志愿者培训。不断提高志愿者的阅读水平、推广能力。永康电视台及《永康日报》对此进行了详细的报道。

(2)筹建 8 个阳光阅读站

2014 年 5 月 12 日,图书馆筹捐图书 1000 册,分送到 8 个阳光阅读站,同时募捐到 8 个书柜书架,由志愿者组装后,图书上架。8 个阳光阅读站,有的设在乡镇卫生院、有的设在剃头铺、小卖部等场所,有的直接就设在阳光花朵的家里,如花街站设在陈鹏鑫家里,委托他的妈妈管理。针对阳光阅读站的设置和管理,图书馆持续跟踪,并根据实际情况进行调整,以便最大限度地发挥作用。

(3)组建阅读推广团队、制订阅读推广计划

经研究决定在全市范围内,设芝英、石柱、唐先、西溪、舟山、古山、花街、新楼共 8 个阳光阅读站,并且每个站都确定了站长的人选,负责阅读站的全面工作。阅读援助与推广工作,由图书馆徐关元、应春娟、俞彬琳等同志负责,并在每个关爱点配备 1 名专业阅读推广员及 4 名阅读推广志愿者。

2014 年 5 月 13 日,各个站制订了阅读推广计划,设计了故事会、读书知识竞赛、经典电影赏析、经典诵读节目观赏、阅读游戏演绎、阅读情景剧表演等系列活动。图书馆将在适当的时间,举行大中型的阅读活动,用以检查各个关爱点的阳光花朵的阅读情况,会对志愿者推广员进行考核,考核合格的将聘任为图书馆的阅读推广员。

(二)阳光阅读站的运作

1. 正式授牌、正式运行

2014 年 5 月 21 日,在永康市第 10 届"未成年人读书节"活动中,市委市政府、市文广新局领导充分肯定了阅读站的建设,副局长周世勇亲自为"阳光阅读站"授牌。实验学校六年级学生代表,向阳光站捐赠图书 300 册。8 个阳光阅读站由徐馆长授牌,交到站长手中。

2. 常态化地开展阅读关爱工作

2014 年 6 月 7 日,徐关元带领 26 名阅读推广志愿者分赴芝英、古山、唐先、石柱、新楼、花街、舟山等阅读关爱点,开展阅读援助、阅读关爱活动。按计划每周一次组织阅读推广志愿者,前往 8 个关爱站开展阅读工作,活动开展得有声有色。具体来说,我们用以下 7 个案例说明 8 个站的工作。

(1)阳光阅读花街站,朗诵加电影

花街关爱站设在尚仁村,10 多个小朋友正跟着志愿者朗读童话故事《精灵鼠小弟》。他们一个个感情饱满,读得非常认真。其他阅读关爱站也是欢声笑语不断,洋溢着浓浓的爱意。志愿者与阳光花朵共读《老象恩仇录》《吹小号的天鹅》,还进行了分段朗诵、角色体验、同名电影赏析。

徐关元深入了解孩子们的兴趣爱好,并对志愿者进行指导,"要通过为孩子们朗读、主题阅读、陪伴阅读、知识竞赛、电影赏析、游戏演绎等多种形式,圆孩子们的梦想。以后将利用图书馆的一些资源,如司法讲座、健康讲座、永图故事会、视听资源等,与孩子们共享,更好地为阳光花朵服务"。

（2）阳光阅读西溪站，绘本阅读

2014年7月3日下午，一场以"阅读"为名的爱的盛宴正在西溪站举办。阅读游戏是最好的主题，互助合作是最强的黏合剂，把城里孩子与山里娃娃黏合在一起。实验学校的小学生为西溪站送上240册绘本及精美图书。志愿者们与阳光花朵齐聚一堂，城里娃娃与阳光花朵们一起读书、看绘本、词语接龙、心有灵犀你演我猜、两人三足竞走比赛。图书馆俞彬琳老师带领孩子们一起阅读绘本，讲解看绘本书的方式方法，提醒孩子们看绘本的时候要注意观察、发挥想象、学会复述、改编绘本剧等。整个阅读推广活动丰富多彩，掌声不断。

（3）阳光阅读石柱站，大手小手DIY

2014年7月5日，石柱站举行"相约爵士·大手牵小手"活动。阳光花朵李杭丽等13人，志愿者胡旭红等17人，在爵士布兰卡，一对一地进行写名字牌、巧手画五官、乒乓球投篮大战、丢手帕等游戏。大手牵小手一起完成各种游戏，分享阅读的快乐。在午餐之后，志愿者和孩子们一起完成木糠杯的制作。在DIY环节，花朵们充分发挥了想象力和创造力，感受到爱的欢愉。

（4）阳光阅读芝英古山站，碧海蓝天梦

2014年7月12日，芝英站、古山站联合中医药大学"三自委员会"开展了一场名为"我们的碧海蓝天梦"的活动。志愿者胡双娇，系统地向大家讲述了"五水共治"的具体内涵。重点从抓节水、治污水和防洪水三个方面，教给孩子们更多实用的节水小窍门。同时播放五水共治的宣传片，培养孩子们保护水的意识。动画宣传片让孩子们从幽默诙谐的小故事中，了解节水及洪水自救的方法。有奖竞答、"传秘密口令"等游戏，也是紧扣五水共治的主题，孩子们都积极参与。午餐时间的寿司制作及拼盘大赛开阔了孩子们的眼界，提高了孩子们的动手能力并培养了其创新思维。最后在《让我们荡起双桨》的歌声中活动结束。

（5）阳光阅读唐先站，放飞梦想

2014年7月27日，为了让阳光花朵感受到志愿者们的正能量，进一步体会到永康这座城市充满的温情和暖意瞬间，并在实践中开阔眼界、拓展思路、提升能力，进而收获知识、收获快乐。唐先站活动从自我介绍，到夏季安全知识教育逐步进行。阳光花朵认真学习倾听，了解防溺水、防火以及生理卫生知识，参与互动有奖知识竞答。大家一起观看微电影《致父亲》，孩子们充分发挥想象力，猜想电影的结尾。下午创意陶艺，旨在培养孩子们"动手与动脑"的能力，培养孩子的爱心，让孩子们体会感恩。大家一起为阳光花朵赵晓梦、金秀容、朱红艳庆祝生日，让她们度过了一个难忘而有意义的生日，并送给她们一个惊喜—— 一份神秘的礼物。最后每个人都挑选了一些自己喜爱的书籍，回家阅读。

（6）阳光阅读新楼站，山区孩子圆梦

2014年8月9日，"爱心助力阅读，山区孩子圆梦"活动成功举办。市图书馆组织新楼站的20名阳光花朵，到新华书店挑选图书，爱心人士俞妙仁先生为孩子们买单。今年13岁的王俊是单亲家庭孩子，他挑了《动物图典》和《世界未解之谜》这两本最喜欢的课外书。他说："书籍可以让我的知识更加丰富，感谢所有叔叔阿姨对我的帮助。"图书馆阅读推广部门专门为阳光花朵设置了馆长讲故事、绘本课堂、情景剧表演、少儿剪纸培训、国学知识大闯关等活动内容，孩子们兴高采烈地参与，尝试各种新鲜的事物，拓宽视野，发散思维。

(7)阳光阅读舟山站,红色阅读得人心

2014年8月24日,"图书馆与阳光花朵心连心"活动顺利举行。近20名边远地区的阳光花朵,21名阅读推广志愿者,以及在舟山镇方山口村的村民朋友,一起参加活动。图书馆在农家书屋内设置了书画展览、阳光阅读专架、猜灯谜、你演我猜等各种阅读游戏,还为孩子们送上"阳光电子阅读器",内存800多种有声图书,以提升大孩子们的阅读量。在心连心活动中,带领孩子们参观了中国工农红军第十三军第三团纪念馆,听管理人员讲述老红军革命的故事,接受爱国主义教育,使孩子们从思想上,心灵上得到提升。

(三)取得的成效

1. 整合资源多方互动,提升服务树品牌

阳光阅读站实现了永康市图书馆与阳光爱心社的资源互补、共建共赢,在阅读援助、阅读推广方面取得了很好的成效。在金华地区的基层公共文化创新案例比赛中,阳光阅读站案例获银奖;2015年,在中国图书馆学会第五届百县馆长论坛以"基层图书馆的建设与服务创新"为主题的案例征集评选活动中获得二等奖。

(1)整合资源,推动社会力量参与阅读推广

联合阳光爱心社组建阅读推广志愿者团队,首批培训志愿者26人,参与走访阳光花朵136名。为阳光花朵进行阅读辅导、检查作业、朗诵并与他们一起阅读,不断地丰富孩子们的阅读生活。联合实验学校老师,担任阅读推广员,为志愿者进行阅读推广的培训与指导,组织阅读站的阅读推广活动。联合城区学生,一起到阅读站为阳光花朵送图书、绘本、漫画、玩具、文具、食品等,一起进行互动游戏,体验阅读。由城区学生的阅读带动阳光花朵的阅读。联合社会爱心人士,为阳光花朵购买图书,促进阳光花朵的阅读。让阳光花朵感受到温暖和关爱。所有这些,都是社会资源的有效整合,实现了资源的合理利用。

(2)不断累积、不断提升的模式,值得宣传推广

从阳光阅读站全面启动到2014年8月底,三个月的时间内,我们开展大型的阅读关爱活动10多场,小型的阅读关爱活动每个站每周一次。8个站每个月就达到32场,三个月就是96场。积少成多,关爱活动的累积,从量变到质变,确实不容忽视。我们在开展定期关爱、阅读陪伴、作业辅导之外,还开展诸如手工课堂剪纸、陶艺制作等活动,不断提升阳光花朵的动手能力,交流能力,表达能力,培养他们感恩的心,丰富他们的精神文化生活。我们踏踏实实地开展阅读推广工作,创造了"试点→组团→反复实践→不断提升→树立阅读品牌"的模式。

(3)筑巢引凤,吸引更多的社会力量参与阅读工作

2014年7月3日,实验学校学生用跳蚤市场的收入,为西溪站送来价值2000多元的绘本。并与我们一起参加西溪阅读站的活动,与阳光花朵进行系列阅读游戏和阅读比赛。8月9日,爱心人士俞先生,参与图书馆"爱心助力阅读,山区孩子圆梦"活动,为孩子们买单。俞先生表示会带着他的团队一起来助学,支持图书馆的阅读推广工作。8月15日,王力集团董事长特别助理陈智伟,在志愿者的陪同下,为阳光花朵小海家送上8500元爱心款。并表示后续的"彩云计划"将进一步帮助阳光花朵上学、阅读与生活。所有这些,通过图书馆人及志愿者的努力,吸引社会力量共同关注阅读工作。

2. 阳光普照,共享阅读盛宴

(1)不断创新阅读推广活动,凸显效果。

将图书馆独有的阅读推广资源与本地实际相结合,从形式与内容上体现"与众不同",以此来吸引读者和社会各界的眼球。我们设计的永图故事会、未成年人道德讲堂、绘本课堂、情景剧演绎、剪纸培训、陶艺制作、电影赏析等活动,既与阅读相关又令小朋友非常喜欢。因为活动内容丰富、不断创新,活动载体的多元化,能够提高小朋友们的动手能力、想象能力、交流能力,又能拓宽视野、陶冶情操,丰富他们的精神生活。

(2)建立信息反馈总结制度,不断完善阅读管理制度。

图书馆对阅读活动的形式、内容不断地进行调整、补充与完善,确保阅读推广活动的长足发展。阳光阅读站的活动,从酝酿到方案成立、从筹备到实施、从信息发布到活动总结;每一个步骤我们都进行信息交流、反馈与总结。总结出成功的经验,或失败的教训,发现不足之处和需要改进的地方。在不断的信息反馈与总结中,形成制度,严格执行。所以活动越来越完美,品质越来越高,社会影响越来越好。

(3)开展多层次多途径的媒体宣传,树立品牌。

我们通过电视台、日报社等主流媒体与微信、微博等新媒体的多方配合,把阳光阅读站的活动宣传推广出去。让社会各界能够了解、参与、支持图书馆的阅读推广工作。就阳光阅读站而言,我们从筹备、组建、阅读推广志愿者培训、阅读关爱站授牌、全面启动以及大型阅读关爱活动,各个环节都邀请了永康电视台、永康电台、《永康日报》主流媒体进行宣传报道。加上图书馆网站、读者 QQ 群公告、活动预告、文化局微信平台、爱心社的微信平台等多层次、多方位的全面及时的报道。三个月以来,电视台、日报等媒体报道 10 多次,网站、微信、微博、订阅号等报道 80 多次,通信信息被反复转载。各种媒体的组合报道,使得图书馆的阅读关爱活动,家喻户晓,最终确立"阳光阅读站"的品牌。

(四)坚定目标大步向前

致力于弱势儿童的阅读推广,不只是图书馆的工作,更是一项社会的责任。诚如著名的阅读推广人张秋林所言:"书籍能够带给他们梦想飞翔的力量,一个能够飞翔的孩子,一定能够拥有更多的美好和幸福。"县级公共图书馆针对弱势儿童的阅读推广活动是一个全新的领域,是一个"授人以渔"的领域,是一个需要我们不断摸索,不断开拓创新的领域。阅读推广活动是一个不断深入与完善的过程,是图书馆、社会各界,各方面相互渗透、相互作用的过程。有待我们阅读推广工作者不断追求与探索,持之以恒地去努力。

(徐关元　俞彬琳)

永康市图书馆简介

永康市图书馆(http://www.yktsg.com/)成立于 1978 年。新馆占地 1980 平方米,建筑面积 8453 平方米。它以别致的造型,成为永康市标志性建筑之一。它是永康市文献和数字化信息服务中心,也是书目信息和科技情报中心。现有藏书 32 万册,年购书经费 60 万元,年接待读者近 30 万人次,借阅数达 12 万多册次,下设采编部、流通部、信息部、阅读推广部、阅览室、电子阅览室、地方文献、科普中心等部门。实行全免费全开架服务,365 天天开放。

近年来根据社会需求,在拓宽服务空间、改进服务模式、增添阅读亮点等工作方面,进行了积极探索。注重全民读书活动,连续 11 年举办读书节活动,每年开展的展览、讲座、培训、阅读推广等活动 100 多场。建立了以市图书馆为中心,以镇(街)图书馆为分馆,以村(村区)图书馆为网点的三级图书馆服务网络。目前全市已拥有 20 个分馆和 300 多个农村图书室,并与浙江图书馆联合创办了中国五金科技图书馆。遍及城乡的图书馆服务为传播文化知识、打造学习型城市提供了良好的人文环境。

(永康市图书馆)

十二、基层图书馆全流程服务外包模式的探索
——以芜湖市镜湖区图书馆为例

镜湖区图书馆由镜湖区政府主办,属芜湖市民生工程,也是镜湖区文体中心的重要组成部分。该馆馆藏图书 10 万余册,建筑面积 5200 平方米,是该区唯一的区级公共图书馆。2014 年 4 月,镜湖区图书馆正式开馆。不到一年的时间,该馆的读者到馆人次已逾 31 万人次,图书借阅量 63 689 册次,举办活动场次 156 场次。而就在 2013 年,镜湖区图书馆还面临着正式开馆、免费开放阅览任务必须完成的压力:一方面是机构设置困难、编制紧张、人才匮乏的窘境,另一方面安徽省内区级公共图书馆普遍存在的经费不足、文化活动层次不高、吸引力不强、群众参与意识不高也是事实。为了打破僵局,将公共图书馆这一惠民工程办实办好,镜湖区政府决定在运营管理上寻找突破点:通过公开招标,向市场购买服务,引入市场机制对镜湖区图书馆实行全流程服务外包。

(一)实践探索

1. 运营单位的选定和考核模式

镜湖区文广新局根据区委、区政府的指示精神,采取了服务外包,政府向市场购买服务的方式,向社会发布了图书馆企业化运营的公告,公开招聘运营团队运营新建成的镜湖区图书馆。首先,在坚持公开、公正、公平三原则的同时,确定了专业化团队做专业化事业的原则,对参与竞争的企业实行服务资质准入制,即具有图书馆管理运营服务资格且有长期服务经验、业绩显著的文化企业方能参与竞标。为确保入围企业资质的真实性与可靠性,不仅严格审查入围企业的相关资质证照,对重点企业进行了实地考察,并要求其提供图书馆运营方案,以供分析审核。其次,对参与竞争的运营企业提出了图书馆运营的硬性指标,即服务标准按照国家公共图书馆县区级一级馆执行;所有公共空间设施场地全部免费开放,全年免费零门槛对社会提供公共文化服务项目。2013 年 11 月,镜湖区文广新局与安徽儒林图书馆咨询服务有限责任公司(以下简称"儒林馆服")正式签订镜湖区图书馆服务外包合同。

(1)明确岗位,确保图书馆人员的专业性

在和企业签订的协议中,区文广新局对图书馆的人员编制和岗位设置提出明确的要求。人员编制核定 20 人,其中馆长 1 名(图书馆专业,具有图书馆管理经验三年以上);采编人员 1 名(图情专业);计算机硬件、软件维护人员 3 名(计算机网络运行专业、具有网页设计等相关资质);少儿图书管理员 2 名(具有师范教育专业);讲解员 2 名(具有展览讲解普通话资质);图书管理员 12 名(大专以上学历)。岗位的明确和专业的要求,确保了图书馆专业化的运营,确保了政府购买服务的质量,也满足了老百姓享受公共文化的需求。

(2)加大监管,确保购买的服务质量

镜湖区文广新局对图书馆的运营进行全面监管,并制定了具体而详细的考核指标、考核方法、考核路径。一是明确提出了第三方考核的原则,由第三方机构对图书馆的运营进行考

核；二是发挥"两代表一委员"的作用，作为图书馆的行风监督员，参与年度考核；三是实行群众考核，图书馆的日常活动，镜湖区文广新局同步进行群众满意度调查，调查表汇总归档，作为年底考核的重要指标。

2. 管理探索，实行企业化管理

儒林馆服入驻镜湖区图书馆后，对图书馆的运营实行企业化管理。图书馆全流程服务外包根本目的就是通过高效、灵活的企业化管理，降低图书馆的运作成本，提高图书馆的工作效率，增强图书馆的竞争能力，提升图书馆的整体服务品质。

（1）扁平化组织管理

镜湖区图书馆实行扁平化管理，馆长以下人员全部作为馆长的直接下级。扁平化管理加快了信息流的速度，提高了决策效率，避免了冗员多、效率低、办事拖沓的现象。

（2）绩效考核

绩效考核是提高图书馆工作效率的中心环节。绩效考核本质上是一种过程管理，它是将中长期的目标分解成年度、季度、月度指标，不断督促员工实现、完成的过程。镜湖区图书馆对员工实行月度绩效考核，直接挂钩员工的绩效工资，是对馆员进行管理监督、优胜劣汰的重要手段。

通过绩效考核，把人员聘用、职务升降、培训发展、劳动薪酬相结合，使得激励机制得到充分运用，彻底改变事业单位普遍存在的办事效率低下、奖惩机制不健全等问题，同时也利于员工自身的成长。

（3）学习型团队

在日常管理中，图书馆将员工学习纳入管理的一部分。为强化馆员的服务理念，提高馆员的综合素质和业务能力，图书馆将馆员的学习性纳入馆员工作考核的一部分，将每个周五定为馆员"学习日"，2014 年图书馆共开展了团体学习活动 50 余次。"一月一本书"学习活动要求每位馆员每月读一本专业书籍，并通过小组讨论的方式进行学习交流；观看纪录片《百年守望》，学习图书馆人精神；进行图书馆专业知识集体培训，等等。

3. 服务探索，以解决问题为导向提供专业服务

企业做客户服务，首先明确服务对象是谁，其次弄明白这些客户的需求是什么，然后针对不同客户的不同需求提供专业化的服务。镜湖区图书馆作为一个区级公共馆，它的主要服务对象是当地居民，主要任务就是满足群众日益增长的文化需求，要实现它，就需要解决好以下这两个问题。

（1）如何把读者请进来

镜湖区图书馆位于该区东部边缘，附近大多是入住率不高的新住宅区，人口密度小。在馆内坐等读者进门，是不可能完成每年 1 万张的读者证考核要求的。为了扩大读者群体，图书馆全面开展了"走出去、请进来"阅读推广宣传活动，工作人员组成宣传小组，先后走进社区、学校、企事业单位进行全民阅读推广活动。

阅读推广宣传并不是停留在形式上，每次宣传都有明确的办证和问卷调查指标，指标的完成量纳入员工绩效考核；在进社区之前，员工都经过培训，必须掌握统一的宣传话语和达到统一的服务标准；活动结束后及时进行总结和反馈。

一是走进社区。图书馆派出宣传小组先后 12 次走进距图书馆两公里范围内的社区宣

传，发放宣传单页，免费办理读者证，问卷调研读者需求，宣传图书馆服务等。进社区宣传得到了很好的反响，到馆人次也直线上升，同时，大量的问卷调查也获取了读者的阅读需求和文化活动需求信息。

二是走进学校。走进学校主要通过进学校宣讲和邀请师生来馆参观两种形式。图书馆馆长亲自去辖区的中小学和幼儿园宣讲，强调阅读对少儿成长的重要性，得到了学校领导的支持。图书馆也迎来了 10 多次学校师生的团体参观。"走进学校"大大扩充了少儿读者群体，为馆内的少儿文化活动开展打下了良好的读者基础。

三是走进企事业单位。我们与芜湖市人民检察院、镜湖新城残联、镜湖新城公共服务中心等近 10 家企事业单位合作，互相利用资源优势，进行了阅读推广宣传等公益活动。如，我们与镜湖新城残联沟通，了解残疾人信息和阅读需求，以便提供更优质的服务。

（2）如何把读者留住

为了赢得读者，镜湖区图书馆注重读者阅读需求，丰富服务内容，提高服务品质，同时时刻关注着读者满意度，保持与读者顺畅沟通。

一是建设高利用率的馆藏。镜湖区图书馆坚持藏为所用的理念，通过问卷调查、征集读者意见卡、分析借阅数据等方式来了解读者阅读需求，提升馆藏品质。①统计月度、季度和年度的各类图书借出比例，分析读者的阅读需求和习惯；②通过"读者荐书卡""镜湖区图书馆读者推荐图书意见表"收集读者阅读信息；③逐步建立"读者驱动"的资源建设机制，收集数据仅仅是建立"读者驱动"的资源建设机制的第一步，根据数据分析读者文献信息需求，结合读者文献信息需求科学制订采购计划，这项工作也是图书馆长期的重点工作。

二是提供高品质的服务。镜湖区图书馆执行"五全"贴心服务，即为市民群众提供全年开放、全免费、全年龄段阅读、全馆无障碍服务、全阅读方式。为将"五全"服务落到实处，图书馆实行全年无休、法定节假日正常开放，每日 8:30—17:30 开馆，每周开馆 63 小时；馆内设置视障阅览室、少儿阅览室、综合阅览区、电子阅览室、典藏室、自修区、休闲区、报刊阅览室八大功能区域，每个区域设置专人管理和负责；全馆免费开放，除典藏室外，所有区域图书全架开放，读者无须证件、无障碍进出；不断拓展服务方式，开展多层次、全方位的文化活动，服务从少儿到老年人的各个读者群体；进行读者满意度调查，开展读者座谈会，接受读者和政府的双重监督。

三是开展多样化文化活动。镜湖区图书馆的活动以常态化和品牌化的原则进行推广和举办，活动对象涵盖各个年龄层次，2014 年全年共开展各类读者活动 156 次，尤其以少儿活动为亮点，形成了三大少儿品牌活动和三大系列活动。三大少儿品牌活动是指"宝宝快到书里来""绘声绘色""英语角"三大活动品牌，活动由于其趣味性和知识性，受到读者的极大欢迎，在社会上引起了广泛的关注。"宝宝快到书里来"系列活动是针对 7—12 岁儿童的才艺展示活动，主要活动形式有诗歌朗诵、亲子游戏、手工制作等，是镜湖区图书馆少儿读书活动中最受欢迎的品牌活动；"绘生绘色"系列活动是针对 3—6 岁儿童的以绘本故事讲演为主的少儿活动，为了提高活动的质量和效果，图书馆专门与社会知名少儿培训机构合作，邀请专业幼儿老师指导，活动在丰富低龄儿童阅读的同时，也为绘本阅读的推广起到了积极推动作用；"英语角"活动是图书馆利用自身安静、温馨的环境，为读者们提供学习交流平台的典型成功案例，为了确保英语角活动的顺利开展，图书馆与社会大型英语培训中心合作，邀请专业英语老师每月两次与读者们一起分享交流,每次英语老师会选定一个热门"话题",通过深入浅出的引导,带动读者们积极参与,英语角已成为众多英语爱好者的学习、交流聚集地。

三大系列活动是指"主题系列活动""年度文化系列活动""健康镜湖系列活动"。主题系列活动是根据一个核心主题展开系列活动,具体包括红色主题、和谐镜湖主题、特殊人群主题。年度文化系列活动根据每一年的节假日和年度大事件安排具体的活动。特色镜湖系列活动主要展现镜湖区独有的文化气息。

四是定期征求读者意见并反馈。在镜湖区图书馆借阅大厅的服务台,放着一本读者意见簿,读者将意见和建议写在意见簿上,馆长每天会亲自查看并处理,每一条意见都会给予短信反馈。定期召开读者座谈会,加强读者与图书馆之间的联系,了解读者心之所想和实际需要。由于图书馆确实将读者的意见给予反馈,增强了读者的参与感,而且使图书馆的工作得到了理解和支持,形成了一种良性循环。

(二)运营成效

镜湖区文广新局在不增加机构和人员编制的前提下,动态监控公共图书馆的运行质量和效果,保证了公共图书馆运行服务上的持续创新和运行服务水平的不断提高,使镜湖区图书馆的读者和有效覆盖人群不断扩大,社会效益不断提升,公共图书馆管理和运行的风险降到最低,公共财政的效益实现了最大化,显现出很强的创新性、科学性、实践性、有效性和示范性,对于改进科学管理水平和提高芜湖人民物质文化生活水平及促进芜湖大发展等方面有着重要的作用,有效地缓解了公众对公共服务要求不断提高与政府直接提供能力有限之间的矛盾。外包后的图书馆得到了社会各界的广泛认可与支持,馆内开展"英语角""宝宝快到书里来"活动、"少儿绘本亲子活动""健康镜湖讲座"等系列主题活动,满足不同读者的文化需求。与以往图书馆等着读者上门不同,镜湖区图书馆"走出去"开展外出办证活动,邀请读者去图书馆看书,还通过文化主题活动吸引周边居民。图书馆放下了架子,才会有更多的读者被请进图书馆,营造全民阅读的氛围。

(三)实践启示

公共文化社会化运作是一个长期过程,根本目的在于追求社会效益和经济效益的最大化,满足公众的可持续性公共文化需求,助力服务型政府转型。政府向社会力量购买公共服务,是建设服务型政府形势下的有效举措。同时这种尝试目前还处于探索阶段,当前迫切需要研究和借鉴国外的经验教训,兴利除弊,完善和创新公共文化服务机构的"委托管理经营"的模式。

购买服务与购买物资不同,完成公开竞标和业主选择,不是结束,而仅仅是开始,后续的运营管理离不开管理机制和理念的长远建设。要树立新的政府管理理念,树立契约理念,实现传统管理思维向现代治理逻辑转变;加强对合同的刚性管理,对合同实施过程进行管理。镜湖区图书馆在合约期间对合同的服务项目进行量化明确和实时监督起到了很好的示范作用。

为了社会的文化大发展、大繁荣,图书馆全流程服务外包的政策应大力发扬,更多政府也应积极跟上社会进步、政府转型的大潮流,真正是为了群众的利益而思考,真正是为了群众的需要而做事情,真正是为了社会的文明进步而努力奋斗。当然也要求更多的图书馆服务公司参与到这项文化事业中来,不仅仅是做企业,更是做公益、做文化,为了全民的阅读梦一起翱翔。

(张曼　汪勇军)

镜湖区图书馆简介

镜湖区图书馆(网址 http://www.jhqtsg.com/)馆舍面积 5200 平方米,内设开放式阅览大厅、少儿阅览室、视障人士阅览室、多媒体阅览室(电子阅览室)、报告厅(培训室、综合活动室)、自修室等公共空间设施场地,目前藏书为 10 万余册(种),期刊、报纸为 300 多种(份),图书使用自动化管理系统管理,数字图书馆提供每天 24 小时网上资源检索查询服务,目前馆藏电子图书已达 240 万种、电子文献 60 万种、入藏视听文献 736 种。读者服务区无线网络覆盖范围为 100%,网速为 50 兆光纤。图书馆内整体环境典雅而静怡,设备配套齐全,功能先进,被国家文化部评定为"一级图书馆"。

不同于以往的图书馆,镜湖区图书馆在服务和运营上积极响应政府"简政放权,转变职能,创新管理,激发市场创造活力和发展内生动力"的号召,已经实现完全市场化运作。将镜湖区图书馆的管理、运行和服务外包给安徽儒林图书馆咨询服务有限责任公司,彻底改变了过去完全由政府直接兴办公共图书馆的做法,鼓励和支持文化企业参与公共文化服务,创新了政府在图书馆领域提供公共文化服务的模式,开拓了镜湖公共图书馆建设和服务的新路径。

镜湖区图书馆采取"政府投入、委托运管、业主监管、免费开放"的管理模式,在读者服务中始终坚持"五全"宗旨,即全年开放、全免费、全年龄段阅读、全馆无障碍服务、全阅读方式,为读者营造极具人文关怀的阅读和交流空间。目前该馆提供的服务包括图书检索、图书外借、图书阅览、报纸阅览、期刊阅览、少儿阅览、典藏阅览、电子阅览、电子报纸阅览、电子图书阅览、数据库检索以及多元化的文化主题活动。2014 年 4 月正式开馆至今,该馆的读者到馆人次已逾 31 万人次,图书借阅量 63 689 册次,举办读者活动 156 场次,这组数据远远高于其他同级的公共图书馆。

(镜湖区图书馆)

十三、立足区域创特色　彰显个性树品牌

——鄞州区图书馆建设与服务创新

(一)基本情况

鄞州区图书馆主建筑于 2003 年 12 月 28 日建成并正式向社会开放,占地面积为 58 000 平方米,总建筑面积约 28 000 平方米,总投资近 1.4 亿元,为宁波市八大文化设施之一。

2004 年 6 月 1 日,鄞州区图书馆(下称"区馆")与宁波大学园区图书馆(下称"园区馆")合并,实行"两块牌子,一套班子,统一管理"的机制,区馆与园区馆合并之后,进一步明确区级图书馆的职能。做到面向群众、服务大众、扎根基层,以普通群众为主要服务对象。同时要加强指导,强化基层图书馆(室)的职能,满足人民群众日益增长的文化需求。区馆与园区馆合并以后,凭借其丰富的纸本资源和电子资源,以及各种较为齐全的软硬件设备设施,为区馆的事业发展提供了比较好的平台,赢得了社会各界的一致好评。

鄞州区(大学园区)图书馆全年 365 天向市民开放,每天开放 13 个小时;日均接待读者 7500 多人次,暑假期间日均 1.3 万人次。2014 年外借图书 134 册次(其中少儿图书 56 万册),共接待到馆读者 273 万人次(其中少儿读者 93 万人次),新增持证读者 5.4 万多人,共有持证读者 36 万人。两馆购书经费 500 多万元,数字资源购置费 500 万元,年新增图书 10 万种 14 万册,至今馆藏图书 90 万种 120 万册左右。年举办各类读书活动 200 余场次。每年在各大媒体报道达 100 多篇。两次被文化部评为"一级图书馆"。

1. 运营体制

图书馆现挂有五块牌子:宁波大学园区图书馆、宁波市第二图书馆、鄞州区图书馆、宁波市数字图书馆和宁波市少年儿童图书馆。其中,园区馆和区馆属不同的法人实体,另外 3 块牌子没有法人实体,隶属于园区馆。五块牌子一套班子,图书馆领导班子成员共 6 名,园区馆馆长 1 名、书记兼副馆长 1 名、副馆长 2 名(其中 1 名由区图书馆馆长兼任),馆长助理 1 名。区图书馆馆长、副馆长各 1 名。在业务工作方面,两馆合并后,所有人员的工作岗位由全馆统一安排;在工资待遇方面,区馆人员由鄞州区财政发放,园区馆人员则由市教育局发放。区馆又隶属于鄞州区文化广电新闻出版局(体育局)管理。

2. 办馆理念

以文化为灵魂,以人气为中心,坚持教育职能、信息职能、文化休闲职能三者并举;以人为本,走文化之路。以信息技术为依托,走数字化之路。立足园区,辐射全市,突出宁波特点,把图书馆建设成园区及宁波市的知识学习中心;"走出图书馆办图书馆"。

3. 人员编制

目前,图书馆共有各类人员 106 人,其中正式在编职工 33 人(其中园区馆 19 人、区馆 14 人),编外合同制员工 73 人(其中园区馆 65 人、区馆 10 人)。

4. 馆内职能部门

目前设有 16 个职能部门。分别是:综合部、读者部、数字资源部、物理资源部、图书馆联

盟、后勤部、图书情报研究室、教育文献收藏部、宁波市阅读学会、区馆行政部、公共部、地方文献部、城乡服务部、文献传递部、少儿部、人力资源部。

(二)鄞州区图书馆的主要特色服务品牌

1. 公共图书馆城乡服务一体化建设

自 2008 年以来,区馆全力打造公共图书馆城乡一体化,构建以区图书馆为中心,以图书馆乡镇分馆为纽带,以村(社区)图书室分馆和汽车图书馆为基础,以企业、学校、部队等行业系统图书馆联合加盟为补充,覆盖全区、城乡一体、功能完善、资源共享、管理规范的新型公共图书馆服务联盟,从而实现图书资源全区范围内的资源共享,通借通还。通过区文化局与总工会、教育局、卫生局联合发文设立图书馆分馆、汽车图书馆服务点和数字图书馆服务点,至今已建立鄞州区图书馆分馆 147 家,汽车图书馆服务点 65 个,汽车图书馆采取免费、主动、按需、流动、灵活的服务方式,每月定期为村(社区)、企事业单位、部队、学校提供服务,近几年新建"天天读"村级图书分馆 129 家。

2. "明州大讲堂"

"明州大讲堂"自 2007 年 5 月创办以来,共举办了近 365 场,参加人数总计达到 12 万多人次。讲座分名人名家、地域文化、健康讲堂、亲子教育、科普讲座五大系列;形式上采取了"请进来、走出去"的办法,除在图书馆内举办外,还送讲座进社区、学校、部队。并与区委宣传部、人事局合作使之成为鄞州区机关干部和专业技术人员继续教育的培训点之一;每年与区科协、区卫生局合作举办了一系列科普讲座送学校和健康讲座进农村活动,最大限度发挥大讲堂的作用。2014 年明州大讲堂共举办讲座 90 场,听众达到人 23 000 人次。明州大讲堂影响波及区级机关单位、学校、社区等,被宁波市社科联评为"2013、2014 年度宁波社科讲坛优秀授课点"。

3. 地方文献

本馆以地方文献丰富和工具书齐全为主要藏书特色,其中地方文献 13 000 余册,收藏有家谱、史志、统计、年报等翔实可靠的乡土资料和历代鄞县籍人士的著作及赠书。向读者展示了鄞州区的政治、经济、历史、文化全貌。开展地方名人网站建设,2010 年在沙孟海家属的帮助和支持下,建设开通了沙孟海网站。现又在沙尚之老师的帮助下,着手对沙文汉、陈修良的相关历史文献资料进行整理,已出版了《沙文汉、陈修良自存文档目录》一书。并着手对其自存的 6000 多份、数千万字的手稿扫描后上传到网站上,已正在进行数字化,以 Word 文档形式呈现于读者,便于大众查阅。2015 年 1 月,鄞州在全省率先出台了首个《关于引导和鼓励地方名人捐赠家藏文献的实施办法(试行)》,从捐赠收集、资格认定和表彰激励三方面积极引导和鼓励地方名人捐赠家藏文献等有价值的私有文化资源。至今已有两位老人确定了捐赠所有家藏文献的意向。

4. 明州展廊

展览是展现社会上热点、重点事件的一个重要窗口,也为社会上个人和团体展现各种作品提供了一个平台。2009 年开始,图书馆向社会全新推出"明州展廊",迄今已成功进行各类展览 120 余次,涉及艺术、科技、医学、体育、时政等各种门类。

5. 漂流书库

"图书漂流"活动规模不断扩大,从 2006 年开始,图书馆和《宁波日报》城事帮办联合推出了"漂流书库"活动计划并通过媒体和与教育局联合发文募集书源。至今已建立漂流驿站60多个，放漂书刊8万余册，受惠人次超过7万人次，足迹遍布全市偏远的山区学校、外来务工子弟学校、军营、企业、外来务工者聚居区。有的还漂到了河南虞城县、云南、贵州、新疆、宁夏、四川等边远地区的小学。

6. 阅读沙龙

针对某本书或者某个话题，邀请1—2位主讲嘉宾，由主持人向嘉宾发起话题，嘉宾针对该次沙龙主题深入阐述后，参与的读者可发表自己的看法，畅所欲言，以期达到嘉宾与读者现场互动，激发思想火花，营造一个轻松的阅读谈话活动。2011年至2015年已举办了70期。

7. "王应麟读书节"活动

2006年首届"王应麟读书节"由区图书馆与区新华书店联合举办，后提升为一个由区委、区政府主办，由9个局级单位共同参与、各乡镇联动的一个文化活动品牌，每两年举办一次，至2015年已举办了4届。我们通过读书节搭建起阅读、求知、学习、交流的社会舞台，利用针对性强、有时代感，群众喜闻乐见的活动载体和活动形式，为推动鄞州区学习型社会建设，提升全区市民的文化素养搭建了平台。

（三）引进特色合作服务项目

1. 红牡丹书画国际交流社

文化交流是世界各国人民沟通情感、加强友谊、促进发展的桥梁。创建一个中外文化交流的特殊平台，需要掌握外语、熟悉教育、擅长艺术、有国际文化交流经验并富有奉献精神的复合型人才。而英语教育硕士、柯山书画院特聘画师、从事英语教学22年且乐于为国际公益教学及中外文化友好交流活动做奉献的姜红升老师，正是具有这多方面条件的人才，接待了亚、非、欧、美、大洋洲共100个国家与地区的2000多名外籍人士。中国书画的奇特色彩、语言交流的畅通自如、情感交织的艺术感染，深深打动着来自世界各地不同肤色的人们。《求是先锋》、央视国际频道、央视新闻频道、China Daily（《中国日报》）、中国日报网、《香港文汇报》《文化交流》《浙江日报》《宁波日报》《宁波通讯》《文明宁波》《东南商报》《宁波帮》、宁波电视台、鄞州电视台等传媒做了专题报道。是一项公益服务项目社会化运作的成功案例。

2. 引进地质宝藏博物馆

2012年12月，在图书馆一楼采光比较差的区域，面积共1500平方米，引进了宁波市首家地质宝藏博物馆，由收藏家个人投资500多万元进行装修，1600余件珍稀罕见的石质奇珍异宝在此亮相。拥有孔雀石、彩陶石、钟乳石、橄榄石、荧光石、木化石和矿物晶体七大类、200多个品种石质宝藏。其中，最高的方解石高达2.3米，最重的大化彩玉石重约3吨，最小的戈壁玛瑙石只有蚕豆这么大。而"镇馆之宝"为曾蝉联三届柳州国际奇石节金奖的"禅宗""童年小屋""盘丝洞"三大奇石。地质宝藏博物馆免费向所有市民开放，是一座融知识性、科学性、观赏性、趣味性于一体的文化艺术展馆，为广大藏石爱好者和中小学生提供了一个艺术欣赏与了解奇石知识的平台，成为市科普教育基地。

（胡春波）

鄞州区图书馆简介

鄞州区图书馆(http://lib.yzwh.gov.cn/)成立于 1987 年,2004 年 6 月与宁波大学园区图书馆合并,两馆分别隶属于宁波市教育局和鄞州区文广局,实行"两块牌子、一套班子、统一管理"的机制。在国内首创将高校图书馆和公共图书馆两种属性集于一身,实现学术性与文化性并举、传统图书馆与现代图书馆融为一体的新型图书馆。

鄞州区(大学园区)图书馆主建筑占地面积约为 58 000 平方米,总建筑面积约 28 000 平方米,总投资近 1.4 亿元,为宁波市八大文化设施之一。截至 2012 年年底图书馆持证读者超过 26 万,馆藏图书共 133 万多册。馆内设置阅览座位 3000 个、网络信息接点 1200 个,提供 150 台计算机供读者使用。各类盲文图书 500 多种 2000 多册,盲文有声读物 1000 多件,配有两台专供视障人士使用的电脑。收集各类地方文献 7187 种 11 394 册。古籍 445 种 1000 多册。搜集、复印家谱 40 多种。此外馆内还设有公众教学区、报告厅、展览厅、小型音乐厅、文化沙龙、活动中心等设施。除书刊借阅外,有电脑上网、信息查询、文化展览、文化休闲、报告讲座、文艺演出、少儿活动、盲文借阅等众多服务项目,全年向社会公众免费开放。

(鄞州区图书馆)

十四、民族地区公共图书馆编制地方文献联合目录案例分析

——以吴忠市图书馆牵头编制的《吴忠市、青铜峡市、盐池县、同心县图书馆馆藏地方文献联合目录》为例

吴忠市位于宁夏中部,地处宁夏平原腹地,是宁夏沿黄河城市带核心区域,也是引黄灌区的中心地段,全市总面积 2.02 万平方公里。辖区利通区、红寺堡区,近邻青铜峡市、盐池县、同心县,总人口达 143.5 万人,其中回族 76.2 万人,占总人口 53%,是中国"回族之乡",也是宁夏回族聚集人口密度最大的地级市。"天下黄河富宁夏",九曲黄河穿城而过,造就了吴忠市独特的自然和人文景观,素有"塞上江南""塞上明珠"等美誉。同时,吴忠有着悠久的历史,是中华文明的发祥地之一,河套文化的重要组成部分。早在三万年前的旧石器时代,就有人类在此生息,羌、戎和匈奴等古代游牧民族曾在这里逐水草、牧牛羊;秦始皇统一中国后在此兴修水利,开垦农田,那时吴忠就有了引黄灌溉史;汉唐盛世,成就了中华大融合,吴忠被设立为富平县,唐太宗亲临此地接受异族归附;"安史之乱",唐肃宗李亨在此登基,成了全国政治军事中心;党项族首领、西夏国皇帝李元昊统治的腹地也在今日吴忠一带;成吉思汗灭西夏,设宁夏府;1929 年成立宁夏省;新中国成立后,1954 年 4 月成立河东回族自治区,同年 7 月,宁夏撤省归甘肃省管辖;1955 年改为吴忠回族自治州,1958 年撤州划归宁夏回族自治区;1972 年成立宁夏回族自治区银南地区;1998 年撤银南地区为地级吴忠市。在漫长的历史长河演进中,吴忠人民创造了灿烂的民族文化,也沉淀了大量的民族文献资源。

地方民族文献是图书馆馆藏文献重要、独有的文献资源。它是该地域内自然现象变迁、社会发展过程以及人类群体活动的真实记录,它充分反映了该地域经济社会发展和人类历史变迁的方方面面,是地方民族文化的瑰宝,也是认识、了解、研究该地域的有力工具。做好地方文献工作,特别是地方文献的书目工作,是地方文献工作的重要一环。著名目录学家姚名达在所著《目录学》中说:"图书是人类知识的结晶,而目录是开放人类知识的钥匙,假如没有钥匙,吾人就不容易得其门而入。"

(一)吴忠市图书馆牵头编制《吴忠市、青铜峡市、盐池县、同心县图书馆馆藏地方文献联合目录》的历程

吴忠市图书馆地方文献部成立于 2005 年,成立之初,只从各部室书库中抽检出了 300 余册地方文献图书。通过后期不断地购买、征集、接受捐赠、交换等途经,至 2011 年,该部藏书建设初见成效,初步形成了以回族伊斯兰教文献、吴忠地方史志、吴忠地方人著述、地方出版物、地方工具书五大系列,1100 余种 3000 余册的馆藏地方文献。这时,编制一本较为完备的,能够从多方面或不同角度反映馆藏地方文献的书目对吴忠市图书馆来说,不仅对开展参考咨询、征访、阅览等工作有帮助,更有利于地方文献的后续补充、普查、发掘、整理、研究,以及建立地方文献专藏。

2011年10月，吴忠市图书馆抽调业务骨干，开始了馆藏地方文献书目的编制工作。《吴忠市图书馆馆藏地方文献目录》（以下简称《吴忠馆目录》）（第一辑）经过7个月的编制，于2012年5月成书并编印成册，立即放置在地方文献部作为检索用书提供给读者。

《吴忠馆目录》（第一辑）编印成册后，迅速成为吴忠市政府部门制定区域经济发展、文化建设、教育发展等领域决策、规划时的参考用书。市委宣传部在制定《吴忠文化发展纲要》时，需要查询、了解吴忠的文化发展历程和现状，调阅《吴忠馆目录》（第一辑）作为工具书查阅了100余种地方文献；吴忠市武警支队在制定《吴忠地区全境意外发生安全预案》时，也专门复印了《吴忠馆目录》（第一辑）并从中查找所需文献20余本；在"回商大会""中阿论坛"等大型活动举办前，吴忠市政府有关领导都会依据《吴忠馆目录》（第一辑）检索、查询相关文献资料为大会的前期宣传、来客的礼仪接待等工作做准备；而经常光顾地方文献部的学者型读者们，进门的第一件事就是翻阅《吴忠馆目录》（第一辑）检索所需文献。

目前，地方文献部6本由打字机编印单面印刷的《吴忠馆目录》（第一辑），都被借走或翻烂，仅存一本破旧书作为馆史资料保存。

2012年7月，吴忠市图书馆协同青铜峡市、同心县、盐池县图书馆开展区域间公共图书馆馆际互借业务，以实现区域间馆际互借工作的开展和资源共享。而联合协作编制《吴忠市、青铜峡市、盐池县、同心县图书馆馆藏地方文献联合目录》（以下简称《联合目录》）是此次区域间公共图书馆资源共享的重点合作项目。

经《联合目录》协作馆多次商议，决定《联合目录》收录书目范围以《吴忠馆目录》（第一辑）为基础，新增加《吴忠馆目录》（第二辑）和青铜峡市、盐池县、同心县图书馆馆藏地方文献总共三部分书目为收录内容。2013年2月，《联合目录》编制工作完成，立即编印出书60册，作为各协作馆地方文献室书目查询目录为读者使用，使用频率高且效果良好。

图14-1 《吴忠市、青铜峡市、盐池县、同心县图书馆馆藏地方文献联合书目》

(二)《吴忠市、青铜峡市、盐池县、同心县图书馆馆藏地方文献联合目录》编制特点及存在的问题

1. 编制特点

《联合目录》所收书目以各协作馆 2013 年之前的藏书为主，共计 2295 种。其中，包含《吴忠馆目录》（第一辑）1127 种书目、《吴忠馆目录》（第二辑）179 种书目、青铜峡市图书馆 99 种书目、盐池县图书馆 178 种书目、同心县图书馆 123 种书目等。所收录的文献内容涵括了历史、地理、宗教、政治法律、经济、军事、教育、金石、文学、语言、艺术、科技、家谱等方面内容以及地域性的综合类著作。特别是在《联合目录》中占主导地位的《吴忠馆目录》，所收文献内容几乎囊括了吴忠社会生活的各个方面，充分展示了丰富多彩的吴忠地情、历史、社会、文化、经济、民俗等，为读者考察研究吴忠的社会环境、文化风尚、宗教历史等提供了丰富的资料与多样的视角。

2. 存在的问题

《联合目录》收录书目的 82.5% 为吴忠市图书馆地方文献的藏书。当时，吴忠市图书馆编制《吴忠馆目录》（第一辑）是出于阅览及地方文献收集整理的需求，对于地方文献书目的编制没有做系统的规划和设计。同时，前期的文献调查、基本著录格式的设定、编目人员的培训等工作都没有做到位。再者，吴忠市图书馆地方文献是按回伊文献、地方史志、地方人著述、地方出版物、地方版工具书（年鉴、年表、图录等）系列按索书号排列上架的。《吴忠馆目录》（第一辑）编制工作的开展，是由工作人员分组承包各个系列，逐本进行著录。著录的馆藏地方文献中有大量交换、捐赠的图书，其中，不乏线装本、油印本、地方政府编印的文件汇编等，书籍陈旧、学科交叉，分编工作难度较大，迫于工作进度这部分书籍只是做了总括登记、加盖馆藏章，分类号或者没有，或者只给了大类号，没有细分。同时，书目编制对基本著录款项没有做硬性要求，工作人员在书目著录过程中随意性大，致使文献著录款项缺失，影响了《联合目录》的编制质量。

因此，《联合目录》成书后出现许多问题：①书目著录格式的标准化、规范性差；②著录款项选取随意，致使著录款目不完整；③部分文献分类标引准确性差影响了《联合目录》的编排体系；④著录款项中书目的内容提要没有做硬性要求，《联合目录》中的书目几乎没有内容提要项；⑤《联合目录》著录款目中书名项中的数字标注不统一，对书名项中的年代及书名中的"第一辑（集、卷）"没有强调用阿拉伯数字如"第 1 辑"表示。

(三) 总结经验，吸取教训，重新制定《吴忠市、青铜峡市、盐池县、同心县、红寺堡区图书馆馆藏地方文献联合目录》的编制体系和规则

2014 年 10 月，红寺堡区图书馆开放。在该馆文献资源建设中，宁夏黄河传媒集团给予了大力支持，赠送该馆宁夏人民出版社出版的图书五万余册，使该馆成为宁夏市县级公共图书馆中宁夏人民出版社出版系列藏书最多、最全的图书馆。目前，吴忠市图书馆正与红寺堡区图书馆紧锣密鼓地进行着《红寺堡区图书馆馆藏地方文献目录》的编制工作，计划该书编成后将于《联合书目》合并起来，重新编制《吴忠市、青铜峡市、盐池县、同心县、红寺堡区图书馆馆藏地方文献联合目录》（以下简称《新联合目录》）。再者，《联合目录》的收书范围截至 2013 年前，自 2013

年后,吴忠市、青铜峡市、盐池县和同心县图书馆在地方文献的征集和收藏上都加大了力度,各馆地方文献新增种类繁多,迫切需要编制新版的书目,《新联合目录》的编制工作被提上了日程。

目前,鉴于《联合目录》中存在的问题,各协作馆在做前期文献资源调查的基础上,邀请相关专家积极商议并制订《新联合目录》的编制计划、规则和细则。对于《新联合目录》编制细则应特别注意以下几点问题:

①《新联合目录》应依据《中国图书馆分类法(第五版)》的分类体系进行编排,并对书目文献的分类标引细则做出具体的规定;

②《新联合目录》应依据国家标准《普通图书著录规则》(GB 3792.2—85)著录,并设置基本著录格式,强调必备著录款项;

③《新联合目录》所有文献书目必做内容提要项,内容提要应以揭示该文献的内容特点为主要目的;

④《新联合目录》著录款目中书名项中的数字标注应统一,对书名项中的年代,如"一九五六"都换用阿拉伯数字,用"1956"表示,书名中的"第一辑(集、卷)"用阿拉伯数字,如"第1辑"表示。

(周雪景　马晓明)

吴忠市图书馆简介

吴忠市图书馆(网址 www.nxwzlib.cn)成立于 1956 年 9 月,1994 年文化部第一次评估时,被评为西北唯一一家县级"一级图书馆"。第二次、第三次评估定级工作,也均被国家文化部评定为县级"一级图书馆"。撤地建市后,又在第四、第五次评估中,被评为一级图书馆。现有老馆新馆两处馆址,老馆位于吴忠市利通区朝阳步行街,馆舍建筑面积 3600 平方米,新馆位于吴忠市利通区圣元广场西侧,占地面积20.3 亩,建筑面积 9024 平方米,设计藏书容量 76 万册,2009 年 4 月 30 日建成开放。吴忠市图书馆新馆老馆现有阅览座席 878 个,计算机 164 台,宽带使用一条 50 兆光纤、一条 50 兆 VPN 专用线路同时接入,选用 DLIBS 数字集群图书馆管理平台系统。

截止到 2014 年 12 月,吴忠市图书馆总藏量 631 961 册,其中,纸质图书为229 187 册,纸质期刊和报纸的合订本为 39 964 册,缩微制品、录像带、录音带、光盘等视听文献资料的数量之和为 2810 册,电子文献为 360 000 册。2012—2014 年,共入藏中文图书 18 963 种 47 407 册,报刊 513 种,视听文献 2810 种。地方文献及工具书 4698 种 11 749 册。截至 2014 年 12 月,吴忠市图书馆馆内专用存储设备容量为 51TB,已存储数字资源量 30TB。自建数字资源总计 660GB。在建的数据库有"吴忠市非物质遗产资源库"。同时,新馆实现馆内无线网络覆盖。

2009 年 9 月,吴忠市图书馆结束以前长期使用的手工借还服务方式和半开架书库管理模式,选用 DLIBS 数字集群图书馆管理平台系统和全开架服务,读者办证、借阅、检索均使用计算机操作,有独立的机读目录数据库,图书馆网站结构合理、操作简便、界面优美、实时更新,与自动化系统对接,并实现了与自治区图书馆的数字资源链接,读者可以自由地进入进行检索、续借等业务及直接在线阅读。

(吴忠市图书馆)

十五、创新"图书馆＋书院"模式　弘扬优秀传统文化
——文登区建设尼山书院促进图书馆发展案例分析

书院是我国古代以刊藏典籍、教化育人、研究传播为主要职责的文化教育机构,在文脉传承、教育推广、人才培养等方面发挥了重要作用。现代公共图书馆承担着文献收藏、整理研究、社会教育的职能,是构建学习型社会的重要阵地,是广大群众的终身学校和传承延续文明的文化重镇,与古代书院有着天然的联系①。把现代公共图书馆和传统书院有机结合,让古老书院在现代图书馆中焕发青春,二者相辅相成、相得益彰,实现优秀传统文化的创新性转化和发展,提高了公共图书馆文化的服务能力和水平。本文结合威海市文登区尼山书院建设实践,对尼山书院与图书馆建设二者互融共进,联动发展关系进行探讨。

(一)图书馆与尼山书院具有天然性和密切性的关系

"图书馆＋书院"模式建设尼山书院何以能推广并成功? 天时、地利、人和是必备条件,三者的融合互动促使其获得成功并成效显著。

1. 天时

天时,即各级高度重视传承中华优秀传统文化,弘扬社会主义核心价值观的大环境、大气候。山东是著名的孔孟之乡、礼仪之邦,优秀传统文化底蕴深厚、影响深远。近年来,党中央、国务院和山东省委、省政府高度重视优秀传统文化的保护和传承工作。2014 年 5 月,山东省文化厅正式发布文件,在全省创新推进"图书馆＋书院"的公共文化服务模式,在各级图书馆建设尼山书院②。2014 年 9 月,威海市政府在文登区召开了尼山书院建设工作推进会,推广了文登区尼山书院建设的经验和做法,全面加快全市尼山书院建设进度。

2. 地利

地利,即公共图书馆所具有的区位优势、人文环境和责任使命。随着时代发展,图书馆逐渐成为区域内重要的文献信息中心、终身教育中心及文化、娱乐、休闲中心,图书馆的作用日益突出,肩负的历史使命逐渐重大。文登区位于山东半岛东部,下辖 2 个开发(新)区、3 街道、12 镇,总面积 1615 平方千米,总人口 58.1 万人。文登区图书馆建筑面积 8000 平方米,馆藏量 43 万册,电子图书 30 万册,是省内县级先进、现代公共图书馆代表之一。虽然硬件设施全省一流,但仍然存在着日常服务手段不够丰富、传统服务项目吸引力不强、馆舍利用效率不够高等问题。如何更好地发挥其教化人心、传承文明、引领风尚的作用还需有一个载体。在图书馆建书院,实现刊藏典籍、礼乐教化、教书育人等功能的有机统一,正是破解这

---

① 徐向红.创新推进"图书馆＋书院"模式　让古籍里的文字活起来[EB/OL].[2015－05－10] http://www.sdwht.gov.cn/html/2014/gzdt_1011/16665.html.

② 山东省文化厅.关于在全省创新推进"图书馆＋书院"模式建设"尼山书院"的决定[J].山东图书馆学刊,2014(3):4—6.

一难题的有利平台。

3. 人和

首先是群众对"国学热"形成高度共识。当前,儿童读经、国学班、德育班等遍地开花,一定程度上说明整个社会对传统文化的需求十分强烈①。因此,尼山书院建设得到人们普遍的赞赏和支持。其次,人和表现为尼山书院品牌具有吸引群众的凝聚力。孔子诞生地为尼山,孔子的儒学思想塑造了中国人的民族性格,奠定了当代中国人精神世界的基础,选择尼山书院作为载体和名称,凸显了它厚重的历史意义和独特的象征意义。再次,人和表现为图书馆从业者的高度一致和齐心协力。2014 年,文登区图书馆全力以赴,做实做强,尼山书院硬件设施全部到位,系列活动丰富多彩,在完善公共文化服务体系,传承优秀传统文化方面发挥了重要作用。据统计,到 2014 年年底,山东省所有市级以上图书馆及三分之一的县级图书馆已完成尼山书院建设,初步形成覆盖全省、运转规范、服务有效的尼山书院服务网络体系。

(二)尼山书院助推公共图书馆建设与发展

推行"图书馆 + 书院"模式,增加设施,丰富活动,有利于公共图书馆增加服务总量,拓宽服务领域,创新服务方式,提高服务能力,增强公共文化设施的利用率和对群众的吸引力、凝聚力。

1. 增加设施

办馆条件得以改善。在设施布局上,省文化厅明确提出"六个一"标准,即一尊孔子像、一个统一标牌、一个国学讲堂、一个道德展室、一个国学经典阅览室、一个文化活动区。文登区在图书馆门前安放一尊高 3 米仿铜工艺的孔子像,绿植拥簇,厚重大气,配合正门上悬挂的实木"尼山书院"匾额,有力提升了现代图书馆的传统文化气息。依托原有报告厅布置一处 209 座的国学大讲堂,并在文化活动区设置一处 30 座小规模的国学讲堂,分别满足不同活动的需求。1000 平方米展厅新增高 2.5 米、宽 1 米的标准可移动展板 170 组,常年举办书画、图片等各种展览。增设了国学专柜和国学专架,单独划分出国学阅览区,着重向读者推介优秀国学书籍。在四楼开设一处集琴棋书画活动于一体的文化活动区,面积 500 多平方米,设古琴、古筝、象棋、围棋、弓箭和乒乓球等文体器材,配备书画毡、笔墨纸砚等文房四宝,方便读者参与体验各项文体活动。在推动尼山书院建设中,不同程度要进行硬件投入,客观上进一步完善了公共图书馆的服务设施,提升了服务功能和传统文化特色。

2. 新增书目

馆藏文献持续增加。通过专家推荐,省文化厅下发了国学推荐书目,优化藏书结构,增加国学书籍的数量和质量。文登区图书馆新开辟了两处国学专架,集中摆放、展示国学书籍,方便读者借阅,并在国学阅览区陈列有《四库全书》《四库全书存目》等 3000 多册古籍影印本,以及 2000 多册省厅推荐的国学书籍,最大限度地满足公众对国学知识的需求。按照建设要求,图书馆在现有国学文献馆藏资源的基础上,继续充实和丰富国学典籍,并承担国学典籍的收集整理和分类工作。

---

① 徐向红. 创新推进"图书馆 + 书院"模式　让古籍里的文字活起来[EB/OL]. [2015 - 05 - 10] http://www.sdwht.gov.cn/html/2014/gzdt_1011/16665.html.

3. 开展活动

服务内容日益丰富。按照建设标准,尼山书院必须定期开展丰富多彩的传统文化活动,在活动内容上,主要有"五个板块",包括经典诵读、国学普及、礼乐教化、道德实践、情趣培养。文登区图书馆立足已有系列读者活动,每月举办一次展览、组织开展一次道德实践,每月举办两期"昆嵛讲堂·市民大讲堂"(国学讲堂)活动,每周开展一次国学诵读、一次书画培训,每周开展一次音乐、礼仪、剪纸、射箭、民俗等不同内容的文化体验活动,全方位打造内容丰富、实用简洁的综合性国学学堂和国学体验区,让图书馆和尼山书院各项服务惠及更多百姓,让社会更多的团体、机关、组织和个人参与到传统文化的弘扬和传承中去,让国学文化潜移默化地融入市民生活之中。

4. 提高素养

管理服务更加人性化。作为图书馆人,"建设尼山书院,弘扬优秀传统文化"必须从我做起,从自身做起。传统文化所承载的"以人为本""人性化管人、制度化管事"等精髓能进一步强化图书馆管理,改进读者服务。通过优秀传统文化的影响,馆员之间像家人一样和睦融洽,互相照顾关爱,对读者常怀同理心、感恩心,责任感和事业心与日俱增,工作态度和服务水平不断改善。同时,受中华传统文化熏陶,读者的阅读水平和修养在潜移默化中持续提高,读者和馆员二者良性互动,互相影响,人性化管理带来的人性化服务能逐步树立图书馆良好的对外形象。

(三)探索创新,积极推进尼山书院向纵深发展

图书馆应广泛吸收社会参与,多途径加大宣传力度,充分发挥社会各方面作用,推进尼山书院建设向纵深发展。

1. 内引外联,优化资源配置

任何事业的发展都离不开人,建好尼山书院必须首先加强团队建设。文登区图书馆克服人员不足的窘境,抽出 2 名骨干具体负责,各部室安排一人担任兼职,成立尼山书院建设小组,组成了 6 个人的基础团队,建设施、搞活动。积极整合宣传文化系统资源,形成工作合力;广泛联系文登爱心联盟、威海蒲公英公益、文登手拉手公益等本地 3 个规模较大的义工团队,征集发动了 100 多名志愿者参与到各项活动中来。目前,免费诵读班、书法班、绘画班和爱心义卖活动均是与文登爱心联盟合作举办;国学讲堂由区委宣传部牵头支持举办;读书沙龙、亲子悦读分别与威海报业文登分社和威海蒲公英公益组织合作组织。广泛引入社会力量参与尼山书院建设,在推进公共文化服务社会化,提高公共文化服务供给和效能上进行了有益的探索和实践。

2. 加强宣传,打造尼山书院品牌

发挥社会教育传播功能,着力营造浓厚氛围,不断加强尼山书院和传统文化的普及宣传教育,寻求教育传播功能的新思路、新方法。文登区图书馆在馆内增加两台介绍尼山书院建设的触摸屏,悬挂《论语》精选、《二十四孝》等宣传展板 100 多件,并通过举办展览、讲座、诵读、体验活动,开通尼山书院网上宣传和微信公众号推送等形式,让大家知晓和了解建设尼山书院的目的和作用。截至 2015 年 5 月,已举办"馆藏珍贵古籍展""书画摄影楹联大展"等展览 10 场,参观者 15 000 余人;举办国学讲座 14 场,听众 4000 多人次;举办书法、绘画、国

学礼仪、音乐培训（体验）班38期，学员2100多人次。每举办一次较大的活动，都依托报纸、电台、电视台和网站，以及微博、微信新媒体等多种手段，做足宣传，让更多的市民知晓和参与，扩大尼山书院的知名度和美誉度。

3. 探索创新，突出尼山书院建设地方特色

注重传统文化的承接、融合和发展，打造有特色的尼山书院。在建设布局上，文登区注重现代图书馆与古代书院有机融合，从设施分布、藏书结构、功能设置和活动举办等多方面入手，不单独划区、人为划界，而是把尼山书院和图书馆建设合二为一，让每位读者在各个地方都能感知国学的存在，在潜移默化中了解中华优秀传统文化。在内容创建上，注重与极具地域特色的"文登学"文化有机融合，立足"仁孝文登"公民道德主题教育活动，建设了"孝文化"文化长廊，把"仁""孝"内容贯穿于形式多样的道德教育实践活动，既充分展现地方特色文化，又促进了公民道德素质的提升。在拓展范围上，把书院所传达的文化精神延伸化、常态化，结合整个文化中心内的非物质文化遗产展厅、青少年活动中心，以及依托遍布城乡的图书馆分馆、文化大院、农家书屋等公共文化服务设施，科学设点20个道德讲堂，升级100个儒学书屋，通过国学图书交流配送、儒学"入乡接地"推广等系列活动，把传统文化充实到公共文化服务体系建设之中，让更多的基层群众从中体验传统文化，获取国学经典的正能量。

（四）春风细雨，优秀传统文化润心田

文登区尼山书院建成以来，区图书馆以此为依托，联动搞好三项文化活动，构建儒学教化体系，将知行合一、氛围营造贯穿其中。

1. 重仁孝

围绕"孝悌为仁之本"主题，为基层道德讲堂统一配发《孔子行教像》、"仁孝文登"宣传挂图和《弟子规》等国学书籍，发放内置传统文化内容的"E播宝"硬盘播放器、光盘等数字资源，结合电视台"仁孝频道"节目播放、文化信息资源共享平台播放等，使广大群众知仁、重爱、行孝。

2. 讲经典

尼山书院每月举办两期国学大讲堂，弘扬传统文化精髓，电视台、网站播放实况录像。组织国学讲师定期到基层道德讲堂举办一次活动，以讲经为主，最先讲解《弟子规》，逐步延伸到《论语》《孝经》等儒学经典，教育人们明是非、知善恶，塑造良好品格。

3. 习礼仪

在开展《弟子规》读经教育的同时，引入礼仪教育，请讲师给群众讲授和演示一些基本的儒家礼仪，比如成童礼、开笔礼、冠礼等，并在讲堂上引导听众课前首先向孔子像行三鞠躬礼，行礼如仪，知礼明行。在尼山书院定期开展儒学礼仪展示和文化体验活动，在原有琴棋书画活动之外，新增射艺体验活动，通过现场讲解、演示和互动等形式，陶冶情操，发扬传统文化。

尼山书院开放后，图书馆成了文登区受众最广、传播信息最集中的传统文化公共服务平台，更多的人接触传统、了解儒学。自2014年9月文登区图书馆尼山书院建成以来，新增办证读者2332名，持证读者总数达1.7万人，日平均到馆读者800多人，均比同期增加30%。

每逢周末,讲堂、课堂、展览、体验等活动能吸引逾 2000 人参加,展示了儒学和体验性活动设计的吸引力、感染力。

(鞠建林　栾晓彤)

威海市文登区图书馆简介

威海市文登区图书馆(http://www.wdlib.cn/)始建于 1956 年 4 月,馆址先后设于柳营街丛氏祠堂、天福路图书馆楼内。2011 年 6 月 1 日,位于文山东路市民文化中心内的图书馆新馆对外开放。新馆建筑面积 8000 平方米,分四层,馆藏图书 43 万册,电子图书 30 万册,订阅报刊 500 多种,阅览席位 608 个,无线网络覆盖。全面落实免费开放政策,为广大读者提供免费办理通用借阅证、免费借阅、免费年审换证、免费提供报纸和期刊阅览、免费提供检索与咨询、免费电子阅览、免费自修、免费提供饮用水、免费参与公益性讲座和展览等读者活动、免费提供基层辅导和图书流动等服务。截至 2015 年 5 月,有效读者达 1.7 万人,日均人流量 800 人次,年流通图书 30 万册次。2014 年,全面启动尼山书院建设,孔子像、牌匾等设施高标准配置,经典诵读、射艺体验、书画展览、免费培训班、国学讲座等系列活动丰富多彩,受到广大读者一片好评。多年来,图书馆始终坚持"全方位开放、全公益服务、全社会共享"方向,全面加强公益文化服务。是"省级社科普及教育基地"和"全国古籍重点保护单位",连续五届保持着"一级图书馆"称号,并荣获全省"读者喜爱的图书馆"等荣誉。

(威海市文登区图书馆)

十六、锐意创新　实现农村公共图书馆服务一体化
——以安徽省金寨县图书馆县域总分馆建设为例

公共图书馆肩负着传播文化知识,传递科学信息,提升公民素质,丰富城乡群众文化生活的重要社会职能。建立健全公共文化体系,公共图书馆是其中重要的核心部分。2013 年,安徽省启动了农村公共图书馆服务一体化建设试点,金寨县位列其中。在试点工作中,金寨县依据本地实际,锐意创新,高起点、高标准地推进县域总分馆建设,拓宽服务领域、创新服务手段,盘活农家书屋,基本实现"繁荣、共享、惠普、均等"的县、乡、村服务一体化村公共图书馆体系。

(一)金寨县实施公共图书馆服务一体化(总分馆)的基本情况

1. 基本县情

金寨县地处安徽西部,大别山腹地,辖 23 个乡镇、226 个行政村(街道),总人口 68 万人。土地革命时期,境内爆发了著名的立夏节起义和六霍起义。先后组建了红 11 军 32 师、33 师以及红 25 军、28 军等 11 支成建制的红军主力部队,是红四方面军的主要发源地和鄂豫皖革命根据地的核心区。抗日战争时期,是国共两党领导鄂豫皖边区安徽抗日救亡运动的中心。解放战争时期,是刘邓大军挺进大别山的前方指挥部所在地。这里走出了洪学智、皮定均等 59 位共和国开国将军,被誉为"全国工农红军第一县""全国第二大将军县"。新中国成立后,为响应毛主席"一定要把淮河修好"的伟大号召,境内修建了梅山、响洪甸两大水库,淹没 10 万亩良田、14 万亩经济林,迁移了 10 万居民。

2. 金寨具有实施公共图书馆服务一体化(总分馆)的基础

(1)县图书馆

金寨是集老区、山区、库区于一身的国家级贫困县,文化事业发展相对落后,金寨县图书馆曾经是安徽省最差的县级公共图书馆。2005 年中国图书馆学会举办的首届百县馆长论坛,时任馆长以"尴尬的图书馆与图书馆的尴尬"为题在论坛发言,在业界引起了一定的反响。金寨县图书馆在困境中求生存,在艰难中求发展的状况,得到了社会的一定关注。2008 年,金寨县图书馆仅仅 320 平方米的馆舍被拆除,在县城新区建设新馆,2011 年建成投入使用并免费开放,馆舍面积 1500 平方米。设有综合图书借阅室、少儿图书借阅室、综合报刊阅览室、少儿报刊阅览室、电子阅览(共享工程)室(设有电脑 30 台)、参考咨询辅导(典藏资料)室、过期报刊阅览室、报告厅 8 个服务窗口。设施得到了改善,经费得到了保障,新馆建成时纸质藏书 4.9 万册,电子图书 120 万册,并建立本馆镜像 40 万册,订阅纸质报刊 230 多种,其中成人和少儿各 100 多种,龙源和博看等电子期刊数据库 2 个,各有电子期刊 3000 多种,通过 VPN 技术共享省图书馆的数字资源。

(2)乡镇图书室

全县 23 个乡镇综合文化站利用文化民生工程建设时,建立了图书室。首批综合文化站

配备图书 800 册,第 2 批建设的综合文化站图书室配备图书 1200 册。妇联系统在部分乡镇综合文化站内建设了留守儿童之家图书室,独立于原有图书室之外。所有图书室藏书均在建设完成后,无任何更新。图书随着时间推移,可阅读性大大降低,部分科技图书随着新技术的飞速更新换代,已无阅读价值。

（3）村农家书屋

2008 年,金寨县开始实施农家书屋建设工程,截至 2011 年,全县 226 个村和 5 个社区全面完成农家书屋建设任务,每个农家书屋房屋面积 20 平方米以上,配备图书 1260 余册,报纸杂志 27 种,同批建设的农家书屋图书种类、册数相同。农家书屋建设之初,受到了山区群众的热烈欢迎,乡村两级积极向县文化部门争取建设任务。随着农家书屋建设任务的全面完成,农家书屋运行矛盾日益突出。由于只重建设,不重运营,农家书屋建成之后就无人问津,图书得不到补充,报刊停留在建设当年,得不到更新。再加上管理员都是村干兼职,本身事务就多,责任心不强,流动性大,农家书屋利用率大大下降,有的村甚至把图书一锁了之。

（4）共享工程

2005 年,金寨县图书馆被列入安徽省"共享工程"实施点。2012 年,乡镇公共电子阅览室建设列入民生工程,第一批建成了 13 个乡镇的公共电子阅览室,2013 年完成了剩余乡镇的公共电子阅览室建设任务。每个公共电子阅览室面积均达到 40 平方米以上,电脑达到 10 台以上,配备了资源管理服务器、网络交换机,购置 1 台数码相机和 1 台数码摄像机等,并在县级支中心建立了交换平台,向各乡镇公共电子阅览室无障碍地提供文化信息资源并进行日常运行监控。

随着国家对文化事业的重视,文化民生工程的实施使县乡村有了基本公共文化设施,特别是乡镇文化站图书室、报刊阅览室、公共电子阅览室和村农家书屋,形成了县乡村三级公共图书馆服务网络,公共文化场所的免费开放又为开展服务提供了经费保证。安徽的免费开放经费标准是：县级公共图书馆每年 20 万元,乡镇文化站每年 5 万元（其中包含图书室和共享工程、公共电子阅览室经费）,而村级文化补助经费 1 万元（其中用于农家书屋 0.2 万元,共享工程 0.2 万元）。这些都为实施公共图书馆服务一体化（总分馆）建设提供了较好的基础。

3. 群众的需要对图书馆提出了更高的要求

公共图书馆服务设施和经费虽然有了,并不意味着服务都能够让群众满意。县乡村三级还是各自为政,县级图书馆服务对象仍然以县城读者为主,服务难以向农村延伸,乡镇文化站还有其他文化工作要做,不能保证图书室开放时间,借阅还处于手工操作,不能够进行规范化管理,给读者带来不便。村农家书屋更是开放时间不能保证,图书、报刊不能更新,在开放初期热乎一阵子后,也慢慢失去魅力。有的地方成为摆设,常年不开放。群众对此不够满意,读者不仅需要有书读,而且要求有新书、好书读,这就对公共图书馆的服务有了更高的要求。

4. 各级的重视成为重要推手

2013 年 3 月至 5 月,安徽省委常委、宣传部长曹征海到金寨县调研公共文化体系建设。曹征海先后到金寨县图书馆和南溪镇等地进行了实地调研,并和村干部、文化能人、群众代表、基层单位负责人等进行了座谈。曹征海指出：近年来,我省认真贯彻落实中央决策部署,高度重视文化民生,在健全基层公共文化服务体系、保障群众基本文化权益方面做了很多工作,取得了显著成效。但是新时期农村文化建设面临着一些新的情况和问题,我们必须要寻找一种新的有效路径和举措,使农村公共文化更适用、更丰富、更能解群众的文化之"渴"。

针对公共图书馆服务工作,曹征海强调,县图书馆是总馆,乡村图书室是分馆,要加强对乡村图书室进行指导和交换工作,把新增的图书流动起来;要统一购置适合农民需要和流转的图书,要尽量收集关于金寨革命根据地的图书,体现地方特色,弘扬红色文化。

调研结束后,省委宣传部、省文化厅和省新闻出版局联合进行了进一步的调研,决定在全省范围内实施农村公共图书馆服务一体化建设试点工作。并将金寨、太湖、繁昌、青阳、五河、当涂县等县列为首批试点县。要求各试点县要加强组织领导,结合实际制订本县农村公共图书馆服务一体化建设实施方案。要加强经费保障,将图书购置、服务活动、人员培训及必要的设备添置经费纳入农村公共图书馆服务一体化建设的经常性支出预算。要加强活动引导,开展讲读和比赛等活动。要加强队伍培训,对乡镇分馆和村农家书屋管理员进行业务指导和培训,提升公共图书服务人员的职业技能和职业素养。

(二)金寨县农村公共图书馆服务一体化(总分馆)建设的实施

实施农村公共图书馆服务一体化(总分馆)建设,是一项艰巨复杂的系统工程,必须实事求是,因地制宜,精心谋划。金寨县在实施公共图书馆服务一体化(总分馆)建设中,制订了切实可行的方案,并报经县政府常务会议和县委常委会议研究、批准后实施,使此项工作成为政府行为。

1. 指导思想

按照"政府主导、统筹规划、分级管理、资源共享"的原则,在全县范围内构建以县图书馆为总馆,23个乡镇综合文化站图书室为分馆、226个村农家书屋为服务点以及流动图书馆服务车为补充的农村公共图书馆服务一体化网络,形成覆盖全县、均等便捷、使用高效的公共图书馆服务体系,切实保障农村群众的基本文化权益。

2. 建设目标

实现全县范围内文献资源统一采购和配送,加强总分馆特色资源建设,优化全县文献资源布局。建立联合编目、配送中心,实现文献编目加工标准化、规范化,避免机构重复设置和人员重复劳动,提高效率。实现书刊借阅"一卡通"。在全县范围内实现"通借通还",打破县乡各自为政的服务模式,提高图书馆服务效能和服务覆盖率,方便读者借阅。县、乡、村共享县共享工程支中心所有数字资源,盘活现有文化资源存量,全县各地读者可以免费注册、免费查询、免费借阅。

3. 建设标准

以县图书馆为总馆,乡镇统一使用"金寨县图书馆××分馆"的名称,村农家书屋服务点延用原有名称。乡镇分馆配备和总馆借书室相同的图书借阅管理软件和设备,所有图书统一编目、加工,便于管理。

4. 保障措施

(1)成立组织,领导保障有力

县委、县政府成立了以县委书记、政府主要负责人为组长、第一副组长,各相关职能部门、各乡镇主要负责人为成员的试点工作领导组,为农村公共图书服务一体化建设试点工作提供了强有力的组织保障。

(2)提高预算,资金落到到位

县财政在农村公共图书馆服务一体化试点建设工作启动后,一方面统筹了部分文化民生工程资金,另一方面每年增加财政预算,2013 年和 2014 年,分别提供 150 万元专项资金,作为一体化试点建设的运营经费,有效地保证了试点工作的顺利进行。

(3)增加编制,充实服务队伍

金寨县图书馆原有编制 7 人,试点工作启动后,经过争取,县编制部门为图书馆新增了 5 个人员编制,使图书馆人员编制达到 12 人,编制数是在六安市县级图书馆最多的馆。2014 年,通过公开选招,从乡镇教师队伍中选拔出两名优秀教师加入图书馆队伍当中,为公共图书服务队伍增添了新鲜血液和生力军。

5. 实施方法

(1)搭建平台,构建网络

利用专项资金,为 23 个乡镇综合文化站图书室采购了力博图书借阅管理系统,配备了门禁、冲消磁器、书架等设备,建立了标准化的分馆图书室。为各乡镇统一挂牌命名为“金寨县图书馆××分馆”分馆,226 个村农家书屋为流通服务点。

县政府专门为图书馆采购面包车一辆,配合文化部配发的图书流动服务车,开展流动图书服务。从而在全县范围内构建了以总馆、分馆、村服务点为固定服务场所、流动图书服务车为补充的图书馆一体化服务网络。

(2)群众“点单”,政府“买单”

为确保公共图书馆服务一体化的流转图书符合当地特点、满足群众需求,金寨县图书馆在组织图书采购前,在各乡镇和村发放了 3000 多份问卷调查表,详细了解当地群众的阅读需求,让群众“点单”,政府“买单”,从而采购到真正适合当地的图书。

(3)政府招标,现场采购

在图书采购过程争,为了确保图书质量,县采购中心对公共图书馆服务一体化建设试点工作涉及的图书及相关配套设备进行公开招标采购,县图书馆到图书中标企业仓库现场挑选图书,确保图书质量。

(4)强化业务培训,提升服务能力

试点工作实施以来,县图书馆组织开展了各分馆负责人和图书管理员业务技能培训,先后利用近一个月的时间到各乡镇和重点村进行现场指导,每年到每个乡镇分馆现场指导至少两次以上,同时随时通过电话、QQ 等方式接受各分馆管理员的咨询,帮助各分馆图书管理员熟练掌握图书管理软件和各种管理设备使用方法,指导图书分类上架工作,为扎实开展好图书借阅和流转工作,保证服务质量奠定了业务基础。

(5)明确分工,各负其责

公共图书馆服务一体化的关键资源是图书,发挥图书效能的途径是流转。在试点建设过程中,县总馆负责组织图书采购、编目、加工,分发、配送到各乡镇分馆。每个分馆馆藏按照 800 册图书、每个农家书屋按照 200 册图书配发,每个乡镇范围内的图书没有复本,所采购图书都是采购年三年内出版的新书,具备良好的可阅读性、可流转交换性。乡镇分馆负责组织该乡镇区域内的图书流转工作,每半年流转一次,每次流转 200 册。因此,每个村每年可以看到 400 册不同的新书。各分馆还负责组织乡镇区域内的读书演讲比赛、征文等图书阅读推广活动。各农家书屋服务点负责本村的图书借阅工作。

(6)强化考核,落实责任

县图书馆制定了《金寨县公共图书馆服务一体化建设管理办法》和《金寨县公共图书馆服务一体化建设考评细则》,建立公共图书馆总分馆体系考核评估制度。每两年将组织有关部门对全县公共图书馆的总分馆建设、管理、服务、质量、效益等开展考评,考评结果纳入对总分馆工作的考核,同时纳入对乡镇政府工作的考核内容。县图书馆及时公布总分馆建设进展情况,接受社会监督,形成政府、社会、群众共同参与的公共图书馆一体化建设管理体系,充分发挥公共图书馆的作用。

(7)开展活动,扩大影响

在试点建设工作当中,认真开展图书流转工作的同时,金寨县开展"书香金寨"全民阅读活动,以及全民阅读进校园、社区、乡村、企业活动和图书"漂流"活动、"共建书香金寨,同圆中国梦想"有奖征文演讲比赛等。通过开展一系列阅读推广活动,推动农村公共图书馆服务一体化建设,扩大影响。利用流动图书车开展流动图书服务,并在部分企业、学校、事业单位和军营建立了流动图书服务点,定期为服务点更新图书,培训图书管理员,扩大一体化建设服务面。

(三)金寨县公共图书馆服务一体化(总分馆)建设的成效

构建农村公共图书馆服务一体化网络,实施县级范围内总分馆制是扩大公共图书服务范围、实现乡村公共图书服务"繁荣、共享、惠普、均等"的重要举措和抓手。通过两年多的实践来看,取得了很好的效果。

1. 盘活了乡村图书资源

实施一体化建设试点以前,金寨县的乡镇图书室和农家书屋基本处于半关闭状态,藏书陈旧、可阅读性差,图书和报刊无后续跟新服务,群众不爱看。通过实施一体化建设,每个村每年流转图书两次,每次流转 200 册,群众每年就可以看到 400 册不同的新书,每年为每个农家书屋更新了 20 种报刊,彻底改变了过去农家书屋图书报刊陈旧、可阅读性差的现状。农家书屋服务点接待读者数量逐步回升。

2. 馆藏量大幅上升

在实施试点工作之前,金寨县图书馆馆藏纸质图书 4.9 万册,实施一体化试点后,利用财政专项资金,每年新采购图书近 10 万册,同时将各乡镇分馆图书室原有图书和在分馆内建设的留守儿童之家的 6.7 万册图书进行了统一编目加工,纳入一体化管理,实现全县范围内通借通还。截止到 2014 年年底,在全县范围内可以通借通还的纸质图书馆藏量达到 30.5 万册,人均馆藏书量达到 0.45 册。馆藏量比试点前提高 6 倍。各分馆每年新增图书充实到流转工作当中,将流转后的图书统一收归分馆管理,分馆的馆藏将逐年递增 1200 册以上。

3. 图书资源通借通还

在实施公共图书馆服务一体化建设之前,各乡镇图书室只能在本乡镇范围内借阅,总馆的图书只能在总馆进行借阅。实施一体化建设后,各分馆通过互联网和总馆建立了统一的图书借阅管理平台,总馆统一印制了借书证,所有图书统一编目加工,构建了全县通借通还的服务网络,极大地方便了读者。各地的读者对所在地图书馆没有的图书,可以利用管理系统查询图书馆藏地点,通过总馆或分馆之间进行调配,提高图书资源的利用率。实现了县、乡、村图书资源共享。

4. 数字资源免费共享

县总馆购买了"超星电子图书"数据库,共有38万种40万册电子书安装在县图书馆服务器上,另采购"龙源电子期刊"数据库(电子期刊4000种),"博看电子期刊"数据库(电子期刊3900种);通过VPN技术,与省图书馆数字资源实现资源共享,链接省馆"中国知网"数据库、"万方"数据库、"全国报刊索引"数据库、《人民日报》数据库、"阿帕比电子图书"数据库、"安徽戏剧"数据库,总馆数字资源达到4.5TB。乡镇分馆和各村共享工程电子阅览室可以通过远程访问系统,免费注册、登录总馆服务器,查阅相关数字资源,使乡村群众足不出户就能够享受到和城里一样的服务。

(四)金寨县实施公共图书馆服务一体化(总分馆)的经验

1. 加强领导,政府主导是根本

金寨县公共图书馆服务一体化取得的成绩,是离不开各级政府的重视、关注和支持的。金寨县公共图书馆服务一体化建设实施以来,县委、县政府加大了对一体化建设的投入力度,不管是从购书经费、人员编制和车辆等方面,都给予了大力支持,对一体化建设的投入达每年150万元,在全省6个试点县中排在第一位。县委、县政府主要领导也多次到县图书馆和乡镇分馆了解情况,指导工作。县级文化主管部门各级各部门对文化事业发展一直十分关心和支持,不仅和图书馆一起搞调研、拿方案、跑资金,还经常下乡村,送图书到基层。省文化厅多次到金寨调研,并在金寨召开公共图书馆服务一体化工作会议,连续两年向金寨县图书馆下拨奖励经费,每年15万元。2014年8月,文化部党组副书记、副部长杨志今一行深入金寨调研公共图书馆服务一体化工作,实地察看了金寨县图书馆各个窗口的免费开放情况,详细了解了公共图书馆服务一体化建设试点工作相关情况,充分肯定了金寨县公共文化服务试点建设工作。他指出,公共图书馆服务一体化试点建设创新性地融合了农家书屋,保障了最基层人民的基本文化权益,希望金寨县继续探索创新实践。

2. 以人为本,服务读者是核心

以人为本,读者至上是图书馆应该坚守的理念。公共图书馆服务一体化(总分馆)建设,必须以读者为核心。因此,金寨县图书馆在试点工作中处处想着读者:在服务手段上创新,实行统一平台,县总馆与乡镇分馆之间,分馆与分馆之间图书通借通还,最大限度地方便读者;在图书采购上创新,让"群众点单""政府买单";在农家书屋图书配送上形式创新,一个乡镇中村与村之间进行图书流转,彻底改变了农家书屋原有图书一个样的状况,不仅让农民在农家书屋有书读,而且有更多的好书读;在资源共享上创新,除纸质图书全县共享外,金寨县还在数字资源上采取总馆统一采购,建立镜像站,通过互联网技术,让乡镇分馆和村农家书屋分享数字资源。

3. 紧抓基层,队伍建设是基础

图书馆服务的对象是人,正常运行同样依靠人。队伍建设是保证总分馆正常运行的基础。一体化建设试点工作实施后,县政府为图书馆新增了 5 个人员编制,并且新选招了 2 名工作人员,有效解决了图书馆工作人员严重不足的大难题。

此外,还特别加强了乡镇分馆队伍建设。金寨县图书馆的 23 个乡镇分馆是在乡镇文化广播电视服务站图书室的基础上设立的。工作人员年龄结构偏大,45 周岁以上占 70% ,大都是招工、退伍安置等方式进入的,没有文化专业人才。因此,金寨县图书馆通过举办培训班集中培训、下乡指导分散辅导、实践锻炼等多种形式,使分馆的同志和农家书屋的管理员具有一定的图书管理理论知识和图书馆业务技能,一方面加大思想教育,增强他们的敬业精神,服务意识,另一方面,优化分馆和农家书屋的工作环境,将图书管理借阅全部自动化、规范化,提高基层文化工作者服务文化工作的能力和水平。

4. 完善管理,制度创新是保障

金寨县公共图书馆服务一体化试点建设,从一开始就创新、建立了一整套的制度体系。形成了《金寨县公共图书馆服务一体化建设实施方案》,实现了领导体制的创新,成立了县委、县政府一把手为组长,各相关单位和乡镇主要负责人参加的领导组,使总分馆建设上升到政府行为的高度。财力投入的创新,县财政将民生工程中农村文化专项资金进行整合,在每个村级 1 万元的农村文化专项资金中,将农家书屋的 0.2 万元和共享工程的 0.2 万元以及县图书馆的购书经费等整合到一体化中来,并在此基础上由县财政增加预算,确保每年用于一体化建设的资金到达 150 万元。在管理上创新,县馆制定了《金寨县公共图书馆服务一体化建设考评细则》,对各分馆免费开放时间、年办证量、年接待读者人次和借阅册次都进行了明确规定,并纳入文化综合考评当中,从制度上保障分馆的免费开放工作顺利开展。

金寨县公共图书馆服务一体化(总分馆)建设,经过两年的实施,已经初步形成了以县图书馆为总馆,乡镇文化站图书室为分馆,村级农家书屋为服务点的公共图书馆服务体系,初步实现了为城乡居民提供优质、免费、普遍、均等的公共图书馆服务理念,有效地解决了城乡居民有书读的最基本的文化需求。特别是将农家书屋纳入公共图书馆服务一体化,打破了原来文化部门主导的公共图书馆和新闻部门主导的农家书屋之间的"篱笆",创新性地整合了资源,打通了农民进入图书馆的"最后一公里",保证了最基层农民的读书需求。这一具有创新性、导向性、带动性、科学性的试点探索,已经引起了社会的广泛关注,文化部副部长杨志今考察了金寨县公共图书馆服务一体化后,给予了高度评价。在 2015 年召开的安徽省十五届三次人代会上,金寨等县率先实施公共图书馆服务一体化试点建设被写进了省《政府工作报告》。安徽省将在 2015 年全面推行县域公共图书馆总分馆建设。我们相信,在政府的主导下,在社会各界的关心支持下,金寨县的农村公共图书馆服务一体化(总分馆)建设将会建设得更好。

(史军)

金寨县图书馆简介

金寨县图书馆(http://www.jzhlib.com/)是政府投资举办的公共图书馆,属于全额拨款的公益性事业单位,是金寨县重要的文化活动阵地和精神文明窗口。以保存人类文化遗产、开展社会教育、传递科学情报、开发智力资源、提供文化娱乐为主要职能,面向公众提供文献借阅、书目检索、资料查询、文化信息资源共享、网上浏览、知识讲座等服务。馆址位于金寨县新城区环江北路的金寨县文化中心大楼,主要开放窗口在文化中心大楼的2、3、4层。

　　馆内现设有综合图书借阅室、少儿图书借阅室、综合报刊阅览室、少儿报刊阅览室、电子阅览(共享工程)室、参考咨询辅导(典藏资料)室、过期报刊阅览室、报告厅8个服务窗口,另有采编室(财务室)、办公室(馆长室)等部门。人员编制12个,在岗工作人员9人,纸质藏书30.5万册,电子图书40万册,订阅纸质报刊150种,采购电子期刊数据库3个,电子期刊达到3500多种,所有图书、报刊均采取计算机管理,开架率达到100%,县级年购书经费4万元,共享工程专项经费3万元,2011年起实行免费开放,中央财政和省级财政补助经费15万元,县级财政配套5万元。日接待读者能力可达350人次。

(金寨县图书馆)

十七、基层图书馆信息服务发展方向探索

——以昆山图书馆为例

构建现代公共文化服务体系,其中一方面是为了满足人民群众获取信息的需要①。图书馆是文献信息资源的集中地,也是公共文化服务体系中免费为公众提供信息的主阵地,然而在数字化、网络化和信息化的环境下,用户获取信息手段日益自助化,信息素养得到提升,用户信息需求更加多样化,对信息内容趋向专深化,传统信息服务越来越难以满足用户需求,基层图书馆信息服务发展逐渐进入瓶颈期。面对此种困境,昆山图书馆立足自身、总结经验、创新思维,以信息化和网络化的建设成就为依托,逐步摸索出一套适用于基层图书馆的信息服务发展道路。

(一)昆山图书馆信息服务发展方向

1. 打造新媒体服务网络

微信、QQ 等新媒体技术的不断出现,使得信息传播的速度更快、传播范围更宽泛,用户获取信息的渠道得到增加,这无疑给公共图书馆的服务发展带来了挑战,使得到馆咨询量逐渐减少。但同时也为图书馆带来了机遇,昆山图书馆近几年利用新媒体独特的多媒体性、可订阅性、可互动性等特性全方位打造由昆山掌上昆图、微博、QQ 读者服务群、短信服务平台、微信公众平台、昆山论坛等构成的服务体系,打破沟通壁垒实现多途径服务,提倡随时随地为读者服务,通过更新服务手段将读者重新拉回到图书馆。

表 17 -1   昆山图书馆新媒体服务网络构成及建成/升级时间表

时间 \ 内容	手机网站	微博	微信	QQ 群	短信平台	昆山论坛
2009	手机网站第一版				建成(11 月)	
2010	手机网站第二版					
2011		开通(3 月)				
2012						
2013		开通(9 月)	开通(6 月)			开通(6 月)
2014						
2015		功能升级(6 月)				

---

① 蒯大申.现代公共文化服务体系的内涵与基本特征[N].文汇报,2014 - 02 - 24(10).

2. 引入竞争情报系统

《昆山市第三次全国经济普查主要数据公报》显示,2013 年年末全市共有第二产业和第三产业的企业法人单位 51 584 个,比 2008 年年末增加 24 360 个,增长 89.5%,企业数量巨大。同时在经济发展进入新常态和互联网金融快速发展的形势下,昆山产业发展方向也由制造业向产业链的高端延伸,新产业需要宏观和地方多层次的政策情报以及参考其他成功地区经验做法的具体情报。

在网络信息时代,谁能最先获得信息,谁就能获得市场、获得财富。政府鼓励和引导企业建立信息收集系统,对所获得的信息及时进行加工处理,了解市场的需求动向、企业自身的经营情况以及企业的产品在网上受欢迎的程度等情况,以便能够更好地为消费者提供个性化服务,提高消费者的满意度。正因如此,昆山企业决策层的情报意识日益增强,迫切需要高质量的信息服务为企业发展把脉。

在这种情况下,昆山图书馆紧紧抓住机遇,与湖南省竞争情报中心联合开发了"昆山图书馆竞争情报服务系统",深入挖掘高层次信息产品服务于政府与企业。

昆山图书馆竞争情报服务系统是昆山产业竞争情报战略分析的基础数据库,集资源整理、信息查询、情报分析为一体,能够按照用户需求定制相关竞争情报资源,进行情报源的分类与维护,为昆山的各个政府部门和企业提供情报服务。它的建成开创了国内中小型公共图书馆开展竞争情报服务的先例,推动昆山图书馆的信息服务水平,在为政府提供更高层次的信息情报和提高企业市场竞争力中发挥重要的作用。

3. 建立联盟化服务

(1)苏州地区数字资源共建共享联盟

馆藏资源是图书馆开展信息服务的重要物质条件之一。基层图书馆由于受采购经费的限制,馆藏总量有限、数字资源建设不佳,在信息服务中造成咨询员"巧妇难为无米之炊"的服务困境。寻求联盟合作,实现共建共享,将同级、市级、省级图书馆等所拥有的丰富资源为我所用,以最小投入得到最大效益是县级图书馆信息服务解决资源短缺的利器。

苏州在 2008 年推行公共图书馆总分馆制,实现六县市数字资源的共建共享。目前,昆山图书馆有各类数据库 28 个,除了本馆自购的维普等 8 个数据库资源,还可共享苏州地区 5 家公共馆的 14 个数据库,含有硕博士论文、重要报纸、期刊、标准等各类文献。另外,昆山图书馆自建有多个特色数据库,有展示昆山名人风采,弘扬昆山文化精神的"昆山名人网"、保护和宣传"人类口述和非物质遗产的代表作品"的"昆曲网"、荟萃昆山地方文化的"昆山历代方志"、围绕江苏名石,昆山三宝之一的昆石所形成的"昆石数据库"。

(2)参考咨询联盟服务平台

"参考咨询联盟"的服务平台样式极大地拓展了图书馆服务空间,跨区域服务成为当代图书馆信息提供服务在现代社会中的新型生存模式,它代表了图书馆参考咨询工作所具有的广阔前景的发展方向,也是新时期图书馆满足读者日益增长的信息需求,实现馆际间文献信息和人才资源优势互补、共建共享的有益探索①。

_____

① 黄柄量."全国图书馆参考咨询联盟"服务平台的使用与思考[J].河南图书馆学刊,2014,34(2):8—10.

　　昆山图书馆从 2012 年陆续寻求联盟合作,相继加入了全国图书馆参考咨询联盟与江苏省联合参考咨询网。

　　全国图书馆参考咨询联盟是由我国各类型图书馆自愿参加的公益性组织和技术平台,其宗旨是以数字图书馆馆藏资源为基础,以因特网的丰富信息资源和各种信息搜寻技术为依托,为社会提供免费的网上参考咨询和文献远程传递服务,实现优势互补,资源共享,业务促进,提高效率和增强实力。

　　2008 年 8 月,由南京图书馆购买数字资源和参考咨询平台,牵头组织全省 13 个省辖市图书馆,组建了江苏省公共图书馆数字信息资源共建共享及公共图书馆联合参考咨询网,2013 年已经发展到 76 家公共图书馆。通过该网络,各成员馆不必购买所有的数字资源,南京图书馆数字资源免费提供给全省各成员馆使用,各成员馆也可以把大量被局限在本馆内使用的文献资源远程免费提供给社会读者使用。

(二)取得的成效

　　1. 沟通无障碍,内容更丰富,用户服务量激增

　　(1)"掌上昆图"

　　"掌上昆图"一个基于手机终端的服务平台。该平台经历了 3 次重大改版升级,最新的移动阅读平台由适用于计算机、平板电脑和手机等多种终端的移动图书馆(ddlib. 51ks. com)以及手机客户端(APP)构成。可为读者提供以下新的信息服务功能:①远程用户登录认证;②远程数字资源访问;③数字资源整合(目前实现三大学术期刊数据库的跨库检索功能);④与合作馆联合采购的 23 万册电子图书的阅读(其中昆山图书馆购买 8 万余册)。

　　(2)昆山图书馆短信平台

　　2009 年昆山图书馆短信服务平台正式建立,凡昆山馆读者(中国移动用户)开通昆山掌上图书馆功能,即可享受图书到期归还提醒、图书证到期续费提醒、查询图书信息、活动信息等短信服务,更为有效地解决了工作繁忙的读者群及不太熟悉网络使用的中老年读者群的信息诉求。

　　(3)微信公众平台

　　移动信息服务是图书馆未来重要发展方向和服务增长点,微信为图书馆移动信息服务提供了一个良好的平台。2013 年 9 月,昆山图书馆开通微信公众平台,正式启动以微信为移动用户提供信息服务的工作,并根据账号分类及功能安排与读者互动内容,如针对订阅号策划的"每日新书推荐"、微话题讨论、文化动态参考等活动,如在服务号自定义菜单,将"掌上昆图"的功能无缝式嵌入,读者可以查询书目、获取资源等。目前昆图公众号已吸引两千多名读者,渐成信息服务主阵地。2015 年 6 月,微信平台功能升级,读者通过公众服务平台可实时了解到图书馆的最新资讯、培训讲座、少儿活动等信息,还可以通过服务平台对馆藏资源进行在线检索、在线续借、当前借阅信息查询、借书提醒、图书荐购、读者建议和智能应答等服务功能。同时该平台与馆内丰富的数字资源实现统一认证无缝对接,读者基于微信平台可直接完成馆藏数字资源的访问阅读。

　　昆山图书馆致力于通过微信平台为广大读者提供更为多元化的信息服务,快速了解读者对资源和服务的需求,积极处理读者遇到的问题,以"互联网思维"更好地为读者提供服

务,使图书馆的资源更有价值。

(4)昆山论坛

基于论坛的交互性、及时性和用户的参与度,昆山图书馆于 2013 年 6 月在昆山本土地区最具影响力、最具人气的网络社区建立了论坛服务。截至 2015 年 5 月,共发布各类帖子百余篇,及时发布信息、解答疑问、接受批评、听取意见,吸引了十余万人次的浏览围观,进一步巩固和提升了昆山图书馆作为一个政府官方机构的亲和力和社会公信力。

(5)QQ 即时通信工具

昆山图书馆读者服务群创建于 2013 年 6 月,到 2015 年 5 月,已拥有群成员 510 位且读者数量还在日益增加,接待读者咨询达 421 人次,回答相关咨询 620 余次。读者服务群提供的服务内容主要包括开馆时间、活动预告、资源使用技巧、图书馆使用经验交流等。为图书馆员与用户的交流提供更大的平台,更为图书馆用户之间探讨问题、共享资源、共同学习、彼此帮助、触碰火花提供了空间。

昆山图书馆打造的新媒体服务网络在信息服务方面表现出的创新特色在于:①服务覆盖面广,基本涵盖目前所有主流新媒体平台,形式上丰富多样、管理上统一协调;②持续跟踪最新技术,不断推出新的服务平台,并利用新技术升级现有平台;③服务内容丰富,从服务宣传、阅读推广、馆藏检索、读者沟通等传统的网络媒体服务,到最新的移动数字阅读平台,实现了馆藏数字资源的远程访问及跨库检索;④总服务人群超过 30 万人,年总访问量超过 200万次。

2. 开发深层次产品,为决策服务

竞争情报系统采用最新无缝隙嵌入式本地化技术,通过网络信息雷达采集、信息分析、资源管理、网络协作及内容分发等流程,为服务对象提供信息浏览、竞争情报产品下载、情报需求提交、理论学习和互动交流等服务,将原有的反馈式服务转换为推送式服务,以此提高服务对象的情报意识,发掘潜在服务对象的情报需求,扩大服务范围,提高服务质量。

自引入竞争情报系统,昆山图书馆对昆山重点产业(文化产业、小核酸产业、金融服务业、装备制造业、可再生能源及航空产业)从政策环境、数据统计、市场分析、产业交流、分析报告五个方面发布信息近 10 万条,为昆山市特色产业基地办公室、昆山工业设计研究院及下属科研院所、淀山湖镇政府/航空产业基地等机构,以及江苏天瑞仪器股份有限公司、苏州鸿本机械制造有限公司等多家企业提供每日竞争情报近 1500 期、产业情报快递 8 期、产业情报内参 6 期、专题研究报告 5 个、专项定题服务 12 次、举办针对服务对象的竞争情报培训2 次、编发《信息前沿》内刊 91 期、《网络专供》情报内参 400 多期,为用户决策提供了有力的信息支撑。

3. 提升服务实力,拓展用户群

昆山图书馆于 2013 年 6 月加入江苏省联合参考咨询网,不到两年的时间昆山图书馆咨询员共回复文献 12 045 条,在全省公共图书馆中排名第 2 位,仅次于南京图书馆,两位咨询员分列全省 75 名咨询员中的第 3 位和第 9 位,并连续两年获得优秀嘉奖。

2012 年 12 月,昆山图书馆加入全国图书馆参考咨询联盟,从加入至今共传递各类数字资源 25 233 篇,在 50 名全国各型图书馆咨询中排名第 14 位,超越了某些省级、高校图书馆,极大地体现了昆山图书馆信息咨询员为社会公众服务的能力与热情。鉴于昆山图书馆在咨询服务方面的数量及质量,2013 年 7 月,全国图书馆参考咨询联盟为昆山图书馆开通网上实时咨询平台,实时服务千余人次,一对一快速解答用户有关昆山图书馆图书馆资源检索、书目检索、开放时间、借阅规则等方面咨询,丰富了服务形式,便利了用户使用图书馆。

通过参考咨询联盟平台,昆山图书馆可轻松获取昆山地区以外的用户信息需求,各咨询员每天信息服务传递量是未加入平台时的 4—5 倍,眼界得以开阔,也提高了咨询员处理各类咨询的能力,对昆山图书馆建立专业服务队伍、提高服务质量具有重要意义,提升了昆山图书馆在全国同行业以及用户之间的知名度,馆内各数据库的利用率也有了明显的提高。

(三)影响与意义

1. 有效解决咨询量日益减少的问题

昆山图书馆信息服务部门与电子阅览室共建,来馆用户的各类信息需求都通过电子阅览室登记以得到信息服务人员的帮助而得以满足,但随着互联网、信息知识的普及,近几年用户信息需求都通过网上自助查询得以满足。据统计,昆山图书馆 2010—2014 年用户需求咨询量从 105 次下降到仅三十余次。

新媒体服务网络的应用适应了用户寻求信息服务手段多样化,互动性更强,馆员能快速了解读者意图并迅速做出反应,及时解决问题,扩大信息服务途径,提升用户体验度,加强用户与馆员了解,满足其对信息资源的一切需求,吸引用户在有问题时选择图书馆的专业解答而非网上查找。

2. 破解基层馆深层次服务缺乏的难题

基层图书馆在信息服务中存在信息资源缺乏的难题,同时基层图书馆信息服务人员由于自身知识结构等因素限制,不能胜任一些深层次的专题咨询服务,加之日常信息服务都是简单的咨询业务,解答读者有关借阅规则、馆藏分布等常规问题,咨询馆员能力很难在工作实践中得到提升。这些因素严重制约了信息服务的深入开展,对用户个性化深层次咨询难以解答。

联盟化服务方式的优势在于"取他所长补我之短、借他之力发挥我长",数字资源共建共享联盟弥补了数字资源馆藏短缺,参考咨询联盟服务平台提供了丰富的信息需求,缓解了用户开发难度大的压力,提高馆员处理问题的能力。

图书馆信息服务本质上是以用户信息需求为根,随着信息技术的发展、用户自身素质的提高,其信息需求发生动态演变,图书馆应及时把握用户信息需求特点,转变思路寻求突破。昆山图书馆在信息服务方面,以新技术应用为抓手吸引用户、以专深化服务挖掘新需求、以"走出去"战略拓展潜在用户,增强图书馆的服务功能,提高信息服务质量,做到"人无我有,人有我优",在构建现代公共文化服务体系中发挥重要作用。

(李青)

昆山图书馆简介

昆山图书馆(http://www.51ks.com/)成立于 1918 年,现馆于 2005 年 1 月 28 日正式建成开放,总投资 2.1 亿,建筑面积 18 600 平方米。至 2015 年 5 月,累计办证量已达 21 万余张,年流通总人次近 200 万,拥有各级专业技术人员 80 余人,80% 以上工作人员拥有大专以上学历。馆藏丰富,现藏书 200 余万册,最具特色的部分有:昆山地方文献、古代典籍、近代文化名人手稿;《四库全书存目丛书》及补编、《续修四库全书》等三套大型丛书计 4600 余册;世界上最大的名画册也落户昆山图书馆,此书重 32 公斤,定价 5 万元,由意大利进口,中国仅五本。定期举办公益性讲座、展览和市内大型比赛,形成了具有自身特色的"市民大讲坛""小书虫俱乐部""新春诗会""朗诵沙龙""昆图杯春联大赛"等品牌活动。

昆山图书馆以"读者至上,服务第一"为宗旨,以"服务读者,奉献社会"为己任,以不断创新服务内容为动力,以完善各项规章制度为保障,以提升服务水平为目标,获得"国家公共文化服务体系示范区创建先进集体""全民阅读先进单位""江苏省全民阅读先进单位""江苏省第六届公共图书馆优秀服务成果奖"等荣誉和称号。

昆山图书馆自开馆之初即设定"知识殿堂 伴你成长"服务品牌,"知识殿堂"形象地呈现出昆山图书馆的丰富文献馆藏,彰显了图书馆作为文献中心的作用;"伴你成长"体现了昆山图书馆办馆的宗旨——以人为本,提升读者文化修养。昆山图书馆现已成为昆山公益性文化的形象代表、市民的精神家园,不仅是昆山情报信息的收藏服务中心,而且还是社会教育、文化交流、艺术活动、公众聚会、市民休闲的重要场所。

(昆山图书馆)

十八、图书漂流活动的探索与实践
——以灞桥区图书馆图书漂流活动为例

（一）图书漂流活动的起源与灞桥区开展图书漂流活动的主旨

图书漂流是书籍在素不相识的人之间传递阅览的过程，早在 20 世纪 60 年代的欧洲，"图书漂流"活动已经拉开序幕。是书友将自己拥有却不再阅读的图书贴上特定的标签后，投放到校园、公园长凳、咖啡馆桌子、博物馆走廊、图书馆楼梯等公共场所，无偿地提供给拾取的人阅读。拾取的人阅读后，根据标签提示，再以相同的方式将书投放到公共环境中去，如此不断进行传阅。旨在使最基层的群众获得最基本的读书需求，促进社会公益和文明建设。

这场由 Book Crossing 引发的漂流在中国也带来了巨大的反响。近几年从省、市、区县级图书馆、高校图书馆、学生团体、民间组织以及乡、村、组的农家书屋都在积极踊跃地举行图书漂流活动，使这项活动的发展进入了一个良性循环的态势。

灞桥区图书馆自 2006 年建馆时起，就搭乘每年一度的"科技之春"活动送书下乡，当时的场面非常鼓舞人心，村民们为了能够得到我们赠送的图书争先恐后早早来到现场排队等候，甚至有时候需要驻地安保机构来维持秩序，尤其是没有得到书的群众，长时间流连在赠书现场不肯离去。作为一名图书管理员，当我看到这一幕，我的内心有激动也有遗憾，高兴的是我们的基层广大群众那种对知识的渴望，遗憾的是在这种普遍的渴望面前我们的服务显得有些杯水车薪，但是赠书活动还是为我们提供了第一手资料：地域、年龄的不同，文化程度的参差不齐等因素都最终决定了不同的图书需求，这就需要我们每次送书下乡前都要对辖区内群众的需求有一个细致的调研，最大限度地提高我们的服务质量，也为当地政府文化发展规划和决策方面提供资料，引导群众多读书、读好书，这也是我们每个图书馆工作者的心愿，也是这个职业真正存在的意义。"图书漂流"我们一直在努力、未曾放弃过。

（二）灞桥区开展图书漂流活动的实施方案和活动现状

1. 图书漂流活动目的

灞桥区图书馆紧紧围绕"诚信为本，以书交友，快乐阅读"的主题，在 2010 年第 15 个"世界读书日"来临之际，图书馆推出"图书漂流"这一大型活动，给读者一个相互交流的平台。增进人与人的尊重与信任，调动起全民的阅读兴趣，以书交友，以书会友，营造快乐阅读，加强文化交流的氛围，促进灞桥区文化建设。

2. 图书漂流活动流程

（1）活动宣传

主要立足于让全民了解图书漂流活动，并且知道图书漂流的程序，使其产生兴趣并积极参与。

①海报宣传：在街道、车站、医院等人流密集的公共场所设立漂流站点，张贴海报进行宣

传活动。②宣传栏:为了让读者都清楚地知道图书漂流的方法,设立宣传栏,用流程图来向大家介绍整个图书漂流的规则、方法、背景、意义。③向读者发出图书漂流倡议书,倡议大家捐出自己不再看的图书,详细地介绍整个图书漂流的规则,同时号召大家要好好爱护图书漂流的书籍。④在部分学校、机关、厂矿等单位设立固定漂流点,并设立定期回收点,用以测试漂流效果。

（2）图书收集、整理

在一段时间的宣传之后,开始收集图书。一是在图书馆集中收集,主要是最新的、流行的和可读性、实用性非常强的图书,以及科普和教育卫生等图书,图书的所有权归全市市民,所以每个人都应该爱护图书,看完书后可以送回漂流点继续漂流,也可以直接送给下一位读者,使图书惠及更多人。二是组织人员到各个漂流站点收集回流图书,进行整理后,继续投放漂流。

（3）首漂以及推广

2010年2月28日,灞桥区图书馆在馆内举行了图书漂流首漂启动仪式。为进一步丰富所辖区域内的群众文化生活,推动全区读书活动的深入开展,并拟将每个月的24日定为交流日,让"漂流的图书"和每册书附带的反馈表一并寻找自己下一站的站点,让读者在这一规定日期中交流、索取漂流图书,反馈他们的意见和建议。

（4）活动结束

活动结束后,将各个漂流站的图书收集起来,放回爱心书架或由图书馆捐赠出去。同时,我们也从随书漂流的反馈表里得到第一手资料,作为下一次漂流选书的主要依据。

（三）开展图书漂流活动中出现的主要困难和问题

图书漂流活动开展以来,已跋涉了四年。在这四年的过程中,我们经历了:被冷落、被不解和丢书等困惑,也收获了被大部分群众认同和支持的喜悦。是读者对图书漂流的热忱给予了我们莫大的信心,使我们把图书漂流活动坚持到底的决心更加坚定。

目前我们已经把图书漂流活动纳入每年的工作计划,从开始宣传,调研,组织,活动结束后的总结,都逐一认真细致地进行记录、分析,并结合本辖区实际情况,策划出下一个活动的每一个细节。尤其是在选书、设点等一系列具体的事情上,更是经过全体工作人员和读者代表的反复研讨,最终确定时间、地点和图书的种类内容,以达到实现图书漂流活动的最高价值。四年来,"图书放漂"让我们深深地感到这项活动的前景是广阔的,必当产生巨大的社会宣传效应,从形式上改变了人们固有的借阅模式,也一定会促进读者之间的和谐交流,从而带给这个区域群众看书、爱书、相互传递知识的良好风尚,以正能量注入的方式改变社区赌博等陋习。

然而图书漂流活动发展了四年之后,暴露出很多问题。其中最大的问题是普及率不高、参与人数不多、"放漂"在读者中存在疑惑等。一些社会性的问题也凸显在我们的图书漂流中,甚至有些问题是根深蒂固的,短时间内无法扭转的,我们的工作也遭遇过前所未有的尴尬处境,使"放漂"一度进入了瓶颈。为了能寻找解决问题的方法,也为更好、更顺利地开展这项活动消除障碍,尤其是向广大群众宣传图书漂流活动的公益性目的,曾经做了无数个实验。如,我们将一些市面上畅销的新书特意放在滨河湿地公园的长椅上(书的种类有适合各个年龄段和不同文化层次的需要),并注明这些书是"漂流图书"并附漂流规则,工作人员在不远处观察,一个小时内,到长椅休息的人共有21位(有老年人、年轻人、儿童),其中有9位顺手翻了翻,然后放回原处;有5位只用眼睛看了一下并没有动手,4位甚至连看都没有看;只有3位对图书表现出了比较高的兴趣,但只是看了一段时间又放回原处。随后我们就刚才的现象针对部分参与者做了一个简单的询问调查,内容是这样的:有位退休老人表示对其中的长篇小说有兴趣,很想读,但担心拿走书会被旁人视作贪图小便宜;年轻人认为没有"免费的午餐",怕是谁设的陷阱;最让人痛心的是,当有位小朋友看到画册后很想看,被家长制止了,其理由是:不能随便拿别人的东西!我们的实验结束了,但它所反映出来的问题还远远没有得到解决。看来,"图书漂流"活动的社会知晓率低下的主要原因是我们的宣传力度不够。其次,这个社会弥漫着不信任的尘雾,防范心态也好,想占为己有也罢,种种心态暴露了社会诚信的缺失,整个社会已经形成互不信任的怪圈,这个问题很可能是短期内无法解决的一个重大问题。

因此,对我们每一位图书馆工作人员来说,图书漂流活动的宣传工作,任重道远。现就四年来图书漂流活动中情况做一记录,分析其中存在的问题:

1. 人们对图书漂流的不了解

我们在灞桥区范围内的学校、社区、乡镇以及延伸到村一级做了一项社会调查,调查数据显示如下表:

表 18 - 1   灞桥区学校、社区、乡镇、村图书漂流社会调查

姓名	年龄	职业	最喜欢的事	喜欢阅读吗? 为什么?	知道图书漂流活动吗?	愿意把自己心爱的书拿来分享吗?
李凯宸	9	学生	乒乓球	喜欢(可以增长知识)	知道	愿意
蒋华	35	教师	看书	喜欢(陶冶情操)	知道	愿意
张静	30	个体	郊游	一般(没有时间和精力)	知道	愿意
毛旺生	65	退休干部	写字	喜欢(小时候没有太多书读,现在条件好了,一有时间就想看看书,丰富自己的知识)	知道	愿意
张忍学	53	村委会	不清楚	一般,想起来的时候看看	不知道	愿意
张嘉欣	45	群众	不清楚	喜欢读书	不知道	愿意
毛根娃	30	群众	不清楚	还行,主要时间有限	不知道	愿意
陈文文	25	群众	不清楚	喜欢	不知道	愿意
许达来	36	群众	不清楚	喜欢	不知道	愿意
陈强英	32	幼儿园教师	不清楚	喜欢,从小就喜欢读书,它能让我的生活充满阳光	不知道	愿意
张泽可欣	8	小学生	不清楚	喜欢,能让我增长知识	不知道	愿意
李璐阳	13	中学生	不清楚	喜欢,因为我喜欢动手操作,它可以帮助我,给我想要的答案,增强自信心	不知道	愿意

表18-2 灞桥区学校、社区、乡镇、村图书漂流社会调查汇总表

调查范围	调查对象	总人数	知道图书漂流活动人数比例	不知道图书漂流活动人数比例
学校	学生	100/人	40%	60%
社区	居民	50/人	10%	90%
乡镇	流动人口	150/人	10%	90%
村庄	村民	50/户	2%(在外工作)	98%

根据表18-1、表18-2的数据初步统计,目前只有很少的一部分人知道图书漂流,80%的人都不知道这项活动,而这少部分知道的人基本上都是学校的教师、学生和退休干部等,这些调查结果充分地体现了社会需求对图书漂流活动的开展有着非常大的影响。

2. 图书漂流活动在灞桥区存在地域上的困境

灞桥区城乡结合的区域特征造成了"图书漂流"活动的地区差异,城乡读者阅读素质的不同是"图书漂流"的天然屏障,也形成当前"图书漂流"在我区的不均衡发展局势。极大阻碍了"图书漂流"的传播与流通。

首先,灞桥区是一个老纺织工业基地,这里居住着纺织系统的退休、下岗、待业职工以及职工子女,文化底子薄弱,加之经济基础的欠缺,少有的文化氛围,都使漂流图书举步维艰,甚至很难让书漂流。其次,灞桥区是一个城乡结合的区域,目前正值城中村改造尚未完成阶段,很多拆迁户没有回迁,可以说是处于居无定所的时段,想要读书,首先得安居,而他们并不具备这样的阅读条件和大环境。

3. 社会文明诚信度有待提高

第一批"放漂"的图书有200余册,工作人员对这批图书进行了跟踪调查,社会各界的捐赠图书册数已达到2000余册,但目前的循环率仅为20%。书的回漂率不到三成,或许是暂时搁浅,或者永远销声匿迹。此外,一些回漂的书上还留下了读者不文明的印痕,有撕书、乱画等现象。在中国传统文化里,"窃书不算偷"的意识负面影响深远,无疑是漂流图书回漂率低的原因之一。图书漂流是一张"诚信试纸",测试着人的诚信指数。一本漂流的图书折射出人们对公共物品意识的淡薄,图书漂流是对诚信自律和文明阅读的期待。

4. 漂流图书书源紧缺,种类不多,质量不高

图书漂流活动的最终目的是以政府为引导,实现全社会人人参与,图书放漂、回漂,形成人人自觉遵守的群众文化氛围。但目前灞桥区漂流的图书书源主要还是以政府采购为主,约占全部的80%;个人捐赠图书只占20%,这20%的图书中,大多是读者家里闲置的、可读性偏低、种类偏少。如文学类、家庭服务类的书籍较多,科普类和少儿类的较少。漂流图书种类不多质量不高,直接造成群众关注度低,从而影响图书的漂流频度,活动极易遭损。这不仅没有达到分享阅读的效果,而且使民众参与图书漂流活动的积极性和主动性大打折扣。

(四)灞桥区未来开展图书漂流活动的规划和设想

综上所述,要想改变灞桥区图书漂流活动的现状,扭转目前所处的尴尬局面,仍需每位馆员不懈地努力,除积极做好宣传、选书、筹集书源工作,还应做好以下几项工作:

1. 组织管理,密切合作

利用一切资源开展形式多样的宣传活动,充分发挥政府的引导作用。以文体部门牵头,

宣传、教育、民政、卫生、环保等部门密切配合、通力合作,开展"图书漂流"进校园、社区、工厂、农村等活动,在整个辖区内掀起一场图书漂流活动的热潮。

2. 广泛宣传,鼓励"漂书"

开展图书漂流活动需要有足够的书源来满足读者的阅读需求,通过展板、海报、条幅、宣传栏等方式,在全区范围内宣传图书漂流活动的实质、内涵和意义。鼓励读者奉献爱心,漂出自己心爱的图书,积极参与漂流,分享图书,分享阅读的快乐。

3. 组织活动,集中宣传

每年定期组织活动下农村、进社区,特别是利用"4.23 世界读书日""全民读书月"向广大群众宣传读书理念,为广大群众提供一个以书换书、循环利用、让书漂流的绿色阅读平台,提高群众对漂流活动的知晓率,促进人与人之间的交流,建立彼此的诚信和公德心,进一步推进社会文明建设。

4. 合理规划,完善设施

根据灞桥区的实际情况,校园、社区、村委会、滨河湿地公园、超市、公交站等地方都可以设立漂流书架,由图书馆组织志愿者对固定的图书漂流书架实行日常管理,让社会各界人士都能参与到图书漂流活动中,使图书漂流活动的发展速度更快、频次更高。

5. 进行漂流理念教育,提高书友阅读素养

"图书漂流"的价值在于传递知识、传递爱心,信任图书分享者的内在素质。"图书漂流"的理念是"分享信任、传播",参与者是否具备良好的社会公德和阅读素养是漂流能否顺利开展的首要条件。因此,为推进漂流活动正常进展,曾和有关部门联合组织过漂流理念教育,还通过在各机构内进行讲座、讨论、会议等多种方式,使漂流理念深入人心,从而培养读者的阅读意识及奉献精神。

加强社会公德意识,共享图书,彼此信任,相互交流,将漂流理念落实于实际行动,让读者自己感悟漂流的内涵,以保证图书漂流活动顺利地开展,这是我们作为图书管理人员的"放漂"宗旨。

(五)图书漂流活动的意义

"图书漂流"的宗旨是:"图书因传播而美丽,社会因分享而和谐。"分享、信任、传播、交流、提升是活动五大主题。图书漂流作为一种创新阅读方式,为更多的人省了买书的费用,也提高了图书的利用率,在全社会建立起广阔的阅读平台,实现了图书资源的共享。加强了读者之间的互动与交流,是图书馆追求的目标,是现代图书馆事业精神的升华,它的真正意义在于传递知识和文明,打造书香社会,提高全民的道德素质,建设诚信和谐的社会。我们希望通过"图书漂流"在的开展,能够真正促进社会文明的进步,真正培养出全民阅读的良好氛围,并通过长期的、持续的活动,使灞桥区的社会主义核心价值观以及精神文明建设取得双赢,让崇尚阅读的社会风尚在灞桥区放飞①。

(张苗)

---

① 王青.浅析图书漂流对全民阅读的意义[J].科技信息,2011(35):491.

灞桥区图书馆简介

灞桥区图书馆(http://baqiao.sxplsc.org.cn)成立于1985年11月25日,1986年1月1日正式对外开放。新馆于2003年5月正式建成交付使用,现有馆舍面积1500平方米,设有电子阅览室、书库(4个)、报刊阅览室、少儿阅览室、过刊阅览室、培训室等。截至2012年年底,共有藏书20 000余册,杂志10 000余册,电子图书4000册,藏书量共计34 000余册。2009年参加第四次全国公共图书馆评估,首次被评定为"三级图书馆",2013年参加第五次评估,继续荣获"三级图书馆"称号。

2009年成立第一个馆外服务点骏马分馆,馆舍面积约1000平方米,总藏量7000余册,主要开展图书外借服务和报刊阅览服务。2010年12月起实行全免费开放服务,周开放56小时。2009—2012年,书刊总流通6万人次,书刊外借4万册次。灞桥区图书馆建成3个分馆,226个基层服务点,已达到100%覆盖。2011年,建立灞桥区图书馆网站及盲人视听阅览室。是西安首家建立盲人视听阅览室的区县级图书馆。

(灞桥区图书馆)

十九、丰南图书馆儿童绘本阅读推广实践与思考

(一)绘本阅读推广的缘起

在阅读推广过程中,我们逐渐了解到儿童阶段教育极其关键、儿童阅读作用巨大。科学研究认为儿童在 2—8 岁为习惯养成期、4—6 岁为阅读敏感期。而绘本是儿童易于接受,又比较成熟而富有成效的阅读载体。阅读是知识社会的基石,朱永新说:"一个人的精神发育史从实质上来讲是一个人的阅读史。"

绘本阅读来自国外,近年来逐渐在我国兴起。绘本是由深谙儿童教育的作家和画家用精炼的文字和唯美的图画,共同为儿童讲述故事的一种图画书形式,不同于一般的图画书和漫画书。绘本阅读强调亲子共读,强调在轻松快乐的状态下阅读,在阅读中潜移默化地培养儿童阅读兴趣和习惯,培养儿童的价值观、良好的生活和学习习惯,陶冶情操,健全人格,促进儿童多元发展,奠定儿童幸福人生。

绘本阅读的推广对当前较为普遍的功利化儿童应试教育起到了一定的归正和补充作用。

为此,从 2008 年新馆筹建阶段,我们就做了积极的思考和准备,2011 年,伴随新馆建成开放,我们建设绘本馆,充实绘本图书,及时联系儿童阅读推广志愿者,迅速开创了以绘本阅读为主体的儿童阅读新局面。

(二)绘本阅读具体实践

1. 多彩的阅读活动

"强化少儿服务是县区馆义不容辞的责任"[1]。丰南图书馆坚持开展周末幼儿绘本故事会活动,全年接待儿童及家长 2000 多人次;坚持开展周末外教英语角活动,全年培训读者可达 2000 多人次;坚持组织周末儿童读写绘培训活动;坚持周末儿童经典诵读活动;坚持儿童绘本剧、手工活动及有关主题读书活动,全年可达 20 多场,接待儿童及家长 1000 多人次。以一个个持续的、实在的、有效的小活动打造儿童阅读乐园。

2. 持续的推广活动

一是坚持组织专题讲座活动。为此申请到专项讲座经费,已组织名家讲座近 20 场。先后邀请到了全国政协副秘书长、民进中央副主席、新教育实验发起人朱永新教授,新教育研究员李一慢,著名儿童文学作家梅子涵,儿童教育专家孙莉莉、胡志远,台湾儿童阅读推广专家余治莹、陈鸿铭、林文宝等来馆讲座。

二是开创周末父母沙龙新平台。聘请唐山市资深儿童阅读推广人邢丽娟主讲,全年可达 50 次,培训家长达 1500 多人次。同时,邢老师还在绘本馆现场接待家长咨询、指导家长

---

① 刘志大. 强化少儿服务——县区图书馆迅速发展的重要突破口[J]. 内蒙古科技与经济,2010(5):127—128.

阅读并推荐儿童阅读书目及家长阅读书目。

三是积极联合幼儿园组织入馆参观活动。不定期联系组织幼儿园入馆参观活动,每次参观都会有家长积极办证。

3. 特色的体系延伸

一是依托流动服务设置绘本阅读专架。把绘本送到社区和农村小朋友身边,三年来出车 300 多次,服务儿童读者和家长达 2 万多人次。

二是开启入园讲座新"长征"。竭力依托校园这一优势平台向儿童父母推广阅读理念。2013 年以来,先后为城乡 8 家幼儿园组织讲座 14 场,培训家长 2000 多人次。

三是建设分馆流动点。以开办 200 到 400 册借阅量图书证的方式,已围绕小学、幼儿园设立服务点 10 多个,着重推广绘本阅读。

(三)绘本阅读的成效与影响

四年多来,儿童绘本阅读深受社会欢迎和好评,成效明显。

1. 绘本阅读成为丰南区政府联系群众、文化惠民的重要服务项目,也成为展示丰南文化软实力的重要窗口

丰南图书馆绘本阅读带动了全区 10 多所幼儿园的绘本阅读推广,吸引了市内多个外县区的家长和儿童读者到馆,每年绘本借阅量达 6 万多册次,接近全馆总借阅量的 20%。外县区读者办证达 2000 个、农村儿童读者家长到馆办证达 2000 多个。有的外县区读者向我们反映,为了带孩子到图书馆读书还专门买了车。

2. 推动全区全民阅读新高潮

田桂兰在《推动全民阅读——图书馆的神圣使命》中认为,"图书馆开展社会阅读活动,有助于提升社会阅读风气,是创建学习型社会的客观需要"①。儿童带动家长进而推动了丰南全民阅读新高潮,全馆读者量和外借量大幅提升。丰南图书馆持证读者由 2011 年年初的 4000 人增加到目前的 19 000 多人,平均每天读者量从 500 多人次增加到现在的 1000 多人次,平均每天外借图书量从 300 多册次增加到现在的 1000 多册次,全年读者量可达 30 多万人次、借阅量达 30 多万册次。其中 2014 年暑期接待读者 93 000 多人次,比去年同期增加近 20 000 人次。

3. 吸引众多志愿者和志愿者团队热情支持

目前志愿者团队已达 30 多人。承担故事妈妈讲故事工作,及时荐书,指导新书入藏;提供绘本阅读推广的新理念、新创意;提供活动策划创意、活动组织操作专业人力资源;推荐并协助联系讲座名家;带动新的志愿者入馆、带动读者入馆阅读,等等。我们的系列周末活动除外教英语角外,均为志愿者主持。2015 年以来,已有近 10 场主题讲座由志愿者或者志愿者机构免费提供。

4. 得到业界好评和表彰

2013 年以来,获得中国图书馆学会"全民阅读先进单位"称号、获得文化部"2014 最美基层图书馆"称号、获得中图学会"全国十佳绘本馆"称号。并多次被《图书馆报》、中图学会网

---

① 田桂兰.推动全民阅读——图书馆的神圣使命[J].江西图书馆学刊,2007(2):49—51.

站及省市媒体刊发报道。

(四) 绘本阅读的经验与启示

1. 有济世情怀

我们认为公共图书馆事业与佛家的普度、道家的济世、儒家的教化、基督教的布道是相通的。如果我们沉浮于当下社会上浮躁的利己与物欲大潮,那么,我们很难做好本职工作。而这信念来自对传统文化的深刻理解,来自经典阅读。我想有这样的信仰才是我们默默耕耘、甘于奉献、不断深化服务、积极开展阅读推广的力量之源。

2. 有策划理念

学习企业营销策略,通过各种活动激发民众阅读需求,培育读者"市场",追求效能最大化。我们的入校园讲座其实就是一项非常有效地阅读推广好措施。每次讲座完毕,都有许多家长驱车几十里带孩子到馆办证读书。丰南图书馆自行设计改造的"书香丰南动车组"流动车晚间服务在延伸服务、宣传儿童阅读理念方面,起到了积极的作用。

3. 注重联系和培育志愿者队伍

我们努力发现、积极联系并倾力培养志愿者队伍。致力于儿童绘本阅读推广的唐山爱阅团正是在丰南图书馆的培养支持下与丰南图书馆儿童阅读同步发展起来的。2011 年 5 月 21 日,北京爱阅团发起人李一慢随台湾著名作家林清玄到丰南图书馆做讲座,经一慢老师介绍,得识两位唐山籍爱阅团成员,及时请求支持,而两位爱阅团成员也正寻觅推广儿童阅读的满意场所,于是当即达成协议并大有相见恨晚之意。当天下午,一慢老师现场为两位爱阅团成员及部分妈妈做了讲故事培训。经丰南图书馆要求,5 月 28 日由馆长刘志大亲自开车带两位爱阅团成员和丰南区第三幼儿园的 3 位老师赴京参加一慢老师安排的参观和培训,6 月 1 日,丰南图书馆组织了首场儿童故事会。

4. 注重联合社会与借力

注重与相关社会机构的合作,以期进行良好的阅读推广,实现双赢的成效。目前和我们合作的有:学而培训机构、绘本馆、养正国学馆、谦和书院等。一是依托社会机构强大的讲师力量、组织能力补充图书馆服务平台,如组织家庭教育讲座、有关主题活动等。二是迅速将社会机构现有的基础客户群体发展为我们的读者,同时通过他们宣传图书馆、推广阅读。

我们依托北京亲子阅读爱阅团团长、新教育新阅读研究员李一慢老师联系讲师资源。我们与区教育局联系,借助校园对家长的号召力培训家长,强化阅读理念。包括我们的"书香丰南动车组"也是吸引了通达集团资助而迅速投入服务。

目前,丰南图书馆儿童绘本阅读也面临一些较大问题。如缺乏本馆稳定的儿童阅读专业骨干人员,体系建设尚不能全面推进,亟须人员和经费方面的有力保障。为此,丰南图书馆在做好服务的同时,还应努力争取地方政府强化保障措施。

（刘志大　宋建新　宋亚）

丰南图书馆简介

丰南图书馆(http://www.fnlib.net/)于 1978 年独立建馆,1985 年建成独立的图书馆楼,2009 年以来连续获评为"一级图书馆"。2011 年 4 月迁入新馆,及时确定了打造"百姓书房、城市窗口"的核心服务理念,确定八大服务特色:免费、开放;人性、智能;文明、高效;多元、休闲。

新馆坐落于风景秀丽的惠丰湖畔,建筑面积 8000 平方米,座位 800 个,设计藏量 50 万册。现有纸本藏书 24 万册,其中有古籍图书 4500 多册。年增图书 10 000 多册、报刊 400 多种。应用了自助借还系统,实现全馆无线网络覆盖。

努力打造"立体阅读"空间,积极开展名家讲座、展览、主题读书活动。同时,竭力推动儿童阅读,坚持周末绘本故事会活动、周末外教英语角活动,开创周末英语绘本故事会活动、周末儿童经典诵读班、周末父母沙龙新平台,坚持开展丰富新颖的儿童读书活动、开创持续入校园讲座新形式。同时,出版地域文化丛书 4 部,并争取到热心人士捐赠的文物 150 件,建成文博展廊,填补丰南文博窗口空白。

应用厢式货车自助设计改造,打造全国首部造价最低、智能化、多功能流动图书馆,开创"书香丰南动车组"这一特色流动服务新模式,并获得国家专利。选择夏秋晚间民众休闲时段进社区、进农村,时间便捷、受众广泛,年出车可达 100 多次,服务读者可达 6 多万人次。先后被《中国文化报》、文化部全国文化共享工程中心简报、《图书馆报》以及省市媒体报道。

目前,丰南图书馆持证读者由 2011 年年初的 4000 人增加到目前的 19 000 多人,平均每天读者量从 500 多人次增加到现在的 1000 多人次,平均每天外借图书量从 300 多册增加到现在的 1000 多册次。2013 年以来,荣获中宣部"服务农民、服务基层"先进单位称号,荣获文化部主持评选的"2014 最美基层图书馆"称号,荣获2014 中图学会"全国十佳绘本馆"称号;荣获中图学会"2013 全民阅读先进单位"称号。

(丰南图书馆)

二十、山区图书馆"广延伸全覆盖大服务"模式构建

——以新兴县图书馆为例

新兴县地处粤西山区,属广东经济欠发达地区,人口分布较分散,交通不便,仅仅依靠政府的投入无法在短时间内在全县实现公共图书馆服务全覆盖,可持续发展的问题难以实现,公共图书馆服务的发展受到有限资源、地理因素等的制约。新兴县图书馆正视存在的困难和问题,2003年在广东省立中山图书馆的关心和支持下,建立了全省第一个广东流动分馆,借鉴广东流动图书馆的模式,将服务范围向图书馆服务仍较落后的镇、村、学校延伸。在有条件的服务点设立和连接共享工程,让农民在家门口就能借书、看书、上网,实现图书资源共享最大化。在镇村群众聚居中心五公里半径范围内设立图书服务点,全面覆盖全县城乡。整体提升全馆工作人员服务素质,创新服务手段,不断发展志愿者,以县图书馆的读者服务为基础,在各服务点实现定期图书流动和补充,做到分馆和流动点的服务标准与县图书馆一致。现从理念体系创新、技术应用创新、资源建设创新、服务创新、特色建设等方面阐述该模式的实现过程和特色。

(一)理念体系创新

1. 理念先进,体系完整

一是突破传统图书馆单一阵地服务模式,服务深度和广度得到拓展,将图书馆服务延伸到企业、学校等人群密集的地方和边远镇村,图书服务点不断增加,覆盖密度不断加强,服务群众的范围不断扩大;二是重视社会力量参与,实现共建共享,有效破解山区县地理环境、人口分布、经济等因素对图书馆服务事业发展的影响;三是重视儿童阅读推广在山区的应用,在全县各流动服务点全面同步开展儿童阅读推广活动;四是重视整体服务质量的提高,加强对图书馆服务志愿者队伍的培训与管理,志愿者队伍良性发展,保障了公共图书馆服务事业的长效、可持续发展。

2. 覆盖面广,成本较低

县内任何企业、单位和村落,只要有意愿都可与图书馆合作建设服务点,从试行以来每年新增10个左右,极大地方便了群众借阅图书。镇村服务点的建设以五公里半径内的群众为服务范围,将图书馆服务送到群众的家门口,体现了以人为本的图书馆服务精神。同时加强对图书科学配置和管理。根据每个服务点的阅读人群特征,分别配送图书1000册左右(少部分在500册左右),并视图书借阅情况,每季度流动其中四分之一的图书,每年至少流动一次,实现了图书的最大利用效率。

3. 具备可行性和科学性

一是群众自愿原则,以最低的经济成本、社会成本拓展了图书馆服务。服务点的场地、人员由合作建设的单位负责,书刊配送、人员培训等业务由县图书馆负责,实现了合作双赢,达到文化资源配置的最佳状态。二是制度化的图书馆服务志愿者队伍得到良性发展,有效

解决了图书馆服务人才不足、队伍不强的问题。三是图书"活水式"流动管理,在基层服务点循环,实现了图书的最大使用价值。

4. 具备实践性和示范性

镇村、学校、企业、部队等单位,有场所、有管理人员、有图书服务需求,但无图书、无管理经验。图书馆利用自身图书资源和管理技术,设立服务点,充分发挥各自资源优势,社会效益明显。群众衷心拥护,建设动能较足,切合新形势下山区县图书馆服务改革创新的发展趋势,有效地破解了山区县图书馆人、财、物相对薄弱的难题,实现县级图书馆的最大社会效益,为山区县的图书馆管理、图书馆事业发展和文化资源的共建共享起到较好示范作用。

(二)技术应用创新

1. 强化组织协调,打好发展基础

2010年,新兴县被纳入广东省共享工程建设第二批试点范围,县图书馆作为具体负责单位,积极加强文化信息资源共享工程建设的组织、协调工作,稳步推进工作的实施。通过召开领导小组会议等形式,听取各方面工作进展情况,及时协调并上报解决建设中遇到的困难和问题,确保了共享工程建设的顺利开展。经沟通和争取,省共享工程中心配套了相关设备设施,县图书馆建设了共享工程县级支中心,配套了高标准的机房、多媒体电子阅览室、播放室,实现了计算机和网络设备的更新换代。目前,县图书馆的文化信息资源共享工程的软硬件配备已达到文化信息资源共享工程试点县县级支中心标准配置的要求。

2. 强化服务功能,用好共享工程

建立共享工程基层中心以来,积极发挥其功能作用,为社会提供形式多样的服务。一是做好阵地服务。确保多媒体电子阅览室免费对群众开放,除共享工程国家中心和省分中心的资源外,还在桌面为读者链接了县图书馆网站、全国首个"六祖惠能数据库"及大量的在线报刊、优秀教育网站等,大力丰富服务内容。2009年以来,多媒体电子阅览室服务读者1万多人次。二是做好辐射农村服务。做好镇村的25个共享工程基层信息点的辐射服务工作,积极为乡镇的养殖户有针对性地提供信息帮助,帮助农民解决生产、生活中的难题,受到农民朋友的热烈欢迎。

3. 完善设施设备,提升服务效益

为了加快发展,更好地服务读者,在省馆、市馆的支持和指导下,县图书馆在设施建设上做了很多努力。一是完善和改进电子阅览室,建立全国文化信息资源共享工程新兴支中心。对多媒体电子阅览室重新装修改造,计算机全部进行了更新,并增加了计算机的数量。二是购置九星时代报刊阅读器,实现全国报刊实时网上阅览。在一楼大厅增加了一台电子触摸屏,为读者提供全国700多份报刊的实时阅览。三是重新布置了少年儿童阅览室,全面更换了少年儿童阅览的书架、桌椅,为少年儿童创造一个良好的学习环境和阅读氛围。四是积极做好免费开放工作,提升公益文化服务。馆内广东流动图书馆新兴分馆、少年儿童阅览室等公共空间设施场所免费开放。文献资源借阅、检索与咨询、公益性讲座和展览、基层辅导、流动服务等基本文化服务项目健全并免费提供,还实现验证费、工本费、存包、饮水等辅助性服务全部免费。五是适应和吸引青少年的阅读,增加了现代流行的阅读方式。县图书馆实行了读者借阅一卡通,并建立了新兴县图书馆网站等。

4. 以信息化管理,提升工作效率

为了树立形象,提高工作效率,县图书馆对所有的服务窗口和办公用计算机以及部分办公桌椅进行了更换,添置了多功能打印机等设备。同时,还引进了使用 Interlib 图书馆集群管理系统,使图书馆的图书采购、编目、流通、检索等实现了计算机自动化管理。

(三)资源建设创新

1. 增加图书数量,满足读者需求

书刊是图书馆的根本,县图书馆从多个方面来加强藏书建设。一是争取县委、县政府的关心和支持,增加购书经费。四年来,县图书馆的购书经费增长较快,由原来的 10 万元每年提高到去年的 17 万元,增长率达 70%。二是拓展社会捐书途径,争取到省馆、深圳市宝安区图书馆、深圳市福田区图书馆等及社会各界人士捐赠的图书 5 万多册(1 万多种),热心捐赠图书累计达 30 多人次。石景宜艺术馆向县图书馆捐赠图书 7378 册,广东省书法家协会捐赠图书 262 册,仲恺农业工程学院原党委书记刘良荣向县图书馆捐赠 16 万元人民币购书近 8 千册,建立刘良荣图书室。国家图书馆 2015 年上半年向新兴县图书馆捐赠期刊 1 万册,图书 1 万册。三是积极整理收集地方文献。通过保持长期的沟通联系,县党史办等单位捐赠给县图书馆地方出版图书 200 多册。四是加强对古籍的保护。制订古籍普查保护方案,对新兴县的古籍文献进行了大规模的普查和收集。五是调整采购思路,以读者需求为导向,增强书刊采购的针对性。通过设置意见箱、问卷调查和开展"你读书、我买单"活动等方式,不断掌握读者的阅读需求,以此确定买什么样的书刊,以有限的购书经费发挥最大的作用。六是改进报刊的管理。把季度期刊定期装订,即装即投入流通,报刊合订本大部分存放在外借图书室供读者借阅。七是在图书选配、日常管理等方面,做到以人为本,实行人性化管理。对配送到镇村的图书以农科类为主,配送到学校的图书以文学、历史、教辅等为主,配送到企业的以专业技术类、企业管理类为主。

2. 重视资源收集,提升地方文化

从 2004 年起,县图书馆安排专人加强地方信息资源的收集整理工作。在图书馆张贴新兴县地方文献、古籍、善本征集启事,努力挖掘历史文化资源,为传承地方文化服务。新兴县是六祖惠能的故乡,2011 年县图书馆通过省级立项方式,建立起全国首个"六祖惠能数据库"(http://113.107.227.2:85/),并把当地特有并具备一定影响力的文化资源进行数字化加工、利用互联网进行传播,收集六祖惠能相关资料 2000 多册,涵盖了新兴县的人文历史、风景名胜、民俗风情、宗教信仰等领域,是反映地方特色文化的信息总汇。

(四)服务创新

1. 抓好作风管理,树立服务形象

为了树立文明图书馆的优质服务形象,县图书馆制定了《新兴县图书馆文明服务公约》,向读者做出优质文明服务的承诺。从服务意识、礼仪礼貌、服务技巧、岗位操作规范等方面规范馆员的操作和服务言行。

2. 抓好整体管理,提升服务质量

为提升免费开放的服务质量,县图书馆制定和实行了多项制度措施。一是增加开放时

间。实行全周六天六个晚上开放,每周72小时对社会全免费开放,寒暑假期间全周开放。二是开展便民服务。县图书馆增设了两个读者存包柜,并在各楼层安装了饮水机。县图书馆在网站及时发布工作各类相关信息,对各室设置、管理制度、开放时间、联系方式等常用信息进行了介绍。同时开展为社会公众提供包括借阅帮助、查找资料、解决具体问题在内的各种参考咨询。三是开展用户培训。经常为读者开展培训,为读者讲解计算机使用、馆藏文献检索、共享工程资源检索、网上资源检索等知识,提高读者的学习能力。

3. 抓好服务创新,延伸服务范围

延伸服务范围、拓宽服务途径是"广延伸、全覆盖、大服务"模式的出发点和落脚点,县图书馆在这个方面做了大量卓有成效的工作。

(1)开展各类读者活动,打造阅读推广活动品牌

近年来,县图书馆平均每年开展阅读推广活动70多次,参加群众7万多人次,逐步形成了知识讲座、读书征文、节日灯谜竞猜等品牌活动,群众参与面较广,社会反响极佳,其中根据图书馆广场的数百年大榕树而打造的"榕华书香"阅读推广品牌尤其受到当地读者欢迎。截止到2015年,县图书馆与政府部门、学校、企业等合作,已经连续举办了11届春节、元宵、中秋灯谜竞猜活动,每次竞猜活动都要准备谜语近3000条,群众踊跃参与,收到了良好的宣传和推广效果,对促进社会和谐起到了积极的作用。

(2)开展基层服务点建设,提升图书馆服务覆盖面

为提高图书文献的利用率,扩大社会服务范围,县图书馆积极推进基层服务点建设,将图书馆服务向边远的镇村全面延伸。截止到2014年年底,县图书馆送书下乡10万多册,在全县农村、社区、学校、军营建立100多个基层服务点,覆盖群众40万多人,既方便了群众就近、就便读书,又有力地弥补了不能到馆阅读读者的需求,在农村实现了"五公里图书馆服务圈"。

(3)开展辅导工作,提升基层图书室业务水平

县图书馆经常组织专业人员下乡开展辅导,对镇村图书室管理人员进行图书馆专业知识和资源共享工程基础知识、图书分类、编目、排架等业务知识培训,提高了镇、村图书室的管理水平,促进基层服务点服务工作的规范化和标准化,更好地发挥乡镇服务点服务农村的作用,每年下乡达500多人次。同时,还通过上门、电话等多种形式对基层服务点的日常业务工作及自动化建设提供专业指导。

(4)开展"图书暖流"活动,加强对特殊对象的服务

近年来,县图书馆积极开展"图书暖流"活动,坚持为老年人、进城务工人员、服刑人员、残疾人员等特殊服务对象开展送书服务,每年送书达5000多册,使很多不能到图书馆阅读的特殊人员享受到图书服务。

4. 抓好安全防范,增强服务保障

图书馆是安全防范的重点部门,在安全保卫上,县图书馆进行了很大的努力,为事业的稳定发展提供了安全保障。一是通过培训和学习,加强安全意识教育。二是采取电子监控和人员全天候值班的"技防"加"人防"相结合的安全措施。在重要阅览室安装防盗门、防盗网的同时,安装全方位视频监控系统和防盗报警系统,实行24小时专人值班管理。三是加强读者活动和节假日等重点时段的安全管理,把安全责任分解落实到每个岗位、每个人。

(五)特色建设

1. 因地制宜,延伸服务点

广泛建立基层公共图书馆服务点,延伸公共图书馆服务的广度与深度,加强图书馆服务点的管理,科学制订图书流动计划,提升服务的质量。在新兴县,边远乡村的读者到图书馆借书或查阅资料,有的来回需走上百公里的路程。实施"广延伸全覆盖大服务"模式以后,新兴县图书馆尊重群众的意愿,与镇村、学校、企业、部队等合作建设图书馆服务点,建立起县、镇、村三级公共图书馆服务体系,同时将公共图书馆服务延伸到企业、学校等人群密集的地方,有计划、有步骤地将图书馆的藏书配送到全县城乡,扩大图书馆服务的覆盖面,同时实现图书的定期更新,为全县的群众尤其是偏远山区的群众,提供了一个就近、便捷、方便的科学文化知识学习阵地,对农民科普知识的普及和农村文明程度的提升,对青少年的成长,对企业职工和部队官兵文化素质的提升都起到了较大的作用,有效地缩小了城乡群众的文化差距。

2. 调动资源,扩大覆盖面

充分借助社会力量扩大公共图书服务的覆盖面。文化建设特别是山区县的文化建设需要政府的大力投入,更应积极寻求、借助、调动各方面的力量加入到文化建设中来。县图书馆一方面利用社会的捐助,增加图书藏书量,一方面深入各镇村、学校、企业、部队等单位,利用各单位的场所开展图书馆服务,提高这些单位图书管理人员的服务水平,延伸图书馆覆盖的广度和深度;此外一支训练有素的图书馆志愿者队伍保证了各服务点的服务素质,实现了与群众共管、共享文化建设的双赢格局。

3. 破除瓶颈,实现"小山区,大服务"

主动将图书馆服务向纵深拓展,在场室设置、图书配送、人员管理、开放制度等方面不囿于形式,以群众的意愿为依归,以服务群众为出发点和落脚点,因地制宜地全面铺开图书馆服务点建设,并按先易后难的方式推进共享工程覆盖到村的工作,有效地破解了山区财政投入不足和城乡图书馆服务不均衡的问题,极大地满足了人民群众不断增加的公共图书馆服务需求,缓解了山区县资源、地理因素等对发展图书馆公共图书馆服务的制约,促进城乡特别是农村公共文化设施建设的共谋、共建、共管、共享,推进城乡精神文明建设做出有益的探索和实践,极大促进了图书馆事业和文化事业的发展。

(杨琪先)

新兴县图书馆简介

新兴县图书馆(www. xxlib. com. cn)创建于 1985 年 1 月,为一级图书馆。目前,馆舍建筑面积 2200 平方米(其中六祖分馆 450 平方米),馆藏图书 24 万余册。馆内读者阅览座位 382 个,设有广东流动图书馆新兴分馆、全国文化信息资源共享工程新兴支中心、多媒体电子阅览室、地方文献室、六祖慧能数据库等各类对外服务窗口。

图书馆先后被评为全国服务农民服务基层单位、全国基层文化馆(站)图书馆

(共享工程支中心)先进集体、广东省宣传文化先进单位、广东省"三八红旗集体"、云浮市"巾帼文明岗"、云浮市优质人文社会科学普及基地、云浮市公共文明服务体系建设先进集体,获得首届广东省图书情报创新奖,馆内开设的广东流动图书馆连续七年被评为广东省先进流动图书馆,每年均被市、县主管部门评为"先进单位"。

图书馆自成立以来,坚持一手抓建设,一手抓服务,竭诚为当地各行各业、各类读者提供服务,实行每周六天六晚开放,节假日不休,周开放时间 72 小时。每年举办主题读书活动,主动为特殊群体、各行各业送书上门。广泛争取社会各界支持,不断更新升级图书馆硬件软件,美化借阅环境,开展人性化服务。已经成为全县老年人的休闲学习乐园、青年人的自学课堂、少年儿童的阅读天地、农村种养殖业的致富帮友、进城务工人员的良师益友、弱势群体的交心朋友、服刑人员的精神挚友,为建设文化强县、幸福新兴做出了应有的贡献。

(新兴县图书馆)

二十一、基层图书馆特色数据库的建设

——以内蒙古鄂托克旗图书馆为例

众所周知,如今已是信息化、网络化的时代,人们获取信息的方式正在发生根本改变,图书馆行业受数字化浪潮的冲击非常严重,面临着前所未有的挑战。《中国青年报》社会调查中心曾做过的一项调查显示,在受访的 2573 人中只有 18.8% 的人表示经常去图书馆,导致了图书馆"上座率"低的主要原因是大家认为"互联网搜索更加便利""图书馆的资料更新太慢,检索麻烦""图书馆功能单一,管理落后"。作为图书馆行业中一员,我们不禁要思考图书馆要如何做才能顺应数字时代的要求,焕发出新的活力呢? 首先是要改变以前"板着脸"的办馆风格,以读者的需求为出发点,为读者营造轻松的氛围,扩大读者宣传,吸引读者走进图书馆;更重要的是做到"自身要硬",最大限度地挖掘馆藏特色,打造具有地方特色的精品资源,这样才能使图书馆取得长远的发展。

鄂托克旗图书馆作为地处西部偏远地区的一所县级公共图书馆,承担着为全旗 2.1 万平方公里范围内所居住的 13 万人口提供文献服务和传播文化信息的任务,面对服务半径大、人口居住分散的特殊环境,以及人们日益增长的文献信息需求,我们认识到只有依靠计算机网络提供信息化、数字化的服务才能满足广大群众的需求,实现图书馆的可持续发展,而要提供数字化服务,首先就要建立一个符合当地实际、具有地方特色的数据库。2011 年,鄂托克旗图书馆抓住全市创建公共文化服务体系示范区的良好契机,正式开始了鄂托克旗特色数据库的建设工作,下面就鄂托克图书馆在特色数据库建设中所采用的方法步骤以及取得一些经验等方面做一下介绍。

(一)建设数据库前的准备工作

特色数据库的建设是一项长期、复杂的工程,需要人力、物力、经费的大量投入,所以在建设之初就应该进行周密的论证、合理的规划,建立与相关单位、部门的配合机制,只有做好了全面的筹备工作,后期数据库的建设才能顺利地进行。

1. 加强宣传,增强各级领导与全社会的认识

特色文献一般产生于当地的社会各阶层、社会团体和个人。所以,特色文献数据库的建设就必须依靠当地政府和广大市民的支持。图书馆应该通过多种途径向社会与地方各级领导宣传构建地方特色数据库在本地的政治、经济、文化建设中的重要价值,增强当地领导与人民群众对图书馆保存地方史料、服务地方建设所起重要作用的认识。图书馆应通过申报项目的形式争取当地政府对图书馆地方文献工作在政策和经费上的支持、参与和投入。鄂托克旗图书馆就是通过多次向当地政府和上级主管部门呈送报告的形式,最终争取到了购买数字化加工软件及文献征集的相关费用。

2. 加强对馆员的培训教育

特色数据库的建设对图书馆来说是一项长期、艰苦但意义重大的工作,每个馆员都应达

成共识:特色数据库的建设是图书馆工作的一项重要内容,是图书馆的发展方向,是每个馆员必须做好的工作;特色数据库的建设不是一个部门或某个人的工作,全馆各部门和全体馆员都应积极参与地方文献的征集、整理、开发和服务。要做到这些,首先馆领导对此工作要有高度认识,一是加强对本馆馆员在特色数据库建设重要性方面的教育;二是举办地方特色文献工作征集、整理、开发、利用、服务一系列工作的培训;三是建立严格的考核制度和奖励制度,调动全馆馆员的积极性,并亲自参与其管理,从而使全馆上下齐心协力,共同把特色数据库的建设工作做得更好。

3. 确定文献收集重点,突出特色性

特色数据库的建设是一项复杂细致的工作,为避免出现盲目性、重复建设的情况,建设之初就应该对本地的文献资源进行调查摸底,了解掌握文献资源的历史与现状,进一步研究确定收集范围和重点,制订文献征集工作方案,采取对应的工作措施及方法步骤,使文献征集工作有条不紊地进行,起到事半功倍的效果。另外,文献的收集应突出一个"特"字,对那些能反映地域特色、民族特色、文化特色的文献要不遗余力地收集,只有这样,后期建设的数据库才能做到"特色化",提高图书馆的资源竞争力。

4. 加强部门协作,拓宽文献收集途径

文献数据库的建立,可靠的数据源是关键。长期以来,各地收藏地方文献的部门和单位有公共图书馆、史志办、档案馆、博物馆等,而且它们因各自职能不同,收藏范围亦不尽相同。由此看来,如果地方文献的收集单靠图书馆一个单位来完成是有其局限性的,无法保证文献的完整性的。因此,建立一个明确的组织体系,各部门分工协作的地方文献征集网络对加强地方文献的收集、完善是非常有必要的。鄂托克旗图书馆针对地方文献的收藏特点,协同相关单位和部门,制订了一套地方文献收集方案,并由主管部门文广新局给相关部门和镇(乡)下发了呈缴地方文献的通知,这些年通过馆内收集与地方呈缴相结合的形式保证了图书馆地方文献的不断更新。

(二)数据库的资源采集与制作

数据库资源采集是将存储于各种载体的文字、图形、图像、语音、视频等一些原件转换成为统一的数字编码信息,即数字资源。数字资源是通过计算机可以利用的各种信息资源的总和,主要包括文本数字资源、图像数字资源、音频数字资源、视频数字资源①。

鄂托克旗图书馆建设的"鄂托克旗地方文献数据库"包含有文本、图片、视频三种数字资源,文本资源可以通过对征集回的电子化文本进行再加工生成,这种资源生成方式是最简单、快捷的,可往往征集到有效的电子文本是寥寥可数的,大量的纸质文献主要还是通过扫描仪扫描后,再使用 OCR(Optical Character Recognition,光学字符识别)软件进行识别的方式,如遇到因纸质文献磨损、印刷质量不高等原因影响 OCR 软件识别准确度的情况,则可以考虑以图片扫描的方式,把纸质文献的每一页扫描下来,然后利用数字化加工软件合并成册的方法。图片资源主要是通过对个人摄影照片、印刷图片的扫描以及网上图片下载等方式

---

① 周虹利.图书馆特色数据库的建设——以内蒙古图书馆为例[J].内蒙古科技与经济,2011(4):62—63.

收集,格式一般要求为 JPG、GIF 等常用格式,对图片分类整理后再利用 Adobe Photoshop 软件制作成符合要求的图片格式①。视频资料是对征集的 MPEG、WMV、AVI、RM、ASF 等多种格式的视频资源统一转换为 FLV 视频文件,以确保在网站中能够流畅地观看。鄂托克旗图书馆搭建的数据加工平台是采用北京方正阿帕比技术有限公司的德赛数据加工系统 5.0 版本,它支持对文本、图片、视频资源的数字化加工,能够帮助用户轻松的创建自有资源数据库并利用网络安全发布,它可以把各类文本格式(如 DOC、PDF、Tiff 等)转换成 CEBX 格式,保留原文件的字符、字体、版式和色彩等所有信息,并做压缩处理,最大限度降低对存储空间的要求,对于扫描纸质文档或图书的多个图像文件,可以调整文件顺序,并统一成一个 CEBX 文件。

(三)数据资源的发布与利用

数据库资源的发布应做到及时性、安全性和方便性。"鄂托克旗地方文献数据库"的发布环节是通过德赛数据加工系统的内容发布子系统来完成,加工人员在数据加工完成后可直接将数据发布到数字资源平台,实现资源的实时发布。建立特色数据库是为了充分发挥图书馆特色资源效用,更好地为读者服务,所以,如何将特色数据库推广出去,让更多的用户了解、利用数据库是非常重要的。

鄂托克旗图书馆在特色数据库的推广和利用上积极拓展思路、采取多种方式向用户推广数据库,提高数据库的利用率:一是加大对用户信息利用能力的培训,举办数据库访问体验活动,培养其利用数据库的习惯,提高数据库的利用率;二是通过报纸、电视广播等传统媒体以及微信、微博等新媒体扩大宣传,达到广而告之的目的,并且实现了数据资源平台与图书馆网站、微信公众平台的整合,用户可通过手机和电脑方便地浏览数据库资源;三是在用户浏览界面上下功夫,不断优化布局,增加检索途径和检索点,提高用户检索的命中率,使用户取得良好的操作体验。

(四)建设特色数据库取得的经验

1. 要建立良好的硬件环境

特色数据库的建设需要搭建一个集信息采集、存储、传输、加工处理、查询服务及资源发布为一体的 Internet 系统,良好的网络环境和硬件设施是整个系统正常运行的必备条件。一般来说,服务器和数据加工客户端的配置越高越好,网络至少为百兆带宽,存储介质用大容量硬盘或磁盘阵列都可以,但要注意备份机制的建立。

2. 建库人员应有良好的综合素质

高素质的建库人员是高质量数据库的保证。图书馆在数据库的建设中需要挑选一批综合素质较高的工作人员,他们不仅要拥有图书馆学的专业知识,还应具备一定的计算机技术、外语知识以及对信息的敏锐鉴别能力,以便对信息进行取舍、组织、评价和解释②。

---

① 赵菁.公共图书馆特色数据库建设[J].图书馆界,2006(4):62—65.
② 韦晓玲.公共图书馆特色数据库的建设与利用[J].情报探索,2010(5):70—71.

3. 要重视数据库后期的维护、更新工作

数据库建成并不意味着这项工作的终结,一定要对其进行及时的维护、更新,保证生命力。现在,虽然很多图书馆自建了数据库,但多数都没有及时地更新和维护,图书馆在数据库建设的后期应确定合理的更新周期,补充新信息,不断完善其系统功能,保证数据库的时效性。

4. 建立特色数据库联盟,实现资源的共建共享

基层图书馆所建立的特色数据库,服务的用户主体往往局限于本地区内,要想让特色数据库发挥更大的社会效益,服务更多的用户,建立"特色资源公共服务联盟",走共建共享的道路是一条很好的途径。基层图书馆可以加入市级、省级特色文献联盟,通过与其他图书馆的共建共享数据库,拓展图书馆的社会化服务,为公共文化服务体系的建立发挥积极的作用。

5. 将特色数据库与图书管理系统整合,提高资源利用率

特色数据资源作为图书馆的一种馆藏资源,也应满足读者的借阅需求,所以,实现特色数据库与图书馆的图书管理系统的整合是非常必要的,这样做不仅能推动图书馆数字资源的建设,也是顺应新媒体时代的发展需要。

6. 重视特色数据库的宣传工作

建设特色数据库的最终目的是服务用户,因此,加强数据库建设的宣传非常重要。很多图书馆建设了数据库,但很少为读者所知,那么这种服务就没有意义了,图书馆应制订一个完善的特色数据库宣传推广策略或计划,坚持宣传推广的长期性、持续性,这样才能在公众心目中留下一个鲜明的印象,实现特色数据库的价值。

总之,在如今信息化、网络化的时代背景下,公共图书馆可以说是挑战与机遇并存,在发挥自身特色以满足读者对文献资源的个性化、多样性的需求方面,特色数据库的建设就显得尤为重要。而基层图书馆只有立足特色数据库的建设,发挥文献资源优势,挖掘潜力,扩大服务范围,才能更好地凸显自己,求得长远的发展。

(孙军)

鄂托克旗图书馆简介

鄂托克旗图书馆成立于1953年,隶属于鄂托克旗文化广播电影电视局。现有工作人员20人,其中编制内15人,外聘临时专业技术人员5人。在编15人中具备专业技术职称者13人,其中,副研究馆员3人、馆员4人、助理馆员5人、高级技工1人。馆内设有借书处、儿童阅览室、电子阅览室、资料加工室、信息网络机房、综合阅览室、地方文献室、办公室、财务室,共计9个科室;现有阅览座位160余个,藏书10万余册。2009年,建成了文化信息资源共享工程鄂托克旗支中心。

鄂托克旗图书馆以"读者至上,服务第一"为宗旨,不断创新服务模式,探索出了一条立足基层、大力发展数字化、全面实现文化共享的新路。一是以特色为先,加强数字资源的建设,把特色数据库作为资源建设的重点以提高信息服务的竞争

力。鄂托克旗图书馆在特色数据库建设方面，已经走在全区县级支中心的前列。抓住当地以蒙古族为主体的少数民族聚集区的地域特点和民族特色，结合地方经济、文化建设等实际情况，有侧重地收集、开发特色资源，现已建立了包括电子图书、地方文献、图片、视频4个资源库的数字资源平台，并通过技术手段，实现了平台与图书馆网站的整合，使广大读者的浏览更为便捷。二是开展丰富多彩的群众文化服务活动，依托全国文化信息资源共享工程的设备、资源优势，以及鄂托克旗共享工程网络平台，不断探索，积极采取多种方式开展各类文化活动，已举办了多期摄影展、实用知识讲座、计算机培训、征文比赛等活动，还根据不同时期、不同季节开展了以关爱老年人、农民工、留守儿童为主题的特色文化活动，开通了图书馆官方微信平台，加强了与群众的交流与互动。

通过全体馆员的共同努力，鄂托克旗图书馆现已成为全旗对外宣传，展示优秀文化的重要窗口，同时也受到了上级部门的认可，并多次获得表彰，在2011和2013年两度被自治区文化厅授予"全区十佳图书馆"称号，政和园社区基层服务点在2012年被文化部授予"全国文化信息资源共享工程·公共电子阅览室示范点"，在2013年的全国公共图书馆第五次评估中鄂托克旗图书馆顺利晋升为"一级图书馆"。

（鄂托克旗图书馆）

二十二、县级公共图书馆服务体系的探索与实践

构建覆盖全社会的公共图书馆服务体系,是社会主义文化大发展大繁荣战略的一项重要内容,是全面建设小康社会、健全和完善政府公共服务职能的重要体现。北川羌族自治县图书馆(以下简称"北川图书馆")在灾后重建中,以公共图书馆服务体系为重点,既立足实际,科学规划,统筹安排,又不断探索创新,发挥主观能动性,突出办馆特色,注重发展的持续性。为公共文化服务体系的建设创造了更加广阔的发展空间。

(一)现状分析

1. 政府重视程度显著提升

公共图书馆免费开放的实施以及《四川省公共图书馆条例》的颁布,使广大群众和地方政府对图书馆的认知上升到了一个全新的高度,地方政府加大了对图书馆事业的投入,馆舍运行经费逐步增加。

2. 机遇与挑战并存

"5·12"汶川特大地震使北川遭受重创,同时也带来了良好的发展机遇。山东省德州市对口援建北川图书馆,建筑面积3393平方米的新馆于2010年10月底顺利竣工落成。馆舍移交时,仅有残疾馆长和馆员各1名。

3. 剖析差距求发展

全方位地打造区域公共图书馆服务体系的大框架是现阶段图书馆发展的必然趋势。北川图书馆在不断剖析自身存在的问题时,勇敢地面对困难,积极创造条件,结合羌民族文化特色,树立全新的发展理念,加大了对公共图书馆服务体系的建设力度,尽力满足人民群众日益增长的精神文化需求。

(二)发展与目标

加强公共图书馆服务体系的建设是维护和保障人民基本文化权益的有效途径。作为县级图书馆,要面向基层广大群众,始终坚持把实现好、维护好、发展好公共图书馆放在首位,有目标、有计划、有步骤地推进公共图书馆的发展。

1. 改变传统模式,确立办馆方向

县级图书馆作为基层文化的引领者和主阵地,首先要明确办馆方向,打破以文献收藏为主体、"守株待兔"传统的服务模式,建立以利用率为导向、"一切为读者服务"的办馆理念。

2. 制订发展规划,持续实施目标

在建设公共图书馆服务体系中,首先要有全盘规划,有了明确的目标,再结合本馆实际,因地制宜,有重点、接地气、分阶段地实施。2011年,北川图书馆制订了《北川羌族自治县图书馆服务体系与能力提升的发展规划》,明确了图书馆发展目标(见表22-1)。经过四年多

的持续努力,北川图书馆在办馆理念、环境创新、延伸服务等方面有了显著的提升,逐步向规范化、数字化、专业化的现代图书馆迈进。

表 22－1　北川羌族自治县图书馆的发展目标

年限 \ 内容	发展目标		
2011	建好各个功能室	搭建图书管理数据库	对外免费开放 （少儿阅览室、期刊阅览室、电子阅览室）
2012	完成 16 万册图书编目加工	免费开放图书外借室	实施文化信息资源共享工程
2013	盲文阅览室开放	地方特藏阅览室开放	建立网站更新电子书 27.4 万册
2014	Wi-Fi 全覆盖	歌德移动图书馆	建立安昌分馆,实现通借通还和远程监控
2015	建立国学图书专架	推进全民阅读	建立地方文献数据库

（三）建设与发展的思考

公共图书馆是保障人民基本文化权益的重要阵地。作为基层县级图书馆,要勇于挑起这份责任,充分发挥主观能动性和内在潜力,变被动为主动,以免费开放为平台,依托文化信息资源共享工程,进一步夯实公共图书馆的业务基础,加强对文献信息资源建设的整体规划,提高公共文化产品供给能力。汇聚一切力量,形成服务合力,把有限的文化设施和产品转化为形式多样、内容丰富、多渠道、全覆盖的基层文化服务。

1. 抢抓机遇,加强公共文化设施和文献信息的基础建设

公共图书馆是开展社会教育活动的终身课堂。舒适、漂亮、方便的公共文化场所是吸引群众广泛参与文化活动的重要因素。县级图书馆要抓住国家对公共文化的扶持力度,借用政策优势,争取社会力量的合作,以建立良好的公共空间为落脚点,以利用率、面向大众服务为导向,科学、合理地规划文化设施的建设。

在加强公共图书馆服务体系的建设中,北川图书馆围绕高起点、高质量、规范化、专业化的目标,层层有序地推进。一是争取和整合各项专项,如中央灾后重建资金,荷兰捐建经费,图书馆设备捐赠,共享工程配套设施,免费开放专项、公益岗位等经费,完成了各个功能室的建设任务,整理捐赠图书 10 余万册,采集新书 60 050 册,建立了图书数据库管理体系,保证了公共图书馆免费开放的如期实施;二是加强和推进现代图书馆数字化的服务进程,新增添了电子书 27.4 万册,电子期刊 1000 余种,移动图书馆 1 台,门户网站、Wi-Fi 全覆盖,完成了馆内软硬件设施的建设任务,使公共图书馆不断向规范化、数字化迈进;三是初步建立网格化的管理模式,实现了安昌分馆、残疾康复中心图书室通借通还、远程管理的服务模式,满足了不同层次人民群众对文化的需求;四是以建立羌族地方特色文献库为中心,尽力打造北川文化品牌,推进北川图书馆逐渐向专业化迈进。

2. 加强队伍建设,搭建公共文化服务体系的建设平台

队伍建设是推动公共图书馆服务体系建设的重要手段。人员队伍是开展一系列文化活动的主要实施者,它不仅是推动文化产品有效利用的主体,也是联系文化资源和用户之间的

桥梁和纽带。公共图书馆要发挥职能作用,必须依靠一个优秀的服务团队来实现。

(1)购买社会服务,建立文化团队

我国基层图书馆普遍面临人员不足的问题,在西部地区尤为突出。免费开放经费的落实,为缓解人员结构提供了一定的经济支撑。2011 年,北川图书馆在仅有两名在编人员的情况下,利用免费开放资金和公益性岗位等项目经费,逐渐尝试购买社会服务,聘用了 9 名有一定能力的社会人员参与图书馆的文化服务。并紧缩其他开支,极力保证聘用人员基本工资、五险一金、年终绩效等福利待遇的全部落实,从而稳定了文化服务队伍。2014 年,取得了地方政府的支持,图书馆在编人员达到了 6 人,原聘用人员依然保持不变。

(2)开展技能培训,提高服务能力

提高图书馆的整体素质是公共文化体系发展中的又一个环节。因此,针对县级图书馆人员结构单一、基础差、底子薄的普遍现状,在加大对服务队伍专业技能的培训中,把继续教育与业绩考核紧密结合起来,确保服务质量的整体提高。北川图书馆采用以老带新、馆内讲座、口口传授、个别谈话、轮流外出学习等方式,促进职工掌握现代图书馆的服务技能。同时,加强和完善图书馆内部管理体制,定岗定员定任务,经过几年的探索与实践,图书馆形成了一套完整性、人性化的服务管理制度,使公共图书馆在信息时代和知识经济时代中形成了完善的规章制度,文化持续发展和工作环境的利用也达到了和谐统一,树立了良好的公共服务形象。

3. 举办多种活动,带动公共图书馆服务体系的全面提升

公共图书馆的免费开放,为文化服务体系的发展创造了良好的条件。县级图书馆要在融合传统与现代服务管理模式的过程中扬长避短,突出地方特色文化,通过多元化的服务,加深全民对图书馆的认识,让社会各方知晓图书馆存在的价值和地位。从而增强主动性,吸引全民广泛参与到文化中来。还要建立良好的沟通渠道和反馈机制,了解广大读者的真实需求,实现和保障人民群众利用图书馆的权利,满足人民群众对基本知识和文化信息的需求,带动公共图书馆服务体系的全面提升。

(1)提高服务质量,体现职能作用

服务质量是衡量图书馆建设水平的重要指标,同时也是促进图书馆发展水平和提高服务质量的手段。北川图书馆坚持围绕"以读者为中心"的服务宗旨,努力做到以下几点:一是提供干净舒适、安静温馨的学习环境;二是降低群众参与公共文化的门槛,读者只需提供身份证或户口簿,便可通过电子网络平台免费办理读者卡,享受馆内提供的文献信息;三是实行全天候轮开放,每周免费开放日达到 60 小时;四是保持热情专业的服务态度,全力以赴为读者排忧解难,悉心为读者提供文献借阅,参考咨询,引导读者正确使用电子检索平台、网络、移动图书馆、无线 Wi-Fi、门户网站等公共文化设施;五是加大文化产品的供给力度,购置读者需要的文化资源,同时,积极开展阅读与宣传推广活动。通过上述举措,北川图书馆的有效持卡读者人数、外借图书册次以及到馆读者数逐年增加(见表 22 - 2)。

表 22 – 2　2011—2014 年北川羌族自治县图书馆读者服务统计

内容 年限	有效读者卡(个)	外借图书(册次)	到馆读者(万人次)
2011	2501	33 450	6. 01
2012	2314	61 000	14. 5
2013	2324	89 049	14. 8
2014	1698	85 001	15. 8
合计	8837	268 500	51. 11

注:2011 年 5 月 11 日开馆(期刊、少儿、电子阅览室对外免费开放)。

(2)开展特殊服务,满足不同群体的文化需求

注重人性化服务,是体现图书馆人文关怀、特色服务的一大亮点。北川羌族自治县历经"5·12"汶川大地震,导致残疾人数量较多。针对这一现状,北川图书馆为残疾人设置了无障碍通道、专用轮椅,为盲人提供了盲文专用图书和特殊电脑,为老年人和青少年设置了专用阅览区。还为读者提供了老花镜、针线包、开水等贴心服务。在开放借阅服务中,认真倾听读者意见,掌握沟通技巧,定期开展读者问卷调查,建立了官方微博和微信。通过多渠道的沟通全面了解读者,不断改进自己的工作方式,努力提升公共图书馆为大众服务的能力,发挥县级图书馆在公共图书馆服务体系中承上启下的枢纽作用。

(3)延伸服务内涵,拓展文化视野

紧扣时代节奏,从需求出发,最大限度满足读者,增强活力,提高工作效能。北川图书馆通过"你看书,我买单"、春节有奖谜语、图书漂流、送书下乡、流动车服务、"图书宣传周""4. 23 世界读书日"、图片展览等,增强广大群众参与文化活动的兴趣。同时,还与县电视台联合开辟了"青少年读物"的新书推荐频道,与县作协连续出版了本土刊物《北川文艺》。

(4)吸纳高校大学生,联合开展志愿者活动

增添新思维、新活力,引进大学生志愿者,加强馆际交流,带动公共图书馆事业的发展。北川图书馆与高校大学生志愿者团队建立了良好的合作机制,每年暑期,中山大学、武汉大学、西南交大、西南民大等高校的大学生志愿者分别采用不同的主题,开展各项培训和讲座。农民工学电脑、留守儿童素质拓展、爱国主义教育等内容已成为图书馆的特色项目。不断向社会展示了图书馆服务的新亮点,形成了长足发展的新业态。

(5)指导基层服务,提高全民素质

繁荣发展农村文化,建立和谐文明的新农村是我们义不容辞的责任,北川图书馆主动承担了基层文化的建设任务。几年来,共协助乡镇建立农家书屋 311 个、社区书屋 32 个、村公共电子阅览室 183 个。

表 22 - 3 2011—2014 年北川羌族自治县图书馆基层图书室建设统计

内容 年度	农家书屋		社区书屋		公共电子阅览室	
	行政村(个)	覆盖率	社区(个)	覆盖率	行政村(个)	覆盖率
2011—2012	311	100%	6	15.75%	乡镇社区28个	100%
2013—2014	补充建设311	100%	26	81.25%	村183个	58.85%

(6)做好评估定级,争取政府支持

公共图书馆评估定级,不仅是检验地方政府对公共图书馆事业的重视程度,也是对各地公共图书馆工作的一次大阅兵。县级图书馆要借此机会,摸清自身情况、找准问题,并及时加以解决。2013 年,在全国第五次公共图书馆的评估定级活动中,北川图书馆对照评估标准,从每一个细节和问题出发,实事求是地采取补救措施,不断完善软硬件设施,使北川图书馆更加规范、专业。从三级图书馆晋升为一级图书馆,引起了地方政府的高度重视,县财政加大了对图书馆经费投入。2014 年,一次性单列"一级图书馆"的运行经费达到40 万元。

(7)撰写经验文章,分享实践成果

在加强公共图书馆服务体系的建设中,还要注重理论与实践相结合,在不断总结实践与探索经验同时,撰写经验文章,并乐于将积累的经验与业界同人共同分享、达到互相借鉴学习的目的。几年来,北川图书馆人员共撰写经验文章近20 篇,其中:与成都理工大学图书馆合作"汶川地震灾区公共文化服务体系重建的实证研究"课题选入《四川文化发展"十二五"规划研究成果汇编》;与四川大学图书馆合作《北川新图书馆功能定位初探》的论文刊登于《四川省图书馆学报》核心刊物;独立撰写的"文化之光耀灾区"的案例刊登于《文化共享十年路:共创共建共享优秀服务案例选编》。

总之,公共图书馆服务体系是一项艰巨而长远的任务,县级图书馆作为公共文化服务体系的主体和区域公共文化传播的辐射中心,应明确自身的责任和使命。在数字信息时代发展的今天,应该精确找准自身优劣势,结合本馆特色,面向基层和广大群众,加强公共图书馆文化体系的建设,注重内动力的提升与发挥,多渠道、多形式的传播公共文化。随着国家的一系列措施出台以及社会的普遍重视,加之公共图书馆的不断探索和努力,相信公共文化服务体系将一定会日趋完善和提高。

(李春)

北川羌族自治县图书馆简介

北川羌族自治县图书馆(www.bclib.cn,简称"北川图书馆")成立于 1979 年。"5·12"汶川特大地震中,北川县城夷为平地,北川图书馆基础设施全部损毁。2009 年北川图书馆随新县城异地重建,建筑面积3393 平方米,由山东德州援建,荷兰克劳斯王子基金会捐建地方特藏文献室,于 2011 年 5 月 11 日正式对外开放。2013 年被评估定级为"一级图书馆",2014 年安昌分馆对外免费开放。

北川图书馆馆藏丰富,有藏书 16 余万册,电子书27.4 万册,订阅报刊、期刊

500 多种(含安昌分馆),2014 年年底累计办理读者证 8837 张,年流通总人次近 15 余万人(外地游客居多)。现有在编人员 6 人,聘用人员 9 人。

北川图书馆立足于长远规划,始终坚持科学规划,避免盲目性,根据山区尤其是灾后重建的实际,以点带面,先易后难,层层推进,充分发挥主观能动性和内动力,努力探索和提升公共图书馆服务体系,使北川图书馆的基础设施、服务能力和资源建设不断向标准化、规范化迈进,趋于公共图书馆的领先地位,成为西部地区基层县级公共图书馆的一个很好的典范。

(北川羌族自治县图书馆)

二十三、创新服务品质 提升服务能力

——以即墨市图书馆为例

服务,是图书馆的根本宗旨,贯穿于图书馆发展的始终,而创新,是图书馆的生存之本和动力源泉。因此,图书馆必须树立全新的服务意识和创新意识,以更加灵活的服务方式、先进的服务手段、广泛的服务领域以及高质量的服务水平来使读者满意。下面,以即墨市图书馆为例,谈一点看法。

(一)即墨市图书馆前后发展变化

即墨市图书馆近年来的服务创新工作可以用一句话概括,即"服务创新在路上,工作成效看数据"。即墨市图书馆自 2008 年开始实行免费开放,免费开放初期,由于政府在政策、资金等方面支持力度不够,图书馆馆员老龄化严重、主动作为意识不强等原因导致图书馆发展滞后。主要存在以下问题:①被动式服务。坐等读者上门,读者要什么就给什么,缺乏主动性。②封闭式服务。服务仅限于馆内,缺乏"走出去"的意识,文献利用上也是"重藏轻用"。③服务水平不高。仅满足于书刊的借借还还,无法发挥图书馆应有的功能作用。④信息化水平太低。由于经费的不足及高技能人才的缺乏,一些烦琐的登记、查询等工作全靠人工完成,耗费了时间、浪费了人力[1]。

随着社会的发展,政府对文化事业的重视程度越来越高,2010 年,即墨市图书馆迁入新馆,招收了一批大学毕业生,硬件设施配备到位,为图书馆的后续发展打下了坚实的基础,自此,图书馆一边借鉴其他地区图书馆发展经验,一边探索适合自身发展的模式,应用现代新思想和新技术,不断改善和变革"过时"的服务流程和服务产品,提高现有的服务质量和服务效率,拓宽服务领域,更新服务内容,增加服务项目,以极高的评估分数在第五次公共图书馆评估定级工作中荣获"一级图书馆"荣誉称号。

表 23-1 即墨市图书馆 2008—2014 年持证读者数图书总藏量、开放窗口数等一览表

年度	持证读者数(万个)	图书总藏量(万册)	图书借阅人次(万人次)	图书外借册次(万册次)	读者活动参加人次(万人次)	开放窗口数	备注
2008	0.173	16.39	9.8	7.6	0.83	4	借书室、阅览室、电子阅览室、共享工程支中心
2009	0.2	17.5	10.2	9.7	1.2	4	
2010	0.6	25	10.9	10.1	3	14	服务台、展厅、视障阅览室、中文外借室、文学外借室、成人(老年)报刊阅览室、少儿外借室、少儿阅览室、自习室、报告厅、地方志馆、电子阅览室、共享工程支中心
2011	1.5	26.8	31.1	26.6	3.6	14	
2012	1.8	28	33.7	28.6	6	14	
2013	2.3	28.6	34.2	30.1	6.5	14	
2014	2.9	29	35	32	7.5	15	设立尼山书院并免费对外开放

---

[1] 闫小虎.图书馆的服务与创新[J].图书馆学刊,2013(8):107—110.

（二）即墨市图书馆服务创新实践

1. 创新服务理念

即墨市图书馆致力于为读者提供一流的服务，秉承"读者第一，服务至上"的服务理念，想读者之所想、急读者之所需，全心全意为读者服务，赢得读者的认可和尊重。

（1）提供人性化服务，营造"宾至如归"的服务环境

例如各类标识醒目明确，制度挂牌上墙，使读者"眼明心亮"；提供存包、热水等服务，以方便读者；根据不同读者类型，设置专门的儿童、成人、老年人借阅室，让不同的群体均能在图书馆找到自己想去的地方，既方便读者又便于管理。

（2）认真倾听读者诉求，提高读者满意率

开通网上留言、设置读者意见箱、公布咨询及投诉电话等倾听读者的诉求。例如每部室配备读者所需图书登记簿，读者认为哪些种类书籍应该补充、那些书籍更新较慢等，均可提出意见或建议，图书馆会定期收集意见，根据读者需求不断促进图书馆馆藏资源的丰富，为人们提供更优质的服务。

（3）工作人员文明热情服务，使读者"暖意融融"

工作人员在服务读者时，注重服务态度，将慢声细语、笑容相向、态度谦和落实在具体工作中，通过积极主动的沟通来缩短与读者之间的距离，构建起与读者之间良性互动的交流环境。图书馆每年四月举办以"微笑迎读者　真情暖人心"为主题的"微笑服务明星"评选活动，旨在在全馆倡导微笑服务，要求馆员把"微笑"服务渗透到工作的每一个环节，以热情、主动、积极的良好情绪完成各项读者服务工作，活动期间，读者通过无记名的方式投票，选出自己心目中的"微笑服务明星"。

2. 创新服务方式

（1）个性化服务

现代图书馆要以读者的需求为核心定制服务，因人而变，因时而变，在实践过程中要以更加开阔的思维、创新的理念、人性化的手段，赢得长久的竞争力。

开展个性化服务，必须营造个性化服务空间，使之成为图书馆创新服务的阵地。在空间布局及服务功能设置上，图书馆根据不同层次、不同类型的读者，设立成人借阅区、少儿借阅区、自助借阅区等，在环境装饰上，不同区域各有特点、凸显个性。例如少儿区充满了天真烂漫的特点，迎合了儿童活泼好动的性格；电子区装饰简洁明朗，空间感十足。在图书馆整体装饰风格上，也是个性化十足：大到馆门口的"墨墨"迎宾牌、馆内挂旗、宣传栏、楼层标识、各部室门牌、温馨提示牌，小到工作人员及志愿者服装、工作证、吉祥物玩具、书签、手提袋、信笺纸等，均以即墨市图书馆的吉祥物"墨墨"小精灵为基本元素设计制作，具有极高的认知度，既使馆内物件陈设、装饰风格、点缀物、员工仪表等保持一致，又达到了宣传的效果，使图书馆深入人心。

根据读者需求，提供"量身定做"的个性化服务。例如在参考咨询服务中，工作人员根据读者的科研或工作学习的特殊需求，通过信息检索及信息加工，就读者提出的咨询或更高层次的研究型课题进行信息资源收集、重组、归类，为读者提供参考咨询服务，帮助读者解决信息查找和信息利用中的问题。

（2）主动性服务

随着图书馆由馆藏竞争转向服务竞争,图书馆员在服务中扮演了日益重要的角色,馆员的积极性、创造性等主观因素对服务质量有着直接的影响①。图书馆过去是站在比较被动的位置,读者要什么就给什么,而现在要求主动服务、提前介入,主动地了解读者需求,加强与读者沟通互动,并根据读者需求提出指导意见,给予有针对性的服务。

面对读者繁多的信息需求,图书馆必须走出去,主动出击,面向社会,面向需求,从单纯的馆内服务向馆外服务延伸,以前无论是图书的借阅还是读者活动的举办,都局限于图书馆的馆舍,现在的服务已经延伸到馆外,最典型的便是开展流动服务。流动服务是图书馆拓展社会服务功能的一种有效途径,流动服务点将服务触角深入到农村、学校、企业及边远地区等,极大地方便了基层群众借阅文献。截至 2014 年年底,即墨市图书馆在供电公司、青岛监狱、德馨小学等 20 多个单位建立了流动图书室,定期更换图书,实现了图书资源的共享,以最灵活的方式,最大限度地满足不同读者需求,同时,图书馆也"借机"将活动推广到各单位中,如与学校联合举办的"红色经典"诵读大赛、"小小辩论家"辩论赛等均受到师生及家长的一致好评。

（3）信息化服务

图书馆作为提供文献服务的信息机构,面对信息技术和服务手段的飞速发展,传统服务的方式已不能满足读者需求,而网络的出现加速了信息资源的流动,推进了信息服务方式的创新。

即墨市图书馆在数字化信息服务上也是与时俱进的。第一,加强基础网络资源建设,在保证纸质文献资源采购的基础上,加大电子图书、电子期刊以及各类数字资源库的采购量。同时,自建了包含即墨的文物古迹、历史名人、各类非物质文化遗产在内的信息资源库,为全面展示即墨的历史文化进程,促进文化发展提供信息参考。第二,有效利用网络资源,开展数字化图书馆服务,通过图书馆网站开设电子文献、电子期刊查阅,网上续借,书目检索等服务;利用馆内采购的数据库,提供各类资源的检索、浏览、下载服务以及网上参考咨询服务等。第三,加强对网络阅读的指导,网上资源极其丰富,但是良莠不齐,正是由于选择的多样化,常常使读者无所适从,针对这种情况,即墨市图书馆加强了对网络阅读的引导工作,通过向读者推荐热门站点或相关站点、提供网络浏览导航等方式,使读者快速找到高质量的适合自己的阅读内容,避免读者在网上盲目浏览,节省读者时间。第四,开通图书馆微信公众平台,为读者搭建一个集获取、共享、传播、交流为一体的互动平台,图书馆实时发布各项动态信息,包括讲座、培训通知,新书资讯,馆务动态信息等内容,读者可通过这一平台了解图书馆的各项新闻动态,也可就使用图书馆过程中遇到的各种问题进行咨询。

3. 创新服务内容

（1）创建服务品牌、多元合作举办少儿阅读推广活动

在图书馆的众多服务形式中,读者活动以其喜闻乐见的形式、高度的互动性等特有的优势吸引着社会公众的广泛参与。即墨市图书馆的读者活动大小结合、突出特色:日常活动小型化、精品化,互动性较强;大活动抓住"4.23 世界读书日"、寒暑假等重要的时间节点,活动主题特色鲜明,注重档次及参与面。

①　闫小虎.图书馆的服务与创新[J].图书馆学刊,2013(8):107—110.

在众多的读者活动中,值得一提的是"墨墨"智慧加油站这一少儿活动品牌。上文提过,即墨市图书馆拥有自己的吉祥物"墨墨"小精灵,"墨墨"二字分别取自"即墨""墨香"中的"墨"字,寓意着"悠久墨城萦绕墨香之气"。"墨墨"以图书馆建筑外立面为基础创意元素,鲜活再现图书馆地标性建筑形象;以海蓝色为构思主色,象征大海、知识海洋与源泉;以生机盎然的绿色做衬托,体现着图书馆鲜明的个性、希望与生命力,形象生动地体现出图书馆的感染力和识别性。"墨墨"的脸部构图灵性地再现了电脑显示器的轮廓;寓意着无线鼠标的脚部,形象地诉说着即墨市图书馆网络化、数字化时代的到来。

以"墨墨"小精灵为原型,图书馆于2012年创建了"墨墨"智慧加油站这一少儿活动品牌,下设国学经典诵读、小主持人才艺展示、儿童故事大王比赛等多个活动版块,它将以往较为零散的少儿活动规模化、系统化、品牌化,随着活动的逐步推广,"墨墨"智慧加油站赢得了众多的少儿"粉丝"。该品牌活动在创建当年入选了即墨市机关工作成果立项,在2013年第五次全国公共图书馆评估定级工作中,受到了专家组的高度评价。近年来,随着少儿阅读推广活动经验的逐步积累,我们又陆续推出了"墨墨"火炬手行动——小志愿者服务活动、"墨墨"爱心借伞便民活动等品牌,其中"墨墨"火炬手行动荣获2014年青岛市志愿服务推进年示范项目。

在品牌服务的创建过程中,即墨市图书馆还有一个创新做法——多元合作。图书馆作为一个无盈利的公益性事业单位,在人员、资金有限的情况下,举办读者活动要想打造精品创出品牌,必须要借助外力,寻求合作。通过联办、协办等形式,形成常态化的合作关系,合力打造,创出成效。图书馆从"墨墨"智慧加油站运作之初,就积极寻求企事业单位及社会组织的合作,先后与昂立外语学校、七色光少儿艺术中心等多家单位签订合作协议,秉承公益服务以及平等互助的合作宗旨,开展各类主题活动,在活动策划、观众组织、媒体公关、资金运作等方面,充分发挥各方优势,有效实现资源互补。

(2)特殊群体定向服务

● 服务弱势群体

联合国教科文组织《公共图书馆宣言》中明确指出:"每一个人都有平等享受公共图书馆服务的权力,而不受年龄、种族、性别、宗教信仰、国籍、语言或社会地位的限制。"弱势群体作为一个规模庞大、分布广泛的群体,为其提供服务是公共图书馆的社会责任,是全社会的共同义务。针对弱势群体,即墨市图书馆做了很多工作来为其服务。例如,设立专门的少儿借阅室,少儿图书采购独立列入计划,每年举办的少儿读书活动占全馆活动的一半以上;馆内设置轮椅通道、视障阅览室、专用电梯、专用厕所等特殊设施为残障人士提供便利;设置农民工"绿色通道",在办证、借阅等环节享受优先服务;为老年人设立专用阅览室,针对老年人视力较弱的情况,书架上的分类标志特殊放大,或设置专门书签,方便老年读者查询等。这些措施,其初衷都是希望让弱势群体在图书馆能感受到人文关怀。

● 服务"三农"

公共图书馆作为一个地区的文化前沿阵地,对于"三农"的推动作用不言而喻,无论是广大的农村读者还是急需新思路、新技术的农业及乡镇企业,都是图书馆的服务对象。长期以来,即墨市图书馆在涉农服务工作中做出了很多努力,采取了一系列的"三农"服务举措。在全市24个乡镇建立分馆、1033个村设立农家书屋,解决农民"买书难、看书难"的问题,保障农民群众基本文化权益;利用丰富的文献信息资源,成立了专门的信息服务小组,进行深层次加工、筛选、整理、编写农业参考资料,每年编写《科技服务信息》8 期,为"三农"工作提供知识和信息服务;了解农民的知识需求,开展免费咨询服务及定向服务为农民和农村提供知识援助;充分利用共享工程,大力实施文化下乡,播放基层群众感兴趣的种养殖、科技、卫生、教育片等各类视频讲座。随着服务的深入,我们将继续拓宽服务手段,以灵活多样、主动开放的方式,提供富有针对性、实用性的服务,将"三农"服务干到实处。

- 服务高层次人才

自 2013 年起,即墨市图书馆与市组织部签订服务协议,对于符合条件的高层次人才提供便捷服务。高层次人才持人才服务联系卡及本人身份证,即可享受预约借阅、借期优惠等便捷服务。此外,图书馆成立了专门的服务小组,针对高层次人才进行服务,主要负责课题检索、专业图书订购等。

(三)在推进图书馆服务创新过程中的几点看法

1. 找准图书馆定位

图书馆要谋求发展,找准定位很关键,我们可吸收发达国家的先进理念,立足服务,在创新中求发展。市民终身教育的学校——营造良好的读书环境,开展各种展览、讲座等活动,培养和带动全社会爱书、读书的良好风尚,打造大众教育活动中心;知识信息的集散地——广泛收藏印刷型文献和现代电子文献,为领导决策、经济发展、科学研究、文化教育等提供全面的文献信息支持,建设文献信息服务中心;地方文献的宝库——系统地收集、加工、整理、保存地方史料、人物资料和地方出版物及专题文献,构建具有地方特色的馆藏体系和馆藏特色文献研究中心;高雅的文化休闲场所——合理布局空间,设置适当休闲性的阅读场所,营造良好的整体人文环境及开展相关的文化活动项目,为读者打造展示城市文化形象的窗口。

2. 强化信息技术运用

当今反映一个图书馆服务水平的标志,早已不是藏书的数量与特藏,更不是豪华的馆舍。美国图书馆事业之所以领先于世界,与他们过去几十年在机读目录编制、联机联合编目、图书馆集成系统研制、数字图书馆研发、移动阅读服务等领域的创新密不可分[1]。

在信息技术飞速发展的今天,图书馆应该借助目前的大好时机,抓住发展机遇,依托图书馆现有的信息平台、网络资源,充分利用数字化技术、多媒体技术、存储技术等,逐步引领图书馆走上信息化发展的道路。

3. 重视人力资源建设

任何服务,归根结底都是由人来提供,所以说,要实现服务的创新,必须有创新型的人才。创新人才的培养是图书馆搞好服务创新的一项战略工程。在人才配置上要注意梯队建设,注重以"老"带"新"、以"新"促"老";在人才培养上建立公平竞争机制,优胜劣汰;在队伍建设上应采取"送出去"与"请进来"相结合的办法。通过各种途径,造就一支懂技术、懂管理、善于信息开发的创新型人才队伍[2]。

---

① 范并思.图书馆信息技术应用的战略思考[J].图书馆建设,2011(10):12—16.
② 韩爱萍,王崇良.图书馆服务创新研究[J].咸宁学院学报,2008,28(4):193—193.

诚然,公共图书馆创新服务的顺利开展,光靠自身的努力是远远不够的,还得益于政府和社会公众的大力支持和积极参与、新闻媒体的大力宣传及图书馆长期建立的良好的内外环境。总之,图书馆事业的发展,有待于图书馆同仁共同努力。

(解爱林　唐春育)

即墨市图书馆简介

即墨市图书馆(http://www.jmshlib.net/)创建于民国四年(1915年)7月,初称"即墨县通俗图书馆",现馆于2010年10月正式建成开放,建筑面积7500平方米,总阅览座席数450座,是一座开放型的现代化多功能图书馆,也是即墨市重要的文化服务窗口与科教、文化信息资源中心。

即墨市图书馆现为"一级图书馆",免费开放展厅、服务台、视障阅览室、中文图书馆外借室、文学图书外借室、中文报刊阅览室、共享工程支中心、少儿报刊阅览室、少儿图书外借室、电子阅览室、地方志馆、多功能报告厅、尼山书院等15个对外服务窗口。截至2014年年底,全馆总藏书29万册,地方文献约4000册,年订阅报刊600余种,持证读者达2.9万余人,年图书借阅量32万余册次,服务读者35万余人次。在做好基础业务工作的同时,年开展征文比赛、朗诵比赛、读书交流会等阅读推广活动30余次,举办各类展览、讲座20余场。

即墨市图书馆自2012年开始着手推进品牌创建,推出了吉祥物"墨墨"小精灵,聘请专业广告公司设计专属Logo标志并以此进行馆内装饰设计。随后,以"墨墨"小精灵为原型,先后推出了"墨墨"智慧加油站、"墨墨"火炬手行动——小志愿者服务活动、"墨墨"爱心便民伞活动等一系列少儿品牌活动,成为即墨市图书馆的一张"活"名片。其中,"墨墨"智慧加油站入选了2012年即墨市机关工作成果立项,"墨墨"火炬手行动荣获2014年青岛市志愿服务推进年示范项目。

吉祥物"墨墨"小精灵卡通形象

(即墨市图书馆)

二十四、创新管理 优化服务 打造现代图书馆新模式

图书馆作为文化知识的收集者、承载者和传播者,在加强我国文化实力和竞争力,实现文化强国梦的进程中起着举足轻重的作用。随着社会的不断发展,科学技术发展突飞猛进,图书馆管理变得越来越繁杂,传统的图书馆管理模式已经无法适应社会发展的需求,更无法满足人民群众日益增长的文化需求。2015 年 1 月 14 日,中共中央办公厅、国务院办公厅印发了《关于加快构建现代公共文化服务体系的意见》,意见要求公共文化服务机构完善内部管理制度,提高服务水平。为了满足人们对图书馆的新要求,深入贯彻落实党的十八届三中全会精神,深化文化事业单位改革,创新文化管理体制机制,提升图书馆服务效能,朔州市图书馆提出一系列符合社会发展的新的办馆理念和管理机制。笔者就此做出总结阐述,希望能够为图书馆行业提供一些帮助。

(一)朔州市图书馆管理新模式

朔州市图书馆于 2012 年 12 月 27 日正式开馆,是山西省内开馆时间最晚、规模最大、起步最高的地市级图书馆之一。除了拥有优雅崭新的馆舍环境,朔州市图书馆还自创了一系列先进的办馆理念,通过实行"公司化管理、酒店式服务、公益化运作、项目制推进"的管理理念,着力将朔州市图书馆打造成市民满意的"城市会客厅、市民大书房、文化大展台、高雅休闲地"。

1. 公司化管理

当前,身处事业单位改革的浪潮中,如何调动事业单位内部人员的工作积极性,激发事业单位内在活力,成为许多事业单位管理者首要考虑的问题。对此,朔州市图书馆提出了最基础也是最重要的一个理念——公司化管理。公司化管理,即将公司、企业的管理模式、劳动计酬、劳动合同关系等因素引进图书馆管理中,打破图书馆原有的管理机制,改变"吃大锅饭""干多干少一个样"的制度现状。

以岗位设置、公开招聘、收入分配、绩效考核为主,以考勤制度、请假制度、巡查制度、奖罚制度等制度为辅,实现由固定用人向合同用人转变,由身份管理向岗位管理转变的管理制度,达到分工明确、权责分明,形成奖惩严格的岗位责任制模式。

(1)岗位管理

鉴于朔州市图书馆现有编制仅 20 名,人员编制数远远不能满足图书馆现有规模发展的需要,也未达到国家规定的每服务人口 10 000—25 000 人应配备 1 名工作人员的要求①。面对增加人员编制不太可能的实际,参照其他省市的做法,把编制和政府购买服务岗位限额一并纳入岗位设置范围,由政府设定人员总限额,打破编制类别及人员身份界限,人员收入分配实行同工同酬。政府购买服务岗位限额人员和在编人员在岗位设置、收入分配、职称评审

---

① 国家质量监督检验总局,标准化管理委员会.公共图书馆服务规范[S],2012.

等方面享受同等待遇①。

　　财政部门改进财政投入方式,结合事业单位业务特点和财务收支状况,按照编制及政府购买服务岗位限额的一定比例核拨经费,确保图书馆的公益属性。

　　(2)实行自主公开招聘

　　事业单位新进人员除国家政策安置、按干部人事管理权限由上级任命及涉密岗位等确定使用其他方法选拔任用人员外,全部实行公开招聘。在招聘过程中,使用事业编制的人员,根据图书馆专业人才需求可具有一定的选人自主权;使用政府购买服务岗位限额的人员,由图书馆自主公开组织招聘,招聘结果报人社、财政部门备案。

　　(3)实行竞争上岗

　　打破政府购买工作人员的身份界限,按照市政府核定的总数限额与在编人员一并进行合同管理。通过人事制度改革推行业务岗位双向选择,管理岗位竞争上岗。参与岗位竞争的人员进行相关技能的考核并发表竞选演讲,最终通过民主投票决定岗位人选。关键岗位人员及骨干人员可实行长期聘用,全员按照国家规定标准参加社会保险,使队伍具有稳定性。

　　(4)收入分配

　　人员收入分配实行同工同酬,实行岗薪制和绩效考核相结合的薪酬分配制度,逐步建立以岗位工资为主,结合绩效考核的结构工资制。秉承效率优先,兼顾公平的原则,建立图书馆绩效考评制度,实行奖优罚劣、奖勤罚懒,逐步建立起重实绩、重贡献、灵活有效的薪酬分配制度。

　　• 岗薪制

　　岗薪制由保障工资、岗薪工资、绩效工资、津贴构成。保障工资由基本生活保障和工龄工资两部分组成。基本生活保障是保障员工基本生活的劳动报酬,标准按照朔州市政府公布的最低工资标准执行,并随朔州市政府公布的调整标准而调整。工龄工资是员工对朔州市图书馆贡献积累的报酬。工龄工资标准按相关规定执行。岗薪工资是岗薪制工资的主体,是依据岗位劳动的要素评价确定岗级(岗位系数)后所对应的工资标准。

　　• 绩效考核

　　绩效工资是朔州市图书馆员工个人与工作业绩挂钩考核后的报酬,在编人员绩效工资退出财政统筹发放系统,按照年度财政预算计划,由试点单位按照绩效考评结果按月或按年度自行发放,财政部门不再进行绩效工资统发②。所有员工的30%绩效工资作为考核资金来源,在编人员和政府购买服务岗位人员一并纳入此办法,并采用适当拉大收入分配差距的方式,依据工作实绩、工作表现和具体的考核指标进行考核,绩效工资适度向关键岗位、高层次人才、业务骨干和成绩突出的工作人员倾斜。

　　2. 酒店式服务

　　酒店式服务是指参照酒店服务,融汇图书馆业务标准和服务规范,通过持续的培训、考

①　渭南市机构编制委员会办公室.推进事业单位法人治理结构建设工作实施意见[R],2015.
②　宁夏事业单位登记管理局.关于推进我区事业单位法人治理结构建设试点工作的指导意见[EB/OL].[2013-01-18].http://w1.zybbweb.cn/yjy2084961/zezn/html/? 584.html.

核,实现服务的人性化和专业化,使读者在畅游书海的同时,体验休闲、惬意、高雅的生活氛围。

图书馆要把酒店式的服务理念引入管理服务中来,首先要提高全体馆员的服务意识,变被动询问为主动服务;其次,参照酒店礼仪服务,从员工的着装、举止、用语等到每项工作的程序和要求,制定具体、明确、科学的服务标准和规范,使读者能够通过馆员的语言、动作、姿态表情、仪容仪表、行为举止等感受到温暖和尊重;最后,要根据图书馆的发展要求,不断细化自己的服务标准和业务程序,并定期从服务理念、礼仪形象、业务流程等方面对员工进行培训,真正将酒店式服务理念变为工作习惯。

3. 公益化运作

公共图书馆存在和发展的根本意义就在于它为社会提供优质的公益性服务,社会效益始终是公共图书馆及其服务运作的首要准则。公益化运作就是要从图书馆的实际需求出发,兼社会公益事业、推广目标双效益为一体,认真贯彻党和国家的政治、经济、文化方针和相关政策法规,宣传社会公益文化理念,组织社会公益活动,发展带动更多社会公益大事业中的志愿者,最终帮助图书馆实现公益化目标。

4. 项目制推进

项目制管理是所有管理中最繁复、最精微的管理,要求管理者具有综合管理能力。项目制管理的领导者,不再是传统意义上的管理者。为了增强团队的战斗力,管理者将以“指挥与控制”为基调的传统管理转变为以“激发与引导”为基调的现代管理,最终大大提升项目的执行力。比如围绕一个主题开展阅读活动,全体馆员均可提交策划方案,通过多方测评,最终筛选出最优秀的策划,且该方案的策划人具有包括财务、人员、报酬分配等在内的所有权利。

(二)取得的成效

1. 馆员工作主动性加强,激发了图书馆内在动力

公司化管理改变了原有干与不干一个样的制度现状,员工的薪酬通过岗薪制和绩效考核制度直接与自身的工作态度、能力以及工作岗位的强度挂钩。自实行公司化管理后,朔州市图书馆馆员工作积极性得到了很大的提高。在各方利益的驱动下,馆员不仅对工作变得更加积极,还在保质保量地完成自己职责范围内工作的前提下,通过工作之余的学习,提高自己的工作能力,变之前的被动接受任务为现在的主动学习。

2. 礼仪业务素质扎实,服务效能提升

为了向读者提供星级酒店式服务,朔州市图书馆从礼仪形象和业务素质两方面定期对全体馆员进行扎实有效的培训。除了每周一闭馆期间雷打不动地开展业务学习活动外,还采取了“走出去、请进来”的办法,或者不定期地聘请知名专家开展礼仪、业务知识培训,或者带领馆员到各地兄弟图书馆参观学习。朔州市图书馆倡导“干中学、学中干”,鼓励员工积极创新业务学习方式,自行研制考试软件,精心准备考试内容,并举行馆员业务知识竞赛,达到了全面检测馆员业务理论水平的目的。

通过这些途径,馆员工作综合素质得到了迅速提升,从刚入馆时的束手无策到现在的轻车熟路,完成了从外行到内行的成功蜕变。馆员扎实的业务素质和规范的礼仪形象直接促

成朔州市图书馆业务成绩的稳步提升。截止到 2015 年 6 月,在开馆短短两年的时间里,接待读者 182 万余人次,累计办证 1.8 万张,文献借阅量 27.5 万册,举办各类活动 470 余场,品牌栏目"朔州大讲堂"已成功举办 109 期,周末公益电影免费播放 130 余场。在开通时间刚满一年的情况下,手机图书馆读者点击量呈现出爆发式的增长,达到 34.9 万人次。此外,报刊部在 2015 年 1 月 1 日正式实行期刊外借,受到读者的强烈欢迎,短短半年的时间,期刊借阅量达到 1716 册次。

3. 馆员工作质量提高,创新能力增强

朔州市图书馆根据项目制推进的管理理念,引进了电视台的"制片人制",即一个项目通过评估预算后,其财务管理、人员使用、报酬分配等的实施可由项目负责人全权负责,在确保时间、技术、经费和性能指标的条件下,以尽可能高的效率完成预定目标,让所有与图书馆相关方满意。这种方式不仅可以激发馆员的竞争、创新意识,提高工作积极性,通过相互比较,还可以有效提高项目活动执行的质量,成效显著。目前,大部分项目活动都采用了这种方式,如由馆员全权策划并举办的"爱祖国,知祖国知识竞赛""小荷卡杯"作文大赛、少儿粉笔画大赛等,受到读者和业界的一致好评。总之,只要有好的创意,只要有能力,馆员就有发挥其才能的机会。

(三)影响与意义

"公司化管理、酒店式服务、公益化运作、项目制推进"的管理理念由朔州市图书馆馆长张猛在建馆之初提出,对朔州市图书馆来说意义重大。一方面,它对内激活了朔州市图书馆的内生动力,最大限度地发挥了馆员的力量;对外引导馆员为读者营造出一个集学习、休闲、娱乐于一体的星级服务的高雅场所。另一方面,它既顺应了党的十八届三中全会对事业单位提升服务效能的要求,又符合事业单位法人治理结构体系建设的构想。因此,朔州市图书馆受到业界广泛关注,并被国家文化部列入"全国 10 家法人治理结构体系建设试点单位"。

馆员是图书馆事业发展的支撑,图书馆及图书馆馆员在深化改革、事业发展和社会进步中具有重要价值。事业发展关键在人,一支高素质的馆员队伍是我国图书馆事业不断创新和发展的根本。因此,将现有馆员培养成一批高素质的人才队伍并最大限度地发挥他们的潜力应该作为图书馆工作的重中之重。而"公司化管理、酒店式服务、公益化运作、项目制推进"这个由朔州市图书馆自创的管理体制正是围绕这一点来制定的。它必将在朔州市图书馆实现打造"全国领先、全省一流、业界有名、市民满意"的现代化图书馆这个终极目标的进程中发挥重要的作用。

(樊霞)

朔州市图书馆简介

朔州市图书馆(http://www.sxszlib.com)是全市文化设施建设的标志性工程,是市政府向公众提供公共文化服务的重要场馆。

朔州市图书馆建筑外观以"书"为原形,好似一本即将展开的书,地上四层,地下一层。一层主要是休闲公共区，二层是传统的纸质图书阅览区，三、四层是现代化的电子数字化阅读区，建筑面积共 15 000 平方米，整个建筑高度 21 米。图书馆设计藏书量 50—100 万册，各类纸质、电子期刊 5000 多种，规划各类数字资源藏量 50T，是目前全省地市级最大的图书馆之一。

朔州市图书馆内有各类图书和数字阅览室 15 个，阅览座位 2000 个，还设有 300 座的学术报告厅和大小不同的贵宾接待室、中小型会议室，同时还设有盲人视障阅览室、老年人阅览室、亲子阅览室、专题研究室、集体视听室等人性化特色服务设施。

朔州市图书馆设施配置先进，具有全省统计图书馆最先进的硬件设备和系统，是全省首家运用 RFID 无线射频技术的图书馆；装备了 24 小时自助图书借还机等世界领先的图书馆设备；整个图书馆实现了无线宽带覆盖，读者在这里可以免费上网。

朔州市图书馆主张"藏阅并举，休闲与阅读并重"的立馆理念，每一层都设置了不同风格的休闲区域，如公共检索大厅、天井生态园、咖啡厅等休闲服务区域，读者可在一种轻松的环境中去品味读书乐趣。

朔州市图书馆拥有一支充满活力的馆员队伍，其中，90% 的员工都在 30 岁以下，90% 以上为本科以上学历。在"公司化管理、酒店式服务、社会化运作、项目制推进"的自创管理体制的引领下，馆员们朝气蓬勃，拼搏奋进，伴随着同样年轻的朔州市图书馆一同成长。

朔州市图书馆将以"全国领先、全省一流、业界有名、市民满意"为终极目标，努力为全市建设自然、生态、现代、宜居的幸福新城创造优质的学习休闲环境！

（朔州市图书馆）

二十五、让图书馆服务更贴近基层群众

——东胜区图书馆建设与服务创新实践

东胜区是内蒙古鄂尔多斯市的经济、科技、文化、金融、交通和信息中心,公共文化服务事业发展较好。近年来,东胜区图书馆通过改善场所环境,积极开展各种活动,加强对图书馆的宣传力度,让更多的人了解图书馆、关注图书馆、走进图书馆,到馆人数、流通册次等数据都不断刷新纪录。同时,为了更好地开展服务,让精神的食粮和文化的大餐惠及更多群众,东胜区图书馆将服务的触角延伸到馆外,特别是到最基层的社区、学校和机关单位。

(一)图书馆整改扩建

东胜区图书馆的前身是东胜区少年儿童图书馆,成立于 1987 年 6 月,东胜区图书馆则是在 2012 年 5 月正式挂牌成立的。2013 年 5 月,为给广大读者提供温馨、舒适、人性化、便捷化的借阅环境,东胜区图书馆决定进行场馆改建、扩建,并对馆内设备设施进行智能化升级。2013 年 7 月 8 日,焕然一新的东胜区图书馆正式向广大读者开放。

经过改造的东胜区图书馆,场馆面积由原来的 800 平方米扩建至 2520 平方米,设有成人借阅室、儿童外借室、儿童阅览室、蒙文资料室、盲文资料室、地方文献室、古籍资料室、连环画室、公共电子阅览室、音乐视听室、全国文化信息资源共享工程东胜区支中中 11 个服务窗口。其中,地方文献室、连环画室、蒙文资料室是此次改造新增的,为适应东胜区特色文化而增设。在设备设施方面,开通了百兆宽带网络,实现了无线网络全覆盖;建立图书馆网站,开通微博、微信公众平台;引进了自助借还机、自助办证机、自助查询机等智能化管理设备。通过新增的电子图书借阅机,读者可使用手机、平板电脑及其他设备免费下载正版电子图书,随时随地进行阅读。同时,东胜区图书馆陆续在鄂尔多斯广场、联邦大厦等人口较集中的区域安装了 4 台 24 小时街区自助图书馆。每台自助图书馆机身内可容纳 500 册图书,可免费向市民提供全天候自助借书、自助还书、自助办证及图书查询等服务,并已和东胜区图书馆实现图书通借通还,极大地方便了广大读者。

升级后的东胜区图书馆在资源建设方面也有了新的发展,藏书量增至 74 万册,种类丰富,包括成人及少儿类图书、期刊、报纸和低幼绘本、低幼读物、盲人有声读物、盲文读物及各类电子图书和报刊、视听文献等。新增的地方文献室中集中收藏展示了《鄂尔多斯文化》《伊克昭盟文史资料》《鄂尔多斯通史稿》《东胜文史资料》等系列经政、文史类丛书及期刊、鄂尔多斯地区本土名人传记、书画家作品选等各类文献近 330 种。连环画室藏有连环画千余种,内容包括纪念改革开放三十周年优秀连环画作品选、庆祝中国共产党成立九十周年百种红色经典连环画、中国古典名著连环画、经典传统连环画选本、志愿军英雄传画库等。蒙文资料室文献资源丰富、种类齐全,由通晓蒙古语的专业人员为读者提供便捷、周到的服务,是集蒙古语书、报、刊的收藏、查询、导读、借阅为一体的综合服务科室。另外,在数字资源建设方面,东胜区图书馆不断加大建设力度,逐步推广和完善新型数字阅读服务,在引进"知识

视界""易趣数字图书馆"等 24 种数字资源库的基础上,为传承蒙古族传统文化,促进少年儿童语言发展,东胜区图书馆数字资源服务平台还新增了"蒙古语少儿动漫资源库",包括民俗常识、寓言故事、儿歌诗歌、互动游戏等七大类。这些独具蒙古族特色的动漫作品为孩子们的蒙古语学习过程增添了趣味性和互动性,受到了广大读者欢迎。

东胜区图书馆现已实行全免费开放,为了更好地方便读者,还将开馆时间由每周 56 小时延长至每周 77 小时,即每天早 8 点 30 至晚 7 点 30,节假日不休息。在这些努力下,东胜区图书馆取得了显著发展。目前,东胜区图书馆年流通人数达 20 万人次,其中馆内近 12 万人次,馆外 8 万多人次;年流通图书近 42 万册次,其中馆内 26 万册次,馆外 15 万册次;每年举办读者特色活动 80 余次,受益市民达十余万人次;每年开展共享工程影片播放、知识讲座、培训 40 余次,受益近万人;年下乡辅导 700 多次。

(二)派驻文化站长,深入基层服务

2013 年 11 月,鄂尔多斯市被文化部、财政部命名为全国首批"国家公共文化服务体系示范区"。借此契机,东胜区进一步加大了财政投入,积极调动社会各界参与,加强公共文化资源共建共享,基本建成了覆盖城乡、惠及全民的公共文化设施网络。为了巩固国家公共文化服务体系示范区创建成果,加快文化民生建设步伐,积极推进文化惠民工作,使服务能够更好、更专业化、制度化地可持续开展下去,东胜区图书馆下派 11 名文化干事直接派驻到各街道办事处的文化站担任站长、副站长,主要负责开展基层群众文化服务工作,他们的行政编制仍然隶属于图书馆,这一创新举措为社区文化生活注入一剂"强心针"。

首先,他们在建设文化阵地、打造亮点特色服务上发挥着积极的作用。充分利用社区文化活动中心,策划开展凸显社区特色与优势、符合社区居民需求的各类文化服务活动,活动内容涵盖电影进社区、养生知识讲座、家庭才艺展示、最美读书人、书香家庭评选等,让市民就近便捷地参与文化活动,丰富群众日常文化生活,推动基层文化建设,发挥着公共文化服务体系公益性、基本性、均等性、便利性的职能。

其次,他们充当着合理的图书管理员角色。能够充分利用图书馆资源,有效结合图书馆馆外流通点建设工作,打造各社区的图书室,使其平均藏书达 5000 余册,保证阅览室开馆时间,方便了居民阅读学习,部分图书馆还配备了打印机、复印机等办公设备,供居民查找和整理资料,使居民享受到"家门口图书馆"的便利服务。

(三)开展阅读推广工作

东胜区图书馆一直十分重视读者服务工作的开展,为倡导更多人多读书、读好书、好读书,东胜区图书馆不断拓展思路,广泛建立各类馆外流通点、开展特色服务、举办各种形式的阅读推广活动,包括名家名作推荐、朗诵比赛、绘画比赛、手工制作、公益培训、公益电影展播、讲座展览、亲子游戏、少儿游艺活动等,以此激发全民阅读热情,丰富公众的文化生活。

1. 广泛建立各类馆外流通点

东胜区图书馆以构建图书馆城为目标,不断扩大文化辐射面,将服务重心下移,切实解决群众看书远、借书难的问题。现已建立 14 个图书馆分馆、7 个机关图书流动点、68 个基层电子阅览室;在周边及阅读资源较贫乏的地区建立起 4 个万村书库、9 个基层文化服务点和

26个草原书屋。并组织馆员持续开展业务辅导和技术指导工作,使各馆外图书流通服务点及基层电子阅览室均达到管理有序、运作规范,服务水平和服务质量全面提高,使基层群众充分享受到优质公共文化服务,极大地丰富了基层群众的精神文化生活。

2. 持续举办东胜区读书节活动

从2014年的"阅读与我同行 智慧成就梦想"——东胜区第一届读书节启动开始,围绕"让优质文化服务惠及更广泛基层群众"这一理念,东胜区图书馆每年组织开展包括"爱心图书接力"在内的多项系列活动助阵读书节,全力打造特色服务品牌,深化全民阅读,构建"书香东胜"。

3. 开展汽车图书馆特色服务

东胜区图书馆坚持利用汽车图书馆的便利资源开展定时定点的流动上门服务,多角度、全方位将服务延伸到群众家门口。汽车图书馆内采用开放式书架,共有近500册成人、少儿类图书及各类报纸期刊供市民借阅,通过现场免费办证,读者即可享受到和图书馆内一样的优质文献信息服务。汽车图书馆配备了电视、笔记本电脑等先进设备,夏季还将开展视频讲座、电影展播等特色活动,真正将共享工程丰富的数字资源传递到千家万户,全面满足市民精神文化需求。此外,汽车图书馆还走进学校,为东胜区各中小学开展专项特色服务,以星期为时间单位,在每所学校进行定期轮回服务,为学生们送去各类中外名著、畅销文学等书籍,得到了广大师生和家长的一致赞扬。

4. 自拍微电影

2014年9月,由东胜区图书馆自编、自导、自演拍摄制作的首部图书馆题材微电影《遇见最美的你》新鲜出炉,并正式在图书馆官方网站、微博、微信等网络平台同步发布。这部微电影时长约9分钟,以图书馆馆员林雨溪与摄影师夏天在图书馆邂逅爱情为主线,充分展现了图书馆舒适的借阅环境、丰富的文献资源、先进的智能化设备、优质高效的服务及形式多样的读者活动。该微电影在由国家图书馆主办的"图书馆故事随手拍"创意微视频大赛中荣获机构组优秀奖。这部微电影以群众喜闻乐见的方式,向广大市民呈现出区图书馆向智能化、网络化和数字化大步迈进的发展景象,成为东胜区图书馆阅读推广建设中又一创新举措。

5. 持续举办各类公益培训及讲座

持续举办各类公益培训及讲座已成为东胜区图书馆积极发挥社会公益性课堂作用的特色服务。首先,计算机知识公益培训分别为成人及青少年群体开展针对性培训,已累计培训学员近万人,不仅使退休老人的精神文化生活得到充实和丰富,让青少年充分掌握绿色上网技能,也帮助下岗失业和外来务工人员大大提升就业技能,拓展了就业渠道。培训还根据当地部分企业需求对企业员工开展针对性培训,取得良好社会效益。其次,东胜区图书馆还组织开展蒙古语培训班、韩语培训班等公益性培训班,由专业志愿者老师长期任教,为读者搭建了学习交流的平台,使公益培训形成长效机制,满足读者多元需求。同时,为弘扬鄂尔多斯人文精神,传承鄂尔多斯历史文化,东胜区图书馆先后多次举办"鄂尔多斯文化大讲堂"活动,每期邀请地方名人、知名学者紧紧围绕鄂尔多斯本土文化进行宣讲,为广大读者带来更多文化资源。

东胜区图书馆一直坚持"读者至上、服务第一"的宗旨,近年来更是通过旧馆改造提升馆内软硬件环境、下派业务骨干深化拓展社区文化服务，以及广泛开展阅读推广活动等方式，全面带动了东胜区公共文化服务的发展，成绩有目共睹，先后受到国家、自治区、市、县各级部门的表彰奖励30多次，并得到了广大读者的一致肯定，为当地老百姓的文化生活注入一股新鲜活力。

（王芳）

东胜区图书馆简介

东胜区图书馆(http://www.dsselib.com/)成立于2012年5月，其前身是成立于1987年6月的东胜区少年儿童图书馆，是一所独立建制的少年儿童图书馆，同时，东胜区图书馆也是全国文化信息资源共享工程东胜区支中心。外设有14个分馆、7个机关图书流动点、4台24小时街区自助图书馆、9个基层文化服务点、4个万村书库、26个草原书屋及15个共享工程基层服务点、68个公共电子阅览室。

东胜区图书馆现有职工105人，其中具有本科以上学历的84人，占职工总数的80%，现有馆藏文献资源74万册(件)22万种。馆内采用Interlib图书馆集群自动化管理软件，实现了馆藏文献智能化管理，接通了百兆光缆宽带，实现了馆内无线网络全覆盖，并建立了图书馆网站、开通了微博、微信及掌上手机图书馆。

（东胜区图书馆）

二十六、公共空间服务创新
——以五华区图书馆为例

（一）引言

各种以 LAB 结尾的创新公共空间的涌现，以 We Work 为主的联合办公模式的兴起，以及思科公司商业 Space 在全球的热卖，他们都有一个共同的特点就是随着互联网、移动互联网技术的高速发展，利用互联网完全打破了原有的合作和创新模式，从而导致人们生活、阅读和交流方式发生了翻天覆地的变化。

在中国，随着消费能力的逐步提升，Coffee 吧、创意吧等以交流形式为主的公共空间像雨后春笋般出现在大街小巷，已经完全改变了过去像星巴克、绿茵阁等商业机构代表的一种高品位生活的象征，像方所、广州书城这样文化混搭的空间已经超越了以台湾诚品为代表的文化标杆，这种现象甚至扩散到了一些小的县城，他们把新华书店改造成了集销售图书文化用品、咖啡、阅读和借阅一体的公共空间。那么这些读者已经是一群习惯于一边喝着咖啡、饮着茶，一边阅读，一个人或三五成群在一个个小空间中学习交流。各种商业机构都在迎合着这种改变，大量出现在社区附近，成为新的商业体。商业机构灵活的机制、温馨的环境将图书馆天堂的地位动摇了。

为应对这些变化，五华区图书馆利用原有展厅改造成一个集咖啡、团队交流、茶道交流、会议、讲座论坛、小型音乐会和展览为一体的公共空间（Public Space）。同时，架设高容量 Wi-Fi，通过关注五华区图书馆微信公共平台提供 Wi-Fi 密码。开发空间预约和设备借阅系统，方便读者预约和借用移动设备。空间中的图书、钢琴、咖啡机都由读者兼志愿者提供。空间维护和空间活动由志愿者管理，图书馆审核，充分发挥读者的能力。五华区图书馆公共空间（Public Space）是一个集大学 IC、文化空间和创新 LAB 等为一身的混合体。在构建公共空间过程中，我们主要有以下几个创新点。

（二）功能创新

五华区图书馆的空间功能创新，是指多功能空间解决馆舍空间分割布局。原有空间功能单一，不适应用户多样化学习方式和研究方式。

长期以来，图书馆藏、借、阅、询四个部分彼此分隔，各成一体，这种"以馆藏为中心"馆舍分割的空间格局，虽然为用户营造的是独立、安静的学习空间，但是功能单一，忽视了用户的需求，不适应当代人际交往和共同学习的需要。

信息共享空间（Information Commons，简称 IC）或称协作学习（Learning Commons，简称 LC）、"一次满足读者的环境"（One-stop Reading Environment，One-stop Shopping Environment 的延伸），是在共享式学习和开放存取运动背景下兴起的一个经过特别设计的一站式服务中心和协同学习环境。最早的 IC 是 1992 年 8 月在美国爱阿华大学图书馆开放的"信息拱廊"。IC 既是一种新型的物理设施或空间，也是一种独特的识别、查询和获取信息的在线环境，更是一种全新的服务模式。

五华区图书馆公共空间是将原有的一个位于市中心，800 平方米左右的展厅改造成多功能公共空间，过去这个空间主要用于展览使用，利用率不高。现在通过简单的装修改造后营造出多个功能空间。

1. 讲座、论坛区

改造了一面到顶的书墙作为背景墙,通过灯光和加装 200 寸投影幕布,营造出一个非常到位的讲座论坛空间,可移动的椅子保证这个空间还可以用于展览等其他活动。

图 26 - 1　讲座、论坛区

2. 讨论区

由一张 2.5 米长的茶台和 10 张藤椅组成,配合有电源插座和茶艺设备,利用矿井灯营造出一个讨论的空间,由于桌面比较大,可以用于展览时摆放一些特殊展品,或者在交流活动中做冷餐台。

图 26 - 2　讨论区

3. 研修区

由 6 张可移动桌面拼合而成,配备了 65 寸触摸大屏和 1.5 米手写白板,6 块平板电脑和一台网络打印机,完全实现了创新性和共同学习并可以方便地输出知识。读者也可以自带平板或者智能手机,通过安装一个小 APP 都可以方便地把自己的图片、视频和文档分享给所有参与者。

图 26 - 3　研修区

4. 音乐小舞台

利用原有的小木台与地面的高低差,加装幕布形成一个小舞台,志愿者提供了钢琴和一些乐器,平时堆放在一边,拉开幕布,在台子上放了两组座椅,可以提供读者看书、喝茶和喝咖啡。观众席也是利用可移动椅子,完全可以满足 30—40 人的小区音乐分享会。

图 26 - 4　音乐小舞台

5. 会议室

利用一个封闭的空间和原有家具,适当增加声响设备,利用原文化共享的可移动幕布和投影,建成一个小型会议区,为诸如云南传统文化研究会,云南蒙学研究会等社会团体提供了很好的平台。

图 26 - 5　会议室

6. 传统文化体验室

利用志愿者提供的一套仿明代家具布置了一套明代文人书斋的空间,里面可以举办书画、品茗、品香和花艺等文化体验活动。

图 26 - 6　传统文化体验室

7. 咖啡制作体验区

由志愿者提供半自动咖啡机加相关设备,从小孩到老年读者,人人可以体验制作咖啡的乐趣。

图 26 – 7　咖啡制作体验区

(三)技术创新

五华区图书馆的技术创新,是指利用网络技术解决信息资源分流设置。原有软硬件设施缺乏,不能为用户提供一站式集成服务和体验,现通过物联网技术直接让读者体验智能家居。图书馆现在大多书刊分离、电子资源与印本资源分离、文献资源与非文献资源(如工具资源)分离,并按文献类型设立专门阅览室,人为造成了同一学科属性的文献分流,不仅浪费了藏书空间、增加了开放服务单元,而且不方便读者快捷地借阅到某一学科的全面文献。当今用户更青睐多任务处理(multi-task)的、"无缝的"分布式信息服务方式,图书馆应顺应用户新需求,使读者可以在一个公共空间里、一台云终端上同时完成信息获取、信息处理、远程学习等需求,实现一站式集成服务。

五华区图书馆整合了如"点击书""超星百链云图书馆""博看移动图书馆"等数据库,以及自建的"五华特色地方文献数据库"和"古籍文献数据库"。通过无线 Wi-Fi 的微信认证,云终端检索,触摸大屏等设备为读者提供服务,尽可能实现自助服务。

利用 Drupal 开发平台,通过响应式开发理念,开发出能自适应各种终端的场地预约、设备租用和活动管理发布系统,大大方便图书馆的管理和活动的宣传,再利用微博、微信、微网站和报纸进行全媒体的宣传。因为适合年轻读者,所以大量读者参与活动。

为了突出环保节能和智能化空间的理念,通过最新的无源无线物联网自动化技术、LED照明技术,无线监控。直接让读者在使用空间的过程中充分体验到科技进步带来的便利,再通过馆员和志愿者的讲解,加深了读者对环保和智能化的理解。

(四)制度创新

五华区图书馆的制度创新,是指读者、志愿者与图书馆管理人员共同建设空间,解决公共图书馆人员分散配置,人才严重匮乏,难以满足用户多元化服务需求的问题,同时解决读者一些图书和文化用品寄存的需求。

图书馆现行的"以部门分割"的服务方式将不同专业人员分散配置在各个部门,流通部提供图书阅览流通服务,期刊部提供报刊阅览、复印等服务,信息咨询部提供电子阅览、信息咨询、信息资源检索与培训服务,分散服务难以实现综合化的服务效益,特别是很多活动都只能在读者下班后。另外,国内目前只有为数不多的一流图书馆馆员知识结构和服务意识较强,其他大多数图书馆的现状与之相差甚远,真正精通图书馆专业知识者寥寥无几。用户多元化的服务需求,对图书馆员的计算机水平、信息获取能力、综合素质要求更高。

目前,以区县级图书馆的实力根本不可能有这样的馆员来满足读者的需求,我们通过以下几种制度性创新做了一些尝试。

1. 与高校联合

利用高校的在线参考咨询系统对五华区图书馆的读者服务,由于云南省高校图书馆有一个在线联合参考咨询平台,高校的咨询人员从 8：00 工作到 22：00。专业程度和服务时间都能满足区级图书馆的需求

2. 资源互换

空间中墙壁上面划分成很多小格子,贴上读者的微信二维码,读者把自己的图书暂时存放在里面,可以以书会友和提供给其他读者阅读。图书不能带离空间。通过私人藏书阁展现读者的阅读兴趣和品位,以及个人图书收藏方向,可以交到同道书友。

3. 共建共管

大胆引入由图书馆、读者及志愿者共建共管公共空间的模式。空间里面的大部分设备都属于读者和志愿者个人所拥有,但他们愿意提供给书友共享,更为重要的是他们能带来非常多的高品质的、有人气的活动,如"云南百年电影展""云南名家书画展""旅美云南作家分享会""钢琴与民乐新年音乐会""渐行渐远的老银饰展览""冬至雅聚""旗袍秀沙龙""连环画沙龙""现代养生沙龙""手冲咖啡大赛"等几十场高规格的活动,在云南省文化界引起了不小的反响。同时,举办了类似真人图书馆分享会 50 余场。这种频度是五华区图书馆传统管理模式下无法做到的。这一大胆的尝试,充分调动了读者和志愿者的积极性,丰富了图书馆的活动内容,挖掘出了图书馆全新的服务职能。

(五)公共空间的问题探讨

在五华区图书馆的公共空间建设和运营过程中,公共空间的理论基础是建构主义学习理论,更多的应当描述为一种开放式的、可塑的学习行为习惯,一种基于西方人的外显式的习惯。而国人的习惯与外国人的习惯不会完全相同,基于长期历史的文化积淀,国人的习惯更倾向于一种内敛式的习惯,一种更贴近潜移默化的方式。所以,在构建公共空间过程中,可能会遇到以下几个问题。

1. 公共安全问题

公共空间的运营，必须要以保障读者的人身安全为前提，同时讨论的论题必须符合国家的法律法规，在很多地区对超过一定数量的人群聚集有规定，当人数超过规定时应及时向相关部门备案。

2. 读者的生活背景与习惯和对空间的需求问题

由于空间是复合使用的，所以存在相互干扰的情况，要合理安排好不同读者的活动，满足各种需求，尽量做到预约制，使各种读者活动互不干扰，尽量做到和谐共处。

3. 公共空间范围的拓展问题

图书馆公共空间的开发并不是一种硬性的基于图书馆的发展要求，它的目的是满足一部分读者在使用图书馆过程中的个性化要求，同时，提高馆藏资源的利用率，提升图书馆的存在价值。所以，公共空间的开发是基于读者的需要和提高馆藏资源利用率两方面的要求，必须在满足了这两个条件以后，公共空间的开发才具有实际意义。所以，在建设公共空间之前需要对图书馆的整体资源做一个详细的分析统计，包括资源与读者需求的契合度、当前馆内空间是否满足开辟公共空间的需要。

4. 管理尺度的问题

从基本的层面上讲，公共空间是提供给读者进行学习的地方，也就意味着读者在空间内拥有极大的主动权。也就意味着读者在某个区间内可以不保持很安静的状态，可以是不停走动的状态，甚至可以是争论。如何来解决"噪音"问题，是管理者首先要考虑的问题。由于公共空间在其本质上的管理要比传统的学习场所的要求要高，必然要求管理者具备一定的相关素质来减少噪音，人为的疏导和隔离是一个方面，另外就是通过一些规章制度来实现降噪。

公共空间是图书馆服务的一个发展趋势，基于当前图书馆公共空间的情况而言，符合一部分图书馆和用户的要求。但只有结合读者目前以及潜在的需求，提供能够满足不同背景、不同层次的读者的特殊需求，并进行合理科学的管理，才能最终体现公共空间在提升阅读效果上的功用。

（周赤东　张禹）

五华区图书馆简介

五华区图书馆（http://www.whtsg.org.cn/）成立于1979年1月，现馆于2002年9月建成，11月开放。总投资1.5亿元，建筑面积11 127.78平方米。目前累计办证量已达到4.5万张，年流通总人次22万人次。现有各级专业技术人员15人，工作人员100%拥有大专以上学历，其中硕士研究生2名。馆藏丰富，现藏书32万余册，最具特色的部分有：五华地方文献、五华文史资料、彝族毕魔经108卷、龙藏经302卷，其中古籍典藏2000余册均已全文数字化，目录可公开查询。定期举办公益性讲座、展览和读书活动，形成了具有自身特色的"五华讲坛""五华读书节""冬至雅聚""旗袍秀沙龙""连环画沙龙""现代养生沙龙""手冲咖啡大赛"等品牌活动。

图书馆自成立以来,在担负着为大众传播科学文化知识的基本职能,发挥着为人民群众提供知识教育和公共文化服务功能的同时,秉承着"平等、开放、免费"的办馆理念,坚持"读者第一,服务至上"的服务宗旨。坚持科学化、特色化、实用化、最大限度发挥作用的原则,把社会效益放在首位,全心全意地为社会、为读者提供内容丰富、特色鲜明的知识服务和阅读娱乐服务。以方便读者,最大限度地满足读者需求为要务,营造良好阅读环境,使文献资源发挥更有效的作用。

五华区图书馆将乘着文化大繁荣、大发展的春风,紧跟时代的步伐,以开拓创新为动力,以繁荣图书馆事业为抓手,以服务好人民大众为核心,积极整合资源,进一步汇聚知识文粹,更加广泛地传播科学文化知识和先进理念,更加深入地服务大众,力争将本馆打造成为云南省乃至西部一流、全国知名、具有特色的、辐射功能强的现代化、数字化县区级公共图书馆。

（五华区图书馆）

附录一 中国图书馆学会第五届百县馆长论坛案例征集获奖名单

中国图书馆学会第五届百县馆长论坛于 2015 年 5 月 20—22 日在福建省晋江市召开，主题为"县级图书馆在构建现代公共文化服务体系中的地位和作用"。

为探讨新形势下我国县级图书馆发展过程中面临的重要问题，总结和推广我国图书馆建设的成功经验，本次论坛面向全国征集"基层图书馆的建设与服务创新"相关案例。经各省、自治区、直辖市图书馆学(协)会组织上报，评审委员会评定审议，决定向 45 项案例授奖以资表彰，并选取其中的代表性案例提交大会交流研讨。现将获奖案例及提交单位进行公布。

单位	案例名称	奖级
张家港市图书馆	张家港市 24 小时图书馆驿站	一等奖
嵊泗县图书馆	书箱上船头，文化泽船人	一等奖
深圳市宝安区图书馆	宝安区区域图书馆服务网络体系建设	一等奖
晋江市图书馆	公共图书馆新空间——采书乐坊的实践	一等奖
莒南县图书馆	小书柜筑起农村读书大舞台	一等奖
神木县图书馆	微信时代的图书馆阅读推广 one to one	一等奖
江阴市图书馆	建设"三味书咖"城市阅读联盟　推动江阴全民阅读社会化发展	一等奖
繁昌县图书馆	精细化服务的智慧图书馆成为市民心中的精神憩园	一等奖
武安市图书馆	武安市灯谜一条街活动	二等奖
芜湖市镜湖区图书馆	芜湖市镜湖区图书馆全流程服务外包的创新实践	二等奖
甘井子区图书馆	大连市甘井子区图书馆未成年人特色品牌服务	二等奖
鄞州区图书馆	立足区域创特色　彰显个性树品牌——鄞州区图书馆建设与服务创新	二等奖
永康市图书馆	一缕阳光的温暖——永康市图书馆阳光阅读站建设	二等奖
吴忠市图书馆	公共图书馆编制地区性馆藏地方文献联合书目的实践和思考	二等奖
威海市文登区图书馆	文登区建设尼山书院促进图书馆发展	二等奖
龙胜各族自治县图书馆	龙胜各族自治县图书馆首届用本地民族语言讲故事、演讲比赛	二等奖
金寨县图书馆	锐意创新，实现农村公共图书馆服务一体化	二等奖
昆山图书馆	基层图书馆信息服务发展方向探索——以昆山图书馆为例	二等奖
西安市灞桥区图书馆	灞桥区图书馆开展图书漂流的现状与设想	二等奖
唐山市丰南区图书馆	绘本照亮童年——丰南图书馆儿童绘本阅读推广	二等奖
新兴县图书馆	山区县级公共图书馆"广延伸全覆盖大服务"模式构建	二等奖
鄂托克旗图书馆	基层图书馆特色数据库的建设——以内蒙古鄂托克旗图书馆为例	二等奖

续表

单位	案例名称	奖级
北川羌族自治县图书馆	县级公共图书馆服务体系的探索与实践	二等奖
大连开发区图书馆	网络时代的"移动微平台"助力图书馆信息咨询服务	三等奖
瑞安市图书馆	小有可为——瑞安市图书馆开展小学生志愿者服务的实践与探讨	三等奖
即墨市图书馆	提升图书馆服务能力与服务品质的创新探索	三等奖
乳山市图书馆	推行图书馆集群网络服务体系　实现图书资源城乡服务均等	三等奖
乐清市图书馆	基层公共图书馆创建读书活动连锁品牌初探——以乐清市图书馆"梅溪"品牌为例	三等奖
崇州市图书馆	崇图"真人图书馆"	三等奖
大连市旅顺图书馆	巾帼文明岗服务	三等奖
德清县图书馆	浙江省德清县图书馆新馆建设	三等奖
昆明市五华区图书馆	云南省昆明市五华区图书馆公共空间 public space	三等奖
弥勒市图书馆	基层公共图书馆建设与服务创新	三等奖
象山县图书馆	军民一家亲　共谱双拥情——记象山县图书馆 28 年拥军事迹	三等奖
万安县图书馆	万安县图书馆创新服务案例:"十八滩讲坛"	三等奖
青岛市城阳区图书馆	积极探索公共文化服务新模式,打造总分馆"一卡通"服务品牌	三等奖
北票市图书馆	县级图书馆为"三农"科技服务工作方法与策略	三等奖
中宁县图书馆	信息打开智慧门　键盘敲出杞乡梦——中宁县创新基层电子阅览室的建设模式	三等奖
嘉善县图书馆	打破"篱笆墙"的图书馆——嘉善县农家书屋与图书总分馆融合发展的实践与思考	三等奖
大连市中山区图书馆	弱势群体创新服务	三等奖
渝北区图书馆	区县公共图书馆区域性联盟发展——以重庆市区县公共图书馆区域性联盟建设为例	三等奖
哈密地区伊吾县图书馆	基层图书馆的建设	三等奖
澄迈县图书馆	公共图书馆基层服务网点创建——以澄迈县文儒镇文化站图书馆(室)为例	三等奖
衡东县荣桓图书馆	县级图书馆怎样为特殊群体服务	三等奖
黄冈市团风县图书馆	县级图书馆的服务创新——以团风县图书馆为例	三等奖

附录二　中国图书馆学会第五届百县馆长论坛晋江共识

值此中国图书馆学会百县馆长论坛创办十周年之际,来自全国 29 个省、自治区、直辖市 300 多名县级公共图书馆馆长聚首晋江,总结基层公共图书馆发展的中国经验,交流图书馆服务创新的实践成果,分析县级公共图书馆发展面临的挑战,探讨县级公共图书馆在构建现代公共文化服务体系中的责任、使命和可持续发展,形成如下共识。

一、从 2005 年第一届中国图书馆学会百县馆长论坛到今天,十年弹指一挥间,中国图书馆事业已经彻底改变了全面落后于发达国家的状况,许多方面已经走在了世界前列。我们用十年跨越发展的实践,创造出了全球图书馆事业发展的中国经验、中国模式和中国道路。与会代表为十年来我国公共图书馆事业取得的成就而振奋和自豪,对现代公共文化服务体系进程中公共图书馆事业的可持续发展充满信心。

二、中共中央办公厅、国务院办公厅《关于加快构建现代公共文化服务体系的意见》(以下简称《意见》)明确要求,公共文化服务均衡发展、标准体系实施以县为单位,县级公共图书馆在我国公共图书馆服务体系中处于事业基石、体系枢纽、服务前端和总分馆中心的地位,县级馆强,则中国图书馆事业强。

三、总分馆制是实现公共图书馆事业城乡一体化均衡发展的重要措施。《意见》明确要求以县级图书馆为中心,推进总分馆制建设,统筹农家书屋发展,实现资源和服务的城乡互通、共建共享。公共图书馆近十年的总分馆建设为党中央、国务院的决策奠定了实践基础,提供了经验。未来一个时期,进一步推进以县馆为中心、以县域为基本范围的公共图书馆总分馆体系,丰富和完善公共图书馆总分馆建设的理论与实践,是县级公共图书馆义不容辞的责任。

四、全面建成小康社会和构建现代公共文化服务体系的重点和难点在基层,在经济欠发达地区。中西部基层公共图书馆要抓住"十三五"时期国家推动贫困地区公共文化建设跨越式发展的历史机遇,全面落实各级政府的扶持和保障政策,结合实际,一县一策,精准建设,重点突破,到 2020 年,实现贫困地区县级公共图书馆服务能力和水平的明显改善。

五、提升服务效能是东部经济发达地区公共图书馆建设和服务的首要任务。要进一步确立以人民为中心的服务宗旨,探索资源、服务和需求有效对接的实现方式,以创新性的思维、创造性的方法、强有力的措施、跨越式的速度,大幅度提升公共图书馆的服务效能,率先代表中国全面追赶公共图书馆服务效能的国际先进水平。

六、公共图书馆是深入开展全民阅读活动的主阵地、主力军。推动全民阅读走向深入和普及,重视未成年人、弱势群体阅读促进工作,促进全民阅读活动的常态化、广参与、高效益,与相关行业、部门密切合作,为书香城市、书香社区、书香乡村建设贡献力量,让阅读融入生活方式、工作方式,应该成为县级公共图书馆服务的重要任务。

七、文化信息资源共享工程、数字图书馆推广工程和公共电子阅览室建设计划等国家重大数字文化惠民工程,有力促进了基层图书馆数字资源提供能力和远程服务能力的提升,带动了基层公共图书馆的数字化、信息化建设。在新的历史时期,公共图书馆要保持在公共数字文化建设和服务方面的领先水平,开展基层公共图书馆数字化相关项目建设的融合发展,把公共图书馆的数字服务融入区域性公共数字文化服务平台,不断丰富服务内容,创新服务方式,提升综合效益。

八、政府主导下的社会化发展是促进公共图书馆发展的内在动力。要充分理解、认识和践行现代公共文化服务体系建设赋予公共图书馆的新功能和新任务,探索公共图书馆在公共文化服务社会化发展背景下的发展方式、路径和模式,创新发展思路,实现公共图书馆事业社会化发展的新突破。

九、公共图书馆组建理事会、建立法人治理结构,是创新管理体制和运行机制的时代要求。县级公共图书馆要进一步提高认识,积极参与试点实践,总结经验,发现问题,完善政策,为公共图书馆形成健全的决策、执行和监督机制贡献力量。

十、《意见》提出了加大公共文化保障力度的新政策、新措施。与会代表热切希望各级党委政府全面落实《意见》提出的加强组织领导、加大财政支持力度、加强基层队伍建设、健全法律保障体系的一系列政策措施,推动和保障公共图书馆事业持续健康发展。

中国图书馆学会第五届百县馆长论坛全体与会代表
2015 年 5 月 22 日于福建晋江

附录三　参考书目及网站索引

基层图书馆在构建现代公共文化服务体系中的地位与作用

1. 冯国权. 国家公共文化服务体系示范区(项目)创建与公共图书馆发展[M]. 成都:西南交通大学出版社,2014.

2. 国家图书馆研究院. 我国图书馆事业发展政策文件选编(1949—2012)[M]. 北京:国家图书馆出版社,2014.

3. 李建盛,陈玲玲. 北京公共文化服务体系与惠民工程建设[M]. 北京:知识产权出版社,2013.

4. 杨扬. 公共文化服务体系发展研究[M]. 郑州:河南人民出版社,2013.

5. 重庆市渝中区创建国家公共文化服务体系示范区制度设计课题组. 西部都市型公共文化服务探索与实践[M]. 重庆:重庆出版社,2013.

6. 王全吉,周航. 浙江公共文化服务创新研究[M]. 杭州:浙江大学出版社,2013.

7. 戴言. 公共文化服务研究丛书[M]. 杭州:浙江大学出版社,2013.

8. 张彦博,刘惠平,刘刚. 文化共享工程建设与服务[M]. 北京:北京师范大学出版社,2013.

9. 詹利华. 共建共享　文化惠民[M]. 杭州:西泠印社,2013.

10. 刘丽. 农家书屋建设的现状及可持续发展研究[M]. 合肥:安徽科学技术出版社,2013.

11. 陈波. 公共文化服务体系建设[M]. 武汉:湖北人民出版社,2012.

12. 陈世海,戴珩. 网格化公共文化服务[M]. 南京:凤凰出版社,2012.

13. 中共重庆市委宣传部. 重庆市公共文化服务体系概览[M]. 重庆:重庆出版社,2012.

14. 陈瑶. 公共文化服务:制度与模式[M]. 杭州:浙江大学出版社,2012.

15. 陆和建,张芳源. 农家书屋理论与安徽实践研究[M]. 合肥:安徽人民出版社,2012.

16. 魏大威. 数字图书馆建设与服务推广研讨会获奖论文[M]. 北京:国家图书馆出版社,2012.

17. 彭泽明. 重庆公共文化服务体系发展与展望[M]. 重庆:现代教育出版社,2011.

18. 戴珩. 公共文化服务体系120问[M]. 南京:南京师范大学出版社,2011.

19. 时菁. 农家书屋实践与探索[M]. 合肥:黄山书社,2011.

20. 柯平等. 社会公共服务体系中图书馆的发展趋势、定位与服务研究[M]. 北京:国家图书馆出版社,2011.

21. 陈威. 完备的公共文化服务体系研究[M]. 深圳:深圳报业集团出版社,2010.

22. 张彦博. 公共文化服务的创新与跨越[M]. 北京:国家图书馆出版社,2010.

23. 柯平等. 公共图书馆的文化功能——在社会公共文化服务体系中的作用[M]. 上海:上海交通大学出版社,2010.

24. 王列生,郭全中,肖庆. 国家公共文化服务体系论[M]. 北京:文化艺术出版社,2009.

25. 王世伟. 城市图书馆公共文化服务体系论丛[M]. 上海:上海社会科学院出版社,2008.

26. 陈雪樵. 数字图书馆与文化共享工程[M]. 北京:中国环境科学出版社,2008.

27. 新闻出版总署农家书屋工程建设领导小组办公室. 农家书屋工程"十一五"时期建设规划[M]. 北京:中国书籍出版社,2008.

28. 新闻出版总署农家书屋工程建设领导小组办公室. 农家书屋工程实施计划(2007)[M]. 北京:中国书籍出版社,2007.

基层图书馆的理念创新

29. e 线图情 http://www.chinalibs.net

30. 国际图联 http://www.ifla.org

31. 中国图书馆学会 http://www.lsc.org.cn

32. 美国图书馆学会 http://www.ala.org/

33. 国家图书馆 http://www.nlc.gov.cn/

34. 美国国会图书馆 http://www.loc.gov/

35. 大英图书馆 http://www.bl.uk/

36. 美国图书馆杂志 http://lj.libraryjournal.com/

37. 美国研究图书馆学会 http://www.arl.org/

38. 中国图书馆学报 http://www.jlis.cn/

39. 李晓明.我国数字图书馆发展研究——以省市级公共图书馆为例[M].北京:国家图书馆出版社,2014.

40. 于青.公共图书馆微博服务研究[M].南京:东南大学出版社,2014.

41. 吴兆文.数字环境下的图书馆文化[M].北京:人民邮电出版社,2014.

42. 上海图书馆.转型时代的图书馆:新空间·新服务·新体验(第七届上海国际图书馆论坛论文集)[M].上海:上海科学技术文献出版社,2014.

43. 张春红.新技术、图书馆空间与服务[M].北京:海洋出版社,2014.

44. 褚树青,粟慧.杭州图书馆服务品牌建设实践[M].北京:国家图书馆出版社,2014.

45. 李东来.城市图书馆十年[M].上海:上海科学技术文献出版社,2014.

46. 姚迎东.公共图书馆社会化服务[M].武汉:武汉出版社,2013.

47. 吴建中.21 世纪图书馆展望[M].北京:国家图书馆出版社,2013.

48. 肇庆市图书馆学会,广州市图书馆学会,佛山市图书馆学会.图书馆合作创新与发展(2012 年卷)[M].北京:中国轻工业出版社,2013.

49. 国家图书馆研究院.图书馆行业中长期战略规划选编[M].北京:国家图书馆出版社,2013.

50. 国家图书馆研究院.公共图书馆服务体系的探索与实践:天津调研报告[M].北京:国家图书馆出版社,2013.

51. 张伟.公共图书馆内涵发展的理论与实践研究[M].上海:华东师范大学出版社,2013.

52. 柯平等.图书馆战略规划:理论、模型与实证[M].北京:国家图书馆出版社,2013.

53. 江洪.图书馆战略规划研究[M].北京:科学出版社,2013.

54. 刘杰民.公共图书馆全免费服务发展框架与策略研究[M].北京:科学技术文献出版社,2013.

55. 陈昊琳.公共图书馆战略制定影响因素研究[M].长春:吉林人民出版社,2012.

56. 张广钦.公共图书馆作为社会教育中心[M].上海:上海人民出版社,2012.

57. 林丽萍等.公共图书馆全方位开放的厦门模式[M].厦门:厦门大学出版社,2012.

58. 李东来.读者权益与图书馆服务研究[M].北京:国家图书馆出版社,2012.

59. 中国图书馆学会,全国中小型公共图书馆联合会,北京市西城区图书馆管理协会.新时期·新理念·新课题——十二五期间中小型公共图书馆建设与发展[M].北京:中国民族摄影艺术出版社,2012.

60. 钟少薇,谢洁华.基层公共图书馆服务模式的探讨[M].广州:岭南美术出版社,2012.

61. 初景利.图书馆发展变革与服务转型[M].北京:国家图书馆出版社,2012.

62. 王志东.公共图书馆文化产业研究[M].济南:山东人民出版社,2012.

63. 吴建中.转型与超越:无所不在的图书馆[M].上海:上海大学出版社,2012.

64. 中小型公共图书馆的体系建设与可持续发展——全国中小型公共图书馆联合会 2011 年研讨会论文集

[M].北京:中国民族摄影艺术出版社,2011.

65. 中国图书馆学会等.中小型公共图书馆科学发展与创新——全国中小型公共图书馆联合会 2010 年研讨论文集[M].北京:中国民族摄影艺术出版社,2010.

66. 蒋永福.现代公共图书馆制度研究[M].北京:知识产权出版社,2010.

67. 王世伟.公共图书馆是什么[M].上海:上海社会科学院出版社,2010.

68. 中国图书馆学会等.中小型公共图书馆科学发展与创新——全国中小型公共图书馆联合会 2009 年研讨论文集[M].北京:中国民族摄影艺术出版社,2009.

69. 吴建中.公共图书馆发展战略思考[M].北京:北京图书馆出版社(今国家图书馆出版社),2007.

基层图书馆总分馆制建设

70. 庞晓敏,徐草.读书声里是我家——萧山区公共图书馆服务连锁体系建设实例[M].天津:天津大学出版社,2015.

71. 卢向东,陈鹏飞,潘金辉.公共图书馆卓越绩效管理——以深圳龙岗图书馆为例[M].武汉:武汉大学出版社,2015.

72. 国家图书馆研究院.公共图书馆服务体系的探索与实践:杭州调研报告[M].北京:国家图书馆出版社,2014.

73. 邱冠华.追梦十年:公共图书馆服务实现均等高效的探索[M].上海:上海科学技术文献出版社,2014.

74. 王自洋.区域图书馆资源共建共享模式研究:以长沙地区为例[M].北京:知识产权出版社,2014.

75. 国家图书馆研究院.公共图书馆服务体系的探索与实践:山西调研报告[M].北京:国家图书馆出版社,2013.

76. 李勇,钟刚毅,程孝良等.城乡一体化进程中的图书馆发展模式研究:以成都地区图书馆为例[M].北京:科学出版社,2013.

77. 甘琳.创新与超越:城市街区自助图书馆网建设与实践[M].北京:国家图书馆出版社,2013.

78. 刘悦笛.公共文化服务的"嘉兴模式"[M].北京:社会科学文献出版社,2012.

79. 国家图书馆研究院.公共图书馆服务体系的探索与实践:东莞调研报告[M].北京:国家图书馆出版社,2012.

80. 林蓝.深圳市公共图书馆总分馆制比较研究[M].深圳:海天出版社,2011.

81. 上海图书馆.覆盖城乡的公共图书馆服务体系:上海市中心图书馆建设十周年[M].上海:上海社会科学院出版社,2010.

82. 于良芝,许晓霞,邱冠华.覆盖全社会的公共图书馆服务体系:模式、技术支撑与[M].北京:北京图书馆出版社(今国家图书馆出版社),2008.

基层图书馆的阅读推广

83. 曹树金等.网络环境中公共图书馆和高校图书馆用户需求实证研究[M].北京:学习出版社,2015.

84. 郭桂英,张东辉.公共图书馆弱势群体服务探析[M].长春:东北师范大学出版社,2015.

85. 中国图书馆学会.中国图书馆学会年会论文集(2014 年卷)[M].北京:国家图书馆出版社,2014.

86. 李玉梅,王沛战.新媒体环境下大众阅读行为与公共图书馆对策[M].天津:天津人民出版社,2014.

87. 吴晞.天下万世共读之:公共图书馆与阅读推广[M].上海:上海科学技术文献出版社,2014.

88. 中国图书馆学会等.文化强国建设中的中小型图书馆服务[M].北京:中国民族摄影艺术出版社,2013.

89. 赵俊玲,郭腊梅,杨绍志.阅读推广:理念·方法·案例[M].北京:国家图书馆出版社,2013.

90. 程大立.全媒体环境下图书馆阅读推广工作研究[M].合肥:安徽教育出版社,2013.

91. 李超平.公共图书馆宣传推广与阅读促进[M].北京:北京师范大学出版社,2013.

92. 吴晞,肖容梅. 公共图书馆读者服务案例[M]. 北京:北京师范大学出版社,2013.

93. 李晓明. 中国公共图书馆未成年人服务调查[M]. 北京:国家图书馆出版社,2013.

94. 中国图书馆学会. 中国图书馆学会年会论文集(2013 年卷)[M]. 北京:国家图书馆出版社,2013.

95. 刘宝玲. 基层图书馆服务体系建设研究[M]. 北京:红旗出版社,2013.

96. 赵俊玲,郭腊梅,杨绍志. 阅读推广:理念·方法·案例[M]. 北京:国家图书馆出版社,2013.

97. 汪海波,张燚. 图书馆志愿者服务的理论与实践[M]. 广州:世界图书出版广东有限公司,2013.

98. 沈建勤. 少儿图书馆建设理论与实践[M]. 南京:东南大学出版社,2013.

99. 中国图书馆学会青少年阅读推广委员会. 播撒阅读种子　守望少儿幸福[M]. 北京:国家图书馆出版社,2012.

100. 范并思,吕梅,胡海荣. 公共图书馆未成年人服务[M]. 北京:北京师范大学出版社,2012.

101. 《图书情报工作》杂志社. 国民阅读推广与图书馆[M]. 北京:海洋出版社,2011.

102. 潘兵,张丽,李燕博. 公共图书馆的未成年人服务研究[M]. 北京:国家图书馆出版社,2011.

103. 王惠君. 基层图书馆公益讲座[M]. 北京:国家图书馆出版社,2011.

104. 肖雪. 促进老年人阅读的公共图书馆创新研究[M]. 天津:天津大学出版社,2010.

105. 唐铭杰,金燕. 新形势下公共图书馆读者需求与服务[M]. 上海:上海辞书出版社,2010.

贫困地区基层图书馆的发展问题

106. 程结晶. 西南地区图书馆服务体系建设的战略实施[M]. 北京:中国社会科学出版社,2014.

107. 程结晶,刘雪峰. 西南地区图书馆服务体系理论研究[M]. 北京:海洋出版社,2014.

108. 陈瑛. 农村公共文化信息服务研究[M]. 北京:国家图书馆出版社,2013.

109. 殷庆威等. 书香新农村[M]. 青岛:青岛出版社,2012.

110. 宁苹. "十二五"云南省乡村图书馆可持续发展创新模式研究[M]. 昆明:云南科技出版社,2011.

111. 王子舟. 民间力量建设图书馆的政策与模式[M]. 北京:国家图书馆出版社,2011.

112. 于良芝,邱冠华,李超平等. 公共图书馆建设主体研究——全覆盖目标下的选择[M]. 北京:国家图书馆出版社,2011.

113. 王效良. 基层图书馆的农村服务工作[M]. 北京:国家图书馆出版社,2010.

114. 顾建华. 基层图书馆理论与实践[M]. 北京:新华出版社,2010.

115. 余益中. 广西公共文化服务体系建设理论研讨会论文集[M]. 南宁:广西民族出版社,2009.

116. 祝丽君. 西部县级公共图书馆发展战略研究[M]. 成都:电子科技大学出版社,2008.

后　记

图书馆事业尤其是基层公共图书馆的发展水平往往能反映一个国家的文化软实力。我国是世界上人口最多的国家,但大部分人对图书馆缺乏充分了解且没有形成使用图书馆的习惯,因此离图书馆"很远",这当然与我国基层公共图书馆事业发展水平有关。可以说,我国基层公共图书馆今后的发展之路依然任重而道远。

令人高兴的是,现在越来越多的人已经开始正视并着手解决这个问题。2015 年 5 月 21—22 日,中国图书馆学会第五届百县馆长论坛在晋江召开,并举办了以"基层图书馆建设与服务创新"为主题的案例征集评选活动。各地基层图书馆纷纷提交案例,建言献策,很好地展现了优秀基层公共图书馆建设与服务创新的成功经验。为进一步推广这些经验,惠及更多的基层图书馆,同时对"基层图书馆建设与服务创新"这一主题展开进一步探索,中国图书馆学会决定编辑出版本书,北京雷速科技有限公司(e 线图情)作为支持单位参加了相关工作。

在本书编撰过程中,我们得到了众多图书馆及业内人士,尤其是本书中所收录案例的相关图书馆的馆长和同人们的支持。在此我代表 e 线图情对大家的支持与帮助表示衷心的感谢!正是有这样一群为基层图书馆事业的发展殚精竭虑、矢志不渝的人们,图书馆事业的未来才有无限可能!

刘锦山

2015 年 10 月 1 日